EXAMPRESS®

新 出題基準
対応版

福祉
教科書

社会福祉士

精神保健福祉士

完全合格

テキスト共通科目

社会福祉士試験
対策研究会 著

SE
SHOEISHA

本書内容に関するお問い合わせについて

このたびは翔泳社の書籍をお買い上げいただき、誠にありがとうございます。弊社では、読者の皆様からのお問い合わせに適切に対応させていただくため、以下のガイドラインへのご協力をお願い致しております。下記項目をお読みいただき、手順に従ってお問い合わせください。

●ご質問される前に

弊社Webサイトの「正誤表」をご参照ください。これまでに判明した正誤や追加情報を掲載しています。

正誤表　https://www.shoeisha.co.jp/book/errata/

●ご質問方法

弊社Webサイトの「書籍に関するお問い合わせ」をご利用ください。

書籍に関するお問い合わせ　https://www.shoeisha.co.jp/book/qa/

インターネットをご利用でない場合は、FAXまたは郵便にて、下記"翔泳社 愛読者サービスセンター"までお問い合わせください。

電話でのご質問は、お受けしておりません。

●回答について

回答は、ご質問いただいた手段によってご返事申し上げます。ご質問の内容によっては、回答に数日ないしはそれ以上の期間を要する場合があります。

●ご質問に際してのご注意

本書の対象を超えるもの、記述個所を特定されないもの、また読者固有の環境に起因するご質問等にはお答えできませんので、予めご了承ください。

●郵便物送付先およびFAX番号

送付先住所　〒160-0006　東京都新宿区舟町5
FAX番号　　03-5362-3818
宛先　　　　（株）翔泳社 愛読者サービスセンター

●免責事項

※著者および出版社は、本書の使用による社会福祉士国家試験の合格を保証するものではありません。
※本書の記載内容は、2024年3月現在の法令等に基づいています。
※本書の出版にあたっては正確な記述に努めましたが、著者および出版社のいずれも、本書の内容に対してなんらかの保証をするものではありません。
※本書に記載されたURL等は予告なく変更される場合があります。

※本書に記載されている会社名、製品名はそれぞれ各社の商標および登録商標です。
※本書では™、®、©は割愛させていただいております。

目次

第 1 章　医学概論　12

第 2 章　心理学と心理的支援　60

第 3 章　社会学と社会システム　106

第 4 章　社会福祉の原理と政策　154

本書の使い方

頻出度と出題ポイントを確認して、本文を学習します。最後に、章末の問題を解いて理解度をチェックしましょう。

● 紙面の構成

■ 本文

Ⓐ 頻出度

出題頻度の高い順に🐾🐾🐾、🐾🐾、🐾の3段階で示しています。学習開始時に大まかな重要度を把握しましょう。

Ⓑ 出題回

第31～36回試験の出題実績をマークで表示。頻出項目を中心に学習したいときの目印になります。

Ⓒ 用語解説

本文中の用語の意味を解説します。

Ⓓ ひとこと

テーマの理解につながる補足解説や合否を分けるポイントを紹介します。

Ⓔ 落とせない！重要問題

過去問題の中から、出題頻度が高く正解しておきたい問題を解説付きで紹介します。

Ⓕ ここは覚える！

頻出＆重要な過去の出題ポイントをピックアップ。覚え方のコツなど得点力アップにつながる情報も。

頻出度 | 🐾🐾🐾

① 人の心の基本的な仕組みと機能

欲求・動機づけ　33 34 35 36

▶ 欲求

　欲求とは、人の内部にあって行動を引き起こすものです。様々な欲求が動機となり、人の行動の原動力となります。

　欲求は、一次的欲求（基本的欲求）と二次的欲求（社会的欲求）に大きく分類することができます。

動機（motive）：「人間を行動に駆り立てる原動力の総称」と定義される。動因（drive）や欲求・要求（need）とも表現される。

■ 欲求の分類

一次的欲求（基本的欲求）	二次的欲求（社会的欲求）
生命の維持に必要な生得的な欲求	後天的に学習された社会的欲求
酸素（呼吸）や栄養（食物）・水分（水）の補給、睡眠などへの欲求	優越（人より優れていたい）、達成（何かを成し遂げたい）、承認（人から認められたい）などへの欲求
生理的基礎をもち、誰もが共通にもっている	社会生活を通して獲得され、個人差や文化差がみられる

62

■ 章末の理解度チェック

○×式の過去問題と予想問題で、学習した内容の理解度を確認しましょう。正解できたら □ にチェック。なお、本文に説明のない内容に関する問題も、補足のため、一部掲載しています。また、過去問題の一部に変更を加えている場合があります。

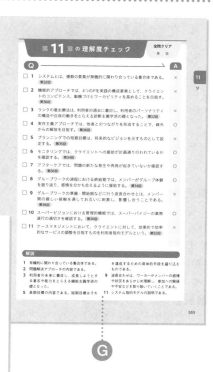

G ［出題回］［予想問題］

過去問題の場合は出題回を掲載しています。

▶条件づけ

学習の基本的な様式である条件づけには、古典的条件づけとオペラント条件づけがあります。

学習様式	概要
古典的条件づけ	・無条件刺激に対して無条件反応するのと同様に、条件づけされた刺激（条件刺激）に対しても、同じ反応（条件反応）が生じるとする学習様式 ・ロシアの生理学者であるパヴロフ（Pavlov, I. P.）が、犬にベルの音を聞かせながら餌を与えていると、やがてベルの音だけで唾液が分泌されることを発見した
オペラント条件づけ	・報酬によって行動が促進（強化）され、罰が行動の抑制（弱化）をもたらすことによる学習様式 ・アメリカの心理学者であるスキナー（Skinner, B. F.）が、スキナー箱と呼ばれる装置に空腹のネズミを入れて、偶然押したバーが餌をもたらすことを学習する実験を行った

自発的な行動に基づくオペラント条件づけに対して、刺激に対する受動的な反応に基づく古典的条件づけを、レスポンデント条件づけとも呼びます。

ここは覚える！

第32・34・35・36回で、条件づけによる行動の例が出題されました。第32・34回では、馴化（同一刺激が反復して示されることで、最初みられた現象が減弱する現象）の例も出題されています。

落とせない！重要問題

食あたりした後に、その食べ物を見るだけで吐き気がするようになったのは、馴化の行動である。　第32回

×：古典的条件づけ（レスポンデント条件づけ）による行動である。

▶社会的学習

社会的学習は、観察学習あるいはモデリングとも呼ばれ、モデルの行動を観察することによって、その行動を獲得する学習様式です。バンデューラによっ

68

● 法令等の基準について

本書の記載内容は、2024（令和6）年3月現在の法令等に基づいています。変更される場合もありますので、厚生労働省、各都道府県・市町村の公表する情報をご確認ください。

社会福祉士の資格・試験について

● 社会福祉士とは

　社会福祉士は、高齢者や障害者、児童など社会的に弱い立場にある人がサポートを必要とするときに、まず相談に応じ、次に地域に働きかけ関係者と連携し、また社会資源を活用してニーズに合った援助を行うソーシャルワーカーです。「社会福祉士及び介護福祉士法」を根拠法とする国家資格であり、幅広く高度な知識が求められます。

● 社会福祉士になるには

　厚生労働大臣によって毎年1回行われる社会福祉士試験に合格する必要があります。

■受験資格

　福祉系大学・短大で「指定科目」を履修したかなど、細かく12のルートに分かれています。福祉系大学で「指定科目」を修めていない場合は、相談援助の実務経験や、養成施設での研修の修了が求められます。この実務経験の施設や職種、また養成施設については、公益財団法人社会福祉振興・試験センター（以下、試験センター）のホームページ（https://www.sssc.or.jp/）に一覧表があります。

■社会福祉士の登録

　社会福祉士試験に合格したら、厚生労働省の社会福祉士登録簿への登録を受けなければなりません。登録すると社会福祉士登録証が交付され、社会福祉士を名乗ることができるようになります。

● 試験の実施方法

　受験手続の詳細は受験要綱で確認してください。受験要綱は、試験センターのホームページなどで確認することができます。試験は年に一度、24の都道府県で行われます。

■出題方式

　出題は1択または2択（5つの選択肢から1つまたは2つを選択する）方式で、解答はマークシート方式で行われます。

■出題数・試験時間

　第37回試験（2025（令和7）年2月実施）より出題基準が変わり、問題数は129問となる予定です。科目ごとの出題数は表の通りです（配点は1問1点）。「共通科目」は、精神保健福祉士試験と同じであり、この精神保健福祉士の資格を持っている人が社会福祉士試験を受験する場合、申請によって共通科目が免除されます。

　第37回試験以降の試験時間は刊行時点では公開されていません。なお、試験時間を含む試験内容の詳細については、例年8月上旬頃に公表が予定されている試験センターの「受験の手引」を必ず確認してください。

共通科目（午前）	問題数
医学概論	6
心理学と心理的支援	6
社会学と社会システム	6
社会福祉の原理と政策	9
社会保障	9
権利擁護を支える法制度	6
地域福祉と包括的支援体制	9
障害者福祉	6
刑事司法と福祉	6
ソーシャルワークの基盤と専門職	6
ソーシャルワークの理論と方法	9
社会福祉調査の基礎	6
計	84問

専門科目（午後）	問題数
高齢者福祉	6
児童・家庭福祉	6
貧困に対する支援	6
保健医療と福祉	6
ソーシャルワークの基盤と専門職（専門）	6
ソーシャルワークの理論と方法（専門）	9
福祉サービスの組織と経営	6
計	45問

合計 129問

● 試験日・受験者数・合格発表

■試験日

毎年、2月上旬に実施されています。

■受験申込書類の提出期間

毎年9月上旬～10月上旬に予定されています。試験センターから受験申込書類「受験の手引」を取り寄せたら、書類をそろえて期間内に提出します。

■受験手数料

・社会福祉士（共通科目＋専門科目）を受験：19,370円
・社会福祉士（専門科目のみ）を受験：16,230円
・社会福祉士と精神保健福祉士を同時に受験：36,360円（社会16,840円＋精神19,520円）

■合格発表

毎年、3月中旬に試験センターに掲示され、合格者には合格証書が、不合格者にはその旨の通知が郵送されます。また、試験センターのホームページに期間限定で、合格者の受験番号と合格基準点、正答が公開されます。

〈受験資格が「見込み」の場合〉

大学等の卒業見込みまたは実務経験を満たす見込みで受験した場合は、後日、受験資格となる証明書を提出する必要があります。合格証書はこの証明書が確認された日以降に郵送されます。また、証明書を提出しなかった場合は今回の試験は無効となります。

■受験者数・合格率

第30～36回の受験者数、合格者数、合格率を示します。

回（年）	受験者数（人）	合格者数（人）	合格率
第30回（平成30年実施）	43,937	13,288	30.2%
第31回（平成31年実施）	41,639	12,456	29.9%
第32回（令和2年実施）	39,629	11,612	29.3%
第33回（令和3年実施）	35,287	10,333	29.3%
第34回（令和4年実施）	34,563	10,742	31.1%
第35回（令和5年実施）	36,974	16,338	44.2%
第36回（令和6年実施）	34,539	20,050	58.2%

精神保健福祉士の資格・試験について

● 精神保健福祉士とは

　福祉分野全般を扱う社会福祉士に対し、精神保健福祉士は「精神保健福祉」という特化した分野を扱うソーシャルワーカーです。「精神保健福祉士法」を根拠法とする国家資格であり、幅広く高度な知識が求められます。

● 精神保健福祉士になるには

　厚生労働大臣によって毎年1回行われる精神保健福祉士試験に合格する必要があります。

■受験資格

　社会福祉士同様に受験資格が必要であり、細かく11のルートに分かれています。各条件については、公益財団法人社会福祉振興・試験センターのホームページ（https://www.sssc.or.jp/）に一覧表があります。

■精神保健福祉士の登録

　精神保健福祉士試験に合格したら、厚生労働省の精神保健福祉士登録簿への登録を受けなければなりません。登録すると精神保健福祉士登録証が交付され、精神保健福祉士を名乗ることができるようになります。

● 試験の実施方法

　受験手続の詳細は受験要綱で確認してください。受験要綱は、試験センターのホームページなどで確認することができます。試験は年に一度、7都道府県で行われます。

■出題方式

　出題は1択または2択（5つの選択肢から1つまたは2つを選択する）方式で、解答はマークシート方式で行われます。

■出題数・試験時間

　第27回試験（2025（令和7）年2月実施）より出題基準が変わり、問題数は132問となる予定です。科目ごとの出題数は表の通りです（配点は1問1点）。「共通科目」は、社会福祉士試験と同じであり、この社会福祉士の資格を持っている人が精神保健福祉士試験を受験する場合、申請によって共通科目が免除されます。

　第27回試験以降の試験時間は刊行時点では公開されていません。なお、試験時間を含む試験内容の詳細については、例年8月上旬頃に公表が予定されている試験センターの「受験の手引」を必ず確認してください。

共通科目（午前）	問題数
医学概論	6
心理学と心理的支援	6
社会学と社会システム	6
社会福祉の原理と政策	9
社会保障	9
権利擁護を支える法制度	6
地域福祉と包括的支援体制	9
障害者福祉	6
刑事司法と福祉	6
ソーシャルワークの基盤と専門職	6
ソーシャルワークの理論と方法	9
社会福祉調査の基礎	6
計	84問

専門科目（午後）	問題数
精神医学と精神医療	9
現代の精神保健の課題と支援	9
精神保健福祉の原理	9
ソーシャルワークの理論と方法（専門）	9
精神障害とリハビリテーション論	6
精神保健福祉制度論	6
計	48問

合計	132問

● 試験日・受験者数・合格発表

■試験日・受験申込書類の提出期間

社会福祉士と同様です。9ページを参照してください。

■受験手数料

・精神保健福祉士（共通科目＋専門科目）を受験：24,140円

・精神保健福祉士（専門科目のみ）を受験：18,820円

・精神保健福祉士と社会福祉士を同時に受験：36,360円（精神19,520円＋社会16,840円）

■受験者数・合格率

第20～26回の受験者数、合格者数、合格率を示します。

回（年）	受験者数（人）	合格者数（人）	合格率
第20回（平成30年実施）	6,992	4,399	62.9%
第21回（平成31年実施）	6,779	4,251	62.7%
第22回（令和2年実施）	6,633	4,119	62.1%
第23回（令和3年実施）	6,165	3,955	64.2%
第24回（令和4年実施）	6,502	4,267	65.6%
第25回（令和5年実施）	7,024	4,996	71.1%
第26回（令和6年実施）	6,978	4,911	70.4%

第 **1** 章

医学概論

この科目のよく出るテーマ5

❶ 人体の構造と機能

　人体の構造や機能に関する問題は頻出です。図を活用しながら、人体構造の各器官の名称と働きを丁寧に整理しておきましょう。近年は、心臓と血管、呼吸器、消化器などに関する基本的な知識を問う問題が出題されています。

❷ 国際生活機能分類（ICF）

　事例を読んで、その内容を国際生活機能分類に基づいて整理する問題が繰り返し出題されています。「身体機能・身体構造」「活動」「参加」「環境因子」「個人因子」などの概念を、具体例とともに整理しておく必要があります。

❸ 疾病の概要

　近年では、がん（悪性新生物）やパーキンソン病、目の病気、感染症に関する出題がありました。代表的な生活習慣病や高齢者に多くみられる疾病などについて、原因、症状、治療などを整理しておきましょう。

❹ ライフステージにおける心身の変化

　近年、人の成長や老化に関する問題が増えています。特に、思春期に伴う心身の変化や、加齢に伴う身体の変化が繰り返し出題されています。身体の発達については、スキャモンの発達曲線（臓器別発育曲線）の4つの型を学習しておきましょう。

❺ 精神疾患の診断・統計マニュアル（DSM-5）

　DSM-5における分類や診断基準に関する問題が、ほぼ毎回出題されています。これまでに、神経発達症群／神経発達障害群に分類される自閉スペクトラム症（ASD）や注意欠如・多動症（ADHD）のほか、神経性やせ症（神経性無食欲症）、統合失調症、双極性障害、ギャンブル障害などが出題されました。

攻略のポイント

上記の5つに加えて、健康のとらえ方や公衆衛生、障害、リハビリテーションなどの広い学習範囲から、偏りなく出題されています。類似した選択肢が繰り返し出題されていますので、過去問題には必ず目を通しておきましょう。

1 ライフステージにおける心身の変化と健康課題

スキャモンの発達曲線（臓器別発育曲線）

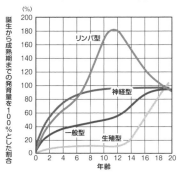

誕生から成熟期までの発育量を100%とした割合

一般型は、身長や体重、筋肉、骨格などの発達を示す。乳幼児期と思春期の伸びが大きく、緩やかなく字型カーブが特徴

身体・精神の発達　㉝ ㉟ ㊱

▶ 胎児期

- ● ほとんどの器官と器官系は受精後3～8週の間に形成される。この期間を胎児期または器官形成期と呼ぶ
- ● 妊娠初期は、様々な環境因子が胎児に影響を及ぼす重要な時期である

出生時から成人になるまで、身長は出生時の3倍以上、体重は15～20倍になります。

▶ 乳幼児期

- ● 新生児の前頭部には、頭蓋骨が閉じていない大泉門と呼ばれるへこみがあり、通常、1～1歳6か月で閉鎖する
- ● 第1生歯（乳歯）は大体6か月で生え始め、2歳6か月で生えそろう。乳歯は全部で20本ある。6歳前後で抜け始め、永久歯は14歳までにすべて

生える。永久歯は第3大臼歯（親知らず）を含めて32本ある
- 脳の重量は、4〜6歳で成人の約90%を超える
- 身体的発達は、頭部から尾部への方向性（首→胸→腰→脚→足首→足指）と、中枢部から末梢部への方向性（肩→腕→手首→指先）をとる
- 運動の発達は身体的発達と相互に対応しており、生後5か月頃に寝返りが打てるようになり、7か月頃ひとりで座れるようになる。9か月頃つかまり立ちがみられ、18か月頃までにひとり歩きができるようになる
- 言語の発達は、生後1〜2か月頃「うー」「あー」などのクーイングが始まり、生後6か月から「ま、ま、ま」などの喃語になっていく。1歳頃に意味のある単語を言い始めて1語文が始まり、1歳半頃に2つの言葉を組み合わせた2語文になる

スキャモンの発達曲線によると、神経型は乳幼児期に最も発達します。4歳頃には約80%、6歳頃には90%となります。

▶ 思春期

- 思春期における身体の変化には、急激な変化が多い。身長の急激な伸びや体型の変化、性的成熟が特徴である
- 思春期には、第二次性徴という身体的な変化が始まる。女子の第二次性徴は、乳房発育から始まり、次いで初経が出現する
- 思春期には、生殖器系の成長が最も著しくなる。スキャモン（Scammon, R. E.）の発達曲線によると、14歳頃から急激に発達する
- 思春期は、自意識が強まることが特徴であり、自意識と社会の実態との違いに葛藤しやすい時期でもある
- 一般的に、女子のほうが男子より身体成熟のテンポが速いため、女子は男子より早く思春期を迎えることになる

📖 **自意識**：自分自身についての意識や自分への関心のこと。自己意識ともいう。

ここは覚える！

第33回では幼児期から老年期までの発達の特徴が、第35回では思春期に伴う心身の変化が、第36回ではスキャモンの発達曲線が出題されました。

WHO（世界保健機関）は、思春期を第二次性徴の出現から性成熟（性機能が成熟する18 〜 20歳頃）までの段階と定義しています。

📖 **第二次性徴**：性徴とは男女の判別の基準となる生物学的な特徴のことであり、胎児のときに出現する生殖腺及び内外生殖器の性差が第一次性徴、思春期に出現する性器以外の身体の各部位にみられる性差のことを第二次性徴という。

▶ 老化

老化は加齢に伴い身体機能や精神機能が低下していく生理的な変化です。生活環境や生活様式が良好に維持され、かつ疾病や事故が起こらなくても進む機能の低下を生理的老化といいます。

フレイルとは、加齢により心身が衰えた状態のことです。疲労感、体重減少、身体活動の低下などの身体的問題だけでなく、意欲低下などの心理的問題や認知機能の低下などを含みます。多くの高齢者がフレイルの時期を経て徐々に要介護状態になるため、フレイルは健常から要介護状態に移行する中間の段階と考えられており、予防的リハビリテーションが重要になります。

2 健康及び疾病の捉え方

国際生活機能分類（ICF） 31 32 34 35 36

　2001年5月に世界保健会議（WHO総会）で国際生活機能分類（ICF）が採択されました。生活機能とは人間が生きていく上での生活のすべてを指しており、ICFでは生活機能に支障がある状態を障害ととらえます。ICFの対象はすべての人であり、障害のある人に限定していません。

　ICFは、健康状態、生活機能（心身機能・身体構造、活動、参加）、背景因子（環境因子、個人因子）から構成されています。

▶ 健康状態

　ICFの健康状態とは、疾病や外傷、体調などを指し、ストレス、妊娠、加齢、先天性異常、遺伝的素質なども含みます。

 ここは覚える！

第34回で、疾病が健康状態に分類されることが問われました。

■ ICFの構成要素間の相互作用

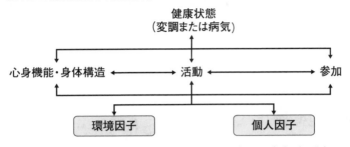

出典：厚生労働省「国際生活機能分類—国際障害分類改訂版—」（日本語版）

▶ 生活機能

ICFの生活機能には、心身機能・身体構造、活動、参加の3つの構成要素が
あり、これらは相互に影響を与え合い、また健康状態や背景因子とも相互作用
的な関係にあります。それぞれの構成要素に支障がある状態を、機能障害、活
動制限、参加制約と表現します。

■ ICFによる生活機能の定義

心身機能	身体系の生理的機能（心理的機能を含む）
身体構造	器官・肢体とその構成部分などの、身体の解剖学的部分
機能障害 （構造障害を含む）	著しい変異や喪失などといった、心身機能または身体構造上の問題
活動	課題や行為の個人による遂行
活動制限	個人が活動を行うときに生じる難しさのこと
参加	生活・人生場面へのかかわりのこと
参加制約	個人が何らかの生活・人生場面にかかわるときに経験する難しさ

ここは覚える！

第31・32・34・35・36回で、ICFが定義する、活動、参加、参加制約、機能障害などの
意味について出題されました。

落とせない！重要問題

国際生活機能分類（ICF）において、生活機能とは、心身機能、身体構造及び活動の3つから構成される。 第31回

×：心身機能・身体構造、活動、参加の3つから構成される。

▶ 背景因子

背景因子とは、個人の人生と生活に関する背景全体を表すもので、環境因子と個人因子の2つの構成要素があります。

■ ICFによる背景因子の定義と具体例

因子	定義	具体例
環境因子	人々が生活し、人生を送っている物的な環境や社会的環境、人々の社会的な態度による環境を構成する因子	杖や下肢装具、車いすなどの福祉用具、建物の構造や設備、バリアフリー状況、家族や周囲の人とのかかわり、医療や福祉のサービス・制度など
個人因子	その人固有の特徴	年齢や性別などの基本的特徴に加えて、教育歴、職業、人生の出来事、ライフスタイルなど

背景因子とは、生活機能に大きく影響を与える要因のことで、遺伝因子は含まれません。

健康の概念 ㉝

WHO憲章では、「健康は、身体的にも精神的にも社会的にも良好な状態をいい、単に病気がないとか病弱でないということではない」と記されています。

集団の健康状態を表す健康指標の1つとして、これまでは平均寿命が広く用いられてきましたが、近年では健康寿命が着目されています。健康寿命とは、健康上の問題で制限されることなく生活ができる期間のことです。

 ここは覚える！

第33回で、WHO憲章による健康の定義や健康寿命の定義が出題されました。

プライマリ・ヘルス・ケア ㉜

　1978年にWHOが発表したアルマ・アタ宣言において、プライマリ・ヘルス・ケアに関する提言がなされました。プライマリ・ヘルス・ケアとは、地域住民が参加して、包括的、継続的で、身近な保健・医療サービス（健康教育や予防接種など）を組織的に提供することを意味します。すべての人が健康になるために、地域住民を主体として健康の問題を住民自らの力で解決していくことを理念としています。

ここは覚える！

第32回で、アルマ・アタ宣言が出題されました。

健康日本21 ㉛ ㉝ ㉟

　「健康日本21」とは、2000（平成12）年度より始まった「21世紀における国民の健康づくり運動」のことです。生活習慣病およびその背景としての生活習慣の改善などの課題について、具体的な数値目標を設定し、国民の健康づくり運動を推進しました。

　「健康日本21（第2次）」では、2013（平成25）年度からの10年間の取り組みとして、健康寿命の延伸と健康格差の縮小を目標として、一次予防を重視した生活習慣および社会環境を改善する取り組みが行われています。

　2024（令和6）年度から開始される「健康日本21（第3次）」では、以下の4つを基本的な方向性としています。

- 健康寿命の延伸と健康格差の縮小
- 個人の行動と健康状態の改善
- 社会環境の質の向上
- ライフコースアプローチを踏まえた健康づくり

クラーク（Clark, G.）とリーベル（Leavell, H.R.）は疾病予防の考え方として、一次予防を健康増進、発病予防、二次予防を疾病の早期発見と早期治療、三次予防を再発予防、疾病の悪化予防、リハビリテーションとしています。

3 身体構造と心身機能

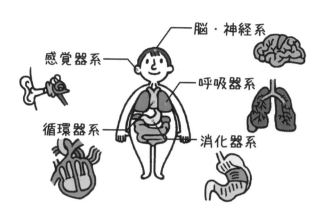

細胞と組織

▶ 細胞

人体の細胞は、細胞分裂というプロセスで複製され倍々に分裂していきます。細胞は細胞質と核とに分かれます。細胞質内にあるリボ核酸（RNA）と核にあるデオキシリボ核酸（DNA）がたんぱく質の生合成に重要な役割を果たしています。

▶ 組織

組織は同じ形や働きをもつ細胞が集まって形成されています。人体の器官を構成する主要な組織は、次の4つです。

■ 器官を構成する4大組織

上皮組織	皮膚の表面や消化管の内壁を覆って内部を保護し、物質交換の役割を果たす
支持組織（結合組織）	組織や器官の間を埋めて、支持・保護する
筋組織	人体構造を動かすために必要な力をつくる
神経組織	体の各部の情報を脳に伝え、また脳からの指令を各部に連絡する

体液

　体液は、細胞内液（細胞内に含まれる水分）と細胞外液（血液の液状成分、リンパ液、組織液など）の総称であり、人体の約60%を占めています。細胞内液にはカリウムイオンが、細胞外液にはナトリウムイオンが多く含まれます。

血液・免疫系

　血液は体内を循環して種々の物質を運搬します。肺から取り入れた酸素を組織に、組織で生じた二酸化炭素を排出のため肺外へ、さらに消化管で吸収された栄養物質を組織に、老廃物を腎臓へ輸送します。またホルモンや電解質を全身に流通させたり、身体内部の熱を体表に運んだりします。

　全血液容量の約55%を占めているのが、血漿です。その90%は水からなり、ナトリウムやカルシウムなどの電解質に加え、アルブミンやグロブリンなどのたんぱく質が含まれます。血液の45%を占めているのが血球（細胞成分）で、骨髄でつくられます。

> 血液は体重のおよそ7〜9%を占め、その量は成人で平均4.5〜5.5Lに達します。

📖 **電解質**：細胞機能の調節や、酸塩基調節のために、細胞内外に存在する、ナトリウム、カリウム、カルシウム、クロールなどのイオン。

■ 血液の成分と役割

55%	血漿		電解質に加え、アルブミン（血液の浸透圧の維持や様々な物質の運搬）、免疫グロブリン（病原体などに抵抗）、多種の血液凝固因子（血を止めるたんぱく質）を含む
45%	血球	赤血球	血色素（ヘモグロビン）を含み、からだの各組織に酸素を送り届けるとともに、各組織でできた炭酸ガスを肺に持ち帰る働き
		白血球	体内に侵入してきた細菌、ウイルス、有害物などを取り込んで食べる働き（貪食作用）、免疫と関係
		血小板	出血を抑える働き（止血作用）、血液凝固に関与

呼吸器系

　人は、酸素を絶えず補給しなければ、生体を維持できません。生体を維持するためには、空気中から酸素を体内に取り込み、体内で発生した二酸化炭素を体外に放出するための装置が必要です。これに関する器官が呼吸器系です。

▶ 呼吸器系の構造

　呼吸器系は、気道（鼻腔、咽頭、喉頭、気管、気管支）と、肺で構成されています。

気道	吸い込まれた空気を肺に運ぶほかに空気の清浄化（ほこりの粒子の除去）、嗅覚器（鼻腔）、発声器（喉頭）として働く
肺	心臓を囲み左右に1対あり、右は3つの肺葉（上葉、中葉、下葉）、左は2つの肺葉（上葉と下葉）に分かれている

■ 呼吸器系の構造

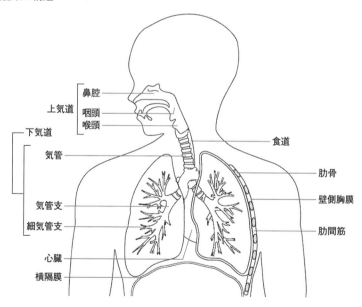

▶ 呼吸

　呼吸には、内呼吸と外呼吸があります。

内呼吸	血液と組織細胞間で行われるガス交換のこと。酸素は、毛細血管の血液から供給されて細胞内に拡がり、二酸化炭素は、細胞から毛細血管へと拡がって血液により運ばれる
外呼吸	肺胞内の空気と血液間で行われるガス交換のこと。外気を換気運動により肺胞に取り込む

成人では、安静呼吸時に肺内に500mlの酸素がありますが、1分間に250mlの酸素を消費するので常に換気していないと2分でなくなってしまいます。

■ 内呼吸と外呼吸

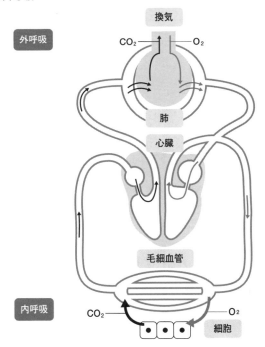

▶ 呼吸運動

呼吸運動は胸郭の変形と横隔膜の移動によって行われます。吸気のときは、胸郭が大きくなり横隔膜が収縮して下降するため、胸腔の容積が増加し、空気が勢いよく肺に流入します。呼気時は、横隔膜が弛緩・挙上し、胸腔の容積が減少して肺から空気が押し出されます。

第32回には、横隔膜の働きが出題されました。

 胸腔： 胸郭に囲まれた内腔。

▶ 呼吸回数

　安静時の呼吸数はおよそ12〜18回／分です。呼吸回数は、脳幹の中の延髄にある中枢化学受容野で血中の炭酸ガス濃度を感知することによって調節しています。血中炭酸ガス濃度が高くなれば、呼吸回数を増やして換気量が増大します。

▶ 肺気量

　肺気量とは、肺内に入る気体の量のことです。肺に空気を深く吸い込み、できるかぎり吐き出したときの量を肺活量、吐ききった後に肺内に残る空気の量を残気量といいます。この肺活量と残気量の合計が肺気量となります。

ここは覚える！

第34回に、加齢に伴い肺活量が低下して肺の残気量が増加することが出題されました。

循環器系　㉝

　循環器系は血液を運ぶ回路です。そして、たった1分間で体の全部の血液が一巡します。

▶ 循環器系の構造

　循環器系は、ポンプとして働く心臓と、循環する血液が通過する血管からなる心臓血管系（動脈、毛細血管、静脈）、リンパ管からなるリンパ系に分けられます。

心臓そのものに血液を供給している血管は冠状動脈で、心臓の筋肉に酸素と栄養分を送っています。

1 医学概論 ③ 身体構造と心身機能

■ 心臓の構造

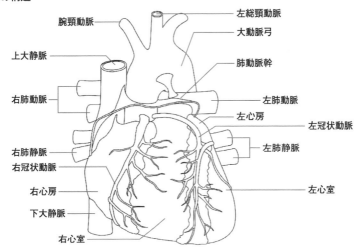

腕頭動脈
左総頸動脈
大動脈弓
上大静脈
肺動脈幹
右肺動脈
左肺動脈
左心房
左冠状動脈
右肺静脈
左肺静脈
右冠状動脈
右心房
左心室
下大静脈
右心室

ここは覚える！

第33回で心臓の構造について出題されました。左心房と左心室との間にある弁は僧帽弁、右心房と右心室との間にある弁は三尖弁といいます。

▶ **血液循環**

血液は、全身をめぐる体循環と肺をめぐる肺循環を交互に繰り返しながら体内をめぐり続けています。

体循環	血液は、心臓の左心室から大動脈に送り出されて、全身に酸素や栄養分を運ぶ。代わりに二酸化炭素や老廃物を受け取り、大静脈に集められ右心房に帰ってくる
肺循環	体循環を終えた血液は、右心室から肺動脈に送り出されて肺へ回り、二酸化炭素と酸素を取り換えるガス交換が行われる。ガス交換を終えた血液は、肺静脈を経て左心房に戻り、左心室から全身に送られる

肺から出ていく血液を動脈血、肺へ向かう血液を静脈血と定義します。したがって、肺静脈の中の血液は動脈血ですので注意しましょう。

▶ 血圧

　血液の循環は心臓の収縮によって維持されています。血液を循環させるエネルギーは、心室の圧力、すなわち血圧によって生じています。心室収縮期の血圧を最大血圧、心室拡張期の血圧を最小血圧と呼びます。

　日本高血圧学会のガイドラインでは、診察室で測った血圧が、収縮期血圧/拡張期血圧のどちらか一方、あるいは両方が140/90mmHg以上、家庭で測定した場合は135/85mmHg以上を高血圧とします。高血圧の判定では、診察室血圧値よりも家庭血圧値のほうが優先されます。

▶ 心拍と脈拍

　心拍とは心臓の鼓動のことです。鼓動のリズムは、右心房の上大静脈開口部にある洞結節で発生し、刺激として心房、心室に伝わります。

　脈拍とは心臓が収縮し、血液が大動脈に送り込まれるときに生じる波動が、全身の動脈に伝わり触知されたものをいいます。最も脈拍が触れやすいのは橈骨動脈ですが、頸動脈や上腕動脈でも触知することができます。成人の1分間の脈拍数の正常値は、60 ～ 90回です。

消化器系　㉜

　口から食べたものが消化されるまでの器官が消化器系です。消化器系は消化管と、付属器官（肝臓、胆嚢、膵臓）に区別されます。

▶ 消化管の構造

　消化管は、口から肛門まで長さ約9mに及びます。その間は、口腔、咽頭、食道、胃、小腸（十二指腸、空腸、回腸）、大腸（盲腸、虫垂、上行結腸、横行結腸、下行結腸、S状結腸、直腸）、肛門に区分されます。

　咽頭は、消化管と呼吸器に共通の通路です。胃の大きさは、成人で約1.5Lです。空腸は約2m、回腸は約3mあり、回腸は右下腹部で大腸の側面に入ります。大腸は全長1.6mで、結腸（盲腸からS状結腸まで）と直腸に分けられます。盲腸の下端から虫垂が伸びます。

■ 消化器系器官の位置

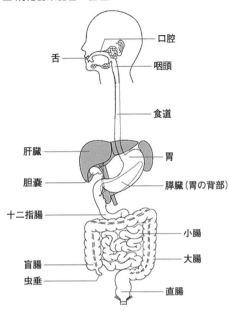

口腔
舌
咽頭
食道
肝臓
胆嚢
膵臓（胃の背部）
胃
十二指腸
小腸
盲腸
大腸
虫垂
直腸

■ 小腸と大腸

小腸
・十二指腸、空腸、回腸に区分される ・腸絨毛によって、栄養素と水分を効率よく消化・吸収する

大腸
・小腸に続く消化管で、盲腸、虫垂、上行結腸、横行結腸、下行結腸、S字結腸、直腸に区分される ・小腸の残りカスから、さらに水分や電解質を吸収し、糞便を形成・排泄する

小腸から大腸にかけて、多種多様な腸内細菌が生息しています。これらは腸内フローラ（腸内細菌叢）と呼ばれ、腸内環境を良い状態に保つことが健康の維持や免疫細胞の活性化などに、大きくかかわっていることがわかってきました。

▶ 消化管の機能

　消化管は食物を低分子の栄養素に分解し、細胞が利用できる形に変えます。口の中で食物を噛み砕き、消化酵素を含む唾液、胃液、膵液などで分解された栄養素は腸を通って吸収され、不要となった排泄物が直腸から肛門に達して排泄されます。

　消化管の内腔は粘膜で覆われていて、その外側を平滑筋という筋肉が包んでいます。消化活動に必要な消化液の分泌や、律動的な収縮運動（蠕動運動）を行います。

▶ 肝臓

肝臓は横隔膜直下に位置します。右上腹部を占める赤褐色の大きな臓器で、右葉と左葉からなります。肝臓は代謝の中心的役割を担っているほか、毒素や細菌・薬物などを無毒化する解毒や、脂肪の消化吸収や胃や腸の働きを助ける胆汁の生産を行います。

ここは覚える！

第32回で、腸管の順序、膵臓や小腸の働きなどが問われました。また、胆汁がつくられる器官を問う出題もありました。

▶ 胆嚢

胆嚢は肝臓の下面にあり、肝臓で生産された胆汁を蓄え濃縮します。胆汁は、小腸における脂肪の消化と吸収に重要な役割を果たします。

▶ 膵臓

膵臓は胃の後ろにあって、十二指腸に接しています。膵臓にはランゲルハンス島と名付けられる内分泌組織があり、その中のβ細胞は、インスリンを分泌します。また、膵臓には、栄養素を分解する消化酵素を含む膵液を分泌し、それを消化管に送り込む外分泌腺もあります。

📖 **インスリン**：血糖値を下げる唯一のホルモン。糖尿病はインスリンの分泌低下または、作用低下によって起こる。

腎・泌尿器系

体内の老廃物、水分、電解質を排出するための器官が腎・泌尿器系です。

▶ 腎臓

腎臓は、腰のあたりに（両手を腰に当てたとき親指が当たる付近）に左右一つずつあり、体液の恒常性を維持しています。

腎臓は、体液の量と組成（電解質、pH、浸透圧）の恒常性を維持できる唯一

の器官です。腎臓には濾過器の働きもあります。たんぱく質やアミノ酸の代謝過程で生じたアンモニアは、肝臓で尿素に変化して腎臓から排出されます。

▶ その他の泌尿器官

腎臓で生成された尿は、尿管、膀胱を通過し、尿道から排出されます。尿意を感じるのは、尿が150ml溜まった頃で、400ml溜まると尿意は我慢できないほど強くなります。

> 女性は男性に比べ、尿道の長さが短いです。女性が男性に比べて膀胱炎になりやすいのは、この構造的差によるものです。

支持運動器官

運動は骨、関節、筋肉等の連携によって行われます。

▶ 骨

骨の内部はスポンジ状になっています。外表面の緻密で硬い部分を緻密質といい、内部の小孔と網目状の骨梁からなる部分を海綿質といいます。海綿質の小孔と髄腔を満たす組織を骨髄といいます。

人体の骨格は、脊柱と胸郭からなる体幹、左右に突き出した上肢と下肢から構成されています。脊柱は上から順に、頸椎7個、胸椎12個、腰椎5個、仙椎5個、尾椎3〜5個の椎骨が連なっています。仙椎および尾椎はそれぞれ癒合しており、仙骨および尾骨と呼ばれています。

▶ 関節

関節は骨と骨をつなぐ連結部分で、関節腔、関節包、滑膜、靭帯から構成されます。関節腔を満たす滑液はヒアルロン酸に富んでいます。

膝関節は最も酷使される関節であり、支持のため半月板が存在します。

▶ 筋系

筋系は骨格筋、心筋、平滑筋（内臓筋）の3つに大別されます。骨格筋は関節

をまたぐ筋であり、骨の表と裏に付き、随意運動や姿勢の維持に働きます。心筋は心臓壁を構成し、平滑筋は血管や内臓の壁を構成しています。

> 骨格筋は、体性運動神経の刺激によってのみ収縮しますが、心筋と平滑筋は中枢性の刺激がなくても自発的に収縮し、その収縮の度合いは自律神経によって調節されています。

神経系

神経系は、全身に張りめぐらされた情報ネットワークです。

▶ 神経系の構造

神経系は、脳と脊髄からなる中枢神経系と、中枢と身体各部を結ぶ末梢神経系から構成されます。末梢神経を機能的に分類すると、感覚神経や運動神経などの体性神経と、意思とは関係ない呼吸や血圧、心拍、体温などの機能に関する自律神経に区分されます。

中枢神経系	脳と脊髄からなっている。脊髄は脊柱管内にあり、対応する脊椎によって、頸随、胸随、腰随、仙随、尾随に区別される
末梢神経系	脳神経（脳に出入りする12対の神経）と、脊髄神経（脊髄に出入りする31対の神経）からなっている

■ 神経系の解剖学的分類

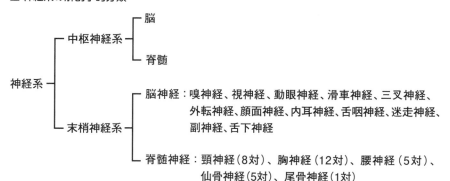

▶ 自律神経

自律神経は、身体を緊張・興奮状態にさせる交感神経と、リラックス状態にさせる副交感神経の2系統があり、多くの臓器に対して拮抗して働きます。

■ 交感神経と副交感神経の働き

	血管	血圧	心拍数	瞳孔	発汗	消化管運動
交感神経	収縮	上昇	増加	散大	促進	抑制（減弱）
副交感神経	拡張	下降	減少	縮小	—	促進（亢進）

▶ 神経系の機能単位

神経系を構成する細胞は神経細胞（ニューロン）と神経膠細胞（グリア細胞）です。神経細胞は細胞体、核、樹状突起、神経線維（軸索、髄鞘、シナプス）からなります。

神経細胞と軸索では表面の電位を使って情報を伝達し、シナプス間隙ではアセチルコリン、ドーパミン、セロトニンなどの神経伝達物質を使って情報を伝達します。

> 神経膠細胞（グリア細胞）は神経系の情報伝達機能とは関係せず、神経細胞（ニューロン）を物理的に支えて、栄養を供給しています。不要になった化学物質の代謝にも寄与していることがわかってきました。

脳、脊髄の構造と機能 ㉜

脳は大脳・間脳・脳幹・小脳に分けられます。

▶ 大脳

大脳は左右の大脳半球が結合したもので、脳全体の約80％の重さを占めています。大脳のはたらきは、情報を識別して、それに応じた運動を指令することです。

大脳の表面を覆っている大脳皮質は、前頭葉、頭頂葉、側頭葉、後頭葉に分けられ、部位によって異なった機能が備わっています。

　　大脳半球の内側面にある大脳辺縁系は、本能的行動や情動、嗅覚にかかわっており、海馬は記憶に関係していると考えられています。

■ 大脳の働き

大脳皮質	前頭葉	計画、判断、評価、創造などの高次精神活動に関係
	頭頂葉	感覚の統合、身体位置の空間的認識に関係
	側頭葉	聞こえた音を識別する聴覚機能に関係
	後頭葉	視覚と眼球運動に関係
大脳辺縁系		情動調節や記憶形成に関係

ここは覚える！

第32回では、大脳の後頭葉機能が出題されました。

■ 大脳半球　　　　　　■ 大脳皮質の機能

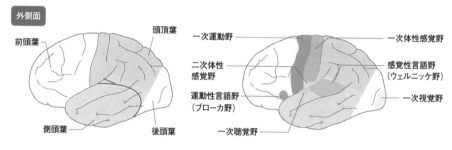

外側面

前頭葉　頭頂葉
側頭葉　後頭葉

一次運動野　　一次体性感覚野
二次体性感覚野　感覚性言語野（ウェルニッケ野）
運動性言語野（ブローカ野）　一次視覚野
一次聴覚野

■ 大脳半球

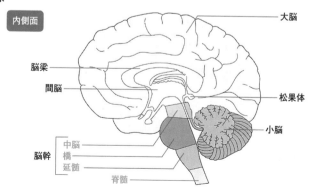

内側面

大脳
脳梁
間脳
松果体
小脳
脳幹　中脳　橋　延髄
脊髄

▶ 間脳

大脳半球の間にある灰白色の塊を間脳といいます。間脳は視床、視床上部、視床下部の3領域に分かれます。

視床	間脳の約5分の4を占める。嗅覚を除くすべての感覚情報はいったん視床に集められる。いわば中枢神経最大の神経核
視床上部	松果体が存在し、セロトニンからメラトニンというホルモンを合成して、血中に放出する。日内リズムにかかわる
視床下部	大脳皮質や辺縁系と連絡し、自律神経及び内分泌系の統合中枢として働いている。体温調節中枢、血糖調節中枢、浸透調節中枢といった生命維持に不可欠の中枢が存在し、自律神経や内分泌系を介して、内臓機能を調節するとともに、生体リズム、摂食、飲水行動を引き起こすことによって体内環境の恒常性を維持する

▶ 脳幹

中脳、橋、延髄を合わせて脳幹といいます。

中脳	眼球運動や瞳孔の調節、姿勢保持などに関する中枢
橋	味覚、聴覚、顔の筋肉の動きなどの神経核
延髄	生命維持に欠かせない呼吸運動、循環器系の調節にかかわる血管運動、消化、嚥下、唾液分泌などに関する中枢

▶ 小脳

小脳は脳幹の背側にあり、後頭において小脳テント下に位置しています。小脳の働きは、身体の平衡を保ち、姿勢を維持し、運動の円滑化を図ることです。

▶ 脊髄

脊髄は運動における下位中枢です。上は延髄につながり、下は第一腰椎の下端まで伸び、約45cmの長さをもつ神経器官です。運動に関しては、錐体路が運動指令を脊髄に伝えることで機能します。

> 皮質脊髄路が経路のどこかで損傷を受けると、運動麻痺・腱反射・バビンスキー反射などの異常反射の出現といった症状が現れます。これらを錐体路症状と呼び、これに対し、運動麻痺ではなく不随意運動や筋緊張の異常など、顕著な運動障害は錐体外路症状と呼ばれます。

内分泌器官　㉜

　内分泌器官は、ホルモンを分泌する器官です。ホルモンは特定の臓器において産出される化学物質で、内分泌腺や細胞から血液中に分泌され、目的とする組織または器官の働きの調節に関与しています。

▶ 視床下部と下垂体

　間脳の視床下部とその底に位置する下垂体は、副腎皮質・甲状腺・性腺といった下位の内分泌器官のホルモン分泌を調節する中枢の役割を担います。

▶ 甲状腺

　甲状腺は喉頭から気管にかけて位置します。コロイドを満たした上皮が甲状腺ホルモンを作ります。甲状腺ホルモンの作用には、代謝率の上昇や熱の産生、成長促進作用、心臓・血管への作用などがあります。

▶ 副甲状腺

　副甲状腺は上皮小体とも呼ばれ、甲状腺の背面に4つ存在しています。副甲状腺ホルモンは、主に骨や腎臓に働き、血液中のカルシウム濃度を上昇させる役割があります。

ここは覚える！

第32回に、副甲状腺ホルモンの働きが出題されました。

▶ 副腎

　副腎は左右の腎臓上部に位置するもので、副腎皮質と副腎髄質に区分されます。皮質は主に糖質コルチコイドを分泌し、髄質はカテコールアミンの代表産物であるアドレナリンとノルアドレナリンを分泌します。

▶ 生殖器

　精巣からは主にアンドロゲンが、卵巣からは主にエストロゲンが分泌されます。アンドロゲンは男性の第二次性徴を発現させ、精子形成を促進します。エストロゲンは女性の第二次性徴を発現させ、乳腺を発達させます。

感覚器系　㉞ ㊱

視覚や聴覚などの感覚機能を担う器官が感覚器系です。

▶ 視覚系

眼球は眼筋や涙器とともに収まっています。眼球壁は線維膜、血管膜、神経膜の3層からなります。

線維膜	強膜（白目の部分）、角膜（黒目の部分）で構成
血管膜	脈絡膜、毛様体、虹彩で構成
神経膜	網膜から構成
水晶体	両凸レンズ形の透明体で、虹彩の後ろに位置する。遠近調節の役目をしている

加齢により、水晶体の弾性が低下すると近くのものが見えにくくなり、老眼になります。また、水晶体の透明度も低下して、白内障になりやすくなります。

▶ 聴覚系

耳は、外耳・中耳・内耳から構成されています。

外耳	集音装置
中耳	伝音装置。音波を機械的振動に変換する。鼓膜（音波によって振動）と鼓室（3つの耳小骨がある）からなる
内耳	聴覚、平衡覚を備えている。骨迷路は、蝸牛、前庭、骨半規管の3部分からなる

 ここは覚える！

第36回で、目の構造と病気について出題されました。第34回では、高齢者に多い感音難聴が始まる音の領域について問われました。高齢者は内耳の機能が低下するので、高い周波数を聴く能力が落ちます。

4 疾病と障害の成り立ち

頻出度 🐾🐾🐾

高齢者に多く見られる病気 & 障害をともなう疾病

加齢

がん 31 33 35

2022（令和4）年の人口動態統計によると、死因別死亡数の順位は、第1位が悪性新生物（がん）、第2位が心疾患、第3位が老衰です。

悪性新生物（がん）の主な部位別にみた死亡数は、第1位が肺がん、第2位が大腸がん、第3位が胃がんになっています。男女ともに近年胃がんの死亡率が低下する一方で、肺がん、大腸がん、膵臓がんの死亡率が上昇傾向にあります。

■ がん死亡数の順位（2022（令和4）年）

	1位	2位	3位	4位	5位
男女計	肺	大腸	胃	膵臓	肝臓
男性	肺	大腸	胃	膵臓	肝臓
女性	大腸	肺	膵臓	乳房	胃

出典：厚生労働省「人口動態統計」

 ここは覚える！

第35回で、2021（令和3）年度における悪性新生物死因の女性の第1位が問われました。

心疾患

▶ 虚血性心疾患

　虚血性心疾患とは、心筋への血液供給を行う冠動脈の狭窄や閉塞による冠血液量の不足、または停止による病態です。数分以内の一過性の心筋虚血である狭心症と、30分以上の虚血の結果、心筋が壊死に陥る心筋梗塞があります。

狭心症	冠動脈に狭窄が生じて、内腔が狭くなることによって、心筋が一過性の虚血に陥った状態。胸部に不快感、圧迫感、締めつけられるような痛みなどが急激に起こるが、症状は数分以内で治まる。ニトログリセリンの舌下投与で軽快する。体動や運動により発生する労作狭心症と、安静時に発生する安静狭心症がある
心筋梗塞	冠動脈の一部分が閉塞することにより発症する。血流が止まり、心筋細胞が壊死して心臓が正常に働かなくなった状態。強烈な胸部の痛みが特徴的で、発作は30分以上持続する。ニトログリセリンの舌下投与は無効であり、胸痛軽減にはモルヒネが用いられる

📖 **心筋虚血**：冠動脈に動脈硬化があるために酸素供給が障害されて発生する一過性の酸素不足状態。

　心筋梗塞は日内変動があり、午前中に生じやすいとされています。血圧上昇、心拍数増加、冠血流量の増加が午前中に起こりやすいことが原因と考えられます。

▶ 心不全

　心不全とは、病名ではなく、心臓のポンプ機能が低下して、十分な血液を全身に送り出せなくなった状態のことです。

急性心不全	これまで健康であった人に突然新しい心疾患が生じ重篤な循環障害に陥った場合を指す。急性心筋梗塞など
慢性心不全	長年にわたる心疾患の合併によって慢性的に心機能が障害された状態をいう
左心不全	一般に心不全といえば、左心室の機能障害に基づく左心不全を意味する。動悸、疲労感、四肢の冷感、チアノーゼ（皮膚や粘膜が青紫色になる状態）がみられる
右心不全	肺循環に一次的な問題がある病態で起こり、全身のうっ血、下肢や顔面の浮腫、腹水貯留がみられる

脳血管疾患 ㉟

　脳血管疾患は脳の血管に障害が生じる疾病です。脳血管疾患は、血管が詰まる脳梗塞と、血管が破けて出血する頭蓋内出血（脳出血）に分けられ、これらを総称して脳卒中と呼びます。

　主な症状は頭痛、嘔吐、意識障害、麻痺、しびれなどがあり、後遺症には上下肢の運動麻痺、顔面麻痺、失語、感覚障害、認知症などがみられます。

▶ 脳梗塞

　脳梗塞は、その原因によって、脳血栓と脳塞栓に分類されます。ラクナ梗塞と呼ばれる小さな脳梗塞が多発した状態を多発性脳梗塞といいます。

脳血栓	脳動脈硬化から血栓が形成され、血流が詰まる。休息時に起こることが多く、ゆっくりと症状が進行する
脳塞栓	心房細動などのために心臓内にできた血栓が脳血管へ運ばれて、血流が詰まる。急に発症して、数分で症状が現れる
多発性脳梗塞	ラクナ梗塞によって、脳の小さな血管が詰まる

▶ 頭蓋内出血

　頭蓋内出血（脳出血）とは、頭蓋内にみられるすべての出血の総称です。脳内への出血には脳内出血、脳周囲への出血にはくも膜下出血、硬膜外出血、硬膜下出血などがあります。塊状の出血の場合は、血腫と呼ばれます。

脳内出血	脳の内部の血管が破れて出血することにより発症。意識障害が急速に進行する。高血圧が原因であることが多い
くも膜下出血	脳の外側を覆っているくも膜と軟膜の間の脳動脈が破れて出血することにより発症。激烈な痛みと嘔気・嘔吐が特徴。脳動脈瘤の破裂が原因
硬膜外出血 硬膜下出血	硬膜の血管あるいは脳表血管の破綻により発症 ＜急性＞骨折や脳挫傷などの頭部外傷が原因で、急性に症状が現れる ＜慢性＞軽微な頭部外傷をきっかけに徐々に症状が現れる

ここは覚える！

第35回で、脳梗塞の後遺症として起こりやすい感覚障害について出題されました。

▶ メタボリックシンドローム

　メタボリックシンドロームとは、動脈硬化性疾患をきたしやすい危険因子集積状態であり、内臓脂肪蓄積状態がその本質です。このため動脈硬化症を引き起こしやすい基礎病態である糖尿病、脂質異常症、高血圧、肥満などの危険因子はその程度が境界域でも、重複した場合は、虚血性心疾患や脳卒中のリスクが飛躍的に増大します。

ここは覚える！

第31回に、特定健康診査が出題されました。40〜74歳の被保険者・被扶養者を対象に、糖尿病などの生活習慣病、とりわけメタボリックシンドロームの有病者・予備群を減少させることを目的とした検査です。

▶ 糖尿病

　糖尿病はインスリンの分泌不足、または作用不足から生じる慢性的な高血糖を特徴とする代謝疾患です。糖尿病の1型は比較的若年層に多く、2型は壮年・高齢者に多くみられます。2型は日本人の糖尿病全体に対し90％以上を占めています。

　特徴的な症状は口渇、多飲、多尿、体重減少、倦怠感などで、低血糖発作では四肢脱力感、意識障害、顔面蒼白、発汗などがみられます。

糖尿病が長くなると、血液中の糖が増えすぎて、血管を傷めることで合併症を起こします。糖尿病の三大合併症は、腎症、網膜症、神経障害です。

■ 1型糖尿病と2型糖尿病

1型糖尿病 （インスリン依存型）	膵臓のランゲルハンス島のβ細胞破壊によりインスリンの生産能力が障害されている。インスリン注射を必要とする
2型糖尿病 （インスリン非依存型）	インスリンの分泌低下と作用不足が混在している。日常の生活習慣が関与。食事療法や運動療法で治療可能な場合もある

糖尿病性腎症	腎臓の糸球体が傷ついて腎症になる。重症化すると、腎不全から透析導入や腎移植が必要になる（人工透析導入に至る原因の第1位）
糖尿病性網膜症	網膜の血流が低下することで視力が低下する。重症化すると、失明の危険がある
糖尿病性神経障害	神経が障害を受ける。末梢神経が障害されると、四肢末端の知覚障害、しびれ、疼痛など。自律神経が障害されると、起立性低血圧、排尿障害など。重症化すると壊疽による下肢切断や突然死の危険がある

▶ 脂質異常症

脂質異常症とは、血液中の脂質濃度が異常値をとる病態をいいます。脂質とは、コレステロール（LDLコレステロール、HDLコレステロール）、中性脂肪、リン脂質、遊離脂肪酸を指します。自覚症状はありませんが、放置すると、動脈硬化を促進させる危険因子となります。

▶ 高血圧

原因不明の本態性高血圧（一次性高血圧）と続発性高血圧（二次性高血圧）があり、全体の約90％を占めるのが本態性高血圧です。

血圧は加齢により上昇します。動脈硬化が進み大動脈の弾性が失われていくため、血液を全身に送り出すときの圧力が高くなり、心臓の収縮期血圧（最高血圧）が上昇して拡張期血圧（最低血圧）との差（脈圧）が拡大します。

📖 **続発性高血圧：**特定の原因がある高血圧をいう。

先天性疾患

遺伝障害には、大きく分けて遺伝病と染色体異常があります。

▶ 遺伝病

常染色体あるいは性染色体に異常な遺伝子が存在することにより生じる疾患です。代表疾患にはマルファン症候群（常染色体優性遺伝）、フェニルケトン尿症（常染色体劣性遺伝）、血友病（伴性遺伝）があります。

▶ 染色体異常

ダウン症は、21トリソミーといわれ、21番目の常染色体が3本となる染色体異常です。母親の年齢が高齢になるほど、発症頻度が上昇します。臨床症状として、突き出した舌や傾斜したアーモンド型の眼など特徴的な顔貌、また心臓疾患、十二指腸閉鎖などがあります。さらに成長過程では、知的発達や歯の発達が遅滞し、異常歯や歯の欠損も起こります。

染色体は、22対の常染色体と1対の性染色体（男性はXY、女性はXX）で合計46本あります。

感染症 ㉞

感染とは、病原体（細菌、ウイルス、カビ等の病気を起こすもとになる生物のこと）が体内に侵入し、定着・増殖した状態です。その結果、何らかの生体反応が起こった疾患のことを感染症といいます。

▶ 肝炎

肝炎を引き起こすウイルスの中で将来、慢性肝炎、肝硬変、肝がんに進行する可能性があるのは、B型（HBV）とC型（HCV）です。

■ B型肝炎ウイルスとC型肝炎ウイルス

	B型肝炎ウイルス（HBV）	C型肝炎ウイルス（HCV）
感染経路	血液感染・母子感染	血液感染
経過	一過性の感染が多く、まれに慢性化する	多くは慢性化して肝硬変に進行、肝がんになりやすい
高齢者の発症	頻度は低い	頻度は高い

肝硬変：慢性肝炎を放置すると肝細胞の破壊が進行し、そのすき間に線維が増生して硬くなる。肝臓の働きが失われて、黄疸や腹水など全身に異変が生じるようになる。

肝がん発症の原因の大部分はC型肝炎で、輸血あるいは不潔な医療行為、針、刺青によって感染します。

▶ HIV感染症／エイズ（後天性免疫不全症候群）

　ヒト免疫不全ウイルス（HIV）に感染すると、免疫細胞が破壊され、免疫不全を起こし、それによって様々な病気を発症するようになります。これがエイズです。感染しても免疫不全が起きていない状態は、HIV感染症と呼ばれます。

　HIVは、血液、精液、膣分泌液に含まれ、主な感染経路は、性的接触、血液媒介感染、母子感染です。

▶ 結核

　結核菌群による感染症と定義されます。主な感染経路は空気感染で、空気中に浮遊する病原菌を吸入することで感染し、咳、体重減少、発熱、全身倦怠感、血痰などの症状が2週間以上続きます。

▶ インフルエンザ

　インフルエンザウイルスによる感染症です。風邪のような症状に高熱、関節痛、筋肉痛を伴うことが多く、肺炎を合併する危険性もあります。

肺炎は肺炎球菌によるものが最も多く、細菌のほか、ウイルスなどの病原微生物が感染して肺に炎症を起こす病気です。

▶ 感染性胃腸炎

　ノロウイルスなどによる感染症で、発熱、吐き気、嘔吐、下痢などの症状があります。感染経路は食品を媒介とする経口感染ですが、下痢便や吐物から接触感染や飛沫感染が起こるため、処理の際には手袋、マスク、ガウンを着用します。ノロウイルスには消毒用アルコールは効果がないため、次亜塩素酸を使う必要があります。

▶ 大腸型感染性下痢症

　腸管出血性大腸菌による感染症で、激しい腹痛と頻回の下痢が特徴です。代表的な腸管出血性大腸菌はO-157です。O-157は感染力が強く、口から入った細菌の大部分は胃の酸にも負けずに生き残ります。熱には弱いため加熱処理が有効です。

ここは覚える！

第34回には、感染症の原因や潜伏期間が出題されました。ノロウイルスは、手指や汚染された二枚貝を介して経口で感染し、潜伏期間は1〜2日です。

神経疾患 ㉟

　神経系の疾患の多くは、介護保険の特定疾病や、難病対策のための調査研究対象となっている特定疾患に指定されています。

▶ パーキンソン病

　大脳の下にある中脳の黒質ドーパミン神経細胞が減少して起こります。原因は不明ですが、レビー小体と呼ばれる神経細胞内の構造物が観察されることが特徴です。

ここは覚える！

第35回でパーキンソン病の症状が出題されました。

■ パーキンソン病の代表的な症状（四大徴候）

安静時振戦（しんせん）	静止時に手足が震える
筋強剛（きんきょうごう）（筋固縮）	筋肉の緊張が高くなりこわばる
無動・寡動	動作が緩慢になる
姿勢反射障害	体のバランスが悪くなり、転びやすくなる

▶ 筋萎縮性側索硬化症（ALS）

　運動ニューロン疾患で、最も頻度の高い疾患です。症状は四肢の筋力低下、球麻痺による発声困難や嚥下障害、体重減少、また呼吸筋の麻痺による自発呼吸困難などです。眼球運動は侵されません。また多くの場合、感覚障害や膀胱・直腸障害、知的障害は認められません。進行性の疾患で、発症から2〜5年という短期間で、呼吸不全によって死に至ります。

　原因は不明で、発症は40〜50代に多く、やや男性に多い傾向が見られます。

📖 **球麻痺**：延髄にある舌下神経核などの運動性脳神経核の障害を球麻痺という。発声障害や嚥下困難などを伴う。

有効な治療法は確立されていませんが、延命治療として、気管切開による人工呼吸器の装着が検討されます。

▶ 脊髄小脳変性症

　歩くときにふらつく（歩行障害）、手が上手く使えない、話すときに口や舌がもつれる等の運動失調をきたす小脳の変性による病気の総称です。運動失調とは、四肢や体幹の随意運動を調節する機能が障害された状態を指し、筋力低下は伴いません。原因は不明で、遺伝性と孤発性に大別されます。

📖 **孤発性**：病気が散発的に起こること。家族には遺伝しないということを意味する。

▶ 進行性筋ジストロフィー

　遺伝性疾患で、男性に発症するデュシェンヌ（Duchenne）型が代表型です。

　3〜5歳頃に、転びやすい、走れない、階段を上れないなどの初発症状が出現し、登攀性起立（自分の身体をよじ登るように立つ）、脊柱の変形、関節拘縮、知能低下、心不全、消化器症状（急性胃拡張、便秘）、発汗過多、頻脈などが見られるようになります。10歳前後で歩行不能となり、20〜30歳で呼吸不全ないし心不全で死亡する予後不良の疾患です。

▶ 脊髄損傷

　交通事故や転落、転倒、スポーツによる事故などにより、脊髄内部の神経が損傷することで起こります。症状は対麻痺や四肢麻痺、排尿障害などです。損傷した部位によって障害の程度は異なり、上位になるほど障害が重度になります。

📖 **麻痺**：麻痺が両側下肢に起こると対麻痺、両側上下肢に起こると四肢麻痺と呼ぶ。なお、片側の上下肢に起こると片麻痺、一側の上肢または下肢（の一部）のみに起こると単麻痺と呼ぶ。

▶ 関節リウマチ（RA）

関節リウマチとは、自己免疫性疾患の一つであり、関節の滑膜が侵されて機能障害をきたします。女性に3〜4倍多い疾患であり、また発症年齢は30〜60代です。

朝に手指がこわばり、関節痛、関節腫脹が対称性に見られます。全身症状としては、貧血、リウマチ結節（皮下結節が前腕伸展部位にできやすい）、肺線維症（間質性肺炎）が挙げられます。

ここは覚える！

第34回に、関節リウマチによる手指のこわばりは朝方（起床時）に多くみられることが出題されました。

▶ 骨粗鬆症

骨粗鬆症は骨強度の低下を特徴とし、骨折リスクが増大しやすくなる骨格疾患と定義されます。女性ではエストロゲンの分泌量の低下が最も大きな原因です。

原発性骨粗鬆症（女性における閉経後骨粗鬆症、加齢による老人性骨粗鬆症）と、特定の病気や薬剤によって起こる続発性骨粗鬆症があります。

女性ホルモンであるエストロゲンは、骨の吸収を抑制します。閉経後にはエストロゲンの分泌が低下するので、骨吸収が促進され、骨量が減少します。閉経後の女性に骨粗鬆症の発生率が上昇するのは、この理由からです。

▶ 骨折

加齢により骨密度が低下すると、骨粗鬆症を生じやすく、転倒などによって骨折しやすくなります。高齢者の骨折では、大腿骨頸部骨折、脊椎圧迫骨折、橈骨遠位端骨折などが多くみられます。

■ 高齢者に多い骨折

大腿骨頸部骨折	太ももの付け根の股関節部分の骨折。転倒して臀部を打撲した場合に起こりやすく、寝たきりになる可能性が高い。手術治療が優先される
脊椎圧迫骨折	背骨が押しつぶされるようにして変形する骨折。主な原因は骨粗鬆症で、尻もちをつく、中腰で物を持ち上げる、などがきっかけで起こりやすい
橈骨遠位端骨折	手首付近での骨折。転倒して地面に手をついた場合に起こりやすい

▶ 変形性関節症

　変形性関節症とは老化のために関節の骨や軟骨がすり減り、関節に変形が生じる疾患です。頻発する部位は膝関節（変形性膝関節症）や股関節（変形性股関節症）に多く、立ち上がり動作や歩行、階段や坂の昇降で疼痛を生じます。

ここは覚える！

第34回には、変形性関節症が頻発する部位について問われました。高齢患者の訴えで最も多い骨・関節疾患の一つが、変形性膝関節症です。関節内へのヒアルロン酸、ステロイド注入などの保存的治療のほか、手術治療も用いられます。

▶ 腰部脊柱管狭窄症

　腰部の脊柱管に狭窄（狭くなること）が生じて、脊柱管に入っている神経を圧迫する疾患です。50歳以上に多く、年齢が高くなるほど発症率が高まります。

　主な症状は、立つ、歩くなど運動するときの足の痛みやしびれ、間欠性跛行です。重症になると、足の麻痺、排尿障害、排便障害が出現します。

📖 **間欠性跛行**：わずかな距離を歩行するだけで下肢に痛みやしびれが現れて歩けなくなるが、しゃがんだり、座ったりして休むと、痛みやしびれが楽になる症状のこと。

身体障害　　　　　　　　　　　31 33 35 36

　身体障害には、視覚障害、聴覚・平衡機能障害、音声・言語・そしゃく障害、肢体不自由、内部障害があります。

▶ 視覚障害

　視覚障害には、視力の障害と視野の障害があります。視力の障害は、視力の程度により盲と弱視に分けられます。盲とは視力が全くなく、光を感じる光覚を失ってしまった状態をいい、弱視とは日常生活は可能だが、非常に不自由な状態をいいます。

　視覚障害を引き起こす眼疾患には、白内障、緑内障、加齢黄斑変性症、網膜色素変性症、糖尿病性網膜症などがあります。

疾患	病態	特徴的な症状	原因
白内障	・目の水晶体が白く濁り、見えにくくなる	・視力の低下 ・霧視（かすみ） ・羞明（まぶしさ）など	・加齢による老人性白内障が多い ・その他、先天性や外傷性の白内障もある
緑内障	・眼圧が上昇し視神経が障害され、視野障害が起こる ・進行すると、失明する	・視野狭窄（視野が狭くなる） ・視野欠損（部分的に見えない）　など	・原因がはっきりしない原発緑内障が多い ・その他、炎症やケガ、隅角の発育不全で発症する
加齢黄斑変性症	・網膜の中心である黄斑部に萎縮や変性が生じる ・高齢者の失明原因の1つ	・視力の低下 ・変視症（ゆがんで見える） ・中心暗点（見ようとするものの中心が欠ける）　など	・加齢による網膜の機能低下
網膜色素変性症	・目の中で光を感じる網膜に異常がみられる	・視力の低下 ・夜盲（暗いと見えにくくなる） ・視野狭窄　など	・遺伝

▶ 聴覚障害

　聴覚障害には、ほとんど聞こえない状態のろうと、聞こえにくい状態の難聴があります。難聴は損傷の部位によって、次の3つのタイプに分けられます。

伝音性難聴	外耳及び中耳の障害によるもの。補聴器の使用で聞こえるようになる
感音性難聴	内耳、または聴覚神経の障害によるもの。音がゆがんで響くため、補聴器の効果は期待できない
混合性難聴	伝音性と感音性の合わさった難聴。両方の難聴の特徴を持つ

▶ 平衡機能障害

　平衡機能障害とは、体の姿勢を調節する機能の障害をいい、起立や歩行に異常をきたします。原因には、脳や内耳の疾患、視覚の異常、頸や腰の異常などがあり、四肢体幹の異常によるものではありません。

▶ 音声・言語・そしゃく障害

　言語障害には、言語そのものの障害と、音声や構音の障害があります。

　言語そのものの障害には、言語発達の遅れや失語症があります。失語症とは、正常な言語を習得した成人の言語表現や理解が障害された状態であり、脳梗塞や脳出血などの脳卒中や頭部外傷、脳腫瘍などの器質的な大脳の障害によって生じます。

　音声の障害とは、声の質、強さ、高さの異常をいい、構音の障害とは、不正確、不明瞭な音声を発する発音の障害をいいます。発声器官の筋力低下や麻痺などによる運動障害性構音障害と、口や骨、のどなどにおける形態上の異常や聴覚障害による器質性構音障害があります。

　そしゃく障害とは、経管栄養以外に方法のないそしゃく、嚥下障害をいいます。

■ 失語症の種類

失語症の種類	言語表出	言語理解	特徴
運動性失語 （ブローカ失語）	困難	比較的良好	左大脳半球のブローカ野周辺の損傷に関連があり、話し言葉が重度に障害される失語症。言葉を聞いて理解すること（聴覚的理解）は比較的良好に保たれている
感覚性失語 （ウェルニッケ失語）	錯誤	困難	左大脳半球のウェルニッケ野周辺の損傷に関連があり、言葉を聞いて理解すること（聴覚的理解）が重度に障害される失語症。話し言葉は流暢であるが、錯語やジャーゴンが多い
全失語	困難	困難	ブローカ野とその周辺、ウェルニッケ野とその周辺を含むような大きな病変で生じる失語症。話すことも、聞いて理解することも重度に障害される
健忘失語 （失名詞失語）	喚語困難	比較的良好	発語や言語理解はできるが、喚語困難を特徴とする失語症。特に名詞を思い出すのが困難であるため、説明的な表現や非言語での表現になったりする

錯語：言い誤りのこと。言いたいこととは別の言葉（音）を言ってしまうことをいう。
ジャーゴン：意味不明な言葉のこと。ジャルゴンとも呼ばれる。
喚語困難：話そうとしても、言いたい言葉が出てこない状態。

▶ 肢体不自由

　肢体不自由は、四肢（手足）や体幹（頸部、胸部、腹部、腰部）に永続的な障害があり、日常生活に支障をきたす状態をいいます。脳の障害による肢体不自由には、脳性麻痺や脳血管障害などがあります。それ以外の起因疾患には、脊髄損傷や切断など、脳以外の外傷や疾病があります。

第31回で、身体障害者福祉法の肢体不自由の原因疾患が出題されました。

▶ 内部障害

　心臓・腎臓・呼吸器・膀胱または直腸・小腸・肝臓・ヒト免疫不全ウイルス（HIV）による免疫の機能障害が、永続的に日常生活に支障をきたしている状態をいいます。2010（平成22）年4月から、肝臓の機能の障害も加えられました。

第36回で、身体障害者手帳の交付対象となる内部障害について出題されました。

知的障害

　知的障害とは、全般的な知的機能の発達が遅れている状態をいいます。

　知的障害は、法律や制度上で用いられる行政用語ですが、法律上の定義は設けていません。療育手帳の判定方法や障害等級の基準は、都道府県・指定都市ごとに定められています。

　知的障害の国際的な定義として、世界保健機関（WHO）の「国際疾病分類」（ICD）、米国精神医学会（APA）の「精神疾患の診断・統計マニュアル」（DSM）、米国知的・発達障害協会（AAIDD）によるものの、3つがよく用いられています。

最も新しい定義は、AAIDD が2021年に発表した第12版の定義です。「知的機能と共に、概念的、社会的、実用的な適応スキルとして現れる適応行動の明らかな制約によって特徴づけられる。この障害は、22歳より前と操作的に定義される発達期の間に生じる」として、発達期を18歳から22歳までに変更しました。

精神障害 ㉛ ㉞ ㊱

精神疾患の診断は、WHOが作成したICD-11（第11版）や、APAが作成したDSM-5（第5版）に基づいて行われます。

社会福祉士国家試験では、DSM-5の診断基準が出題されています。

▶ 統合失調症

DSM-5では、これまで用いられていた統合失調症のカテゴリー（サブタイプ）が削除され、一連の連続体として統合失調症スペクトラムという概念にまとめられ、「統合失調症スペクトラム障害および他の精神病性障害群」に分類されました。

幻聴、妄想、まとまりのない思考・発語、ひどくまとまりのない、または緊張病性の行動の4つの陽性症状と、長い経過をとるうちに出てくる陰性症状の有無、強さ、持続期間から重症度を評価します。

陽性症状：急性期にみられる目立った精神症状。
陰性症状：自発性の低下、道徳的感情の麻痺、感情表現の鈍麻、精神活動の低下など。

▶ うつ病

うつ病（大うつ病性障害）では、抑うつ気分、興味、喜びの著しい減退、体重減少または増加、不眠または過眠、精神運動焦燥または制止、疲労感または気力の減退、無価値観または罪責感、思考や集中力の減退、死についての反復思考または自殺念慮・自殺企図などの症状がみられます。

DSM-5の診断基準では、これらの症状のうち5つ（またはそれ以上）が2週間の間に存在し、そのうち少なくとも一つは抑うつ気分あるいは興味または喜びの喪失とされています。

うつ病は、躁病や躁うつ病（混合状態）とともに気分障害というカテゴリーに分類されていましたが、DSM-5では、うつ病は「抑うつ障害群」、躁病や躁うつ病は「双極性障害および関連障害群」に分類されています。

▶ 躁病

DSM-5における躁病（躁病エピソード）の診断基準では、「気分が異常かつ持続的に高揚し、開放的で、またはいらだたしい気分および目標志向性の活動またはエネルギーが持続的に増大する、いつもとは異なった期間が、すくなくとも1週間持続し、1日のほとんどでほぼ毎日症状が存在する」とされています。

自尊心の肥大または誇大、睡眠欲求の減少、多弁、観念奔逸、注意散漫、目標志向性の活動の増加、精神運動性の焦燥、快楽的活動などの症状もみられます。

 ここは覚える！

第34回に、双極性障害の躁状態に特徴的な症状として、誇大妄想が出題されました。

発達障害　㉝ ㉞ ㉟ ㊱

DSM-5において、これまでの発達障害に当たる分類を「神経発達症群／神経発達障害群」と呼ぶようになりました。この分類には、日常生活や社会生活、学習、仕事上で支障をきたすほどの発達上の問題が、発達期に顕在化するものとして、以下が含まれます。

知的能力障害群	知的障害
自閉スペクトラム症／自閉症スペクトラム障害（ASD）	「広汎性発達障害」と呼ばれていたもの
コミュニケーション症群／コミュニケーション障害群	話す・書くなどの言語の障害、語音障害、吃音など
注意欠如・多動症／注意欠如・多動性障害（ADHD）	「注意欠陥多動性障害」と呼ばれていたもの
限局性学習症／限局性学習障害	「学習障害（LD）」と呼ばれていたもの
運動症群／運動障害群	発達性協調運動障害、常同運動症、チック症など
他の神経発達症群／他の神経発達障害群	

注意欠如・多動症（ADHD）は、これまで7歳以前から症状が認められることが条件にされていましたが、DSM-5では12歳に引き上げられました。第35回でこの診断基準が出題されています。

ここは覚える！

第34回ではDSM-5での限局性学習症／限局性学習障害の診断分類が、第36回では神経発達症群／神経発達障害群に分類されるものを選ぶ問題が出題されました。

▶ 自閉スペクトラム症（ASD）

自閉症については、広汎性発達障害とその下位分類が廃止となり、自閉スペクトラム症／自閉スペクトラム障害に統一されました。

DSM-5における自閉スペクトラム症（ASD）の診断基準は、「社会的コミュニケーションおよび相互関係における持続的障害」と「限定された反復する様式の行動、興味、活動」の2つです。これらの症状は発達早期の段階で必ず出現するとされていますが、後になって明らかになる場合もあります。

また、自閉スペクトラム症（ASD）は知的障害を伴ったり、注意欠如・多動症（ADHD）が併存していたりすることもあります。

社会的コミュニケーションおよび相互関係における持続的障害
1．社会的・情緒的な相互関係の障害 2．他者との交流に用いられる非言語的コミュニケーション（ノンバーバル・コミュニケーション）の障害 3．年齢相応の対人関係性の発達や維持の障害
限定された反復する様式の行動、興味、活動
1．常同的で反復的な運動動作や物体の使用、あるいは話し方 2．同一性へのこだわり、日常動作への融通の効かない執着、言語・非言語上の儀式的な行動パターン 3．集中度・焦点づけが異常に強くて限定的であり、固定された興味がある 4．感覚入力に対する敏感性あるいは鈍感性、あるいは感覚に関する環境に対する普通以上の関心

ここは覚える！

第33・36回で、ASDの症状について出題されました。

認知症

DSM-5における認知症への診断基準は、「認知機能領域（複雑な注意機能、遂行機能、学習と記憶、言語、視空間知覚能力、社会的認知能力）のうち一つ以上の領域において機能が病前よりも低下している」と「認知機能障害は自立した生活を妨げるほど重篤である」です。

▶ アルツハイマー型認知症

アミロイドβ蛋白（たんぱく）と呼ばれる異常物質が脳に溜まり、神経細胞が死滅して、脳萎縮が生じることで起こる認知症です。

初期から記憶の障害、時間の見当識障害、実行機能障害、不安・妄想などの精神症状がみられます。末期には日常生活全般に介助を必要とし、寝たきりの状態になりますが、それまでは運動機能は比較的よく保持されます。

アルツハイマー型認知症の薬物治療には、認知機能を改善して、認知症の進行を抑制する抗認知症薬が用いられています。

■■ **見当識障害**：まず、時間の見当識が障害され、正確な日時を把握することが困難になる。次に、場所の見当識が障害される。後期になると、人物に対する見当識が障害され、身近な家族も誰かわからなくなる。
実行機能障害：計画をたててそれを実行することができないこと。

▶ 脳血管性認知症

脳血管疾患を原因として起こる認知症です。大多数は脳梗塞によるものです。

疾患が生じた場所によって症状は異なり、まだら状に症状が現れるためまだら認知症といいます。例えば最近の出来事に対する記憶が高度に障害される割には、一般常識や理解力、判断力の障害などが比較的軽いことが特徴です。

> 感情失禁はささいなことで泣く、怒るなど、感情調節の障害。脳血管性認知症で多くみられます。第32回に脳血管性認知症の特徴的な症状として出題されました。

■ アルツハイマー型認知症と脳血管性認知症

	アルツハイマー型認知症	脳血管性認知症
原因	神経細胞の死滅による脳萎縮	脳血管疾患（大多数は脳梗塞）
発症	ゆるやか	比較的急速
経過	少しずつ確実に進行	段階上に進行
症状	中核症状がまんべんなくみられる	疾患が生じた場所によって異なる（まだら認知症）
特徴	運動機能は末期まで保持される	歩行障害、言語障害、嚥下障害、片麻痺、うつ状態、感情失禁、せん妄などがよくみられる
男女比	女性に多い	男性に多い
全体の割合	約50％	約20％

📖 **中核症状**：認知症に共通してみられる基本的な症状のこと。脳の器質的変化による認知機能の障害として、記憶の障害や見当識障害、思考・判断力の低下による実行機能障害などがみられる。

▶ レビー小体型認知症

レビー小体と呼ばれる異常物質が脳全体に沈着して、神経細胞を障害することで起こる認知症です。

現実感のある幻視や妄想などの精神症状が出現しやすく、パーキンソン病症状が見られます。被害妄想や嫉妬妄想を示すこともあります。認知機能に変動が認められ、記憶障害は強くありません。

> 現実感のある幻視とは、具体的な内容の人や小動物に関するまぼろしを見るもので、「赤い服を着た女の子が私の傍らに座っている」などと訴えます。

▶ 前頭側頭型認知症

大脳の前頭葉と側頭葉が萎縮していくことにより起きる認知症です。初期には人格の著しい変化、常同行動、脱抑制、自己中心的な行為や逸脱行動がみられ、記憶障害は目立ちません。

📖 **常同行動**：同じ行動を繰り返すこと。

5 リハビリテーションの概要と範囲

リハビリテーションにかかわる専門職

医師や看護師　　理学療法士　　作業療法士

言語聴覚士　　義肢装具士

医学的リハビリテーション　㉜ ㊱

　病院などの医療機関において、疾患や障害の治療・改善を目的として実施されるリハビリテーションを医学的リハビリテーションといいます。

　身体や精神機能、生活機能の回復、健全な身体部位の能力向上、適切な道具を用いた実用面での能力向上などが含まれます。

▶ 対象範囲

　視覚、聴覚、言語の機能に障害のある人、身体障害者、内部障害者などのほか、高齢者や身体疾患の患者も対象となります。術後の安静や治療のために運動できない状態が長引くと廃用症候群が起こるため、早期から離床してリハビリテーションを開始することで発症を予防します。

ここは覚える！

第36回で、廃用症候群が出題されました。過度の安静や長期臥床による生理的機能の不活用の結果生じる一連の症候のことです。

▶ 医学的リハビリテーションに関連する専門職

医学的リハビリテーションには、次の専門職がかかわります。

医師 (リハビリテーション医)	受診した患者を診察し、障害を評価し、リハビリテーションの適応があるかどうか判断。チームリーダーとして評価会議及び各職種間の調整や、患者の医学的管理を行う
看護師	本来の看護業務のほか、障害の受容などへの相談・指導に適任
理学療法士（PT）	患者を評価し、医師の指示に基づいた治療（物理療法、運動療法）や訓練の具体的な方法（日常生活動作訓練）を選択する
作業療法士（OT）	手芸、工作、その他の作業を行う。機能的作業療法、日常生活動作訓練、心理的支持、職業準備訓練などを行う
言語聴覚士（ST）	言語系の障害（言語発達遅延、失語症、機能的構音障害、麻痺性構音障害、口蓋裂に伴う言語障害、吃音、聴覚障害）をもつ人や摂食・嚥下障害のある人を対象として検査及び訓練や助言を行う
義肢装具士	障害者の身体状況を把握して適切な装具を作成
臨床工学技士	医師の指示の下に、生命維持管理装置の操作及び保守点検を行う
臨床心理士	心理評価・カウンセリングなどの重要な役割がある
ソーシャルワーカー	リハビリテーションの調整役を担うことが望まれる。急性期リハビリから回復期リハビリの選択など、家族への情報提供を行う
精神保健福祉士	精神障害者の入院、社会的自立などを援助する役割を担う

▶ リハビリテーションの区分と回復過程

リハビリテーションが提供される時期により、急性期（発症から約1か月）、回復期（その後の約3か月）、それ以降の生活期（維持期）に区分されます。

次図に示したように脳卒中モデルで見ると、3か月の回復期リハビリ以降は、生活機能の回復も、身体・精神機能の回復も、そのカーブはほぼ停滞状態に達します。すなわち、急性期から約4か月時点での回復レベルを、その後いかに保つかが重要な課題であることがわかります。

理学療法は「身体に障害のある者に対して、主としてその基本的動作能力の回復を図るため、治療体操その他の運動を行わせ、及び電気刺激、マッサージ、温熱その他の物理的手段を加えること」と定義されます。また、作業療法は「身体又は精神に障害のある者に対して、主としてその応用的動作能力又は社会的適応能力の回復を図るため、手芸、工作、その他の作業を行わせること」と定義されます。

ここは覚える!

第32回で、脳卒中モデルが急性期、回復期、生活期(維持期)に分けられることが出題されました。

■ リハビリテーションの区分と回復過程

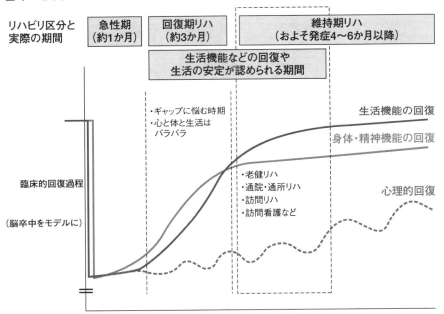

出典: 監修 澤村誠志 編集 日本リハビリテーション病院・施設協会『これからのリハビリテーションのあり方』青海社 p.54図2

第 **1** 章 の 理解度チェック

Q ──────────────────── **A**

☐ **1** スキャモンの発達曲線（臓器別発育曲線）では、身長など一般型はS字カーブを示す。 第36回 　〇

☐ **2** 生後2か月では、寝返りが打てる。 第33回 　×

☐ **3** 血液は左心室から大動脈へと流れる。 第33回 　〇

☐ **4** 胆汁は、胆のうで作られる。 第32回 　×

☐ **5** 視覚は後頭葉を中枢とする。 第32回 　〇

☐ **6** 膵臓には、内分泌腺と外分泌腺がある。 第33回 　〇

☐ **7** 国際生活機能分類（ICF）では、仕事上の仲間は「環境因子」の一つである。 第35回 　〇

☐ **8** WHOは、健康を身体的、精神的、社会的、スピリチュアルに良好な状態と定義した。 第33回 　×

☐ **9** 健康寿命とは、平均寿命を超えて生存している期間をいう。 第33回 　×

☐ **10** 早期発見を目的とするがん検診は、がんの一次予防である。 第33回 　×

☐ **11** ノロウイルスの潜伏期間はおよそ14日である。 第34回 　×

☐ **12** パーキンソン病では、安静時に震えが起こる。 第35回 　〇

☐ **13** 関節リウマチでみられる手指のこわばりは夕方に多い。 第34回 　×

☐ **14** 自閉スペクトラム症（ASD）では、常同的な行動は認められない。 第36回 　×

☐ **15** 誇大妄想は、双極性障害の躁状態に特徴的な症状である。 第34回改変 　〇

☐ **16** 感情失禁は、脳血管性認知症の特徴的な症状である。 第32回改変 　〇

☐ **17** フレイルはリハビリテーションの対象に含まれる。 第34回 　〇

解説

2 寝返りが打てるのは生後5か月頃である。

4 肝臓で作られる。

8 スピリチュアルな健康は定義には含まれない。

9 健康上の問題で制限されることなく生活できる期間をいう。

10 二次予防である。

11 潜伏期間は1〜2日である。

13 朝方に多い。

14 常同的な行動はASDの特徴の1つである。

第 **2** 章

心理学と
心理的支援

この科目のよく出るテーマ5

❶ 欲求・動機づけ

マズローの欲求5段階説がたびたび出題されています。5つの欲求の順序や、それぞれが意味する内容について整理しておきましょう。そのほか、内発的動機づけと外発的動機づけの違いや、達成動機と原因帰属との関係についても学習しておくとよいでしょう。

❷ 感覚・知覚

感覚と知覚の違いや、それぞれの特徴を丁寧に学習しておく必要があります。特に、明順応・暗順応、知覚の恒常性、知覚の体制化、仮現運動、錯視などの現象や働きについて、具体例とともに理解を深めておきましょう。

❸ 学習と記憶

学習については、古典的条件づけとオペラント条件づけの違いを明確にしておきましょう。記憶については、保持時間による分類（短期・長期記憶）と、記憶内容による分類（意味・エピソード・手続き記憶など）を覚えておきましょう。

❹ ストレス

ストレスに関連する用語や理論、ストレス対処法（コーピング）に関する問題が出題されています。ストレスがもたらす心理的反応として、バーンアウト（燃え尽き症候群）や心的外傷後ストレス障害（PTSD）についても学習しておくことが望ましいでしょう。

❺ 心理療法

このテーマからは、毎回出題があります。代表的な療法の提唱者や基盤とする理論、適用可能な対象者や場面を関連づけて学習しておきましょう。

攻略のポイント

近年の出題傾向として、心理学の基礎知識が習得できていれば容易に解答できる問題が増えています。出題される内容に大きな偏りはないため、科目全体をひと通り学習しておく必要があります。特に出題頻度の高いテーマについては、日常生活の中でよく耳にする用語であっても、心理学における定義を正確に記憶しておきましょう。

1 人の心の基本的な仕組みと機能

欲求・動機づけ ㉝ ㉞ ㉟ ㊱

▶ 欲求

欲求とは、人の内部にあって行動を引き起こすものです。様々な欲求が動機となり、人の行動の原動力となります。

欲求は、一次的欲求（基本的欲求）と二次的欲求（社会的欲求）に大きく分類することができます。

📖 **動機 (motive)**：「人間を行動に駆り立てる原動力の総称」と定義される。動因（drive）や欲求・要求（need）とも表現される。

■ 欲求の分類

一次的欲求（基本的欲求）	二次的欲求（社会的欲求）
生命の維持に必要な生得的な欲求	後天的に学習された社会的欲求
酸素（呼吸）や栄養（食物）・水分（水）の補給、睡眠などへの欲求	優越（人より優れていたい）、達成（何かを成し遂げたい）、承認（人から認められたい）などへの欲求
生理的基礎をもち、誰もが共通にもっている	社会生活を通して獲得され、個人差や文化差がみられる

▶ 欲求段階説

　アメリカの心理学者であるマズロー（Maslow, A. H.）は、人間の欲求を5つに分類し、それらの欲求には出現する順位があると考えました。これを欲求段階説、あるいは欲求階層説、欲求の5段階説と呼びます。より高次の欲求が出現するには、低次の欲求が満たされる必要があるとマズローは考えています。

■ マズローの欲求段階説

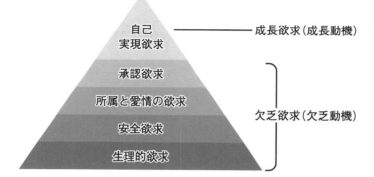

第33回に、自己実現欲求は成長欲求（成長動機）ともいわれることが出題されました。

　生命の維持にかかわる生理的欲求は、最も優先される欲求として基底部に位置づけられています。安全欲求は、安心や安定を求め、おそれや混乱のないことへの欲求です。所属と愛情の欲求は、家族や地域、学校や社会といった集団に属したい、愛情に包まれたいという欲求です。承認欲求には、他者から尊敬されたいと願う欲求と、自尊の欲求が含まれます。これら4つの欲求が充足されると、「自分がもつ能力を発揮したい」「自分らしく精一杯生きたい」という自己実現欲求が出現します。

自己実現欲求は、人間的成長を求め続けることから成長欲求とも呼ばれます。これに対し、生理的欲求から承認欲求までの4段階は、足りないものを補うことで満たされる欠乏欲求に区分されます。

▶ 動機づけ

　動機づけは、一般的に「目標に向かってある行動を起こし、方向づけ、それを持続させるために欲求を操作すること」と定義されています。

　動機づけには、外発的動機づけと内発的動機づけがあります。

■ 動機づけの理論

外発的動機づけ	内発的動機づけ
外部からの賞罰に基づく動機づけ	内部からの知的好奇心や自発性に基づく動機づけ
賞を得る、あるいは罰を避けることが目標であり、その行動は目標のための手段である	その行動こそが目標であり、行動自体に楽しさがある
例 ・ご褒美が欲しくて手伝う ・叱られないように勉強する	例 ・興味のある活動に参加する ・関心のある本を読む

ここは覚える！

第35回に、内発的動機づけによる行動を選ぶ問題が出題されました。

▶ 達成動機と原因帰属

　達成動機とは、何かを成し遂げようとする欲求です。二次的欲求（社会的欲求）の一つであり、その強さには個人差があります。達成動機の高い人と低い人とでは、原因帰属の傾向にも違いがみられます。原因帰属とは、行動の成功や失敗に対する原因のとらえ方を意味します。

　ワイナー（Weiner, B.）らは、内在性次元と安定性次元で原因を分類しました。この理論にはのちに統制可能性（行為者に統制可能か、あるいは統制不可能か）が加えられて、3次元での分類になっています。

■ 原因帰属の分類

		安定性次元	
		安定的：永続的なもの	不安定的：一時的なもの
内在性次元	内的：原因は自分の内にある	能力／普段の努力	気分／一時的な努力
	外的：原因は自分の外にある	課題の困難さ	運

成功の原因を内的なものと考えると、自尊心が高まり、動機づけも高まります。一方で、失敗の原因を安定的なものと考えると、次の結果にも期待ができず、動機づけが低下します。

ここは覚える！

第36回で、原因帰属の例が出題されました。

▶ 学習性無力感

失敗の原因を安定的なもの（自己の能力や課題の困難さなど）と考えるほど、学習性無力感が生じやすくなります。

学習性無力感とは、行動しても結果が伴わない経験を繰り返すうちに「どうせやっても無理」「やろうとするだけ無駄」などと思うようになった状態のことです。

▶ 自己効力感

バンデューラ（Bandura, A.）は、ある目標や課題を達成するために必要な行動を実行できるという、自分に対する期待や自信を自己効力感と呼びました。一般に、成功体験は次の目標達成に対する自己効力感を高め、逆に失敗体験は自己効力感を低めると考えられています。

「自分もやればできる！」という意識の強い人は、自己効力感の高い人といえます。

感覚・知覚　㉛ ㉝ ㊱

▶ 感覚

外界の情報を目や耳などから取り込む仕組みや、生体内の情報を内耳や内臓などから感じる仕組みを感覚といいます。感覚モダリティ（感覚様相）とは、それぞれの感覚受容器から得られる感覚の種類の違いのことであり、視覚、聴覚、

味覚、嗅覚、皮膚感覚の五感や、平衡感覚、運動感覚などがあります。

それぞれの感覚受容器が通常感受する刺激を適刺激、感受できない刺激を不適刺激といいます。例えば、光という刺激は、眼にとって適刺激ですが、耳にとっては不適刺激となります。

また、刺激を感じる最小の量を絶対閾（刺激閾）、感覚の変化が生じる刺激の最小の変化量を弁別閾（丁度可知差異）といいます。

📖 **刺激：**感覚を生じさせるエネルギーを意味する。

 ここは覚える！

第33回で、弁別閾（丁度可知差異）が出題されました。絶対閾（刺激閾）との違いを明確にしておきましょう。また、第33回では暗順応の意味が問われました。明るい場所から暗い場所に移動した際、徐々に見えるようになる現象のことです。

■ 感覚の特徴

感覚の統合	感覚は視覚優位で統合される場合が多い
感覚の順応	同じ刺激に対して、感受性が徐々に低下する

▶ 知覚

感覚情報を脳で処理することで認識が成立する情報処理過程のことを、知覚といいます。

■ 知覚現象

知覚の選択性 （選択的注意）	複数の情報のなかから適切な情報を選択して注意を向けること（カクテルパーティ効果）
知覚の恒常性	網膜像の変化に比べて、知覚された性質（大きさ、形、明るさ、色、位置）が安定していること
知覚の補完 （知覚的補完）	「カニッツアの主観的輪郭」のように物理的視覚情報が一部欠如していても、その欠如した情報が補われて知覚される機能あるいは現象のこと
知覚の体制化 （群化）	視野の中にある様々な要素が、一定の法則に基づくまとまりとして知覚されること
錯視	実際の物理的状態と知覚とが一致せず、客観的には同じものが違って見える現象のこと（月の錯視、仮現運動）

例えば、高い場所から眺めた家や人が小さく見えるように、網膜像の大きさが変化しても、実際の対象物の大きさが保たれることを「大きさの恒常性」といいます。

📖 **カクテルパーティ効果**：多くの人が会話をしている場面でも周りの騒がしさは無視して、目の前にいる人の話し声を聞き取ることができる現象。
月の錯視：中空にある月より地平線に近い月のほうが大きく見える現象。
仮現運動：静止画像を連続して提示すると画像が動いているように見える現象。

■ カニッツアの主観的輪郭

 ここは覚える！

第31・33・36回では、選択的注意、知覚の恒常性、錯視、知覚の体制化などが出題されました。

■ 知覚の体制化（群化）の法則と例

○ ○　○ ○　○ ○	○ ○ ● ● ○ ○
近接の要因：同質のものなら距離の近いものがまとまる	類同の要因：距離が等間隔なら類似したものがまとまる
[　]　[　]　[　]	
閉合の要因：閉じた領域をつくるものがまとまる	良い形態の要因：単純で規則性をもち対称的なものがまとまる

学習　㉜ ㉞ ㉟ ㊱

人の行動の多くは、経験からの学習によって身につけたものです。学習とは、一般的に「生活体の経験に基づいて生ずる比較的永続的な*行動の変容*」と定義されます。

▶ 条件づけ

学習の基本的な様式である条件づけには、古典的条件づけとオペラント条件づけがあります。

学習様式	概要
古典的条件づけ	・無条件刺激に対して無条件反応するのと同様に、条件づけされた刺激（条件刺激）に対しても、同じ反応（条件反応）が生じるとする学習様式 ・ロシアの生理学者であるパヴロフ（Pavlov, I. P.）が、犬にベルの音を聞かせながら餌を与えていると、やがてベルの音だけで唾液が分泌されることを発見した
オペラント条件づけ	・報酬によって行動が促進（強化）され、罰が行動の抑制（弱化）をもたらすことによる学習様式 ・アメリカの心理学者であるスキナー（Skinner, B. F.）が、スキナー箱と呼ばれる装置に空腹のネズミを入れて、偶然押したバーが餌をもたらすことを学習する実験を行った

自発的な行動に基づくオペラント条件づけに対して、刺激に対する受動的な反応に基づく古典的条件づけを、レスポンデント条件づけとも呼びます。

ここは覚える！

第32・34・35・36回で、条件づけによる行動の例が出題されました。第32・34回では、馴化（同一刺激が反復して示されることで、最初みられた現象が減弱する現象）の例も出題されています。

落とせない！重要問題

食あたりした後に、その食べ物を見るだけで吐き気がするようになったのは、馴化の行動である。 第32回

×：古典的条件づけ（レスポンデント条件づけ）による行動である。

▶ 社会的学習

社会的学習は、観察学習あるいはモデリングとも呼ばれ、モデルの行動を観察することによって、その行動を獲得する学習様式です。バンデューラによっ

て提唱されました。

　観察後にモデルの行動を模倣して、強化を受けることにより成立する学習様式は模倣学習といいます。

> 「子は親の背中をみて学ぶ」といわれるように、人間は観察しただけで学ぶことができます。ただし、望ましくない行動も観察によって学んでしまう怖さもあります。

▶ 試行錯誤学習・洞察学習

　問題解決場面において、あれこれ試して失敗を繰り返すうちに、問題解決が生じると考えるのがソーンダイク（Thorndike, E.）によって提唱された試行錯誤学習です。

　それに対して、ケーラー（Köhler, W.）が提唱した洞察学習では、「課題状況全体に対する目標と手段関係の洞察」あるいは「解決への見通し」などの内的な思考過程を経て、問題解決の方法を見いだしていると考えます。

記憶　㉛ ㉞ ㊱

　記憶の過程には、記銘（情報を入力する）、保持（入力した情報を蓄える）、想起（蓄えた情報を引き出す）の3つのプロセスがあります。記憶は保持時間により、感覚記憶、短期記憶、長期記憶に分類され、この3つの貯蔵装置から成り立っています。

■ 記憶の過程

記　銘	情報を入力する
▼	
保　持	情報を蓄え続ける
▼	
想　起	情報を引き出す

> 想起には、①再生（以前の経験を再現する）、②再認（以前経験したことと同じ経験をしたときにそれを確認できる）、③再構成（以前経験したことをその要素を組み合わせて再現する）があります。

▶ 感覚記憶

感覚記憶は、目や耳などの感覚受容器に入ってくる膨大な量の情報のうち、注意を向けたわずかな部分のみの記憶です。この情報が保持されるのは数秒なので、次の短期記憶に移されないと消失してしまいます。

▶ 短期記憶

短期記憶はごく短時間に見たこと・聞いたことを、すぐ後に思い出すまでの間の記憶です。貯蔵容量が限られているため、常に内容が入れ替わっていくような記憶です。

リハーサル（情報が消失されないように注意を向け続けて反芻すること）によって、その情報が長期記憶へと移されると、その人がもつ知識や体験と結合して長い期間持続されます。

短期記憶と似た性質をもっているワーキングメモリ（作業・作動記憶）は、より情報処理機能を重視した概念です。

暗算するときなどの、入力された情報とその処理に関する一時的な記憶がワーキングメモリです。

 ここは覚える！

第36回で、ワーキングメモリの理解が問われました。

▶ 長期記憶

長期記憶に蓄えられた情報は、必要になったときにいつでも想起され、運用されていくことになります。長期記憶の貯蔵容量は無限大と考えられています。

▶ 記憶内容による分類

記憶は、内容によっても分類されます。長期記憶の中には、記憶の内容を言葉で説明できる陳述記憶（宣言的記憶）のエピソード記憶と意味記憶、言葉で説明しにくい非陳述記憶（非宣言的記憶）の手続き記憶が含まれます。

そのほか、日常生活にかかわる記憶として、エピソード記憶の一つである自伝的記憶や、展望的記憶などもあります。

種類	概要	例
エピソード記憶	個人にまつわる出来事に関する記憶	自分が体験したこと、昨日したこと
自伝的記憶	個人自身の生活史に関する記憶	幼い頃の思い出
意味記憶	概念や知識に関する記憶	日本の首都は東京、雪は白い
手続き記憶	一連の動作や運動技能の記憶	自転車の乗り方、楽器の演奏
展望的記憶	将来の約束や予定に関する記憶	友人と会う約束、病院の予約日時

ここは覚える！

第31・36回に意味記憶や手続き記憶などの説明、第34回に展望的記憶の事例が出題されました。

知能

考える、学ぶ、問題を解決するなど、高次の知的活動を行うのに必要な基本的な能力のことを知能といいます。キャッテル（Cattell, R. B.）は、知能の中の様々な能力を大きく2つに分けています。

■ キャッテルの分類

	流動性知能	結晶性知能
能力	・新しいことを学習したり、新しい環境に適応したりする能力 ・情報処理と問題解決の基本能力	・培った経験と知識に結びつく能力 ・人生を通じて学習されたものを発揮する能力
例	新しい知識、それに対する反応の速さ・正確さなど	経験を通して得られた言葉の意味、社会性を帯びた知識など
特徴	生まれつきの能力と強く関係している	学校教育や社会経験と深く結びついて育っていく

パーソナリティ　㉜ ㉟

パーソナリティは、一般的に「その個人の思考や行動を特徴づける、一貫性をもった心身の統一的な体制」と定義されています。

生得的な素質（気質）を土台にして、幼少期に主に養育者とのかかわりを通

して幼児性格（気性）を形成します。さらにパーソナリティは、社会的・文化的要因の影響を受けながら発達します。このようにパーソナリティは、遺伝的要因と環境的要因が複雑に関与しながら形成されると考えられています。

📖 **気質**：個人特有の行動様式の基礎となっている遺伝的・生物学的特性のことをいう。環境から影響を受けていない新生児でも、行動特徴にかなりの個人差（気質の違い）があることが指摘されている。

▶ 類型論

　類型論は、ある原理に基づいて、パーソナリティをいくつかのタイプに分類する方法です。ある特徴をもつ者と、もたない者に区別して類型化します。

　各タイプの典型例が示されるので、パーソナリティを直感的・全体的に把握しやすい特徴があります。

■ **代表的な類型論**

提唱者	概要
クレッチマー (Kretschmer, E.)	体型（体格）に基づく3類型 （分裂気質／躁うつ気質／粘着気質）
シェルドン (Sheldon, W. H.)	体型（体格）に基づく3類型 （内臓緊張型／身体緊張型／頭脳緊張型）
ユング (Jung, C. G.)	リビドーの向きに基づく2類型（内向性／外向性） ※さらに、心の主要な4つの機能（思考・感情・感覚・直感）のうち、どれが一番優勢かによって8類型に分類
シュプランガー (Spranger, E.)	主観的価値方向に基づく6類型 （理論型／経済型／審美型／社会型／権力型／宗教型）

📖 **リビドー**：心の中にあるエネルギーを意味する。自分の内側に興味がある人は内向的、周囲の状況に興味がある人は外向的といえる。

ここは覚える！

第32回で、クレッチマーとユングの類型論が出題されました。

▶ 特性論

　特性論は、パーソナリティの違いは質の差ではなく、パーソナリティを構成

している特性の程度の差によると考える方法です。特性とは、実際に観察することのできる人間の行動様式の性質のことです。

人が共通にもっている特性の種類と数については、研究者によって考え方に違いがあります。

■ 代表的な特性論

提唱者	概要
オールポート (Allport, G. W.)	人格特性を表す用語約18,000語を辞典から取り出して、14の特性に整理した。14の特性は、体質・知能・気質などの個人の特徴が反映される固有の個別特性と、共通特性に分類される
キャッテル (Cattell, R. B.)	オールポートの研究にならい、個別特性と共通特性の分類に加えて、表面特性と根源特性に分類した

1980年代以降注目されている特性論に、ビッグファイブ（5因子モデル）があります。5つの特性でパーソナリティを把握しようとする考え方です。

■ ビッグファイブ（5因子モデル）の5つの特性

英語名／日本語名	特徴
Neuroticism／神経症傾向、情緒安定性	感情が不安定、心配性、傷つきやすい
Extraversion／外向性	ポジティブ思考、上昇志向、社交的
Openness／開放性、知的好奇心	頭の回転が速い、変化や新奇を好む
Agreeableness／協調性、調和性	社会や共同体への志向性、穏和、親切
Conscientiousness／誠実性、勤勉性、良識性	几帳面、計画的、秩序を好む

ここは覚える!

第32回でビッグファイブ（5因子モデル）の5つの特性が問われました。第35回では、特性の1つである外向性の特徴が出題されました。

集団 ㉝ ㉟

集団には、その集団に属しているメンバーに期待される判断や行動などの基準が存在します。これを集団規範といいます。就業規則のように明確に示されるルールだけでなく、集団内で暗黙の了解として共有される規範もあります。

▶ 集団凝集性

メンバーを、その集団に自発的に留まらせる力を集団凝集性といいます。集団凝集性の高い集団には、メンバーがその集団に魅力を感じていたり、メンバー間の結びつきの強さや心理的なまとまりの良さがみられたりします。

> 集団凝集性が高い場合、メンバーの動機づけを高めて、集団による課題遂行に正の効果をもちます。その一方で、他集団に対しては排他的になりがちです。

▶ 集団や他者の影響

人は集団のなかにいたり、他者と一緒にいたりするとき、普段とは異なる行動をとることがあります。集団や他者が及ぼす影響には、次のようなものがあります。

■ 集団が及ぼす影響（集団レベルの社会行動）

集団行動	概要
同調行動	集団規範から逸脱しないようにと自他の圧力がかかると、意見や行動を合わせてしまう
内集団バイアス	内集団には好意的な態度を取り、外集団には差別的な態度をとる（内集団ひいき）
社会的促進	単純課題・機械的作業を集団で行うと、作業量が向上する
社会的抑制	複雑な課題や未学習な課題を集団で行うと、作業量が低下する
社会的手抜き	集団作業の成果が個人に問われない場合、個人の作業への遂行量・努力が低下する
社会的補償	集団作業の成果が個人に重要な意味を与える場合、個人の作業への遂行量・努力が向上する
集団極性化	集団討議により意思決定する場合、より危険性の高い決定（リスキーシフト）、あるいはより安全性の高い決定（コーシャスシフト）になる
社会的ジレンマ	集団のメンバーの多くが個人的利益を追求した行動をとることで、集団全体にとって不利益な結果になる

> 同調行動は、多数派の意見や期待に影響されることが多く、特に集団凝集性の高い集団で発生しやすいです。
> 社会的手抜きは、「自分ひとりぐらい手を抜いても大丈夫」と考えてしまうことから起こる現象で、集団の人数が多くなるほど、発生しやすくなります。

■ 集団レベル以外の社会行動

現象	概要
ピグマリオン効果	他者に対する期待により、その期待が成就するよう機能する現象
傍観者効果	緊急の援助を必要とする場面であっても、周囲に多くの人がいることによって、援助行動が抑制される現象
フット・イン・ザ・ドア	小さな要請を承諾した後には、大きな要請を受け入れやすくなる現象
ドア・イン・ザ・フェイス	はじめに大きな要請をすることで、小さな要請が承諾されやすくなる現象
スリーパー効果	信憑性の低い人が説得した場合には、直後より、一定時間経過後のほうが効果的になる現象
ブーメラン効果	好ましくない相手から自分と同じ意見を主張されると、相手とは違う立場をとる現象
単純接触効果	頻繁に接触する人に対して、好意を持ちやすくなる現象（ザイアンス効果）

ここは覚える！

第33回では単純接触効果の説明、第35回では傍観者効果の事例が出題されました。

落とせない！重要問題

作業をするときに見学者がいることで、一人で行うよりも作業がはかどるのは、傍観者効果である。 第35回

×：社会的促進（周囲の他者の存在によって、人々の行動が起こりやすくなる現象）の事例である。

ピグマリオン効果の例として、教師が生徒に対して成績向上の期待をもつことによって、実際にその生徒の成績が向上していく現象があります。期待することで、その生徒に対する教師の言動が変化することが指摘されています。

2 人の心の発達過程

ピアジェの知能の発達段階

1 感覚運動　0〜2歳

2 前操作　2〜7歳　うちのポチ

4 形式的操作　11、12歳以降　「もし〜なら」と仮説を立てる

3 具体的操作　7〜11、12歳　同じ量だとわかる

発達　㉜ ㉞ ㉟

　心理学における発達とは、心身の形態や機能の成長的変化をいい、成長、成熟、進歩などの意味を含んでいます。

　発達を規定する要因として、ゲゼル（Gesell, A.）の成熟優位説のように、遺伝による素質の役割を強調する考え方を生得説、あるいは成熟説と呼びます。それに対して、ワトソン（Watson, J. B.）の環境優位説のように、生育環境における経験の影響を重視する考え方を経験説、あるいは環境説と呼びます。

　どちらか一方だけでなく、シュテルン（Stern, W.）の輻輳説のように遺伝と環境の両方を必要とする学説もあります。

■ 発達の規定要因

理論／学説	提唱者	概要
成熟優位説	ゲゼル	遺伝的要因を重視して、レディネスの重要性を強調した
環境優位説	ワトソン	環境的要因を重視して、しつけや訓練の重要性を強調した
輻輳説	シュテルン	遺伝的要因と環境的要因の加算的な影響によって発達が規定されるとした

📖 **レディネス：**学習を受け入れる準備性のことを意味する。ある事柄を学習しようとするとき、それを習得するために必要な精神的・身体的な準備ができている状態をいう。

▶ ピアジェの発達段階

ピアジェ（Piaget, J.）は、思考・認知の発達を、質的に高次なものへと発展していく4つの段階にまとめました。

■ ピアジェの発達段階

発達段階	年齢の目安	特徴
感覚運動期	出生〜2歳頃	・見たり触れたりして知識を獲得する ・ものが隠されて目の前から消えても、どこかで存在していると考えられるようになる（対象の永続性の獲得） ・自分の行動において手段と目的の関係が理解できるようになる
前操作期	2〜7歳	・ごっこ遊びのような「まね」「ふり」ができるようになる（象徴機能） ・言葉やイメージ（心象）などの記号化されたもので物事を認識するようになる（記号的機能） ・思考の自己中心性が強くみられる ・無生物にも意識や感情があると考える（アニミズム）
具体的操作期	7〜11、12歳	・外観が変化しても体積や量そのものは変わらないことが理解できるようになる（保存の概念の獲得） ・元に戻せば最初の状態になることが理解され、可逆的操作が可能になる ・他者の視点や立場に立って思考できるようになる
形式的操作期	11、12歳以降	・抽象的な概念の理解や論理的思考ができるようになる

ここは覚える！

第34回で、4つの段階それぞれの特徴が出題されました。第35回には、対象の永続性やアニミズムが出題されました。

ピアジェの発達段階は、子どもが論理的思考や判断ができるようになる過程を理論化したものであることから、認知発達理論とも呼ばれます。

▶ エリクソンの発達段階

エリクソン（Erikson, E.）は、発達の概念を人生周期（ライフ・サイクル）

へと拡張し、社会的・対人関係の視点から心理・社会的側面の発達を8つの段階にまとめました。

■ エリクソンの発達段階

発達段階	発達課題　対　危機
	概要
乳児期	信頼感の獲得　対　不信
	自分をとりまく周囲や自身に対して信頼を感じる段階
幼児期前期	自律感の獲得　対　恥・疑惑
	自分をコントロールすることを学習する段階
幼児期後期	自発性の獲得　対　罪悪感
	自発的に行動することを学習する段階
児童期	勤勉性の獲得　対　劣等感
	勤勉性あるいは有能感を獲得する段階
青年期	同一性の獲得　対　同一性拡散
	アイデンティティ（自己同一性）を確立する段階
成人期前期	親密性の獲得　対　孤立・孤独
	親密な人間関係を築き、連帯感を獲得する段階
成人期後期	生殖性の獲得　対　停滞
	社会に意味や価値のあるものを生み、次世代を育てる段階
老年期	統合感の獲得　対　絶望
	これまでの人生を統合する段階

発達課題：各段階において形成するべき心理的特質をいう。エリクソンは、課題の達成に失敗すると、心理社会的危機が生じると考えた。
アイデンティティ（自己同一性）：エリクソンが提唱した「自分とは何者であるか」という自己定義。

▶ **アタッチメント（愛着）**

　発達初期に特定の人との間に築かれる情緒的な絆のことをアタッチメントといいます。乳児には、誕生直後から積極的に対人関係を求めていくという能力が備わっていて「泣く・ほほ笑む・発声する」などの自分の発する信号にタイミング良く反応してくれる人に愛着を形成していきます。

　アタッチメント理論を提唱したボウルビイ（Bowlby, J.）は、アタッチメン

ト対象とのかかわりによって、子どもの心の中に自分、家族、自分を取り巻く世界全体に対するとらえ方の基盤が形成されるとして、それを内的ワーキングモデルと呼びました。内的ワーキングモデルは、生涯にわたって存在し続け、後の対人関係パターンや社会的適応に影響を与えます。

ここは覚える！

第32回に愛着行動、愛着のタイプに影響を及ぼす要因、内的ワーキングモデルなどが出題されました。

▶ インプリンティング（刻印づけ）

　インプリンティングとは、カモなどの鳥類が、孵化直後に出会ったものの動きを追いかける現象のことをいいます。

　これまで、生物がある特性を獲得するために、生物学的に備わった限られた期間を臨界期と呼んでいましたが、近年では習得が行われやすい時期として敏感期と呼ぶようになりました。

インプリンティングは、発達初期の限られた時期においてのみ成立する現象です。

▶ 社会的参照

　社会的参照とは、子どもが養育者などの表情を手がかりにして行動を決める現象のことです。生後1年前後から、初対面の人と会ったときや、初めて何かを体験するときなどに、養育者の表情や反応を確かめながら行動するようになります。

ここは覚える！

第35回で、社会的参照が出題されました。社会的参照が出現する年齢も覚えておきましょう。

3 日常生活と心の健康

心の不適応 ㉛

　個人と環境の調和が維持され、個人の心理的安定が保たれている状態を適応といい、欲求や願望が阻止され、精神的あるいは身体的に好ましくない状態を不適応といいます。

▶ コンフリクト（葛藤）

　人は同時に複数の欲求を抱くことがあります。両立が困難な欲求の間で、迷ったり悩んだりしている心理状態をコンフリクト（葛藤）といいます。

■ コンフリクトの3つの基本型

型	概要
接近―接近型	接近したい欲求が2つ同時にある場合の葛藤 例：「あれも欲しいし、これも欲しい」
回避―回避型	回避したい欲求が2つ同時にある場合の葛藤 例：「あれも嫌だし、これも嫌だ」
接近―回避型	同じ対象に対して接近したい欲求と回避したい欲求の両方を同時にもつ場合の葛藤 例：「親に甘えたいけど、干渉されたくない」

▶ フラストレーション（欲求不満）

　何らかの原因により、欲求が満たされない状態をフラストレーション（欲求不満、欲求阻止）といいます。フラストレーション状態では、心理的なイライラや怒り、不安などの内的な緊張を緩和するため、様々なフラストレーション反応が見られます。代表的なものに、八つ当たりといった攻撃反応や、無意味な行動を繰り返す固着反応、未熟な行動をとる退行反応などがあります。

　ただし、すべての人がフラストレーション反応を起こすとは限りません。何とか不安定な心理状態から抜け出して、現実的、合理的にその状況に対処し、適応していける人もいます。このようにフラストレーション状況に対処していく力を、フラストレーション耐性（フラストレーショントレランス）といいます。

📖 **フラストレーション反応**：欲求が阻止されることによって生起する特徴的な反応のこと。

> フラストレーション耐性は、生得的な素質より、後天的な学習や経験によって培われるものです。幼少の頃から発達的に養われていくと考えられています。

▶ 適応機制

　コンフリクトやフラストレーションによって、不安定な心理状態が長く続くと心身の働きに様々な悪影響を及ぼします。そのため、心理的な安定を保つための適応機制が働きます。適応機制は防衛機制とも呼ばれ、自我が傷ついたり崩壊したりするのを防ぎ、心理的安定を保とうとする無意識な心の働き（メカニズム）のことです。

■ 適応機制

機制	概要
抑圧	認められない自分の欲求・感情を、無意識の層に押し込めて、意識にのぼらせないようにする
逃避	直面している不安や緊張、葛藤などから、空想や疾病などに逃げ込む
退行	直面している不安や緊張などに対して、以前の発達段階に逆戻りして未熟な行動をとる
代償	目標としているものが得られないとき、獲得しやすい代わりのもので我慢する

補償	ある面での優越感情で、他の面における劣等感情を補う
合理化	自分の失敗や欠点を正当化するために、都合のよい理屈づけ・いいわけをする
昇華	そのままでは社会的に承認されない欲求・衝動を、社会的に認められる形で満たそうとする
同一化	自分では満たせない願望を実現している他者と自分を重ね合わせて、代理的に満足する
投射（投影）	自分の内にある欲求や感情を、他者の中にあるかのように指摘・非難する
置き換え	ある対象に向けられた欲求・感情を、他の対象に向けて表現する
反動形成	本当の欲求や感情を隠そうとして、正反対の行動をとる
知性化	知的な思考をすることで、不安などの感情をコントロールする

ここは覚える！

第31回に、昇華、反動形成、知性化、抑圧、置き換えの行動例が出題されました。

退行の例として、幼児の赤ちゃん返りがあります。昇華の例としては、攻撃的な欲求をスポーツで発散させるなど、運動や芸術のような社会的に価値のある活動に置き換えることがあり、最も望ましいとされる適応機制の一つです。

ストレス学説と関連理論　㉛ ㉞ ㉟

▶ ストレス

　ストレスを起こす刺激、つまりストレスの原因をストレッサーといいます。そして、ストレッサーによって引き起こされる反応のことをストレス反応といいます。

　ストレッサーには、精神的な要因（緊張、不安、対人関係など）や、身体的な要因（過労、睡眠不足、病気や怪我など）、環境的な要因（騒音や湿度など）があります。

▶ セリエのストレス学説

　セリエ（Selye, H.）は、外界からの悪性刺激をストレッサーととらえ、それに対する生理的反応を汎適応症候群（一般適応症候群）と呼びました。これが後年、ストレスという用語になりました。

汎適応症候群（一般適応症候群）はストレッサーに対する身体の適応状態の様子から3段階に分類されています。

■ 汎適応症候群の3段階

警告反応期	ストレッサーが加えられた直後で、適応が獲得されていない時期
抵抗期	ストレッサーに対して適応できている時期
疲弊期	ストレッサーを長期間受けて、生体のエネルギーが限界を超えた時期

ここは覚える！

第34回で、警告反応期と抵抗期が出題されました。

▶ 心理社会的ストレスモデル

ラザルス（Lazarus, R. S.）とフォルクマン（Folkman, S.）は、ある出来事がストレスになり得るかどうかは、認知的評価によって判断されると考えました。認知的評価とは、個人の主観的な解釈による評価を意味します。

▶ タイプA行動パターン

フリードマン（Freidman, M.）とローゼンマン（Rosenman, R.）は、ストレスと関連した行動様式として、タイプA行動パターンを提唱しています。タイプA行動パターンは、冠状動脈性心疾患などの心臓疾患との関連が指摘されています。

タイプA行動パターンには、次のような特徴があります。

- 目標達成への持続的で強い要求・野心をもっている
- 競争心をもち、それに熱中する傾向がある
- 時間的切迫感をもっている
- 攻撃的・敵対的な行動をとる
- 性急的な側面があり、早口で話す傾向がある
- 同時にいくつもの仕事を引き受けて締め切りに追われる

▶ ハーディネス

ハーディネスとは、頑健さを意味する言葉です。ストレスに直面しても身体的・情緒的健康を損なうことが少ない性格特性のことをいいます。

▶ コーピング

コーピングとは、ストレスへの対処法を意味します。ラザルスは、「個人と環境とが影響し合った結果、個人の資源を脅かすと判断された場合に個人がとる認知行動的努力」と定義しました。

コーピングには、問題焦点型と情動焦点型があります。

適応機制（防衛機制）が無意識的な水準の対処（心理的反応）であるのに対して、コーピングは意識的な水準の対処過程を指します。

■ コーピングの分類

問題焦点型コーピング	情動焦点型コーピング
ストレッサーや、ストレスと感じる環境を改善・変革することで、ストレスに対処しようとする方法	ストレッサーそのものに対してではなく、それによってもたらされる反応を統制・軽減することで、ストレスに対処しようとする方法
ストレッサーへの働きかけ	ストレス反応への働きかけ

落とせない！重要問題

困難事例に対応できなかったので専門書を読んで解決方法を勉強するのは、問題焦点型ストレス対処法（コーピング）の事例である。 第35回

○：困難事例に対応できなかったストレスフルな環境そのものを直接的に変革していこうとする方法である。

ストレス要因に対する心理的反応 ㉜ ㊱

▶ アパシー

アパシーとは自発性に欠けた状態のことであり、無気力、無関心、感情鈍麻を特徴とします。ストレス状態に上手く対処できないときや、うつ病、認知症でもみられる心理状態です。

▶ 適応障害

適応障害とは、明確に確認されるストレス要因に対する心理的反応のことです。生死にかかわるような強大なストレスに限らず、家族関係や仕事のトラブルなどの継続的なストレス、あるいは反復的なストレスによっても生じます。不安、焦燥感、抑うつ（気分の落ち込み）、無気力等の情緒的症状や、睡眠障害、食欲不振、不定愁訴等の身体的症状、遅刻や欠勤等の行動に問題が見られます。ストレス状況の調整がうまくいけば短期間で改善しますが、時に長期化することもあります。

■ **不定愁訴：**だるさや食欲低下などの漠然とした身体的不調をいう。

▶ 急性ストレス障害

急性ストレス障害（ASD：Acute Stress Disorder）は、日常では起こらないような極めて強いストレスを受けた直後に生じる一時的なストレス反応です。次に説明する心的外傷後ストレス障害に似た症状や現実感の消失等が見られることもあります。

▶ 心的外傷後ストレス障害

心的外傷後ストレス障害（PTSD：Post-traumatic Stress Disorder）は、災害、事故、犯罪被害などの心の傷になる体験（心的外傷体験：トラウマ）を直接体験あるいは目撃したり、近親者や友人の体験を伝聞したりすることで発症し、再体験、回避、否定的感情と認知、過覚醒などの症状が長期間続きます。

■ 心的外傷後ストレス障害の症状

再体験	外傷体験が繰り返し思い起こされたり（フラッシュバック）、悪夢として反復されたりする
回避	外傷体験に関して考えたり、話したりすることや、体験を思い出させるような事物や状況を回避しようとする
否定的感情と認知	怒りや罪悪感などのネガティブな感情が続いたり、自己認識が過剰に否定的なものになったりする
過覚醒	外傷体験の後、過剰な驚愕反応を示す。物音に過敏反応したり、過剰な警戒心や集中困難などがみられたりする

ASDとPTSDは、ともに非常に強いストレス状況に暴露された後に体験する状態ですが、ASDが通常4週間以内に改善するのに対して、PTSDでは症状が長期間続きます。

ここは覚える！

第36回で、PTSDの症状について出題されました。

▶ 燃え尽き症候群（バーンアウト・シンドローム）

仕事に対する気力を失い、心身ともに疲れ果てた状態を燃え尽き症候群といいます。緊張の持続を強いられ、その努力の成果が表れにくい仕事や職業に就いた人に多く見られるという特徴があります。

アメリカの心理学者マスラック（Maslach, C）が開発したバーンアウト尺度（MBI：Maslach Burnout Inventory）では、情緒的消耗感、脱人格化、個人的達成感の低下の程度を測定します。これらの症状を、燃え尽き症候群の三大症状と呼ぶこともあります。

また、意欲の低下とともに逃避的になったり、自己否定感に苛まれたりする

こともあります。そのほか、いらいらして怒りっぽくなるなどの態度の変化や、頭痛や胃腸の不調、不眠、身体的消耗感などストレス性の身体症状が出現することもあります。

■ バーンアウトの症状

情緒的消耗感	疲れ果て、もう働くことができないという気分をいう
個人的達成感の低下	仕事への達成感が得られない状態をいう
脱人格化	人間性を欠くような感情や行動が目立つようになる状態をいう

ここは覚える！

第32回で、脱人格化が出題されました。三大症状については、しばしば出題されているので押さえておきましょう。

アメリカの精神分析医フロイデンバーガー（Freudenberger, H.）は、精力的に仕事をしていたソーシャルワーカーたちが急に燃え尽きたかのように意欲を失う現象に注目し、バーンアウト・シンドロームと名付けました。

4 心理学の理論を基礎とした アセスメントの基本

心理検査 の種類

改訂 長谷川式
簡易知能評価
スケール
＝
質問式

MMSE
＝
質問式＋動作性の
課題

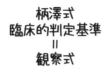

柄澤式
臨床的判定基準
＝
観察式

心理アセスメント

　クライエント（要支援者）の心理状態や行動特性、あるいは発達水準を評価することを心理アセスメントといいます。心理アセスメントの方法には、面接・心理検査・観察法があります。

▶ 事例定式化

　心理アセスメントを根拠として、クライエントの問題を明確にし、心理的支援のねらいや方法などについて見通しを立てます。この見立てを事例定式化、あるいはケースフォーミュレーションと呼びます。

心理検査　31 34 35 36

　人間に起こる心理的現象について、数値化して測定する方法を心理検査、あるいは心理テストといいます。心理検査には、人格検査、知能検査、発達検査、認知症検査などが含まれます。

▶ 人格検査

人格検査には、投影法、質問紙法、作業検査法の3つの方法があります。

● 投影法

投影法による人格検査とは、曖昧な刺激に対して自由に連想・想像したものの中に性格特徴が映し出されると考える方法です。

投影法による人格検査では、被検者の自由な表現を守り、無関係な反応をコントロールしたり、抽象的な反応を解釈したりすることが求められます。そのため、訓練を受けて経験を積んだ検査者が実施する必要があります。

■ 代表的な投影法の人格検査

検査名	概要
ロールシャッハテスト	左右対称のインクの染みから連想するものを述べる。スイスの精神科医ロールシャッハ（Rorschach, H.）により考案された
TAT（絵画・主題統覚検査）	抽象的な人物画や風景画から自由に物語を作る。物語の内容から、主人公、主人公の欲求、環境からの圧力、結果などについて分析を行い、欲求と圧力の関係から性格を把握する
CAT（幼児・児童用絵画統覚検査）	動物の擬人化された日常生活の絵画から物語を作る。子どもは人間よりも動物のほうに感情移入しやすく、情緒的関係をもちやすい
P-Fスタディ（絵画-欲求不満テスト）	図示された欲求不満に陥る場面での反応を空白の吹き出しに記入する。欲求不満場面の反応は、3つの攻撃の方向と、3つの反応型により分析する
SCT（文章完成検査）	短い刺激語ではじまる未完成な文章を自由に補い完成する
バウムテスト	A4版大の白紙に樹木画（一本の実のなる木）を自由に描く。描かれた絵は、樹木の形態的特徴の分析、筆跡の動態的分析、紙面に占める樹木配置の空間象徴理論による解釈などから総合的に解釈を行う

■ 投影法による人格検査

ロールシャッハテスト
Rorschach Test

TAT
絵画・主題統覚検査
Thematic Apperception Test

第34回にMMPI、ロールシャッハ、YG性格検査、第35回にP-Fスタディ、バウムテスト、第36回にSCT、YG性格検査が出題されました。

● 質問紙法

質問紙法による人格検査とは、質問項目に○×、あるいは「はい・いいえ」などの回答を自分で記入する方法です。

質問紙法による人格検査は、短時間で実施できること、集団で実施できること、集計や解釈の仕方がわかりやすいこと、などのメリットがあります。しかし、投影法や作業検査法の検査に比べると、検査の意図がわかりやすいため、被検者が意図的に質問の答えを変えてしまう可能性もあります。

■ 代表的な質問紙法の人格検査

検査名	概要
YGPI/YGテスト（矢田部ギルフォード性格検査）	120の質問項目に答える
MMPI-3日本版（ミネソタ多面人格目録）	335の質問項目に答える
CMI健康調査票（日本版CMI：コーネル・メディカル・インデックス）	男性は211、女性は213の質問項目に答える
新版TEG3（東大式エゴグラム）	53の質問項目に答える

新版TEG3（東大式エゴグラム）は、親心、大人心、子ども心の自我状態のバランスから性格分析を行います。第35回で、その適用対象や場面が問われました。

CMI健康調査票は、心身の自覚症状が確認できる調査票です。心理的な抵抗を少なくする工夫がされており、身体自覚症状から精神自覚症状の順に質問に答えるように作成されています。

落とせない！重要問題

矢田部ギルフォード（YG）性格検査は、連続した単純な作業を繰り返す検査である。 第34回

×：質問紙法の人格検査である。

● **作業検査法**

作業検査法による人格検査とは、一定の作業を課し、その作業の過程や結果から人格を把握しようとする方法です。

作業検査法による人格検査には、実施が簡便であること、被検者の意図的な操作が入りにくいこと、集団で実施できることなどのメリットがあります。ただし、人格の細かい特徴をとらえにくいことが指摘されています。

■ **代表的な作業検査法の人格検査**

検査名	概要
内田・クレペリン精神作業検査	ランダムに並んだ数字を2つずつ加算する作業を行う
ベンダー・ゲシュタルト検査	幾何学図形を提示し、記憶によって再生させる

ここは覚える！

第35回で、内田・クレペリン精神作業検査の適用対象や場面が出題されました。

▶ **知能検査**

知能検査には、知能指数（IQ）を測定するビネー式と、知能偏差値を測定するウェクスラー式があります。

ビネー式知能検査には、田中ビネー知能検査Ⅴや改訂版 鈴木ビネー知能検査

などがあります。

■ ビネー式知能検査

種類	対象年齢
田中ビネー知能検査V	2歳〜成人
改訂版 鈴木ビネー知能検査	2歳〜18歳11か月

　ウェクスラー式知能検査には、成人用のWAIS、児童用のWISC、低年齢児用のWPPSIの3種類があります。

■ ウェクスラー式知能検査

種類	対象年齢
WAIS-Ⅳ（成人用）	16歳〜90歳11か月
WISC-V（児童用）	5歳〜16歳11か月
WPPSI-III（低年齢児用）	2歳6か月〜7歳3か月

ここは覚える！

第34回で、WISC-Ⅳの対象年齢が出題されました。2022（令和4）年に最新版のWISC-Vが発売されています。第36回では、5歳児対象の心理検査（田中ビネー知能検査Ⅴ）について出題されました。

WAIS-Ⅳでは、全般的な知能を表す全検査IQ（FSIQ）と、特定の認知領域の知的機能を表す4つの指標得点（言語理解、知覚推理、ワーキングメモリ、処理速度）を算出します。WISC-Vでは、5つの主要指標得点（言語理解、視空間、流動性推理、ワーキングメモリ、処理速度）のほか、5つの補助指標得点を算出します。

▶ 発達検査

　発達検査とは、子どもの心身の発達の状態や程度を測定・診断するためのテストです。

■ 主な発達検査

検査名	概要
新版K式発達検査2020	子どもに課題を与えて行動を観察し、3領域（姿勢・運動、認知・適応、言語・社会）に分けて発達指数（DQ）を測定する検査
日本版K-ABCⅡ	知的活動を認知処理過程と習得度から測定する検査
津守・稲毛式乳幼児精神発達診断	母親（または主な養育者）に乳幼児の発達状況を問診し、精神発達の診断を行う検査
遠城寺式乳幼児分析的発達診断検査	6領域（手の運動、移動運動、基本的習慣、対人関係、発語、言語理解）による発達を測定して、発達上の障害の部位や程度を把握する検査

▶ 認知症検査

　認知症のスクリーニングテストには、質問式のテストと観察式テストがあります。

■ 認知症検査

検査名	概要
改訂長谷川式簡易知能評価スケール（HDS-R）	記憶を中心とした認知機能障害の有無を判定する質問式のテスト
ミニメンタルステート検査（MMSE：Mini-Mental State Examination）	動作性課題を含む質問式のテスト
柄澤式「老人知能の臨床的判定基準」	高齢者の日常的な言動などから、知的能力を総合的に評価する観察式のテスト

ミニメンタルステート検査は、MMSEのほか、MMSと略されることもあります。動作性の課題（図形の模写、簡単な作業など）が含まれているのが特徴です。2019（令和元）年にMMSE-J（精神状態短時間検査-改定日本版）が発売されました。

5 心理学の理論を基礎とした支援の基本

心理療法

行動療法　遊戯療法　家族療法

動作法　回想法

私は昔…

などなど…

心理的支援の基本的技法　㉟

▶ カウンセリング

　カウンセリングとは、相談、助言、ガイダンスなどを行うことの総称として、様々な場面で広く使われている概念です。

　心理学におけるカウンセリングとは、何らかの問題を抱えている人（クライエント）に対して、自己表現と自己理解を促す技法を意味します。

▶ 来談者中心療法（クライエント中心療法）

　提唱者のロジャーズ（Rogers, C.）は、問題を解決できるのはクライエント自身であると考え、クライエントの成長に向かう力を重視しました。

　来談者中心療法では、問題の分析などは行わず、クライエントの話を非指示的に、傾聴することが求められます。そのために必要なカウンセラーの態度条件が、自己一致、無条件の肯定的関心、共感的理解の3つです。

ここは覚える！

第35回に、来談者中心療法の基本的な考え方が出題されました。

態度	態度の意味
自己一致（純粋性）	自分の内面を受け入れて、自己が一致している状態にあること
無条件の肯定的関心	クライエントに対して肯定的な関心を経験していること
共感的理解	クライエントの世界を自分のことのように経験すること

▶ ピアカウンセリング

ピア(Peer)には仲間や同士という意味があります。ピアカウンセリングでは、同じ背景や特質をもつ者同士が、対等な関係で互いの問題を分かち合います。批判的・評価的な言葉遣いや態度を避けて傾聴する、共感的理解を示す、実体験に基づく情報提供を行うことにより、参加するメンバーが自己洞察を深め、自ら変革できるように成長を促すことを目的としています。

▶ マイクロカウンセリング

マイクロカウンセリングは、アイビイ（Ivey, A.）によって開発されたカウンセリングの基本モデルです。面接時の技法を系統的に配列した階層表があり、基礎部分に位置づけられている基本的傾聴技法から始まり、一つずつの技法を習得することによってカウンセラーとしての能力向上を図ることを特徴としています。

▶ 動機づけ面接

動機づけ面接とは、両価的な状況にある人に対して、目標達成への動機づけを高めて、目標に向かう行動をとりやすい状態にするための面接の技法です。

📖 **両価的な状況：**「変わりたいけど、変わりたくない」などのように相反する感情をもったり、相反する態度を示したりする状況のこと。

心理療法 ㉛ ㉞ ㉟

心理療法は、心の問題の解決・克服を援助するために用いられる臨床心理学的技法の総称です。援助者と利用者の間の精神的相互作用を通じて、治療的変化をもたらすことを目的としています。

▶ 精神分析

精神分析は**フロイト**（Freud, S.）によって始められた心理療法であり、その基礎をなす理論を**精神分析理論**といいます。精神分析理論では、人格の構造や機能について、イド・自我・超自我の概念を提唱しています。

■ イド・自我・超自我

イド（エス）	自我（エゴ）	超自我（スーパーエゴ）
快楽原理に従う 「〜したい」「〜ほしい」	現実原理に従う	道徳原理に従う 「〜しなくてはならない」
非論理的・非現実的思考や、不道徳で衝動的な行動をもたらす	イド、超自我、現実の間で調整を図る	イドの本能的衝動を抑え、直接的な行動を阻止する
人格の中の無意識的・原始的側面	人格の中の意識的・知性的側面	社会や両親のしつけによる社会規範や価値観などの道徳性・良心

📖 **イド（id）**：ドイツ語でエス（es）と呼ばれ、ともに英語でのitと同義である。精神分析の概念で、本能的な部分を意味する。快を求める快楽原理に支配されており、無意識的である。

　フロイトは、人は自分の行動の動機についてすべてを意識しているとは限らないと考え、**無意識**という心の領域の存在を仮定しました。本人も気づかない心の深層に抑圧された欲求や願望、心的外傷が葛藤を生み、様々な心理的問題を起こしていると考えます。乳幼児期の体験や親子関係まで遡って抑圧されたものを明らかにし、無意識の抑圧を解除したり、葛藤を意識化したりすることが治療的介入の目的です。

　また、精神分析療法中には、**転移**という現象が必然的に生じると考えられることから、その解釈と洞察が重要になります。

📖 **転移**：過去の体験が、現在の人間関係の中に反復強迫的に持ち越されること。

ここは覚える！

第31・34・35回には、精神分析療法の目的が出題されました。

▶ 行動療法

行動療法は問題となる行動を誤った学習によるもの、あるいは適切な行動の未学習によるものと考え、学習理論を用いて、不適切な行動の減少や除去、適切な行動の再学習を行う療法です。

精神分析では、抑圧された葛藤が症状のもとになっていると考えましたが、行動療法では症状は学習された行動と考えます。

■ 行動療法の技法

技法	概要
系統的脱感作法	不安・恐怖を感じる行動をリラックスした状態で体験して慣れさせ、段階的（系統的）に反応の消去を行う技法
エクスポージャー法（暴露療法）	不安を感じる場面に直面しても、予期する脅威的な状況が生じないことを体験させ、回避行動を消去する技法
シェーピング法	強化子（報酬）をコントロールしながら、目標とする行動や特定の反応へと次第に近づけていく技法
モデリング法	手本となる適切な行動（モデル）を示し、その行動を観察することで望ましい行動を獲得する技法

📖 **脱感作**：敏感でなくなること。不安や恐怖を感じなくなることを意味する。

オペラント条件づけの原理を用いた技法にはシェーピング法のほか、トークンエコノミー法（報酬によって望ましい行動を増加させる）、タイムアウト法（不適応行動を維持している報酬を取り除くことで、望ましくない行動を減少させる）などがあります。

▶ 認知療法

　認知療法はうつ病の治療のために開発された療法です。認知療法では、その人の出来事に対するとらえ方（認知）に着目します。そして、認知を再体制化することによって、症状や問題となる行動を改善しようとする療法です。

　認知療法では、非適応的な思考（認知のゆがみや自動思考）を柔軟的・客観的な見方に修正することで、否定的感情や身体反応を軽減し、より建設的な方向に行動ができるようになることを目的としています。

■■ **再体制化**：個人の認知を修正するための治療的介入方法のこと。再構成法ともいう。

▶ 認知行動療法

　認知行動療法とは、行動療法の技法と認知療法の技法を効果的に組み合わせて用いることによって、問題の改善を図ろうとする治療アプローチの総称です。クライエントの行動と認知の両方に注目して、非適応的な行動や思考のパターンを変容していくことを目的としています。

　認知行動療法では、セッション（面接）や日常生活において、自動思考（クライエントの頭に浮かんでいた考え）に目を向けて、その根拠と反証を検証することによって認知の偏りを修正する作業や練習課題などを行います。また、モデリングやエクスポージャー法などの行動療法の技法や、自律訓練法などのリラクゼーション法も併用します。

ここは覚える！

認知行動療法はほぼ毎回出題されています。基盤となる考え方や技法を学習しておきましょう。

落とせない！重要問題

認知行動療法は、クライエントの人生を振り返ることでアイデンティティを再確認していく。 第32回

　×：認知行動療法では、自動思考に目を向けて、認知の偏りを修正する。

▶ ブリーフセラピー

　ブリーフセラピーは過去にではなく、現在と未来に焦点を当てて、短期間に問題解決を試みる療法です。問題解決のために必要な小さな変化を目標とします。これは、あるシステムの小さな部分の変化が、全体を変容させていくという考え方に基づいています。

▶ ソリューション・フォーカスト・アプローチ（SFA）

　ブリーフセラピーの代表的なモデルで、解決志向アプローチとも呼ばれています。問題が起きなかった例外的な状況に関心を向ける例外探しを行い、その例外を意図的に再現することを継続したり、解決後の未来像や肯定的な自分の姿を思い描くためのミラクル・クエスチョンをしたりして、問題の解決を目指します。

> ミラクル・クエスチョンでは、「問題が解決したら、何をしていますか」など、願望ではなく、未来の事実を尋ねます。

▶ 心理劇

　心理劇は改善すべき問題などを劇の主題として、筋書きのない即興劇を演じさせる集団療法です。現実に抱えている問題をそのまま取り上げて再現したり、問題を解決する劇を演じたりします。役割を演じることで、参加者の行為や心理面に変化がもたらされます。

　心理劇では、監督・補助自我・観客の3つの役割を含む、次の5要素が必要になります。

■ 心理劇の5要素

役割	特徴
監督	参加者への治療者劇のテーマを検討して場面を設定したり、演者・補助自我の役割を決めたり、進行を含めすべてを演出する
補助自我	監督の意向により演者が演じやすいように、また自発性が高まるように、求められる役割行為を行う者。主役の自我への援助と、監督の補助を行う
観客	劇を観るクライエント演者や補助自我に共感したり、様々な感想をもったりしながら劇を観る
演者	劇の主役及び共演者を演じるクライエント
舞台	劇を行う場所

▶ 森田療法

森田療法は、主に神経症の治療に用いられる療法です。①絶対臥褥期（食事・排泄・洗面以外は個室で横になって寝る）を1週間体験することで、生の欲望を生起させます。そして、②軽作業期（部屋の掃除など軽い作業を行う）、③作業療法期（畑仕事や園芸、手芸などを行う）、④生活訓練期（外出や買い物など実生活の準備を行う）を経て、徐々に仕事量を増やして社会復帰の準備をします。

人間に備わっている自然治癒力を促し、不安や葛藤などの状況をあるがままに受け入れて、心身の不調や症状がある状態のままで具体的な行動を実行していきます。非現実的な欲求を自分に課している悪循環を断ち切ることを目的としています。

■ **生の欲望**:「生きたい」「出世したい」「向上発展したい」などの欲望の総称である。森田は、人はみな「生の欲望」をもっており、この欲望が何らかの理由で挫折し、自己の心身の変化にとらわれたものが神経症であると考えた。

▶ エンカウンターグループ

エンカウンターグループは、10人前後の小さな集団を構成して行う集団療法です。参加者が感じたままを話し合い、その中で自己との新たな出会いや理解の深まりを体験できるように、ファシリテーター（学習の促進者）が側面から援助します。

ベーシックエンカウンターグループでは、テーマもプログラムも設定されていない状況で、すべてのプロセスが参加者の自発性と主体性によって進められます。

課題を示してグループ体験を行う構成的エンカウンターグループは、人間関係づくりや社会性の向上などを目的として、広く教育の領域でも活用されています。

ベーシックエンカウンターグループは、参加者相互の自由なかかわり合いを通じて、自己理解や他者理解を深めて、人間的成長を促し合うものです。

▶ 遊戯療法（プレイセラピー）

遊戯療法（プレイセラピー）は遊具等を利用しながら遊びを主な手段とする療法です。治療者は、子どもとともにプレイルームで遊びながら治療を行います。遊びは子どもの自己表現のためのコミュニケーション手段として、言語能力が未発達な子どもが、自分の考えや感情を言葉で表現することが困難な場合に用いられます。また、遊び自体が自己治癒的な意味をもっていることに治療的価値が認められています。

▶ 箱庭療法

箱庭療法は子どもの遊びにヒントを得て開発された技法です。クライエントは、治療者によって見守られ保護された空間の中で、ミニチュアの道具（建物、人物、樹木、動物、乗り物など）を砂箱に配置し、心の中のイメージを箱庭の中に形作ります。

砂箱に自分の思い通りの世界を表現することで、カタルシス効果が期待できます。また、象徴的な表現が可能であり、強い情動体験を伴って治療を進めることもできます。

📖 **カタルシス効果**：心情の表出による浄化作用を意味する。

箱庭療法は、ローエンフェルト（Lowenfeld, M.）が子どものために開発した技法を、カルフ（Kalff, D.）が成人にも適用できる療法として、発展・確立させたものです。

▶ 家族療法

家族療法は家族を一つのシステムとしてとらえ、個人の問題（心身症や子どもの行動問題など）を家族全体の問題としてとらえる療法です。

家族療法では、問題をかかえている個人をIP（Identified Patient）と呼び、IPは、家族システムの中でたまたま症状を出した人と考えます。原因Aが直接的に結果Bを生じさせるといった直線的な因果関係ではなく、AとBとは相互に影響を与え合う円環的な連鎖の過程の一部ととらえます。

家族療法には、主要な3つの理論モデルがあります。

■ 家族療法の主要な理論モデル

理論モデル	提唱者	特徴
構造派**家族療法**	ミニューチン (Minuchin, S.)	家族システムの構造特性に焦点を当て、構造変革を重視する。ジョイニングの技法を使って援助的介入を行う
戦略派**家族療法**	ヘイリー (Haley, J.)	家族相互作用の意味、ルール、流れを変えることを重視する。逆説的介入やリフレーミング技法を使って、変化をもたらす援助を行う
成長促進派**家族療法**	サティア (Satir, V.)	コミュニケーションの感情面を重視し、コミュニケーションの改善を重視する

ジョイニング：治療目的を達成するために、治療者が家族システム内のメンバーに仲間入りして、家族と一緒に治療システムを形成する手段をいう。

逆説的介入：パラドックス技法とも呼ばれる。問題に関する行動を逆転させ、それによって問題行動をコントロールする方法である。

リフレーミング技法：新たな理解の枠組みを提示することで、家族の現実認識を変化させようとする方法である。

ここは覚える！

第34回に家族療法における問題の捉え方が出題されました。

▶ 回想法

　回想法は、高齢者や認知症高齢者に対して、よく用いられる心理療法です。近年では、うつ病患者や終末期のケア場面などでも適用されています。

　これまでの人生と結びつけてテーマを選択し、言葉かけや写真、懐かしい生活用具や玩具、季節感のある小物などの材料・道具を活用して、昔の思い出や記憶の回想を促します。

　昔の記憶を振り返ることで長期記憶に働きかける、語らうことで感情や意欲を高揚させる、日々の生活における活動性や関心を高めるなどを、回想法の目的としています。また、参加者と交流をもつこと、日常生活においても周囲に関心をもつようになること、穏やかになること、などの効果も期待されています。

認知症高齢者の場合、最近の記憶は忘れても過去の記憶は比較的よく保たれていることが多いです。

▶ 臨床動作法

動作法では、課題動作を通して、感情や思考と動作との一連の結びつき（体験様式）の変容を図ります。

動作法は脳性麻痺者（児）の動作改善を目的とする訓練法として誕生しましたが、現在では、自閉症や多動症状のある子ども、神経症、統合失調症、うつ状態、不登校児にも有効であることが実証されています。言語理解を困難とする重度の認知症高齢者や失語症患者にも適用が可能です。

ここは覚える！

第31・34回に臨床動作法が出題されました。

▶ SST（Social Skills Training）

SSTは、社会生活技能訓練とも呼ばれます。学習理論を基盤とし、実演（ロールプレイ）や手本（モデリング）などの手法を用いて、基本生活技能や対人関係能力などのスキルを習得するための訓練を行います。

社会生活機能の回復や症状の改善を目的として、統合失調症などの精神障害者や長期入院患者の社会復帰への援助、障害者支援施設での教育指導で活用されています。

ここは覚える！

第35回で、社会生活技能訓練はどのような訓練であるかが問われました。

Q — A

- [ ] **1** 自己実現の欲求は、成長欲求（成長動機）といわれる。第33回 ○

- [ ] **2** 水平線に近い月の方が中空にある月より大きく見える現象を、大きさの恒常性という。第33回 ×

- [ ] **3** ユングは、外向型と内向型の2つの類型を示した。第32回 ○

- [ ] **4** 路上でケガをしたために援助を必要とする人の周囲に大勢の人が集まったが、誰も手助けしようとしなかった。これは傍観者効果の事例である。第35回 ○

- [ ] **5** デイサービスの体験利用をしたら思ったよりも楽しかったので、継続的に利用するようになった。これはレスポンデント（古典的）条件づけの事例である。第34回 ×

- [ ] **6** 犬にベルの音を聞かせながら食事を与えていると、ベルの音だけで唾液が分泌するようになった。これはオペラント条件づけの事例である。第36回 ×

- [ ] **7** 手続き記憶とは、覚えた数個の数字を逆唱するときに用いられる記憶である。第31回 ×

- [ ] **8** ワーキングメモリ（作動記憶）とは、暗記をするときなど、入力された情報とその処理に関する一時的な記憶である。第36回 ○

- [ ] **9** 流動性知能は、加齢による影響がほとんどみられない。第31回 ×

- [ ] **10** 乳幼児期の愛着形成により獲得される内的ワーキングモデルが、後の対人関係パターンに影響することは稀である。第32回 ×

- [ ] **11** ピアジェの発達理論によると、形式的操作期には、思考の自己中心性が強くみられる。第34回 ×

- [ ] **12** エリクソンの発達段階説によると、老年期の発達課題は統合感の獲得である。第34回 ○

解説

2 月の錯視という。

5 オペラント条件づけの事例である。

6 古典的条件づけの事例である。

7 手続き記憶は、一連の動作や運動技能に関する記憶である。

9 加齢による低下が認められる。

10 後の対人関係に影響する。

11 思考の自己中心性が強くみられるのは前操作期である。

Q　　　　　　　　　　　　　　　　　　　　　**A**

☐ **13** タイプA行動パターンには、他者との競争を好まないという特性がある。 第34回 　×

☐ **14** アパシーとは、ストレス状態が続いても、それに対応できている状態のことである。 第32回 　×

☐ **15** ストレス反応の１つであるバーンアウトの症状では、人を人と思わなくなる気持ちが生じる。 第32回改変 　○

☐ **16** 心的外傷後ストレス障害（PTSD）は、心的外傷体験後1か月程度で自然に回復することもある。 第33回 　×

☐ **17** 介護ストレスを解消してもらおうと、介護者に気晴らしを勧めた。これは問題焦点型コーピングである。 第35回 　×

☐ **18** P-Fスタディでは欲求不満場面での反応を測定する。 第31回 　○

☐ **19** 乳幼児の知能を測定するため、WPPSIを実施した。 第35回 　○

☐ **20** ロールシャッハテストは、図版に対する反応からパーソナリティを理解する投影法検査である。 第34回 　○

☐ **21** ブリーフセラピーは、クライエントの過去に焦点を当てて解決を目指していく。 第35回 　×

☐ **22** 改訂長谷川式簡易知能評価スケール（HDS-R）は、高齢者の抑うつを測定する。 第34回 　×

☐ **23** 社会生活技能訓練（SST）では、ロールプレイなどの技法を用い、対人関係で必要なスキル習得を図る。 第30回 　○

☐ **24** 遊戯療法（プレイセラピー）は、言語によって自分の考えや感情を十分に表現する方法であり、主として心理劇を用いる。 第34回 　×

☐ **25** 認知行動療法では、他者の行動観察を通して行動の変容をもたらすモデリングが含まれる。 第33回 　○

解説

13 他者との競争を好むという特性がある。

14 ストレス状態に上手く対応できない場合に陥る心理状態のことである。

16 症状は長期間続く。

17 情動焦点型コーピングである。

21 過去よりも現在と未来に焦点を当てる。

22 認知症の評価をする。

24 言葉で表現できない感情を表現できる方法である。

第 **3** 章

社会学と
社会システム

この科目のよく出るテーマ5

❶ 社会的行為と役割理論

　「行為」は社会学の最も小さい観察対象です。ヴェーバーの行為の４類型にはじまり、近年はハバーマスの「コミュニケーション的行為」なども出題されています。さらに、社会の中で様々な形で行為が変化し、心的な葛藤を生じる「役割理論」についての出題も多くなっています。

❷ 社会問題の捉え方

　社会学の最大の特徴は、人々の行動や選択を「個人的なもの」ではなく、社会的・政治的なもの、すなわち「構造的問題」として捉えるという考え方にあります。その代表的な例が逸脱行為や犯罪・貧困を説明する理論であり、近年の頻出テーマとなっています。文化学習理論や緊張理論をはじめ、ラベリング論などをしっかり覚えましょう。

❸ 集団と組織

　集団や組織のタイプは、前近代的社会と近代的社会を象徴していると考えられていることから、集団と組織の種別と論者の組み合わせを問う問題は、ほぼ定番です。それぞれの類型の事例とともにしっかり覚えましょう。

❹ 家族と世帯、人口の動向

　家族の類型と共に、公的な調査で用いられる「世帯」という概念の定義は繰り返し問われています。また、近年は「人口転換」に関連する概念・理論と政府統計（国勢調査、人口動態、労働力調査）の動向に関する問題も頻出しています。

❺ 都市と消費

　シカゴ学派の代表的な社会学者（パーク、ワース、バージェス）についての出題が度々あります。現代社会において、消費が単に生活必需品を購入することにとどまらない意味を持つことについても理解しておきましょう。

攻略のポイント

この科目は、社会学者の人名と概念がたくさん登場し、苦手とする人も多いかもしれません。ただし、繰り返し出題されている分野は限られているので、頻出問題で取りこぼしのないようにしっかり学習しておきましょう。日ごろから、人口や出生率に関する報道には注意しておきましょう。

1 社会学の視点

社会学とは

社会学とは19世紀のコント（Comte, A.）が祖だとされ、近代社会の特性や人間の行為を説明しようとする学問です。社会学の成立期から、社会学者は自殺といった社会における逸脱行為や、貧困、都市化という現象に注目し、現在社会における多様な現象に議論を展開しています。

コントは、フランス革命後の混乱した社会をどのようにして再組織化すべきかという問題意識を持ち、西洋近代に至る歴史を考察しました。コントは、人間精神が、神学的、形而上学的、実証的に変化した結果、人間が営む組織も軍事型、法律型、産業型へと変化したとする「三状態の法則」を唱えました。そして、実証的な新しい学問（社会動学）としての「社会学」が誕生したとしました。

同様の議論は、進化論（社会的ダーウィニズム）をもとに社会の発展を考察したスペンサー（Spencer, H.）にも見られ、社会は軍事型から産業型に移行すると考えました。

■ 社会変動の代表的な理論

コント 3状態の法則	・社会学を実証哲学と位置づけた社会学の祖 ・実証哲学とは実証主義に基づく哲学で、経験的事実に基づいて実証できる認識以外を否定する考え方 ・人間精神が神学的・形而上学的・実証的と発展し、対応して社会組織が軍事的・法律的・産業的と発展すると提示した
スペンサー 社会進化論に立つ 社会有機体論	・社会的ダーウィニズム ・進化論の立場から軍事型社会から産業型社会へ移行すると考え、社会的ダーウィニズムの源流となった。社会が有機体と同じように単純で同質的な構造から複雑な構造へと変化していくと考えた
マルクス (Marx, K.) マルクス主義 唯物史観、階級理論	・『資本論』を著し、マルクス主義（資本主義を批判し、社会主義の実現を目指す思想）を確立した ・唯物史観・弁証法的唯物論を提唱 ・唯物史観の視点から階級理論を展開した。資本主義社会はプロレタリア革命によって、共産主義に移行するとした
テンニース (Tönnies, F.) 集団類型の概念	・集団類型を提唱 ・社会を構成する集団類型がゲマインシャフトからゲゼルシャフトに移行するとした
デュルケム (Durkheim, É.) 社会的分業 機械的連帯 有機的連帯	・社会的事実の観察と説明の方法を定式化した ・社会は分業の体系であるとし、同質的な人々の機械的連帯から異質的な人々の有機的連帯に移行する。『自殺論』の中で、近代社会では社会的連帯の変化からアノミー状況（規範の崩壊＝例：暴動など）が起こると提示した

コントやスペンサーの後に登場した、第二世代と言われる社会学者、デュルケムとヴェーバーが社会学という学問を大きく発展させました。デュルケムは、近代社会に至り、社会が分業を遂げた結果、人々のつながりも前近代の社会と近代社会では大きく異なってきたと主張します。

前近代では社会を構成するすべての成員の個人的意識が同じ類型であることで生じる機械的連帯で人々がつながっているのに対し、近代社会では社会を構成する成員各自が異なった機能ないし役割を分担し、相互依存関係から生じる有機的連帯でつながっていると主張しました。

同様に、前近代の社会と近代の社会の人々のつながりに着目した議論を展開したのは、ドイツのテンニースです。テンニースは、前近代社会をゲマインシャフト、近代社会をゲゼルシャフトと呼びました。

また、デュルケムは著作『自殺論』で、自殺という事象から近代社会の特性について言及しました。近代社会では、人々が身分制から解き放たれ、道徳的秩序が崩壊し、欲望が無規制になった結果、欲求が満たされないことによる焦

燥感や不満、幻滅から自殺するアノミー的自殺という新しいタイプの自殺が見られるようになったと指摘しています。

　宗教改革、産業革命後の社会で資本主義が発展してきたことに着目して、資本主義発達のメカニズムを解明しようとしたのが、ドイツのヴェーバーです。宗教改革で誕生したキリスト教の新しい宗派プロテスタントが発展した地域では、人々の死後の救済は予定されているとする救済予定説に基づき、「世俗内禁欲」と位置づけられる営利活動に励んだ結果、資本主義が発達したとヴェーバーは主張します（『プロテスタンティズムの倫理と資本主義の精神』）。近代社会は、このように人々が合理化していく過程だとヴェーバーは言います。そして、近代社会において、合理化が進んだ結果として生まれた組織が官僚制だと言います。官僚制組織は、近代の合法的支配の下で生まれた組織です（114ページを参照）。

　ヴェーバーと異なる視点で、資本主義社会をとらえたのがマルクスです。マルクスは、資本主義の発展に伴って、資本家（ブルジョワ）階級と労働者（プロレタリア）階級の二大階級が興隆してきたと言います。資本家階級が生産手段を有しているのに対して、労働者階級はそれを有していないという違いがあります。さらに、社会の生産活動の中心となっている生産手段（生産様式）によって、人間の精神や文化が規定されるとする唯物史観を唱えました。この場合の、生産様式を下部構造、人間の精神や文化を上部構造と言います。つまり、唯物史観では下部構造が上部構造を規定することになります。

　マルクスは、やがて労働者階級が団結してプロレタリア革命を遂行し、共産主義の国家を成立させると唱え（『共産党宣言』）、20世紀の世界に大きな影響を与えました。

> 社会学とは、社会を構成する「経済・政治・文化・人と人とのつながり」の4つの領域から、社会の変化を解明しようとする学問です。代表的な社会学理論と提唱した人物を理解し、理論の位置づけや意味をよく理解することが必要です。

2 社会構造と変動

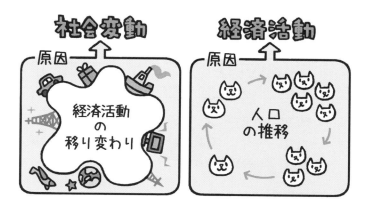

社会システム

㉛ ㉜ ㉞ ㉟

　システムとは、個々の要素が集まって関連し合い、全体を作っている状態や性質のことです。システムであるためには、①2つ以上の要素からなる、②要素相互間に機能が定められている、③目的をもっていなければならない、④単に状態として在るのではなく時間的な流れとして指定される、⑤システムへの投入と産出があるという5つの条件があります。

　パーソンズ（Parsons, T.）は、自然科学から始まったシステム理論を社会学に取り入れました。社会システムを複数の個人行為が少なくとも物的または環境的側面に含む状況で相互行為しているにほかならないと定義しています。

▶ 社会システムの安定性

　社会システムの活動は、構造と機能で説明できます。社会は、定型（パターン）化された人間関係（例：役割関係）と社会資源配分（例：財・権力・知識）で成り立ちますが、このパターンを生みだす原理（例：平等主義・業績主義・年功序列）が構造です。また社会システムの活動がどのようなプラス作用、マイナス作用をしているか、また社会全体にどのような貢献をしているか、この度合いを機能といいます。

パーソンズは、社会を行為システムととらえ、「機能−構造」分析を行いました。行為システムの機能要件は、AGIL図式という図式で示され、社会の次の領域が該当するとしています。

A	適応（Adaption）	経済
G	目標達成（Goal Attainment）	政治
I	統合（Integration）	社会統制
L	潜在的パターンの維持と緊張処理 (Latent pattern maintenance and tension management)	教育、文化

これらAGILの機能の相互交換によって、社会というシステム全体が動態的均衡を保つと考えました。パーソンズは、自らの理論を主意主義行為論と名づけ、この議論は1960年代には社会科学全体に大きな影響を与えました。

ここは覚える！

第32回で、パーソンズの行為論名が問われました。

▶ 規範と文化

社会システムを考えていく利点は、社会システムの安定性を問題にできることにあります。この安定性に影響を与えているのは規範と文化です。規範とは、社会や集団において個人が他人と同調することを期待される行動や判断基準のことです。習慣、道徳、法が含まれます。すなわち、ある一定のルールです。

規範を社会で実効的にコントロールしようとすることをサンクションといい、奨励（褒める）を与える正のサンクションと罰（制裁）を与える負のサンクションがあります。正と負のサンクションからなるルールの複合体の行使によって、はじめて規範は実効性のあるものとなります。つまり、規範とサンクションは表裏一体です。

文化は社会に暮らす人の生活様式、行動様式を意味します。価値や信念の体系を意味するもので、規範の背景には文化があるといわれます。社会が異なれば文化も異なります。

▶ 社会指標

社会指標とは、社会に固有な性質や環境的側面を表す社会統計であり、人々

の生活・福祉に影響する要因を数量化したものです。

客観指標	社会システムの活動の水準を客観的に測定したもの
主観指標	社会システムの活動の状態に対する人々の意識を測定したもの

ここは覚える！

第31回に、国連の「世界幸福度報告書」で、客観的指標だけではなく、主観的な幸福感も含めた「幸福度指標」を発表していることが出題されました。

▶ 社会階層と社会移動

社会階層 （階層構造）	社会的資源（財産、権力、威信、知識など）が不均等に配分され、格差が生じている状態。マルクスやヴェーバーの社会階層の概念の理解とともに、1970年代からは地域権力構造論が提示されている
社会移動	社会階層間の移動のこと。個人の社会的地位が変化することによって、上昇移動と下降移動がある

ここは覚える！

第34回で、社会階層と社会移動の概念の理解が問われました。なお、産業構造や人口構造の変化によって、親の職業とは異なる職業や地位に就くことを余儀なくされることを「構造移動」、本人の努力如何によって地位達成が行われることを「純粋移動」といいます。

社会システムとしての法　　

▶ 法と社会規範

　近代ヨーロッパ諸国の法の源流に、ローマ法（国際的法秩序）があります。これは市民法として始まりましたが、その後領土の拡大とともに万民法となっていき、6世紀のユスティニアス帝により集大成されました。法と道徳は、ルール（規範）という点では同じですが、法は賞罰や刑罰を伴う点で違いがあります。社会全体の合理化を支えたのが法であるといわれています。

　法は支配体制の一部であり、体制の中に埋め込まれています。

　ヴェーバーは、歴史的考察から支配を、次の3つに類型化しました。

伝統的支配	伝統の神聖さに基づき、首長（長老や家父長、スルタンなど）への恭順によって維持される支配
カリスマ的支配	支配者の有する超人間的な力を源泉とし、その人物の帰依によって支えられる支配
合法的支配	法的正当性を根拠とし、法秩序に対する没主観的な服従によって守られる支配

ここは覚える！

第32・35回で、ヴェーバーの合法的支配の意味が問われました。支配の3類型の内容を押さえておきましょう。

落とせない！重要問題

法は、万民が服さなければならないものであり、支配者も例外ではない。 第35回

○：合法的支配における法は公式性の高いもので、原則万民が従わなければならない。

合法的支配では、被支配者も支配者も実定法に服さなければなりません。実定法（Positive Law）は、人の手により設定されたという意味があり、自然法に対置する法です。

　伝統的支配とカリスマ的支配は、支配者の人間性に大きく依存します。合法的支配は、非人格的な法やルールによる支配であり、近代民主主義における支配は合法的支配に該当します。合法的支配の統治機構が官僚制にあたります。

　官僚制は行政組織が代表的ですが、官公庁、会社、学校、病院などあらゆるものに共通する特徴です。

■ 官僚制の特徴

① 権限の原則　　　　　② 一元的で明確な指揮命令系統

③ 文書による職務遂行　④ 高度に専門家した活動

⑤ 職務への専念　　　など

▶ 法の3類型

　法はその成り立ち、政治や体制によって、性格が変わってきます。アメリカの社会学者であるノネ（Nonet, P.）とセルズニック（Selznick, P.）は、法律を3つに分類しています。

抑圧的法	前近代社会の法。法は独裁的権力者による支配の道具
自律的法	執行者による恣意的な解釈の余地をなくすため、手続きや形式が過度に重んじられた厳格なもの。政治からは独立
応答的法	形式を重んじるのではなく、法は実質的な正義を実現するための道具。政治の目的も法に取り入れられる。新たな法のあり方といわれている

　日本では、応答的法の発想より、2001（平成13）年の内閣の司法制度改革審議会による意見書の公表を経て、2009（平成21）年5月から裁判員制度が導入されました。これは重大刑事事件の審理に市民が参加することを義務づけられる制度で、他の先進諸外国にならい、市民が裁判に直接関与する道が開かれました。日本の裁判員制度は量刑まで裁判員が決める点が特徴的です。

社会変動　㉛ ㉞

▶ 近代化

　近代化（社会変動）の本質は「西洋の近代化論」にあるともいえます。近代化について、非西洋社会も含めて論じられたのは1960年代です。西洋の諸社会を先発社会といい、非西洋は後発社会といいます。

　近代化の過程には、次の4つの領域があります。近代化の一つに世俗化がありますが、これは宗教や超自然観念が現実的思考や科学思考に代わることといえます。

> フランクとアミンは、後発社会・従属理論を展開。後発社会は、資本主義の中心国により従属的な状態に組み込まれているとしました。

■ 近代化の過程の4つの領域

経済の領域	手工業生産から機械生産へ（産業革命） 自給自足から物流と市場的交換へ
政治の領域	封建制・絶対主義国家から市民革命へ 民主主義への移行
文化の領域	科学革命・合理主義的価値観へ 知識形態が実証的で合理的なものへ
人と人とのつながり	伝統的な家父長制からの脱却を志向 属性主義から業績主義

ここは覚える！

第31回で、近代社会の特質を問う問題として、業績主義が出題されました。

▶ 産業化・情報化

産業化とは、西洋における産業革命から進展し、経済の領域における変動を示す概念のことで、産業化とともに資本主義が発展します。農業社会（第一次産業）から、工業を中心とした産業構造社会（第二次産業）へ進展していく過程をいいます。産業化が進む近代社会を、ヴェーバーは合理化の過程ととらえていますが、合理的な組織の理念型として官僚制というものを考えました。

また情報化は、工業化の次の段階のことで「情報の生産」「情報処理」「情報の流通」にかかわる第三次産業の発展を意味します。情報化した社会のことを、ベル（Bell, D.）は「脱工業化社会」と呼び、トフラー（Toffler, A.）は「第三の波」と呼びました。

▶ グローバリゼーション（地球規模化）

現代のグローバリゼーションは3つの流れがあります。①第二次世界大戦後に地球規模化した経済的、政治的、文化的現象、②世界恐慌最中の1930年代前半に失われたが、現代に復活している現象、③米ソ冷戦終結後の1990年代に地球規模化した現象の3つです。これらの現象には、ヒト・モノ・カネと情報の国際的な流動化が含まれ、科学技術、組織、法体系、インフラストラクチャーの発展がこの流動化を促すのに貢献しています。

しかし、様々な社会問題が国家の枠を超越し、一国では解決できなくなりつつあります。世界のほとんどが領土を確定し、いくつかの民族（宗教）からなる

国民国家を単位として政治的に組織されていますが、産業発展により情報流通や労働力がボーダレスになり、金融市場などは24時間体制になってきました。

▶ リスク社会

リスク社会とはベック（Beck, U.）が提示した概念です。近代化によってマイナスの問題が出てきたことで、産業社会（第一の近代）から、リスク分散や回避をめぐる紛争により規定される近代（第二の近代）への変換が起こりつつあることをリスク社会と位置づけました。

ここは覚える！

第34回でベックのリスク社会が出題されました。

■ 産業社会の理論

ヴェーバー「理解社会学」	**合理化の過程** ・近代社会への移行は、経済・政治・法など社会のあらゆるものが合理化（矛盾がなく首尾一貫している）の過程で行われる（支配の社会学）。人間の行動が形式合理的な規則によって徹底的に支配される組織やシステム（官僚制組織）を提示した ・『プロテスタンティズムの倫理と資本主義の精神』を著し、近代資本主義のエートスを職業人の倫理に求め、それがプロテスタンティズムの世俗内禁欲と密接な関係があるとした
ベル『脱工業化社会』	アメリカ社会学者で、イデオロギーから知的技術・知識社会を重視。イデオロギーの終焉論と脱工業化社会を唱えた
トフラー「未来学」	**1980年『第三の波』＝脱工業化社会に向かう** 未来学者、文明批評家で産業文明の終焉と新しい文明への移行を示した。第一の波（農業革命）、第二の波（産業革命）、第三の波（情報革命）
ベック『危険社会』	近代社会の諸問題を分析批判、現代社会はリスクを生産し分配する社会である。グローバル化によって世界リスク社会が形成されると指摘

人口　㉝ ㊱

▶ 人口と社会

国勢調査などで用いられる日本の「人口」とは、日本に在住する日本人と3か月を超えて日本に滞在する外国人（外国政府機関関係者、外国軍隊の軍人とその家族を除く）の数です。人口の増減は、出生、死亡、人の流出、流入によっ

て決定されます。流出、流入がなく、一定の水準の死亡の下で、人口が長期的に増えも減りもせずに一定になる出生の水準を人口置換水準といいます。例えば、現在の死亡の水準を前提とした場合、合計特殊出生率での人口置換水準は、概ね2.1となっています。

戦後の第一次ベビーブーム（1947 ～ 1949（昭和22 ～ 24）年）には合計特殊出生率は4.5と高く、人口置換水準の2倍強でした。1966（昭和41）年の丙午の年に合計特殊出生率が1.58と一時的に急低下したのを例外として、1970年代前半までは人口は増加する局面にありました。1990（平成2）年、前年（1989年）の合計特殊出生率が丙午の年よりも下回ったことから「1.57ショック」と騒がれ、少子化対策が議論されるようになりました。しかし、その後も合計特殊出生率は以前のように回復せず、人口も減少局面にあります。

■ 日本の出生数・合計特殊出生率・人口置換水準の推移

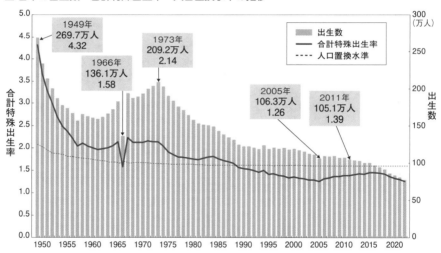

出典：厚生労働省「平成29年（2017）人口動態統計月報年計（確定値）」「令和4（2022）年人口動態統計（確定数）」をもとに作成

第一次ベビーブームに生まれた人のことを団塊の世代といいます。団塊の世代は、出生時に260万人もおり、進学、就職の都度、世間に影響を与え、そして経済活動においても大きな影響をもたらしてきました。しかし、2013（平成25）年には、団塊の世代が65歳に到達し、65歳以上人口が一気に増えることになりました。

📖 **合計特殊出生率：** その年次の15 〜 49歳の年齢別出生率を合計したもので、女性が生涯を通じて生むと仮定される子どもの数と解釈できる。

ここは覚える！

第33回では各国の合計特殊出生率の動向が、第36回では出生動向基本調査結果（結婚と出産に関する全国調査、国立社会保障・人口問題研究所）に関する問題が出題されました。出生動向基本調査は、独身者調査と夫婦調査から構成され、調査内容には、未婚者の結婚意向、希望するライフコース像、夫婦の結婚・出産・子育てをめぐる状況、未婚者と夫婦の就業・居住・価値観などが含まれます。

総人口に占める65歳以上の人口を高齢化率といいます。日本は、2013（平成25）年に4人に1人以上が高齢者になりました。男性と女性を左右に、また各年齢の人口を年齢の上から横棒にして示した図を、人口ピラミッドといいます。合計特殊出生率が高く、若い年齢層が多い社会であれば、文字通りこの図はピラミッドのような形を示します。

　日本の人口ピラミッドは、2022（令和4）年現在、高齢者の人口が多く子どもが少ないつぼ型となっています。今後の人口推計によると、2040年には逆三角形に近い形に、2065年にはピラミッド全体の幅が細くなっています。

■ 人口ピラミッドの変化（総人口）

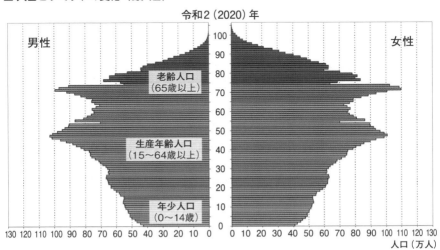

出典：国立社会保障・人口問題研究所「日本の将来推計人口（令和5年推計）結果の概要」

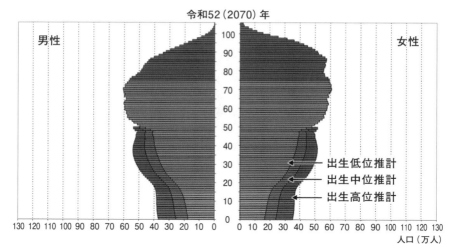

令和52（2070）年

男性　　　女性

出生低位推計
出生中位推計
出生高位推計

人口（万人）

出典：国立社会保障・人口問題研究所「日本の将来推計人口（令和5年推計）結果の概要」

▶ 人口の少子高齢化

　先進諸国では、合計特殊出生率の低下によって、人口置換水準を下回る国があります。近年、韓国、台湾、シンガポールでも合計特殊出生率が低くなっています。高齢化率が7％から14％に達するまでの所要年数を倍化年数と呼びますが、フランスが126年、スウェーデンが85年、イギリスが46年だったのに対し、日本は24年でした。日本では、欧州諸国よりも急速に人口の高齢化が進んだことがわかります。

　しかし、アジア諸国の中には、日本を上回る速度で高齢化が進展している国もあり、特に韓国は2005年に9.1％だった高齢化率が2060年には43.6％にまで達すると見込まれています（内閣府「令和5年版高齢社会白書」）。

　高齢者を支える負担の重さ（生産年齢人口（15 〜 64歳）の100人が何人を支えるか）を示す指標に従属人口指数というものがあります。2021（令和3）年には68.5％となっており、2045年には90％を超すと予想されています。

　従属人口指数＝（0 〜 14歳人口＋65歳以上人口）÷生産年齢人口×100

▶ 世界の人口と国際的な人口移動

　2015年に世界の人口は73億人を超え、2025年には97億人に達すると予想されています。人口増加により、食糧の不足も国際的には大きな問題です。

食糧不足、政情不安や宗教的な民族間の対立を抱えた国の中には、住民が難民として他国へ移動する例が見られます。難民とは、1951年の「難民の地位向上に関する条約」で「人種、宗教、国籍、政治的意見やまたは特定の社会集団に属するなどの理由で、自国にいると迫害を受ける、あるいは迫害を受けるおそれがあるために他国に逃れた」人々と定義されており、国際的な支援を必要とする人々です。

国連難民高等弁務官事務所の情報によると、世界の難民は1億840万人（2022年）にも上ります。難民の受け入れに対する姿勢は国によって異なっており、ドイツは、受け入れを人口減少への対策にしようとしています。

日本の在留外国人数は約342万人（出入国在留管理庁「令和5年末現在における在留外国人数について」令和6年3月22日）です。国籍別に見ると中国、韓国、フィリピン、ベトナムとアジア諸国が多くなっています。日本が貿易の振興のために締結した「経済連結協定（EPA）」により、人の移動も促進されることになり、インドネシア、フィリピン、ベトナムから看護師または介護士を受け入れることになりました。今後、こうした国々の人が、日本の医療や福祉の現場で働くことが期待されています。

また、外国人の非熟練労働者の受け入れ資格である「技能実習」制度（1993（平成5）年創設）は、2017（平成29）年施行の「外国人の技能実習の適正な実施及び技能実習生の保護に関する法律」により大幅な変更が加えられましたが、2024（令和6）年2月には改めて「育成就労（仮称）」として新制度の方針が決定されています。

地域

地域とは、ある一定の広がりをもった空間を示したもので、農村地域や地域振興などとも表現されます。

都市社会学の創始者の磯村英一は、都市生活を第一の空間（家庭や地域社会）と第二の空間（学校や職場）に分離し、そのどちらにも属さない盛り場や余暇活動の場を第三の空間とする概念を提示しました。これは地域を理解する上で代表的な概念です。

▶ 地域社会の集団・組織

　地域社会は、社会サービスの拡大により平常時には役割は小さくなっていますが、災害時や緊急時には特に期待されています。また、社会サービスが拡大しているといっても、専門的な行政サービスが十分に機能していない場合もあり、そうした際にも、地縁組織としての地域社会の機能が期待されています。

　地域の組織には、自治会、町内会があります。これらは農村部の「村」や都市部の「町、丁」を単位として形成されます。自治会や町内会は地縁組織であり、①明確な境界をもつ、②構成単位は個人ではなく世帯、③入会は半自動的（半強制的）、④多目的・包括的、⑤末端行政の補完という特徴があります。自治会の強制加入は禁止されています。

1991（平成3）年の地方自治法改正で、町内会が法人格をもつことが可能になりました。

▶ 都市化

　都市化とは近代化に伴う現象で、人口が集中した都市に特有な生活様式や生活態度が集積されていき、これらの生活様式が農村にも浸透していく過程を指します。20世紀前半に大きな発展を遂げたシカゴ大学の社会学者達は、「実験室としての都市」について様々な議論を行いました。この社会学者達は「シカゴ学派」と呼ばれています。

■ シカゴ学派の都市社会学

パーク（アメリカ社会学・シカゴ学派）
・都市社会学の生みの親　　　・人間生態学　　　・『都市』1925年
ワース（ドイツ生まれアメリカ社会学者）
・アーバニズム論－特徴的な生活様式の意味であるが、これらは異質な人とされ、都市の中で生じるとされた ・『ゲットー』1928年、『ユダヤ人問題の原型・ゲットー』訳本1994年 ・都市社会学
バージェス（アメリカ社会学者）
・同心円地帯理論－シカゴでの調査から展開、そして家族類型論を発展させた ・都市の地域構造の基礎 ・都市社会学、家族社会学

ここは覚える！

第33回で、シカゴ学派の都市化論（各論者とその理論）が問われました。

▶ 過疎化と限界集落

　過疎化とは、地域の人口が急減した状態のことで、過疎が起こると、人口の減少によりその地域での生活環境が悪化します。長期にわたり人口が減少し、税収も少なく活力が低下している地域のことを、過疎地域といいます。この過疎地域は2022（令和4）年には全国で885あるとされています。また、65歳以上人口が50％以上で、冠婚葬祭、田役、道役など社会生活の維持が困難な集落を限界集落といいます。

▶ 地域社会の民族性

　ニューカマーといわれる外国人住民によって日本社会は国際化が進んでいるため、多様な社会に対応した制度、政策が急務ですが、まずは地縁組織や共同体としての役割が期待されています。

■■ **ニューカマー：**1980年代以降、タイ、ブラジル、韓国、中国、フィリピンから来た外国人住民のこと。

▶ 地域コミュニティの重要性

　地域コミュニティの重要性として災害時の地域住民の支援は重要であり、また地方自治体のコーポレートガバナンスによってNPO、NGO、民間企業との連動や協働は重視されています。

　また、近年ではウェルマン（Wellman, B.）の『コミュニティ問題』の「コミュニティ解放論」に代表されるように、コミュニティを地域に限定せず、個人の間接的連結が複合的に結びつくネットワークととらえる考え方も注目されています。SNSがその好例です。

ここは覚える！

第36回で、ウェルマンのコミュニティ解放論が出題されました。

▶ 集団とは何か

マートン（Merton, R.）は集団存在の基準として次の3つを定義しています。特に②③のように成員性の規定に基づいて相互行為と共通経験を独特な形で積み上げている人々の集合を集団といいます。

> ① 相互行為の累積（やりとり・交流に継続性と規則性がある）
> ② 成員自己規定（成員間に共通する規範がある）
> ③ 集団外の人による同様の規定（成員間に規則性・継続性・凝集性・安定性がある）

📖 **成員**：メンバーを指し、相互行為や関係に規則性・持続性があること。
マートン：諸個人が自分の目的達成のために最も合理的な手段を選択するとした。諸個人の目的相互の関係はなく、目的はランダムであるとみなされている（自然権）。

群衆とは特定の事象のもとに一時的に集まった対面的な人間集団のことで、公衆はメディアを通じて間接的に接触し合い世論形成を担う理性的な存在です。

さらに、大衆とは、メディアなどの影響下で間接的、匿名的に結びつき心情と非合理的な行動を示す集まりをいいます。

> 社会集団の概念と組織の概念については常に出題されています。テンニース、クーリー、マッキーバーの概念は理解しておきましょう。組織の支配システム・協働システムも常に出題されています。

▶ 集団の類型

集団には、基礎集団と機能集団という2つの類型があります。

基礎集団は、地縁や血縁を基礎とする社会的文化的条件によってできた自然発生的な集団のことで、家族、村落、民族を指します。また、機能集団は社会分化によって基礎集団から特定の機能を果たすために人為的に形成された集団をいい、政党や教会、国家などを指します。機能集団は19世紀から20世紀に台頭してきています。

■ 集団を類型化した理論

理論家	概念	意味
デュルケム『社会分業論』(1893年)	機械的連帯	全ての成員の個人的意識が、同じ類型にあることで生じる連帯 例：中世都市
	有機的連帯	成員各自が異なった機能ないし役割を分担することにより、この相互依存関係から生じる連帯 例：近代都市・企業
テンニース『ゲマインシャフトとゲゼルシャフト』(1887年)	ゲマインシャフト（共同社会）	本質意志に基づく感情的な融合を特徴とする共同的な社会のこと。親密な相互の関係で契約・売買・交換・規則という概念が入り込むことは少ない 例：家族・近隣・村落・仲間
	ゲゼルシャフト（利益社会）	選択意志に基づく「利害関係による結合」を特徴とする利益社会のこと。利がなければ他人に対して何か行動を起こすということは極めて少ない。本質的に集団は分離しており、また相互の合意や協定を特色とする 例：企業・大都市・国家
クーリー『社会組織』(1909年)	第一次集団（プライマリー・グループ）	対面的で親密な集団。成員相互の対面的結合関係からなる集団で、個人の社会化の点で重要な役割をもつ 例：家族・近隣・仲間
	第二次集団（セカンダリー・グループ）	非対面的で冷徹な集団。生計を成立させるのに不可欠な集団 例：企業・組織
マッキーバー『コミュニティ』(1917年)	コミュニティ	地域の共同生活の領域 例：地域社会（村落・都市）
	アソシエーション	共同関心追求のための組織体（自発的結社）。共通のテーマや関心の追求のために構成された組織体を指す。コミュニティから派生するアソシエーションとしては家族、仲間、企業などがある 例：家族・企業・国家・ボランティア・グループ

ここは覚える！

第33回では、社会集団に関する理論としてテンニースのゲマインシャフトの概念が問われました。第35回では、社会変動論としてゲマインシャフトとゲゼルシャフトが出題されました。

組織

▶ 近代的な組織

　近代化に伴い、機能集団の重要性が展開します。これは目標を達成するために支配（権力）と協働関係（分業）が高度に制度化された機能集団のことです。この支配システムと協働システムをそれぞれ提示したのが、ヴェーバーとバーナード（Barnard, C.）です。

　ヴェーバーは、支配様式を3つ（伝統的・カリスマ的・合法的）に類型化しました。

　また、バーナードは、組織を厳格な支配システムや権力というとらえ方ではなく協働システムであると提示しています。

　ヴェーバーとバーナードの共通点は、組織は非人格的というところです。バーナードは、組織的な活動は個々人の人格的な行為を非人格的なシステムに接合しようとすることにより「組織的な活動調整」が可能になると示しました。この非人格的という点で、ヴェーバーとの一致がみられます。

■ 組織の2つの側面（支配システムと協働システム）

組織の側面	支配システム（ヴェーバー）	協働システム（バーナード）
組織のイメージ	官僚制（合法的支配）	意識的に調整された人間活動
特徴	・一元的で明確な指揮命令系統 ・文書による職務遂行及び公私の分離 ・高度に専門化した活動 ・職務への専念 ・一般的規則に基づく職務遂行	・目標達成を志向する協働の過程の重視 ・組織存続の条件は有効性と能率
組織の要素	専門性・集権制・公式性	共通目的・コミュニケーション・貢献意欲
理論	目的達成のための手段としての官僚制	目的達成活動自体の協力関係

▶ 官僚制の逆機能

　ヴェーバーの議論では、官僚制は合理的な組織であると議論されています。しかし、一元的な指揮命令系統への服従や規則に忠実に従おうとすることそれ自体が、組織の目的と化し、組織の柔軟な対応を失わせることがあります。官僚制における規則が絶対化し、次第に組織の目標と乖離していき、臨機応変な対応が取れなくなって、非能率な結果が生み出される状態を、マートンは官僚制の逆機能と呼びました。同様の議論は、他の社会学者も展開しています。

▶ インフォーマルとインフォーマルな組織

メイヨー（Mayo, E.）は、アメリカのホーソン工場で1924～1932年に調査実験（ホーソン実験）を行い、仕事の作業効率や生産性には、物理的環境や作業方法だけではなく、人間関係や個人の目標、監督のあり方も影響することを発見しました。また、産業文明社会における人々の自発的協力の必要性を強調しました。これは、作業効率と労働意欲に密接な関係があることや、フォーマル・グループやリーダーの存在を明らかにした有名な研究です。

実際の組織では、フォーマル（公式）とインフォーマル（非公式）な行為が重複しています。

多様な現実と集団・組織

新たな組織として注目されているのはNPO（非営利組織）で、これはボランタリー・アソシエーション（自発的結社）といわれます。NPOは市場の失敗、政府の失敗から必要性を認識されたもので、ボランティアセクターに位置し市場の力を抑制する力をもっています。NPOは、アマチュア主義の組織であることから人的財政的に不足がちになり、政府による補完が必要となることがあります。これをボランタリーの失敗といいます。

ボランタリー・アソシエーションの組織は理念上、個人的自律性や、集団・組織としての緩やかさ、意思決定のプロセスの分権といった特徴をもちます。

3 市民社会と公共性

頻出度 | 🐾 🐾 🐾

社会を支える要素

社会的ジレンマ

32 35 36

個人と社会の合理性が矛盾する現象、個人の利益と社会の利益が同時に両立不可能なことを、社会的ジレンマといいます。

人間は自分の利益を考えて行動するものですが、これが集団になると誰にとっても不利益になることが社会の中でしばしば起きます。また、個人の行為の集まりが集団現象になるのではなく、そこに創発特性が機能して思いがけない状態を引き起こすこともあります。

> 次の囚人のジレンマや共有地の悲劇は、ゲーム理論の代表例です。ゲーム理論とは、複数の行為者が存在して、それぞれが合理的な選択を試みる場合に、それぞれの選択肢、結果、利益を明らかにしようとする理論です。

▶囚人のジレンマ

囚人のジレンマは、数学者のタッカー (Tucker, A. W.) によって考案され、ゲーム理論における「非ゼロ和2人ゲーム」の代表モデルです。共犯関係にあり、独房に入れられた2人の囚人に対して「2人が黙秘を続けたとしても、証拠は十分

なので、裁判で有罪になるだろう。だが、2人のうち1人だけが自白した場合には、自白をした者を無罪にしてやる。黙秘を続けた者はすべての罪をかぶって懲役10年になる。2人とも自白したら、反省の気持ちを見せているので、それぞれ5年の刑ですむだろう」と、警察官が持ちかけたとします。

囚人Aにとって望ましい選択は、（囚人A、囚人B）で示すと、①（自白、黙秘）、②（黙秘、黙秘）、③（自白、自白）、④（黙秘、自白）の順となります。囚人Bに置き換えて考えた場合も同様です。しかし、2人の囚人は、相手と相談できないので、相手の行動を想像しながら自分の行動を決めなければならず、非常に難しい選択に悩むことになります。この状態をジレンマと説明したものです。

■ 囚人のジレンマ（標準形）

		囚人B	
		黙秘	自白
囚人A	黙秘	− 1, − 1	−10, 0
	自白	0, −10	− 5, − 5

📖 **非ゼロ和**：ゼロ和（ゼロサム）は、1人が勝つと必ず誰かが負けること。これに対し、非ゼロ和は1人が勝っても、他者が負けるとは限らないこと。

ここは覚える！

第32・36回で囚人のジレンマの意味する状況が問われました。

▶ 共有地の悲劇

ハーディン（Hardin, G.）は、集団の規模が大きくなったジレンマの例として「共有地の悲劇」を示しました。これは個人の利益を最大化しようとする「合理的判断」により、自分のみの利益追求をした結果、全体としては悲劇的な結果に陥ってしまう（不利益が生じる）ことを指します。

次のようなストーリーが考えられます。誰もが牧草地として利用できる共有地があり、そこに牧夫たちが牛を放牧して生計を立てていました。昔は十分に牛を育てることができましたが、徐々に人も牛も増加し、牧草地が不足気味になってきました。

多くの牧夫が自分の利益のため牛を追加していくので、牧草地はついに荒れ果てて使い物にならなくなってしまうのです。

ここは覚える！

第35回で、「共有地の悲劇」の理解が問われました。

落とせない！重要問題

公共財の供給に貢献せずに、それを利用するだけの成員が生まれる状況を「共有地の悲劇」という。　第30回

×：「フリーライダー」の説明である。「公共財」は排除不可能性、非競合性という性質を持つ財を指す。

▶ 社会的ジレンマの解決法

負担に非協力的で利益だけを受け取る人をフリーライダー（free rider：タダ乗りする人）といいますが、この問題の解決にアメリカの経済学者、オルソン（Olson, M.）による選択的誘因の考え方があります。協力行動には報酬を、非協力には罰を与えて、協力行動の選択が合理的であるようにすることです。

社会関係資本と社会的連帯　㊱

▶ 社会関係と孤立の関係

近代社会では、「資本主義」「民主主義」などの下、個人が重視されています。

しかし、近代以前に存在していた人々とのつながりが失われたことを、社会学では問題にしてきました。そして、個人と国家を媒介する中間集団について議論しています。

中間集団とは、地域社会、自発的結社、職業集団などをいいます。中間集団の再組織は、連帯の原問題です。現代社会では中間集団の弱体化により個人が不安定になり、権力に迎合したり同調的になったりしてばらばらな感じが強くなります。

権力に迎合し、抵抗する力を失った人々による「大衆社会」をマンハイム

（Mannheim, K.）は批判しました。そして、マルクス主義に賛同する人々、またはそれと反対の立場に賛同する人々のいずれをも相対化する視点から『イデオロギーとユートピア』を著し、自らの社会学的立場を知識社会学と呼びました。

📖 **自発的結社：**個人の特殊な利害関心を充足するために、他者との合意により結成する随意集団。
マンハイム：1893年ハンガリー生まれの社会学者。大衆社会の批判で大衆化現象から脱するための「自由のための計画」を説いた。

> 社会学において諸個人の社会関係とその集積は重要です。社会関係資本と社会的連帯（ネットワーク、つながり）の概念を理解しておきましょう。

▶ 社会関係資本の理論

社会関係資本（以下、ソーシャルキャピタル）とは、社会構造が資本的に動くメカニズムに焦点を当てた概念です。資本の構成要素には、社会ネットワーク、信頼、互酬性の規範があります。ソーシャルキャピタルは、経済でいうところの資本ではなく、人的資本、文化資本と同じような意味合いがあります。

ソーシャルキャピタルはネットワークの特性から「結束型」と「橋渡し型」があります。結束型は強固で排他的であり、外部への敵意を生み出す場合があります（固い信頼）。橋渡し型は緩やかで開放的ですが、「友達の友達は友達」程度のものです（薄い信頼）。

■ ソーシャルキャピタルの構成要素

社会ネットワーク（資本）
・隣近所、友人、親戚などのことで、社会資源へのアクセスを規定する基本要素 ・ネットワークの構造や変化が状態を促進するのか、また成員の行為にどう影響を及ぼすかが重要

信頼（資本）
・ネットワークの人々や身近な人への「信頼」は道徳的紐帯であり、関係性や相互行為に伴う不確実性を減じる ・信頼は協力行為を促し、その行為が信頼へとつながることで「結束型ソーシャルキャピタル」を増強する ・結束型の協力行為が見えるときや風評などにより、信頼が「橋渡し型ソーシャルキャピタル」を増強していくことがあり、パットナム（Putnam, R.）は社会的連帯に向けて幅広く協力行為を引き出すのに有効であると示した

互酬性の規範（資本）
・社会参加、ボランティア活動などのこと。「情けは人のためならず」すなわち、いつかは巡って自分を助けるという確信から即座の見返りを求めず人を助けること ・アメリカ民主主義の支柱は一般的互酬性で「正しく理解された自己利益」といわれる

📖 **互酬性**：お互いに物を受け取ったりお返ししたりすること。

ソーシャルキャピタル（社会関係資本）は、人々や組織の調整された諸活動を活発にする資源です。最近は、孤立や孤独死の点から注目されています。

ここは覚える！

第36回で、パットナムが社会関係資本の概念を提唱したことが出題されました。

▶ 負のソーシャルキャピタルと社会的排除

　ネットワークが閉鎖的な結束型ソーシャルキャピタルは、外部に対する排除と自由の制限（抑圧）といった負の側面も指摘されています。外部に排除された「社会的排除」の状況にある人々に対し、社会的包摂をしていく努力が、様々な地域や国で見られます。

負のソーシャルキャピタルは最近注目されている話題です。グローバリゼーションの進展により、市場競争が激化して経済的格差が拡大し、貧困が民族、言語、宗教などの差異に結び付いて、労働市場や政治的社会的環境から孤立、周辺化させるような状況を作り出しています。

社会的排除 (social exclusion)	不平等、差別や偏見により社会的な権利を受けることができない人々に対して用いられる言葉。貧困と様々な差異が結び付いて人々を市場から遠ざけていき、孤立させていく状況を意味する
社会的包摂 (social inclusion)	差別や偏見によって排除された人々を、再度、社会の中に取り込む政策が行われることを意味する

社会問題と社会学的アプローチ ㉜ ㉝ ㉟

▶ 社会問題の構築

　キッセ（Kitsuse, J.）とスペクター（Spector, M.）は、犯罪を例に、社会問題がいかに構築されていくのか、その過程を解明しようとする構築主義を打ち出しました。構築主義では、社会問題である根拠は、その状態を解決されるべき問題とみなす社会のメンバーが行うクレイム申し立て活動（何らかの社会の状態を改善／改変しようとする活動）にあるとしています。

　構築主義アプローチとは「人々が何を問題と主張しているか」について注目し、科学的客観性を確保しようとしたものです。事象の存在の有無という問題ではなく「人々の危機として、問題が構築される」という考え方で認識しているかを重視した考え方です。このアプローチを採用すると、社会の参加者である社会学者が、客観的な観察をできるかどうかという議論が不要になるというメリットがあります。

■ 社会問題の4つのアプローチ

規範主義	・内面的文化の価値体系で社会成員の行為を通して具象化される ・社会問題を人々の理想から望ましくない事象と意味づける
機能主義	・19世紀の科学方法論。実体概念を排斥し、要素間の相互作用から対象を機能的に把握する ・社会問題は社会システムの目標達成にとってはマイナスに働く事象であり、他の社会と比べて「目標達成」が低い場合は社会の組織不全（社会解体）を起こしていると考え、この状態を社会問題とした
構築主義	・キッセとスペクターが、1977年の著書『社会問題の構築』で提唱 ・人々が社会問題と主張する問題が社会問題となる。社会問題は人々の危機としてつくり出されるという考え方
リスク社会論	・現代社会のリスクは目に見えないものがあり、専門家の指摘がないと社会問題とならない ・社会問題は専門家が社会問題と定義する問題のことである。リスクに対して指摘し、このリスクへの対策を講じていかないとシステムの危機になっていく

ここは覚える！

第32回で、構築主義の定義と社会問題のアプローチが問われました。

▶ 社会病理・逸脱

社会病理とは、個人の病理行動が蓄積された結果を指すのではなく、個人を病理行動へと促す社会的要因を指します。また、社会学でいう逸脱とは、望ましくない病理的な事象のことを指します。

逸脱は古くから社会学者が注目してきた現象です。デュルケムは著書『自殺論』において、個人の自殺の理由は多様だが、各社会の自殺率には規則性があり、自殺率の相違は社会の統合のあり方から説明できる（社会的要因がある）と論じました。そして、自殺には次の4類型（分類）があるとしています。

---

① 自己本位的自殺　　② 集団本位的自殺
③ アノミー的自殺　　④ 宿命的自殺

アノミーとは、社会秩序が乱れて混乱、無規制状態になることです。近代社会の成立という大きな歴史の転換により、アノミー的自殺が見られるようになったと論じました。

また、マートンは社会緊張理論で、犯罪の潜在的要因は、社会構造から生まれる社会緊張（プレッシャー）にあると指摘しています。成功などの文化目標が社会的に強調される一方で、目標を達成できるような制度的手段が与えられない矛盾した社会状況では、緊張が生まれアノミーが生じて、貧困にある人々を犯罪に駆り立てるとしています。

ミルズ（Mills, C. W.）は、行動の動機の説明は個人の心理の外側にある社会的な知識の一部（類型化した語彙）によってなされるとし、これを動機の語彙と呼びました。

犯罪へのコミット（接点、接触）は、ネガティブな文化学習から起きます。少年犯罪の理論には、コーエン（Cohen, A.）の「反動形成論」、サザーランド（Sutherland, E. H.）とクレッシー（Cressey, D.）の「差異的接触論」、マッツァ（Matza, D.）の「ドリフト理論」などがあり、生活型から反抗型や遊び型の犯罪があるとしています。犯罪に関する用語として、司法取引（インサイダー）、ホワイトカラー犯罪、被害者なき犯罪などがあります。

■ **ミルズ**：アメリカのラディカル社会学の先駆者。著書に『社会学的想像力』。
コーエン：『非行少年』によって非行下位文化理論（地位上の不満に対する反作用）を構築。
サザーランド：逸脱した文化との接触によって学習されて犯罪が起こるとした。

▶ ラベリング理論

ラベリング理論は1960年にベッカー（Becker, H. S.）らが提唱しました。犯罪を統制する側の活動が、犯罪現象の生成に寄与するとしたものです。つまり、「逸脱者」というレッテルを貼られた人間がそのレッテルにより、さらに逸脱者らしいパーソナリティを身につけ、社会的に疎外されて失業や不利益を受けることでより犯罪を起こしやすい状況になっていくと指摘し、「負の連鎖」が生じるとしました。

📖 **ベッカー：**アメリカの理論社会学者であり、行為理論の代表的な理論家。

ここは覚える！

第33回ではマートンが指摘したアノミーの概念が、第35回ではラベリング理論の理解が問われました。

日本社会と社会問題

社会学は、現代社会における社会問題にも答えを見いだそうとしています。

▶ 環境問題

環境問題は、温暖化により様々な現象が起きています。日本における環境基本法（1993年）、世界的には人間環境宣言（1972年）、京都議定書（1997年）が重要です。

しかし、環境問題の解決には、社会運動や社会システムなどが関与してきます。「総論賛成・各論反対（例：ごみ処理場は必要だが、自分の地域に造ってほしくない）」のニンビー（NIMBY = Not In My BackYard）といった社会運動が起きたり、環境負担と便益分配が不平等となり社会的弱者（低所得層や人種的マイノリティなど）に被害が集中したりなど、解決には課題が多いといえます。

▶ ジェンダーとセクシュアリティ

1960年代以降、先進諸国で展開された第二波フェミニズム（女性解放運動）は、社会学にも大きな影響を及ぼしました。第二波フェミニズムが問題にしたのは、男性が家庭の外で働いて稼ぎ、女性が家事を行うという性別役割分業でした。

議論の過程で、生物学的性差に基づき、社会的・文化的に作られた性差をジェンダー（Gender）と呼ぶようになりました。

　国際的にも男女の役割を見直す動きがあり、1979年には国連で女子差別撤廃条約が採択。日本も1985（昭和60）年にこの条約を批准しており、それに先立って同年「雇用機会均等法」が制定されました。1999（平成11）年には男女共同参画社会基本法が制定されました。

　第三波フェミニズム以降は、「セクシュアリティ論」や「クィア理論」と呼ばれ、性的少数者LGBTQにも注目されるようになりました。先進国の中には、同性婚を認める国が出てきました。日本では、結婚は両性の合意に基づくことが前提ですが、不動産の購入や医療を受ける際の不利益を解消するために、同性同士でも「パートナー」であることを証明する、証明書を交付する市区町村も出てきました。

■ ジェンダーに関連する用語

ジェンダー・ロール	ジェンダーに基づく男女の性別役割分担
ジェンダー・バイアス	ジェンダー・ロールのようなあり方を標準と見なす偏見
ジェンダー・トラック	進学や就職において進路を方向づける差別的な構造
ジェンダー・ギャップ指数 (GGI)	世界経済フォーラムが発表した指数で、経済、教育、健康、政治の4分野で測定され、0が完全不平等、1が完全平等を表す。2023年公表の日本の総合スコアは0.647で156か国中125位
ジェンダー不平等指数 (GII)	国連が『人間開発報告書』で発表している、ジェンダー不平等により国家の人間開発において生じた損失を測る指数（0が完全平等、1が完全不平等）。2021/2022年版の同報告書によると、日本の2024年のスコアは0.078で193か国中22位

▶ 格差社会

　日本では、高度成長期に生活標準化が達成され、格差の問題はないといわれましたが、2000（平成12）年以降、貧困や格差、不平等の問題が注目されています。格差を表す指標にはジニ係数があります。社会理論には、ラウントリー（Rowntree, B．S.）の貧困の概念、タウンゼントの相対的貧困があります。

▶ ホームレス問題は労働問題、社会関係の不足の問題

　ホームレスはバブル崩壊後、失業を原因として社会問題化していきました。この問題は、社会学では社会的排除の概念として説明されます。岩田正美は、

ホームレスの問題は貧困問題とともに、社会の網の目である家族や地域からの排除から起こるとする「社会関係の不足」に着目しました。その上で、このホームレスの社会的排除は社会統合の危機としました。

▶ 生活保護の課題、ワーキングプア

生活保護制度はセーフティネットとして重要です。労働賃金に基づく生活困難に対して、相互扶助や生活保護などは必要ですが、認定基準の厳しさや社会福祉事務所の裁量の幅が大きいという点は注意すべきところです。

さらに、懸命に働いても生活のための十分な収入が得られない、あるいは生活保護水準以下の収入しか得られない人が増え、ワーキングプアと呼ばれるようになりました。

▶ 社会からの撤退—いじめ・ひきこもり

2023（令和5）年の小・中学校、高校におけるいじめ件数は68万件を超えました。特にネットいじめが増加しています。いじめに関する社会学理論には、クラスでのいじめが激化していく過程を解明した森田洋司のいじめ集団の4層構造理論（被害者と加害者の当事者に加えて、観衆・傍観者の存在を定義）があります。

ひきこもりの人数は、統計上で把握できません。理由は、この問題を専門的に扱う機関がないからです。推計値として小中学校での欠席日数が用いられています。これらの背景にはコミュニケーション能力不足とライフコースの不透明感があります。

▶ 親密圏という社会問題—児童虐待・DV関連

親子・夫婦など、親しく愛情があって当然という関係性の中に、近年暴力などの深刻な問題が生じています。

児童虐待は1990年代から社会問題とされており、2000（平成12）年には児童虐待防止法が制定されました。同法は、2000年代に何度も改正され、児童相談所がより積極的な対応が可能になっており、2012（平成24）年4月からは親権の一時停止も可能になりました。

しかし、近年も子どもの死亡事件が続くことから、2019（令和元）年6月に親の子どもへの体罰の禁止や児童相談所の体制強化を盛り込んだ改正児童虐待

防止法と改正児童福祉法が成立。2022（令和4）年には、民法の懲戒権の規定も削除されました。なお、児童虐待の背景には核家族化、母子密着、母親への過剰な育児負担、母親の未熟さなどが挙げられます。

ドメスティック・バイオレンス（DV）は配偶者から受ける暴力を主としていますが、その後兄弟姉妹、恋愛関係、友人関係における暴力や行為も問題とされてきました。DV防止法（配偶者からの暴力の防止及び被害者の保護等に関する法律）は2001（平成13）年に制定され、2007（平成19）年の改正で都道府県に配偶者暴力相談支援センターの設置が義務化、2023（令和5）年の一部改正で保護命令制度の拡充・保護命令違反の厳罰化が図られました。

2022（令和4）年の内閣府の調査によると、女性の4人に1人が配偶者から身体的暴力、心理的攻撃、経済的圧迫、性的強要のいずれかのDV被害を受けたと報告されています。

▶ 社会問題としての自殺

日本は自殺率が高く、人口10万人あたりの自殺者数は世界で第4位です（2021年、OECD）。健康問題、うつ病、雇用問題が原因または動機になっています。男女間の格差があります。

日本では2005（平成17）年に自殺予防に取り組む団体が国に提言をしています。この流れで2006（平成18）年に自殺対策基本法が制定され、この中で「自殺が個人的な問題ではなく社会的要因」があるとして、2007（平成19）年に自殺総合対策大綱が閣議決定されました（大綱は概ね5年を目途に見直すこととされ、最新は令和4年に閣議決定）。

2015（平成27）年12月からは、うつ病、自殺の早期予防のため、従業員50人以上の事業所には年1回、従業員のストレスチェックの実施が義務づけられました。

共生社会における社会問題と権利

▶ グローバル化と生活様式の変化

グローバル化によって海外から到来した異質なものと自分たちとの共生関係が生活における課題となっています。日本は、1960（昭和35）年以降の高度経済成長期、1980（昭和55）年以降の高度消費社会を経て産業構造が変わり、

さらには情報の発達に伴い庶民の生活が大きく変わっていく中で、個人・家庭・地域社会における関係性も同質性から個を重視するようになりました。

共生社会とは、生活していく価値として異質性を尊重し他者性を重視し、多様性を前提にして自分たちの暮らしを豊かにしていく社会のことです。

▶ 人権及び人権思想

人権についてはヨーロッパ近代の権利思想に遡ります。権利思想とは、身分の差による極端な貧富の差は不当であるとし、格差を社会全体の問題としてとらえることです。この人権意識は産業革命や市民革命などの近代化によって形成されてきました。人としてすら意識されなかった身分制社会や、絶対的な階級社会が過去のものとなったのです。

不当性・格差を社会問題として意識化しようとする社会運動は、「人は生まれながらにして平等である」という考えが基礎にあります。人権に対する考えを提示した思想家にホッブズ（Hobbes, T.）、ロック（Locke, J.）、ルソー（Rousseau, J. J.）らがいます。その考え方には社会契約という共通項があります。特にルソーは『社会契約論』を1762年に著しました。

社会契約論は、近代自然思想の社会理論で、国家契約説ともいい、国家の存立や国家主権の理論的基礎を、個人相互の自発的契約に置いてみる立場です。

人権思想とは、人は生まれながらにして皆平等であるという思想を基盤に、社会の問題を「社会問題」として人の意識に浮かび上がらせ、それを解決するために国家や政府機関に要求する社会運動として展開できる基礎を作ったものです。

📖 **社会契約（社会契約説）:** 個人が自由な意志に基づいて約束を取り交わすことによって、社会を作りあげているという考え方をいう。

社会問題については、共生社会の構築と人権思想を基軸に「権利とは何か」を理解しておきましょう。ホッブズ、ロック、ルソーなどの概念の理解も重要です。

4 生活と人生

社会システム

地域

人と人との
つながり

家族

家族 ㉜ ㉝ ㉞ ㉟ ㊱

▶ 家族の概念と形態

　家族とは婚姻関係、血縁関係によって結ばれた親族関係を基礎にして成立する小集団です。家族には母子及び父子家庭と子ども（ひとり親家庭）、養子縁組の関係も含まれます。家族に関する用語として拡大家族、複婚家族、修正拡大家族、世帯、定位家族、など基本的な理解が必要です。

直系家族制	家族の世代継承を重視した制度。家族の財産や地位が優先。「家」制度であり、家長の統率のもとで家業を経営する
夫婦家族制	夫婦の結婚とともに家族が誕生するが一代で消滅していくという家族観に基づく
複合家族制	2人以上の子ども家族が同居し、子どもが結婚しても同居するので多人数家族となる

家族と世帯に関することは出題頻度が高いため、厚生労働省の「国民生活基礎調査」などで調査統計の変化を押さえておきましょう。「国勢調査」で世帯数の将来推計、離婚率、婚姻率も最新のデータを確認しておくとよいでしょう。

▶ 集団としての家族

家族は、親族関係を基礎とする最も小さい単位です。

核家族	・夫婦と未婚の子どもで構成される家族 ・マードック（Murdock, G.）が提唱した概念で、時代や地域を超えて普遍的な存在であると主張 ・拡大家族：子どもが結婚しても親と同居し、核家族が複数ある状態の家族 ・複婚家族：一夫多妻婚や一妻多夫婚などの家族
修正拡大家族	・別居しつつも頻繁な交流や互助関係があり親しさを共感する家族 ・リトウォク（Litwak, E.）は、産業社会においても古典的拡大家族の変形として修正拡大家族が機能すると主張
生殖家族	・夫婦家族を含む2つの世代のうち、親世代から見た家族 ・自分が結婚し子どもを生み育てていくことをいう
定位家族	・夫婦家族を含む2つの世代のうち、子ども世代から見た家族 ・本人の選択性がない家族をいう

▶ 家族の機能について

家族の機能は、社会の維持や発展に欠かせません。

■ 家族に関する理論・研究

マードック	・家族固有の機能として、①性的機能、②経済的機能、③生殖的機能、④教育的機能を主張
パーソンズ	・家族機能について核家族の2機能説を提唱 ・家族から社会全体にシステムが存続するという考えで、家族が小さくなっても、①子どもの社会化、②成人のパーソナリティの安定化の機能は残る
オグバーン (Ogburn, W.)	・産業化が進むにつれ、家族機能が縮小するが愛情機能は残ると主張
ラウントリー	・19世紀末イギリスのヨーク市で貧困調査を行い、労働者家族の結婚、出産の生活周期と貧困との相関関係を発見 ・最低生活費としての「貧困線」の概念を提示 ・ライフサイクル論として発展。日本でも森岡清美が「家族周期論」を唱えた
リトウォク	・修正拡大家族の存続 ・産業化で古典的拡大家族（農民家族的）は崩壊したが、居を異にするが近い距離の親族関係である修正拡大家族の機能は維持されており、重要な機能であると提示 ・日本でも2世代家族の同居より、修正拡大家族が増えている

人生と同じく周期を家族に適用した考えを、家族のライフサイクル（家族周期）といいます。核家族を分析単位とするもので、家族の誕生から終わりまでの発達変化をとらえる理論です。

> 家族は「新婚期→育児期→教育期→子どもの独立期→子どもの独立後の夫婦期→老後（孤老期）」という段階を経ていきます。

　ライフサイクル論では、ひとり親家庭や子どもがいない夫婦、成人しても独立しない子ども等は「逸脱」と扱われるという問題が生じます。そこで、近年はライフコース論という新しい議論が展開されています。

　ライフコース論は、個人やコーホートを分析単位として、個人が歩む人生の軌跡（家族経歴、職業経歴など）を複数の経歴の束としてとらえ、それを説明しようとする社会学的アプローチです。このライフコースが不透明であることが、日本では非行や少年犯罪への引き金にもなっているといわれています。

　また、生活構造論とは、個人の生活は、基本的に諸要素（生活水準、生活時間、生活空間、生活様式など）で構成されており、外部環境との相互作用を伴うとする概念です。

📖 **コーホート**：共通の出来事を同時に経験した人々の集合体のこと。

ここは覚える！

第33回ではライフコースの考え方が、第35回では家族周期が、第36回ではライフサイクルが問われました。

▶ 日本の家族の変容

　世帯は「住居と家計をともにする人々の集まり」のことです。世帯には非親族員も含まれます。

　昨今、日本の家族は小規模化（核家族化・シングル化）が進み、2022年『国民生活基礎調査』では平均世帯人数は2.25人となっています（1955（昭和30）年の国勢調査では5人）。

　家族形態の変化は世帯に表れます。1985（昭和60）年の国勢調査では、そ

れまでの2つの区分（普通世帯、準世帯）に代わって、一般世帯と施設等の世帯の区分が使われるようになりました。このうち一般世帯は4つ（核家族世帯、その他の親族世帯、単独世帯、非親族世帯）に分類されています。また、家族で生計をともにしていれば同じ世帯となり、家族であっても同居しておらず、生計も別にしている場合は別の世帯となります。

社会保障や福祉サービスは、世帯単位で運営する場合と個人単位で運営する場合があります。

準世帯：間借り・下宿・独身寮の単身者のこと。1980（昭和55）年の国勢調査までは準世帯に区分されていた。

国勢調査での「核家族世帯」の定義には、①夫婦と未婚の子ども、②ひとりの親と未婚の子ども、③夫婦のみ、があります。

労働 ㉜ ㉞

▶ 労働市場

市場とは、財とサービスの経済的交換を可能にしたもので、価格の変動により需要と供給の関係を調整するシステムを指します。労働市場は企業と労働者間の労働力の売買のことで、企業内の配置転換や昇進など人事異動のことを内部労働市場といい、企業間の労働力の移動（転職）を外部労働市場といいます。

また、雇用調整とは企業内で発生した過剰雇用を調整することをいい、労働時間と人員削減による調整があります。ワークシェアリングは、労働時間の調整です。

ワークシェアリング：労働時間を短くするなどして、従業員同士で仕事を分け合い雇用を守ること。

▶ 完全失業者と完全失業率

労働力人口とは、15歳以上の人口のうち就業者と完全失業者を合わせた数のことをいいます。完全失業者は、次の3つに当てはまる人です。

- 仕事がなくて調査期間中に仕事をしなかった
- 仕事があればすぐに就くことができる
- 調査期間中に求職活動や仕事を始める準備をしていた

　また、労働力人口に占める完全失業者の割合を、完全失業率といいます。2023（令和5）年平均の日本の完全失業率は2.6％（総務省「労働力調査」）です。

▶ 最近の雇用の状態

　パート・アルバイト、派遣労働などの非正規雇用者の数は2002（平成14）年以降に増加し、現在では3人に1人が非正規の雇用者となっています。非正規の雇用者は、賃金が低い、雇用が不安定、社会保障が正規雇用者よりも充実していない等の問題を抱えています。「同一労働同一賃金」の実現を目指し、安倍総理を議長とする「働き方改革実現会議」が設置（2016（平成28）年9月）され、議論が進められました。

　また、近年は非正規以外の職を経験せずに長年労働してきた人が、正規の職に就けないという問題も深刻になってきました。こうした人々の中にはフリーターやニートと呼ばれる人も含まれます。特に女性では半数以上の雇用者が非正規の職（パート・アルバイト）についています。政府は労働者派遣法を改正して、非正規雇用の問題を改善しようとしていますが、まだ解決には至っていません。

📖 **フリーター**：厚生労働省の定義では「15～34歳の若年（学生と主婦を除く）のうち、パート・アルバイト及び働く意志のある無職の人」とされている。

　正規・非正規の問題とは別に、女性の労働力率（15歳以上の就業者と完全失業者を、15歳以上の総人口で除し、100を乗じたもの）は、30歳代で凹むことが従来知られています。このカーブがアルファベットのMに似ていることから、女性の労働力率はM字型であるといわれています。これは、女性が子育てや結婚で一時労働市場から退き、子育てが終了した後にパート・アルバイト等を始めるためだと考えられています。1989（平成元）年当時と比較すると、M字の底は浅くなってきていますが、男性の労働力率の逆U字カーブとは大きく異なっています。

　また、少しずつ解消にむかっているとはいえ、男女間の賃金格差は75.7（男性

＝100）（2022（令和4）年）となおも大きくなっています（厚生労働省「賃金構造基本統計調査」）。

■ 年齢階層別労働力率・女性のM字型労働

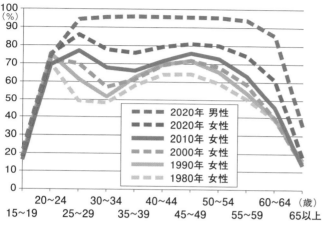

出典：総務省「労働力調査」

雇用の状態については、国勢調査などで概要を押さえておきましょう。日本は先進国の中で比較的失業率の低い国ですが、非正規雇用の割合は高く、男女間賃金格差も大きくなっています。

▶ 労働市場と格差社会

経済的格差や貧困の問題はますます深刻になっています。

所得分布のデータをもとに格差（不平等）を測定する指標として、ジニ係数があります。完全に平等な時にジニ係数は0となり、不平等で格差が大きいほど1に近づきます。従来、高齢者世帯のジニ係数が他の世代よりも大きいことが知られていましたが、近年は20代、30代世帯のジニ係数が大きくなる傾向にあります。また、子どもの貧困も問題となっています。

就業形態の変化は少子高齢や社会変動によっても生じます。雇用も終身から成果主義へ、裁量労働制などがその一つです。

裁量労働制：業務遂行や手段・手技、時間配分について使用者が具体的な指示が困難である専門職の働き方のこと（労働基準法38条の3）。

生活のとらえ方

▶ 生活様式・ライフスタイル・消費

高度経済成長期以降に起きた公害問題や社会阻害などの問題から生活そのものが注目されるようになり、生活の質（QOL：クオリティ・オブ・ライフ）という言葉が使われるようになりました。生活様式やライフスタイルは社会変動や時代の階層構造を反映しています。

生活の質への関心は年々強くなっており、生活満足度、主観指標など様々な試みがなされています。最近は生命の質ともいわれます。

ライフスタイルと社会の関係ではイリイチ（Illich, I.）のシャドウワーク（家事労働・通勤・試験勉強）、ライアン（Lyon, D.）の監視社会（監視カメラの設置、クレジットカードなどの情報を集約して、個人情報を獲得することなど）の視点が注視されています。

また、ブルデュー（Bourdieu, P.）は、「趣味」が社会階層によって異なることを明らかにし、「文化資本」という概念を提示しました。

社会学者は、現代社会で消費が活発に行われることに注目し、消費の持つ意味が変化していることを論じています。高度消費社会では、本来の需要に基づく消費とは異なる形で消費が進んでいると論じられています。

身体的機能の点ではADL（日常生活動作）やIADL（手段的日常生活動作）の評価も生活の質の基礎として注目されています。

■ 消費社会に関する理論

人名・理論	概要
ロストウ 『経済成長の諸段階』	伝統的社会は近代経済・政治の過渡期を経て「離陸」（テイクオフ）して先進国になり、そして高度大衆消費時代に発展すると主張
ガルブレイス 『豊かな社会』	消費者がもともと持っていた欲望を満たすために生産が行われるのではなく、生産によって消費者の欲望が生み出され、「依存効果」が生まれると主張
ヴェブレン 『有閑階級の理論』	19世紀末の有閑階級の間では、「見せびらかし（誇示）」のために消費が行われると主張
リースマン 『孤独な群衆』	他者の期待や好みなどに敏感に反応して生活目標を変えていく人々が多い「他人指向型」の社会においては、「誇示」よりも「不安」が消費を促す主要な動機になると主張

| ボードリヤール
『消費社会の神話と構造』 | 生理的・機能的欲求に基づくモノの実質的機能と消費から、モノは記号になることにより消費されると主張 |

▶ 家計支出

　家計調査とは、総務省が行っている家計の支出の調査のことです。勤労者や無職者世帯では収入と支出、個人営業世帯では支出を調査します。この調査は消費者物価指数の計算や生活保護基準の設定に使用されています。家計の消費支出に占める食料費の割合を表すエンゲル係数は、20%台を維持していますが、近年上昇傾向にあります。

■■ 消費者物価指数（CPI）：消費者が購入する商品やサービスなどの物価変動を総合的に指数化したもの。総務省により毎月発表される。

▶ 再分配所得

　厚生労働省による「所得再分配調査報告書（令和3年）」では、税負担と社会保障の給付が所得の分配にどのくらい影響を与えるかを知ることができます。この報告書によると、2010（平成22）年の再分配所得（世帯単位）は、当初所得（労働や資産運用で得た所得の合計）のジニ係数0.5700に対して、再分配所得（当初所得から税金、保険料を控除して社会保障給付を加えたもの）のジニ係数は0.3813と不平等は改善されています。

5 自己と他者

社会的役割に影響を与える

社会的行為 ㉜ ㉞

▶ **方法論的個人主義と方法論的集合主義**

社会と個人との考え方について議論する時、2つの考え方が存在します。

社会実在論	・社会は個人の総和と別に存在するという考え方 ・人と人が集まるところに、創発特性（要素（ミクロ）が集まって全体（マクロ）を構成する場合に、要素が相互に関係しあうために、要素の特性の単純な総和に還元できない新しい特性が生まれること）があると考える ・社会学者の中ではヴェーバーがこの立場（方法論的個人主義）をとる
社会名目論	・社会とは個人の総和に過ぎないという考え方 ・デュルケムがこの立場（方法論的集合主義）をとる。個人の行為やデータだけでは明らかにできない社会の特徴も、社会的事実の積み重ねによって明らかにできるとし、『自殺論』を著した

▶ **社会的行為と社会関係**

社会学では、社会の最小単位を「行為」ととらえます。ヴェーバーは、行為とは、行為者自身にとって何らかの意味を持つとしており、行為者にとって意味を持たない「行動」と区別しています。このように行為者の主観的意味によって、行為を理解する自らの社会学を「理解社会学」と呼びました。

ヴェーバーは社会的行為を次の4つに分類しています。

目的合理的行為	外界の事象や人間の行動に予想をもち、この予想を自分の目的のために条件や手段として利用する行為
価値合理的行為	ある行動の独自の絶対的価値そのものへの結果を度外視した意識的信仰による行為
感情的行為	直接の感情や気分による行為
伝統的行為	身についた習慣による行為

目的合理的行為は、経済学におけるホモ・エコノミクス（経済人）に該当します。ヴェーバーによる行為の類型は、ある時には経済合理性を無視してでも、自分の価値に重きを置くような人間像をも提示しています。

ただし、これらの4類型も支配の3類型や官僚制の議論も理念型であり、定義通りに説明できない部分があるのも確かです。

ここは覚える！

第34回ではヴェーバーの行為の4類型や、ハバーマス（Habermas, J.）のコミュニケーション的行為など様々な社会行為論と該当する学者への理解が問われました。

▶ 社会的行為と秩序問題

パーソンズは、社会を構成する基本的単位を「単位行為」と呼びましたが、この行為を集計したものが社会であるとする考え方には、功利主義という重大な問題があることを発見します。そして、提示したのがいわゆる「ホッブズ問題」です。

ホッブズは著書『リヴァイアサン』の中で、人々が社会において各自の目的と手段を自由に選択しつつ、自己利益を追求した場合、「万人の万人に対する闘争」という「自然状態」が生じると主張。その解決策として、人々が自然権を放棄し、権力を専有する国家にすべてを委ねるという契約で問題は解決し、秩序が成立するとしました。

しかし、社会が個々人の行為の集合とすると、「万人の万人に対する闘争」という状態が出現してしまいます。パーソンズは、合理性の規範に基づいて利己的に自己の目的を追求する人間から出発する限り、社会的秩序は論理的に成立不可能だとして、ホッブズの議論は功利主義的立場の限界を示しているとしま

した。さらに発想を転換して、共通の価値基盤の受容こそが重要だと主張し、主意主義行為論を提示しました。

　パーソンズの主意主義行為論によって、ヴェーバーとデュルケムの方法論的対立は解消されたと理解されています。パーソンズ以降、行為論は、ゴッフマンの演劇的行為論、ブルデューのハビトゥス論、ハバーマスのコミュニケーション的行為論へと展開されています。

📖 **ハビトゥス論**：人々が趣味に関する選択をするときに行う判断の基準。この基準は、属する集団や階級によって左右され、社会化の中で習得される。

■ 社会的行為の理論

方法論的集合主義（デュルケム）
・社会を、諸個人の集まりを越えた存在とみなす（創発特性がある） ・デュルケムが『自殺論』（1897年）により、社会現象は個人の外にあって外側から個人の行為を規定すると提示した
方法論的個人主義（ヴェーバー）
・社会を、諸個人の集まりとみなす ・ヴェーバーの論文「社会学の根本概念」で提示
主意主義的行為理論（パーソンズ）
・一定の条件で合理性の規範と価値規範の両方に基づき適切な手段で目的を追求する ・パーソンズが『社会的行為の構造』で提示 ・共通価値という概念から個人の欲求や利益追求に制限を加えることで社会秩序を可能とする考え

ここは覚える！

第32回では主意主義的行為理論が、第34回ではハビトゥス論やコミュニケーション的行為論の理解が問われました。

社会的役割　㉝ ㉟

　社会的役割とは、社会状況の中で示される一定のパターンをもった行為であり、行為の社会性を強調した言葉です。人生は他者とのかかわりの歴史ともいえるように、役割は常に他者とのかかわりの中で獲得されるものです。
　役割は個人と社会を結ぶ社会学の基礎概念であり、人の行為が役割とみなさ

れる基礎特性は4つあります。

- ● 相互連関的行為
- ● 安定した継続的パターン
- ● 社会的相互関係で獲得
- ● 役割期待への貢献から評価

社会的役割及び理論研究はコンスタントに出題されています。基本的な用語の理解をしておけば難しくないので暗記ではなく考え方として理解しましょう。

▶ 地位と役割の関係

地位と役割についての理論は、ミードやリントン及びマートンが代表的です。

■ ミード、リントンが提唱した地位の4類型

獲得的地位	個人的な努力の結果、あるいは幸運などによって手に入れることのできる地位（例：世襲制でない職業など）
生得的地位	人々が生まれながらにもつ、あるいはある時点で自動的にもつものを規定要因とする地位（例：性別、世代など）
業績的地位	自らの努力によって築く地位（例：「丸太小屋からホワイトハウスへ」）
属性的地位	生誕と同時にもたらされる地位（例：世襲制の職業など）

　ミードによれば、人は「ごっこ」遊びを通じて「意味ある他者」が自らに期待している役割を取得し、やがてゲームで遊ぶことにより「一般化された他者」とも接していき、役割取得していきます。この過程を通じて社会化が進みます。

　1950年代以降、マートンらによる役割の集合すなわち役割群の理論が登場します。例えば、家族内の男性の役割は、父親、夫、親族、自身の親にとっての子など、一つではありません。このように、ある人の特定の地位に多数の役割が対応するという理論です。

　地位と役割に応じて、生活の中では葛藤が生じ（役割葛藤）、調整が必要になることがあります（例：「父親」と「夫」の役割葛藤、「父親」と「社員」の役割葛藤）。マートンは、葛藤を回避する社会的メカニズムについて次の6つを提示しました。

- 関与の度合い
- コンパートメント（仕切り・区画化）
- 連帯と支持
- 権力の大小
- 問題の第三者化
- 縮小と分裂

　マートンの弟子であるコーザーは「役割集合の複雑性」と個人の自立との関係について論じ、複雑なものから取捨選択する経験が個人の自立性を養うと示しました。単純な役割集合では同調的な能力しか獲得できず、「独自に行為選択する─自立性」という機会・能力の取得は少なくなるということです。このことに関連する指摘にゴッフマン（Goffman, E.）の全制的施設があります。

📖 **全制的施設**：ゴッフマンの概念。人間としての行為の自由や自己決定が奪われ、社会から隔離され管理されて生活を送らなければならない施設（軍隊や刑務所、病院など）。

▶ その他の役割の概念

　役割には様々な概念があります。

役割期待	相互関係の中で、認知されている役割に対して、特定の行為を期待すること
役割行動	期待される行為を実際に行うこと
役割形成	既存の役割の枠を超えて新しい役割を果たすことにより、他者からの期待を変化させること
役割交換	夫婦や親子など相互で役割を交換することにより、相手の立場や考え方を理解すること
役割演技	一定の場面にふさわしく見える自分を演技によって操作すること
役割葛藤	役割期待と行為する者の保有する複数の役割間の矛盾や対立から、役割の遂行に心理的緊張を感ずること
役割距離	他者の期待と少しずらした形で行動すること。相手の期待に拘束されない自由と自己の自立性が確保できている場合にとる行動
期待の相補性	二者の間で、相手が期待通りの役割を遂行していると相互で認識されることにより関係が安定すること

ここは覚える！

第33・35回で役割概念が問われました。頻出項目なので、それぞれの意味をしっかり理解しておきましょう。

第 3 章 の 理 解 度 チ ェ ッ ク

Q ──────────────────

A

- ☐ **1** 「合法的支配」とは、正当な手続により制定された法に従うことで成立する。第32回　　○

- ☐ **2** デュルケムは、異質な個人の分業による有機的な連帯から、同質な個人が並列する機械的連帯へと変化していくと考えた。第26回　　×

- ☐ **3** ワースは、都市では人間関係の分節化と希薄化が進み、無関心などの社会心理が生み出されるとする、アーバニズム論を提起した。第33回　　○

- ☐ **4** ライフコースとは、個人がたどる生涯の過程を示す概念であり、人生経験を生涯にわたって多元的・動態的に理解する視点を含む。第33回　　○

- ☐ **5** テンニースは、自然的な本質意思に基づくゲゼルシャフトから、人為的な選択意思に基づくゲマインシャフトへ移行すると主張した。第35回　　×

- ☐ **6** マートンは、状況を誤って定義すればその定義を信じる人々によって、結果としてその認識どおりの状況が現実のものとなる現象を「予言の自己成就」と呼んだ。第36回　　○

- ☐ **7** 「役割期待」とは、個人の行動パターンに対尾する他者の期待を指し、規範的な意味を持つ。第29回　　○

- ☐ **8** 「共有地の悲劇」とは、それぞれの個人が合理的な判断の下で自己利益を追求した結果、全体としては不利益な状況を招いてしまうことを指す。第30回　　○

- ☐ **9** 「囚人のジレンマ」とは、犯罪容疑者である共犯者が、逮捕されていない主犯者の利益を考えて黙秘する結果、自分が罪をかぶることを指す。第35回　　×

- ☐ **10** 社会問題は、ある状態を解決されるべき問題とみなす人々のクレイム申立てと、それに対する反応を通じて作り出されるというとらえ方を「社会統制論」という。第32回　　×

- ☐ **11** ラベリング論は、他者からのレッテル貼り、すなわち社会がある行為を逸脱とみなし統制しようとすることによって、逸脱行動が生じるという立場である。第35回　　○

解説

2 機械的連帯から有機的連帯へと変化していくと考えた。

5 近代以前の自然的な本質意思に基づく社会集団のゲマインシャフトから、近代以降の選択意思に基づく社会集団のゲゼルシャフトへ移行したと主張した。

9 お互い協力する方が利益になるにもかかわらず、非協力への誘因が存在する状況を指す。

10 「社会統制論」ではなく「構築主義」という。

社会福祉の原理と政策

この科目のよく出るテーマ5

❶ ブラッドショーのニード分類

ブラッドショーは、ニードを規範的（ノーマティブ）ニード、感得された（フェルト）ニード、表出された（エクスプレスト）ニード、比較（コンパラティブ）ニードの4種類に分類しました。各名称と内容を理解しているかを問う問題が頻繁に出題されています。

❷ イギリスの公的扶助の歴史

ブースのロンドン調査、ラウントリーのヨーク市調査、タウンゼントの相対的剥奪指標、1601年エリザベス救貧法、1834年改正救貧法、スピーナムランド制度、ギルバート法、ウェッブ夫妻のナショナル・ミニマムの概念、1942年ベヴァリッジ報告など、イギリスの公的扶助・社会保障の歴史項目は、当科目でも頻出であるうえ、他科目にもまたがって出題されるほど重要です。

❸ 日本の公的扶助の歴史

1874年恤救規則、1929年救護法、1946年旧生活保護法、1950年現行生活保護法の違いについて押さえておきましょう。欠格条項の有無、救済対象、民生委員の扱いなどについて問われやすいです。

❹ アマルティア・センのケイパビリティ・アプローチ

センは人間のニード充足を財の消費からもたらされる効用によって定義することを批判し、達成可能な機能の集合であるケイパビリティ（潜在能力）で評価すべきと提唱しました。彼の「効用」の概念も併せて確認しましょう。

❺ エスピン-アンデルセンのレジーム論

彼は脱商品化・階層化という2つの指標（のちに「脱家族化」を加えて3指標となった）を用いて、資本主義福祉国家を「社会民主主義レジーム」「自由主義レジーム」「保守主義レジーム」の3類型に分類しました。それぞれ該当する主要国も把握しておきましょう。

攻略のポイント

特殊で難解な出題が続いた時期がありましたが、第28回以降はオーソドックスな出題傾向に回帰しています。だからこそ、基本的な重要事項を徹底的に押さえておきたいところです。

1 社会福祉の原理

社会システム　32 33 35

▶ 社会福祉の起源

　現在の社会福祉に相当する概念は、第二次世界大戦前は社会事業と呼ばれていました。この社会事業のルーツは、さらに戦時厚生事業や慈善事業などまで遡ります。

　社会福祉という用語が初めて公式に使われたのは、戦後に制定された日本国憲法の25条でした。

1項	すべて国民は、健康で文化的な最低限度の生活を営む権利を有する
2項	国は、すべての生活部面について、社会福祉、社会保障及び公衆衛生の向上及び増進に努めなければならない

　ただし、社会福祉という用語の意味は必ずしも一定でなく、様々な理解・解釈が存在します。

▶ 社会福祉の目的概念と実体概念

　福祉は、英語の「well-being（良く／善くあること）」「welfare（良い状態、特に欠乏・無知・疾病などから免れている状態）」とほぼ同義といわれています。そ

して、目的概念としての福祉と、実体概念としての福祉に分けられるといわれています。本科目では、目的概念としての「福祉」定義が採用されています。

なお、welfareとwell-beingはともに「福祉」を指しますが、前者では問題が起きた後に制度やサービスを投入する事後的な対応により重点が置かれ、後者ではそもそも問題が起きないようにするための予防的対応に重点が置かれるという理解が広まってきています。ただし、両者はその多くが重なりあう概念であり、重点の置き方が違うだけです。「welfare=事後的対応」「well-being＝予防的対応」という単純な二元論ではありません。

目的概念としての社会福祉	人々にとって満たされるべき理想的な状態。人間の幸福の追求や生活の維持・向上を図るために行われるすべての活動・制度・政策が共通の目的とすべき、理想的な状態のこと
実体概念としての社会福祉	目的概念としての社会福祉を実現するために、社会ないし国家が行う各種の取り組み（政策、サービス、実践など）

▶ 社会福祉概念の限定と拡大

社会福祉の概念規定には、狭義のものと広義のものがあります。

● 狭義の社会福祉

社会福祉を、ある特定の社会的に不利な状況に置かれている人々に対してなされる一定の社会的な施策や活動に限定するものです。1950（昭和25）年に出された社会保障制度審議会による「社会保障制度に関する勧告」（1950年の勧告）では、社会保障制度と社会福祉について、それぞれ次のように規定されています。

社会保障制度	疾病、負傷、分娩、廃疾、死亡、老齢、失業、多子その他困窮の原因に対し、保険的方法または直接公の負担において経済保障の途を講じ、生活困窮に陥った者に対しては、国家扶助によって最低限度の生活を保障するとともに、公衆衛生及び社会福祉の向上を図り、もってすべての国民が文化的社会の成員たるに値する生活を営むことができるようにすること
社会福祉	国家扶助の適用を受けている者、身体障害者、児童、その他援護育成を要する者が、自立してその能力を発揮できるよう、必要な生活指導、更生補導、その他の援護育成を行うこと

ここでは、社会保障は包括的な上位概念であり、社会福祉は社会保険、国家扶助（公的扶助）、公衆衛生・医療等と並ぶ、社会保障の一部門と位置付けられています。

日本の社会福祉学では長らく、このように社会福祉を狭義にとらえてきましたが、現在では社会福祉の対象を人の属性ではなく、人々が置かれている状態でとらえるようになってきています。

ここは覚える！

社会保障制度に関する勧告に関して、第32回では日本の社会保障制度において社会保険を中心とすべきとされていることが、第33回では社会保障制度に治安維持は含まれないことが問われました。第35回では、日本の社会保障の歴史について出題されました。

社会保障制度審議会の分類によると狭義の社会保障は、公的扶助、社会福祉、公衆衛生及び医療、老人保健、社会保険の5つから構成されます。広義の社会保障は、狭義の社会保障に恩給と戦争犠牲者援護を加えたものです。

● **広義の社会福祉**

　全国民の物質的・精神的・社会的な最低生活を確保するための社会的諸サービス全般を表す概念です。例えば、イギリスにおけるソーシャルポリシー（社会政策）やソーシャル・サービス（社会サービス）という概念に相当します。では、これらイギリスの社会政策・社会サービスという概念が何かというと、教育、所得保障、保健医療、雇用、住宅といった狭義の社会福祉概念の集合体です。

社会福祉の定義をめぐる学説

　社会福祉学においては、社会福祉の対象を特定することで、その対象の固有性に基づいて、社会福祉学のアイデンティティ（社会福祉とは何か、社会福祉学は何を扱う学問か）を同定しようとする議論が展開されてきました。ここでは、主要な論者ごとに、その議論の内容を見ていきます。

日本の社会福祉学の手法は社会学をベースにしているため、古典社会学の祖であるヴェーバー（Weber, M.）、デュルケム（Durkheim, É.）、ジンメル（Simmel, G.）や、現代社会学における著名人（ブルデュー、パーソンズなど）については当科目でも出題があります（第3章を参照）。

▶ 大河内一男

経済学者の大河内一男は、『社会政策の基本問題』（1940年）で、社会政策（労働政策）の対象と社会事業の対象を次のように整理しました。この頃に使われていた社会事業という概念は、ほぼ今日の社会福祉に相当します。

社会政策の対象	経済秩序内にある生産者
社会事業の対象	資本制経済との接点を失い社会的分業からはずれた経済秩序外的存在である、被救恤的窮民の経済的、保健的、道徳的、教育的等の要救護性

▶ 孝橋正一

大河内の理論を継承、発展させた孝橋正一は、『社会事業の基本問題』（1954年）において次のような考え方を示しました。

彼は、主に資本主義制度から構造的必然的に生ずる労働問題に起因する社会問題と、そこから派生する無知、怠惰、疾病、浮浪等の社会的問題とを区別しました。そして、社会問題に対応するのが社会政策であり、社会的問題に対応するのを社会事業と整理しました。なお、彼の理論においては、社会事業は社会政策が機能しない場合の補充・代替的なものと位置づけられていました。

> ここでいう社会政策は、今日の意味とは異なり、医療、教育、住宅など広い範囲を含みません。

■ その他、社会事業・社会福祉に関する代表的な人物・定義

人物	定義
	主な著作・その他
一番ヶ瀬康子	社会福祉は、生活権保障の制度・政策、人権保障の社会的実践。生活問題を対象とする。その本質は、制度、政策、運動
	・1983年『社会福祉とは何か』 ・目的概念としての社会福祉と実体概念としての社会福祉
竹内愛二	社会事業は、個人・集団・地域社会がその社会的要求を自ら発見し、それを充足するために、能力、方法、社会的施策などの資源を自ら開発しようとすることを、専門職業者が側面から援助する過程
	・1959年『専門社会事業研究』 ・アメリカのケースワーク理論を日本に導入し、「社会事業」という訳語を当てた

岡村重夫	社会福祉は、人々が多様な生活関連施策（年金や保健医療など）を利用して、主体的社会関係の全体的統一性を保持しながら生活上の必要（欲求）を充足できるようにし、同時に生活関連制度の関係者に個人の社会関係の全体性を理解させ、施策の変更・新設を援助する行為と制度
	・1957年『社会福祉学総論』、1974年『地域福祉論』、1983年『社会福祉原論』 ・社会制度と個人の間に社会関係を取り結ぶに当たって形成される「社会関係の不調和・欠損・欠陥」を調整する機能を、社会福祉の固有性と考えた
仲村優一	①並立的補充性（一般対策に対し、社会福祉が独自の領域をもち、相互補完的に並立）、②補足的補充性（社会福祉が一般対策をより効果的にするための働きをする）、③代替的補充性（一般対策の不備のため社会福祉が代替的な役割をはたす）を社会福祉の基本的な性格とした
	・1956年『公的扶助とケースワーク』、1991年『社会福祉概論 改訂版』

福祉国家をめぐる思想 ㉜ ㉞

▶ 福祉国家の批判

　ここでは国家、社会が人々の生活を保障することの正当性をめぐる議論を見ていきます。経済学者で哲学者のハイエク（Hayek, F.）は、『隷属への道』（1944年）で、社会主義や共産主義、ファシズムは、個人よりも共同体や社会の目的の達成を重視し、重要生産手段を政府の指揮・統制の下に置き、個人の独立性や個人主義を敵視していることを指摘し、これを集産主義であるとして批判しました。

　さらに『自由の条件』（1960年）では、福祉国家が拡張していくと、行政機関が広範な恣意的権力を得る、累進的課税により財政がひっ迫する、労働組合が強大化するなどの問題が生じて、自由の脅威となると論じました。最低生活保障については、必ずしも市場の自由と矛盾するものではないとしているものの、救済を権利として認めてはいません。

　ハイエクと併せてフリードマン（Friedman, M.）の名前も覚えておきましょう。1970年代中期、彼らが相次いでノーベル経済学賞を受賞したことで、ニューライトの主張に関心が集まりました。

▶ 福祉国家の擁護

　他方、現代リベラリズムを代表する人物の一人であるロールズ（Rawls, J.）は、不遇な人々（社会的不平等）にどのように対応するかを考えるに当たって、すべての人が現実に自分が置かれた状態を知らないという「無知のヴェール」に包まれた原初状態を想定しています。

　現実には健康で十分な収入や学歴があり、社会的なつながりも強く、障害を負ったり難病を患ったりしても自らが貧窮状態に陥るリスクは低いと感じ、公的な福祉制度の必要性をあまり実感できずに暮らしている（よって手厚い福祉国家政策には賛成しない）人々であっても、「無知のヴェール」に包まれた原初状態を想定すると、貧窮状態などに陥るリスクが高いか低いかがわからなく（リスクが低いとはいえなく）なり、不遇な人々に十分な救済を整備することが望ましいと考えられるようになります。このようにしてロールズは、最も不遇な人々に対して最も多くを与えるとする、格差原理（difference principle）を提示しました。

　格差に関しては、アマルティア・セン（Sen, A.）も重要です。ノーベル経済学賞を受賞したインドのベンガル地方出身の経済学者で、厚生経済学の代表的な人物です。彼は「効用」という概念に着目しました。例えば、自転車を1人1台給付したとして、坂道だらけの田舎に住んでいる人と平地に住んでいる人では、その価値が異なり、また0歳の乳児に給付しても意味がありません。このようなとき、「効用が異なる」というふうに表現されます。

　さらに、所得では捕捉できない価値を保障するため、潜在能力論（ケイパビリティ・アプローチ）を提唱しました。

ここは覚える！

アマルティア・センや彼が提唱したケイパビリティ・アプローチの概念は、しばしば出題されています。

▶ 第三の道

　福祉国家を批判したり、あるいは擁護する議論が展開されている中、イギリスのブレア労働党政権のブレーンだった社会学者のギデンズ（Giddens, A.）は、社会民主主義の路線ともサッチャー・メージャー流の市場原理主義路線とも異なる考えを第三の道として提示しました。第三の道の中のポジティブ・ウェルフェアという考えがよく知られています。これは、新たな福祉国家の方向性と

して、金銭給付よりも、教育や職業訓練によって人的資本に投資することを重視する考えです。

ここは覚える！

第32・34回で、第三の道について出題されました。

落とせない！重要問題

イギリスのサッチャーが率いた保守党政権は、貧困や社会的排除への対策として、従来の社会民主主義とも新自由主義とも異なる「第三の道」の考え方に立つ政策を推進した。 第34回

×：ブレア政権下で、彼のブレーンであったギデンズが打ち出した概念である。

2 日本の社会福祉の歴史的展開

第一次世界大戦········第二次世界大戦········現在

救護法 ➡ 旧生活保護法 ➡ 生活保護法

・生活 ・医療 ・助産 ・生業 〉扶助

・生活 ・医療 ・助産 ・生業 ・葬祭 〉扶助

・保護請求権 ・不服申立て ・欠格条項の廃止

近代の救済制度　㉜ ㉝ ㉞ ㉟

▶ 明治初期

　近代という時代、すなわち1868（明治元）年の新政府樹立から第二次世界大戦終戦に至るまでの時代において、救済制度は不十分なものでした。帝国主義諸国への対応に迫られたこの時代、人間としての価値は経済発展と戦争に貢献することに置かれ、貢献することのできない人々は軽んじられていたのです。

　日本で初めて成立した貧困者に対する一般的な救済法は、1874（明治7）年に成立した恤救規則で、実施主体は内務省でした。この法律では救済（下米相場に基づいて、1年間に25kgの米代を給付）の対象は厳しく制限されました。国民には保護の請求権が与えられず、国家も給付義務を負いませんでした。

　明治10年代中期以降、産業化が進展し、都市には「貧民窟」と呼ばれる労働者の住宅地が現れました。

　そうした状況の中、貧困者の悲惨な実情を科学的に調査して公にする試みも徐々に実施されました。次の著作が代表的です。

1899（明治32）年	『日本之下層社会』（横山源之助）
1903（明治36）年	『職工事情』（農商務省） 1911（明治44）年工場法制定に影響（最低就業年齢、最長労働時間など労働者の保護を定めた）

▶ 日清・日露戦争期

　日清戦争の前後、都市では、失業しても農村に帰れなかった労働者が貧窮化するなど、労働者の貧困が問題化。日露戦争の戦中・戦後には、戦争に多大な費用を投じたことも関係して国は財政難に苦しみ、民間の慈善事業を再編して、国家統制の色彩を強く帯びた感化救済事業を進めました。1908（明治41）年には現在の全国社会福祉協議会の前身である中央慈善協会が設立され、国内外の救済事業の調査、慈善団体や慈善家の連絡調整・指導奨励事業のほか、『慈善』が刊行されました。

　この時期の慈善事業における特徴の一つに、皇室による下賜金の配布などの奨励、援助があります。皇室による慈善事業の奨励、援助は、当時の天皇国家体制への抵抗運動（1910（明治43）年の幸徳事件など）を抑える狙いもありました。これにより、例えば1911（明治44）年に恩賜財団済生会が設立されています。それまで偏見の対象だった慈善事業は、皇室が顕彰したことで一転して注目を集め、社会的な位置づけが向上しました。

▶ 大正時代

　大正時代半ば以降になると、日本で初の政党内閣である原内閣が発足し、デモクラシーの思潮が高まりました（大正デモクラシー）。そうした中で、社会福祉の中心的な考え方は、隣保相互扶助から社会連帯責任思想へと転換しました。

▶ 昭和初期

1929（昭和4）年には救護法が制定されました。その概要は以下の通りです。

救護の種類	生活扶助、医療扶助、助産扶助、生業扶助の4種類
実施体制	市町村長が救護機関として、救護事務を扱う
救護費用	国庫が1/2、道府県は市町村の負担の1/4を補助
国家の救護義務	建前としてあるが、実質的にはない
救済の対象	労働能力のある者は基本的に対象外。生活に困窮していても、怠慢な者や素行不良の者は対象外
国民の請求権	認められない

　1918（大正7）年、都市部を中心に米騒動が全国的に発生しましたが、大阪では騒動を鎮静化するため、同年、府知事の林市蔵と小河滋次郎の尽力によっ

てドイツの**エルバーフェルト・システム**をモデルとして**方面委員制度**が設けられました。1936（昭和11）年、国は方面委員令を制定し、全国に**方面委員**（現在の民生委員の前身）を設置しました。

■ 方面委員制度の概要

- 小学校区単位で配置
- 住民の生活状態の調査研究を行う
- 救護法の実施において、市町村長を**補助**する

日中戦争中かつ第二次世界大戦直前であった1938（昭和13）年に、社会事業法が成立しました。これにより民間の社会事業家が政府から補助金を得ることができるようになり、社会事業のための土地・建物についても課税が免除となりました。さらに、兵や、戦時後方支援の人材を確保するという観点から、戦時厚生事業が推進されました。

ここは覚える！

第32・33・34回で、方面委員制度について問われました。救世顧問制度と混同しないよう注意しましょう。また、第34回では、社会事業法についても出題されました。戦時厚生事業の年代と概要とともに、関連事項として厚生省の設置、国民健康保険法・医療保護法の制定も押さえておきましょう。

▶ 民間の慈善活動

不十分な国の制度を補う形で、民間が独自に行う取り組みも進みました。

■ 民間の慈善活動家と活動内容

名前	活動内容
岩永マキ、ド・ロ神父	1874（明治7）年、孤児の救済施設、浦上養育院を創設
石井十次	1887（明治20）年、岡山孤児院を設立、「岡山孤児院十二則」を設け、多彩な処遇を実践
石井亮一	1891（明治24）年、孤女学院（後の滝乃川学園）を設立、障害児施設の先駆け
片山潜	1897（明治30）年、東京にキングスレー館を設立し、セツルメント運動を展開

留岡幸助	1899（明治32）年、不良少年の感化（更生）のため、東京に家庭学校（後に移転、現・児童自立支援施設 北海道家庭学校）を設立
野口幽香	1900（明治33）年、貧児のための幼稚園、二葉幼稚園（現・二葉保育園）を開設
山室軍平	救世軍の日本軍士官となり、廃娼運動、禁酒運動を展開
河上肇	『貧乏物語』（1917（大正6）年）を執筆
賀川豊彦	・神戸でセツルメント運動や生協活動を行う ・自伝小説『死線を越えて』（1920（大正9）年）を執筆
井上友一	内務官僚として感化救済事業を推進
呉秀三	精神病患者の実態調査を行い、精神病院法の制定に奔走
糸賀一雄	・1946（昭和21）年、戦災孤児や知的障害児のための近江学園、1963（昭和38）年、重症心身障害児のためのびわこ学園を創設 ・『この子らを世の光に』（1965（昭和40）年）を執筆

 ここは覚える！

第32・33・35回で、表内の人物名と活動内容が出題されています。重要事項なので、覚えておきましょう。

落とせない！重要問題

留岡幸助は救世軍日本支部を設立した。 第35回

×：留岡幸助は非行少年への懲罰的処遇に反対の立場をとり、更生を目指す家庭学校を設立した。

現代における社会福祉の展開 ㉛ ㉜ ㉝ ㉞

▶ 生活保護制度

　第二次世界大戦後の日本政府は占領下にあり、連合軍総司令部（GHQ）に大きな影響を受けていました。混乱状態の中で応急的に最低生活を保障するため、1945（昭和20）年12月、GHQが「救済ならびに福祉計画の件」と題する覚書（SCAPIN404号）を発すると、それに基づき日本政府は閣議決定で「生活困窮者緊急生活援護要綱」を出しました。

これは宿泊、給食などの現物給付、生業のあっせんなどを、都道府県の計画に基づき、市町村単位で実施することを規定したものです。翌1946（昭和21）年から、旧生活保護法施行の同年10月まで実施されました。

生活困窮者緊急生活援護要綱は終戦直後にとられた応急措置で、対象者も限定されていました。

しかし、これは戦前からの恩恵的枠組みを維持したものであったため、GHQは1946（昭和21）年2月に社会救済（SCAPIN775号）を発し、保護の無差別平等、扶助の国家責任の明確化、最低生活保障の3原則を取り入れるよう日本政府に指令しました。

SCAPIN775号をもとに、日本政府は、第90回帝国議会において生活保護法案を上程、1946（昭和21）年9月に可決成立、同年10月から施行されました。またこのとき、民生委員令が公布され、方面委員は「民生委員」という名称に改められました。

■ 旧生活保護法の特徴

- GHQの指令を取り入れ、無差別平等原則（1条）等を規定（貧困に至った原因や人種、信条、性別、社会的身分、門地等により優先または差別的な扱いを行わないものとする）
- 労働能力のある者のうち労働の意思のない者、素行不良の者、生計の維持に努めない労働者に受給を認めない欠格条項は残る（制限扶助主義）
- 扶養義務者が扶養をなしえる場合には受給できない
- 扶助の種類は、生活扶助、医療扶助、助産扶助、生業扶助、葬祭扶助の5種類（現行法は8種類）

現行生活保護法以前の公的扶助制度である救護法や旧生活保護法は頻出項目です。制度の具体的な事項も押さえておきましょう。

この旧生活保護法では、ナショナル・ミニマムは保障されませんでした。また、民生委員を補助機関とするなど、近代的公的扶助法というには不十分な部分も

ありました。

そのため、1950（昭和25）年に全面改正され、現行生活保護法が成立しました。国民の国家に対する保護請求権、不服申立て制度が明記されました。また、旧生活保護法までは存在していた欠格条項も廃止され、一般扶助主義が採られました。

1957（昭和32）年、日本国憲法25条の生存権保障を具体化する生活保護基準の内容などをめぐって、いわゆる朝日訴訟が提起されました。

ここは覚える！

第31回で朝日訴訟について出題されました。第33回では、民生委員が生活保護行政の（協力機関ではなく）補助機関であったことが問われました。協力機関に改められたのは1949（昭和24）年です。

▶ 福祉三法体制の確立

貧困対策以外の分野でも各法が成立し、福祉三法体制となったのも1950年代でした。制定は、1947（昭和22）年児童福祉法、1949（昭和24）年身体障害者福祉法、1950（昭和25）年生活保護法の順です。まず戦後に滞留した浮浪児への対策として児童福祉法が、次に戦争によって激増した身体障害者（傷痍軍人）に対応するために身体障害者福祉法が成立。つまり社会福祉三法は第二次世界大戦後という時代背景の中で、ニーズが切迫していた順に成立したといえます。

1951（昭和26）年には社会福祉の基礎構造について定めた旧社会福祉事業法も制定されました（2000（平成12）年に社会福祉法に改正）。

三法体制下では、経済的自立の可能性がある軽度の身体障害者はサービスの対象となりましたが、重度身体障害者や知的障害者は対象となりませんでした。また、精神障害者に対する施策も遅れていました。医学的治療にばかり焦点が当てられ、人間らしい生活という視点は不充分でした。

▶ 拡充のピーク

1960年代から1970年代初頭、日本は高度経済成長期に入ります。経済的側面では世界の国々に追いついていきましたが、政府と与党自民党は、先進国の仲間入りをするためには社会保障制度の整備が不可欠という認識を持っていま

した。また徐々に「福祉なくして成長なし」のような考えも現れてきます。

先の福祉三法に加えて、1960（昭和35）年に精神薄弱者福祉法（現在の知的障害者福祉法）、1963（昭和38）年に老人福祉法、1964（昭和39）年に母子福祉法（現在の母子及び父子並びに寡婦福祉法）が制定され、福祉六法体制が確立しました。

1962（昭和37）年、池田勇人政権下で「社会保障制度の総合調整に関する基本方策についての答申および社会保障制度の推進に関する勧告」が出されました。社会保障に関する施策と社会福祉対策が整理され、福祉の給付比率を増していく方向性が打ち出されました。

この時期に社会福祉は大幅に拡充され、1970年代初頭にそのピークを迎えます。1971（昭和46）年を初年度とする社会福祉施設緊急整備5か年計画が策定され、入所型の高齢者・障害者施設や、保育所や児童館などの集中的な整備が図られました。同年、児童手当法も制定され、1973（昭和48）年には田中角栄内閣のもと「福祉元年」と称して、70歳以上の老人医療費の無料化、厚生年金の「5万円年金」なども実施されました。

しかしながら、同じ1973（昭和48）年に石油危機が起こり、世界が経済不況に陥りました。国家として福祉の拡充を進めてきた先進国の多くは大幅な財政赤字を抱え、福祉政策の見直しを迫られることになりました。

ここは覚える！

第32・34回で、社会福祉施設緊急整備5か年計画について出題されました。策定年代やこの計画により各福祉施設が整備されたことを押さえましょう。

▶ 在宅福祉サービスの整備

1979（昭和54）年に、大平正芳政権下で、「新経済社会7か年計画」が提出され、社会保障分野の方針として日本型福祉社会の創造が提示されました。ここでは、個人の自助努力、家庭・近隣・地域社会等の連帯を生活保障の基礎とし、政府の公的保障を適正なものに保っていくことが主張されています。

1981（昭和56）年の第二次臨時行政調査会の第1次答申において、「小さな政府、増税なき財政再建」を目指すものとされ、各種補助を削減することが提言されました。三公社（国鉄、電電公社、専売公社）民営化、総務庁の設置等の行政改革による緊縮財政路線を方向づけた答申として有名です。続く1982

（昭和57）年に出された第3次答申では、補助金などの整理、合理化が提案されています。

　このような中、福祉の分野では在宅サービスの整備が進められていきました。1970（昭和45）年には高齢化率が7%を超え高齢化社会に突入。高齢化が進展する中で、施設サービスを整えるより、在宅サービスを準備する方が財政的な負担が少なかったのです。

第二次臨時行政調査会の第1次答申が、緊縮財政路線を示し、福祉に関する費用を削減する立場をとっていることを押さえておきましょう。三公社民営化が提案された第3次答申は有名なので、おおよその内容について押さえておく必要があります。

ここは覚える！

第32回で、高齢化率について出題されました。日本は1994（平成6）年に高齢化率14%を超えて高齢社会となり、2007（平成19）年に21%を超えて超高齢社会となりました。

　在宅サービスが拡充されていった背景には他にも、①ノーマライゼーション理念の普及、②施設入所者と自宅などで介護する家庭との間の不公平（在宅等で介護する家庭への社会的な配慮は極めて不十分でした）、③精神科病院などでの一連の不祥事（宇都宮病院事件など）がありました。

　1982（昭和57）年に、当時の厚生省が老人家庭奉仕員派遣事業運営要綱を改訂し、いわゆる「有料ホームヘルパー制」が導入されました。これによって、サービス利用の所得制限は撤廃されたものの家庭奉仕員の多くを有料（応益負担）とし、公費負担による福祉サービスは一部の貧困・低所得者層に限定されることになりました。

　1987（昭和62）年には老人福祉法が改正され、寝たきり老人短期保護事業が組み込まれました。寝たきりの状態にある高齢者を介護している家族が疾病や事故などで介護を行えない場合には、一時的に当該高齢者を特別養護老人ホームや養護老人ホームに入所させることができるようになりました。老人医療費支給制度の創設や、年金支給額の物価スライド制も導入されました。

▶ 少子高齢化の進展と社会福祉改革

社会福祉の見直しが進む一方で、少子高齢化の進展は無視できないほどになり、家族介護者が大きな負担を負っていることが注目されるようになります。

高齢化問題に本格的に対応するべく、1989（平成元）年に「ゴールドプラン」（高齢者保健福祉推進十か年戦略）が策定されました。これは1990（平成2）年から10年間の要介護高齢者対策の総合的な計画であり、サービスの確保などについて具体的な数値目標を掲げた初めての国の計画でした。

1994（平成6）年、細川護煕内閣の下で、『21世紀福祉ビジョン〜少子・高齢社会に向けて〜』が発表されました。これにより、①ゴールドプランを見直し、介護基盤を緊急に整備することが提案され、「新ゴールドプラン」（新・高齢者保健福祉推進十か年戦略）が策定されました。また②社会保障の給付費用構造を、「年金5：医療4：福祉1」から「年金5：医療3：福祉2」に適正化することが提案され、福祉の比重が高められました。

1990（平成2）年には、老人福祉法等の一部を改正する法律が制定され、これによって福祉関係八法改正が行われました。ここでいう福祉関係八法とは、老人福祉法、身体障害者福祉法、知的障害者福祉法、児童福祉法、母子及び寡婦福祉法、社会福祉事業法、老人保健法、社会福祉・医療事業団法を指します。老人福祉法の改正では、在宅介護支援センターが創設されました。

福祉で用いる「八法」は便宜的な呼び名で、福祉三法や福祉六法のように「福祉八法体制」とはあまりいいません。「福祉八法体制」と記載される場合は社会福祉・医療事業団法は含まれず、生活保護法が含まれます。つまり、「福祉八法体制」と「福祉八法改正」では「八法」の定義が異なります。

さらに、1993（平成5）年には、精神保健法が一部改正され、精神障害者地域生活援助事業として、精神障害者グループホームが精神保健法に位置づけられました。

社会保障関連の支出が増大していく中、財源に関する議論が広がっていきました。1995（平成7）年に、社会保障制度審議会が出した「安心して暮らせる21世紀の社会を目指して〜社会保障体制の再構築に関する勧告〜」（1995年の勧告）において、社会保障の基盤整備の財源は別として、運用に関する財源は主とし

て保険料によって賄うべきであることが勧告されました。これが1997（平成9）年の介護保険法の制定へとつながっていきます。

▶ 21世紀の社会福祉改革

1998（平成10）年、「社会福祉基礎構造改革について（中間まとめ）」が出され、終戦直後、生活困窮者対策を中心として作り上げられた社会福祉の基礎構造を、時代の変化により多様化したニーズに対応し、国民全体を対象とする内容に変えていくことが提案されました。

社会福祉基礎構造改革は様々な内容を含みますが、その根本は、地方分権化とサービス供給の多元化にあります。この方針に合わせ、1999（平成11）年に地方分権一括法が制定され、国と地方公共団体の関係性が見直されました。また、この頃から積極的に出始めたのが「措置から契約へ」の転換路線です。保育園の運営、介護保険事業者、障害者支援費制度（現在の障害者総合支援法）に民間のサービス事業者の参入が認められるようになりました。

措置制度とは、利用者が行政へ利用申し込みを行い、どの施設やサービス事業者から福祉サービスをどのくらい利用するかを行政が割り当て、配分する仕組みです。これは戦後、マイノリティ対策を念頭に形成された行政主導型の福祉供給システムです。限られた資源を効率的に分配するのには有効な方法でしたが、行政が常に一定の利用者数を確保してくれるため、サービス事業者間で「より良いサービスをより安く提供しよう」というモチベーション（競争原理）が生まれにくいというデメリットもありました。

また、利用者にとっても、好きなサービスを好きなように利用できない、つまり自己決定が尊重されないという問題もありました。行政主導の措置制度から、利用者とサービス事業者の対等な契約制度への転換には、利用者の選択の自由、競争原理によるサービスの質の向上、といったことが期待されました。

1995年の勧告に基づく社会保障支出抑制と保険料徴収による財源確保、そして一連の「措置から契約へ」の流れは、1997（平成9）年に制定された介護保険法に結実します。

2000（平成12）年、社会福祉事業法が改正され、社会福祉法が成立しました。また同年に出された「21世紀に向けての社会保障」では、社会保障制度の安定化のため、それぞれの経済的能力に見合った負担のあり方を提言しています。高齢者にも能力に応じた負担を求めています。

「社会福祉基礎構造改革について（中間まとめ）」は有名なので、これが出された年代と要点について押さえておきましょう。

「措置から契約へ」の議論と準市場（197ページ参照）の違いを押さえておきましょう。準市場は、公的部門のサービス提供の不足部分を補うために市場メカニズムを導入するやり方で、主体は行政のままです。

▶ 措置制度から契約制度へのさらなる進行

その後も、措置から契約への転換は進展します。介護保険に似た制度が障害者分野でも作られ、2003（平成15）年に支援費制度が施行されました。しかし、同制度では学校や職場内での利用やそこへの送迎が対象外であったり、精神障害や特定疾患、高次機能障害等の人々が適用対象外であるといった問題があり、障害福祉の関係者たちから激しい批判を浴びました。

2006（平成18）年にこの制度は撤廃され、三障害を対象とした障害者自立支援法が新たに成立。先に触れた精神障害者グループホームは、同法の「共同生活援助」へ再編、統合されました。

2012（平成24）年には障害者自立支援法が障害者総合支援法となり、2013（平成25）年に施行されました。障害者の定義に「難病等」を追加、重度訪問介護対象者の拡大、ケアホームのグループホームへの一元化などが盛り込まれました。

介護保険法も何度か見直されつつ持続しています。2005（平成17）年の改正時には、在宅介護支援センターの主な機能が地域包括支援センターへと移行されました。

こうして契約制度への転換は進み、社会保障における「小さい政府」路線は現在も続いていますが、保育所制度の一部には措置制度も残存しています。

利用者がサービス事業者を選べるという契約制度のメリットは、そもそも選べるだけの豊かな選択肢がないと成り立ちません。限られた資源を効率的に分配するため、措置制度を残存させる必要があったのです。

2013（平成25）年には、社会保障制度改革国民会議報告書がまとめられま

した。この報告書には従来の「1970年代モデル」、つまり現役世代は「雇用」、高齢者世代は「社会保障」とする考え方から「21世紀（2025年）日本モデル」へ転換する方向性について示されています。

　2016（平成28）年6月には、アベノミクスの第2ステージとして「ニッポン一億総活躍プラン」が閣議決定されました。政府による子育て支援（希望出生率1.8）や介護支援（介護離職ゼロ）などの「分配」を前提としつつ、そうした「分配」を持続可能にするためには「成長」（名目GDP600兆円）が不可欠であるという考え方に立っていました。

頻出度 🐾🐾 🐾🐾 🐾🐾

3 欧米の社会福祉の歴史的展開

貧困調査❗ ➡ 貧困の原因は社会自体にあり❗

- **1886－1902**年 ブース「ロンドン調査」
- **1909**年 ウェッブ「少数派報告」
- **1899**年 ラウントリー「ヨーク調査」
- **1942**年 ベヴァリッジ「社会保険と関連サービス」

イギリスにおける社会福祉の歴史 ㉛ ㉜ ㉝ ㉞

▶ エリザベス救貧法

　中世の封建社会の中で、農民は封建領主の支配する土地に固く縛られた身分（農奴）であり、その中でかろうじて生命が維持されていました。

　ところが、絶対王政（テューダー朝期）が確立すると、それまで貧困救済の主体だった封建領主や修道院が没落、解体し、都市に浮浪者、物乞いが増加しました。そこでイギリスは絶対王政のもと、社会秩序、治安を維持するため、1601年に貧民や浮浪者を抑圧的に管理するエリザベス救貧法を制定しました。この法律には次のような特徴があります。

国家単位の救貧行政
救貧行政の主体が教区から中央政府（中央救貧委員会）に移る
中央集権的救貧行政機構を確立
国王直属の枢密院の統制下に治安判事を置き、教区単位で教区委員と治安判事により任命される貧民監督官が、救貧行政の実務を担う
類型別の対応（次の3分類）
労働能力のある貧民、労働能力のない貧民、扶養能力なき貧民の児童

この法律により、貧民への対応の主体は、教会や封建領主から、国家へと変わっていきました。しかし、同法は治安維持を目的としており、内容は抑圧的なものでした。貧民はワークハウス（労役場）に収容され、そこで生活を保障される代わりに労働を強制されました。

　1722年には労役場テスト法（別名ナッチブル法）が成立し、労働可能／不可能の選別と申請抑制がますます強化されました。

▶ ギルバート法とスピーナムランド制度

　18世紀後期、イングランド中産階級の間に博愛意識が広がる中で、救貧法下の貧民への非人間的な処遇にも注目が集まりました。それがギルバート法やスピーナムランド制度へとつながり、救貧施策は一時的に改善されました。

ギルバート法 (1782年)	ワークハウスには老人・病人など労働能力のない人のみを収容し（院内救済）、労働能力のある貧民には在宅での仕事を与える（院外救済）
スピーナムランド制度 (1795年)	フランス革命の影響で物価が上昇した一方、収入は増えず困窮する人々が続出。そこで、ギルバート法を拡大解釈し、パンの価格をもとに算出した基本生活費に収入が達しない家庭に対して、その差額分を救貧手当として支給。物価と連動した院外救済制度といえる

ここは覚える！

第31・33回で院外救済について出題されました。各時代の救貧法が院外救済を認めたかどうかを押さえておきましょう。

落とせない！重要問題

ギルバート法（1782年）は、労役場内での救済に限定することを定めた。 第31回

　×：ギルバート法は、エリザベス救貧法下で膨らみ続ける救貧予算の削減を目的に院外救済を認めた。

▶ 新（改正）救貧法

　貧民の待遇を改善させたスピーナムランド制度でしたが、反面、資本家が救

貧法による補填を当てにし、労働者の給与を削減したり、農民が、膨張した救貧税を負担して貧民化したりするといった結果をもたらし、批判を受けました。また、貧民にとっては、働かなくても収入は変わらないため、勤労意欲が低下するという貧困の罠の問題も浮上しました。

18世紀に入ると、自由主義思想、古典派経済学が隆盛を迎えました。スミス（Smith, A.）は『国富論』（1776年）において、各市民が自らの経済的利益を追求すれば、「神の見えざる手」により国の富が増大するのであり、国家による人々の生活への干渉（徴税と再分配）は最小限にすべきであると説きました。

またマルサス（Malthus, T.）は『人口論』（1798年）で、人口が増加する一方で食糧生産は追いつかないとし、人口の抑制を主張しました。そして貧困救済は人口増加につながるとして否定しました。この考えはマルサス主義として大きな影響を与えました。

このような中、福祉費用は削減の方向へ向かい、1834年に新（改正）救貧法が制定され再び給付抑制の方向へ動きました。新救貧法は次のような特徴を有しています。

---

① 救済水準全国統一の原則
- 中央集権的な国家救貧行政機構（中央救貧委員会）が組織され、救済水準が全国的に統一
- 救貧行政の基礎単位が教区から教区連合に拡大
② 院外救済は全廃し、ワークハウス（労役場）による院内救済のみ
③ 劣等処遇の原則（救済を最下層の労働者の賃金よりも低い水準のものにする）を採用

📖 **劣等処遇の原則**：救済による生活レベルは、最下層の自立生活者よりも低いものでなければならない。

ここは覚える！

第31回で、新（改正）救貧法における救済水準全国統一の原則が出題されました。

上記のような諸改革により、救貧税は大幅に抑制され、ワークハウスは史上最悪の環境となり、イギリス全土において貧民・労働者の暴動を招き、資本家

と労働者の対立が激化しました。

　他方で、この時期には社会主義思想の広まりの影響も受け、貧民は労働者階級として団結し、一定の政治的な力をもつようになりました。1830年代には、人民憲章を掲げたチャーチスト運動が起こりました。

▶ 民間団体の慈善事業

　政府による貧民などへの対応の不十分さを補うように、19世紀中期、各種の慈善団体による福祉活動が盛んに行われました。

　1869年にロンドンに慈善組織協会（COS：Charity Organization Society）が設立され、民間慈善事業を組織化し、資源配分の非効率を解消していきました。

　しかし、こうした民間団体の活動もまた、現代の基準に照らして充分なものではありませんでした。慈善組織協会は、貧困の原因を「貧民」の「怠惰と悪徳」にあるとし、貧民を更生、自立させることを活動の指針としました。そして貧民を救済に値する貧民と救済に値しない貧民に分類し、前者のみを救済の対象として「友愛訪問員」が訪問し、彼らが更生、自立できるよう働きかける活動を展開しました。つまり、選別主義的な救済を採っていたのです。

　さらに、19世紀末には、大学関係者や知識人、篤志家が、貧困地区へ移り住んで、貧民と生活をともにしながら彼らを教化するセツルメント運動も高まりをみせました。当時は、慈善組織協会がそうであるように、一般的に貧困は個人の問題とみなされていましたが、デニソン（Denison, E.）が創始したセツルメント思想は、貧困を社会の問題として考えました。そして、下位の労働者階層に十分な教育を提供したり、労働環境を改善するなど社会政策によって解決できると主張しました。

▶ 貧困の科学的調査

　19世紀後期、貧困の原因は本人の無能力、怠惰、品性などにあると考えられていましたが、貧困の科学的調査が行われたことで、社会自体に貧困の原因があり、その解決のために社会的施策が必要であることが示され、貧困救済制度に大きな影響を与えました。代表的な調査が、次の2つです。

> **ブース（Booth, C.）の調査**
>
> ・1886〜1902年『ロンドン民衆の生活と労働』（ロンドン調査）
> ・市民の**3**割超が貧困線以下
> ・その主要因は、順に、不安定就労、低賃金等の社会経済的要因、貧困を生むような生活習慣
> ⇒制度改正（1908年の無拠出老齢年金法の成立）に貢献
>
> **ラウントリー（Rowntree, B. S.）の調査**
>
> ・1899年「貧困－都市生活の研究」（ヨーク調査）
> ・市民の約3割が貧困線以下、極貧状態の市民が約1割存在
> ・その主要因は社会環境

ここは覚える！

第34回で、ラウントリーの調査について問われました。

ブースは、「科学的貧困調査の父」と呼ばれています。

▶ ウェッブ夫妻と少数派報告

　1905年に設置された勅命救貧法委員会で、救貧法制度のあり方について検討されました。この委員会は慈善組織協会出身者を中心とする多数派と、それに反対するウェッブ（Webb, S.）を中心とする少数派に分かれ、それぞれ報告書を提出しました。

　「救貧法及び失業救済に関する勅命委員会報告書」（1909年）、いわゆる少数派報告です。これは、当時としては極めて先進的な内容で、救貧法を解体し、ナショナル・ミニマムの理念に基づく新たな救済制度の創設を主張しました。

　ウェッブ夫妻（Webb, S. & B.）は上記の考えを『産業民主制論』（1897年）にまとめています。ここで提示されたナショナル・ミニマムの理念は、所得保障にとどまらず、最低限の教育、衛生、余暇の保障をも含むものでした。こうしたミニマムを保障することによって、産業効率は向上し、婦人や児童を安価な労働力として雇用する「寄生」的産業を排除するという考え方です。これらの情勢を背景とし、1911年に健康保険と、世界初の失業保険からなる国民保険法が制定（1946年改正）されました。

▶ ベヴァリッジ報告と福祉国家

ベヴァリッジ（Beveridge, W.）は、1942年にベヴァリッジ報告『社会保険と関連サービス』において戦後の公的所得保障制度の確立を提唱し、基本的ニーズには社会保険で対応し、特殊なニーズには公的扶助で対応すべきという考えを示しました。また、5つの巨悪やナショナル・ミニマム（国民的最低限）という概念が提起され、福祉国家の発展に重要な貢献をしました。

なお、社会保険には、「均一拠出・均一給付」「拠出と引き換えに資力調査なしで給付」「国家が運営し、強制加入」といった特徴があります。

この報告書を契機として、各国で「ゆりかごから墓場まで」を保障する福祉国家像が追究されるようになりました。なお、この報告書では任意保険（民間保険）の存在も認めています。

5つの巨悪： ベヴァリッジは、窮乏、疾病、無知、劣悪な環境、無為（失業など）を、戦後の再建を阻む5つの巨悪であるとした。

▶ イギリス社会福祉の現代的展開

1960年代に入ると、タウンゼント（Townsend, P.）が相対的剥奪の概念を提示するなど貧困研究に新しい動きが生じました。社会で奨励、是認されている、あるいは慣例化しているような生活水準と比較して、ある人々や集団、地域の生活水準がそれを大きく下回っている状態を、望ましい状態から何かを奪われている（剥奪されている）状態ととらえたのです。

また、その人々は社会の生活様式や習慣、活動などから排除されてしまうことになります。これを社会的排除といいます。

これらの問題群は、戦後の経済成長が持続するなかで、貧困の再発見として注目されました。

タウンゼントはさらに、エイベル-スミス（Abel-Smith, B.）との共同調査をまとめた『貧困層と極貧層』（1965年）において、1950年代中期から貧困者が

増大し、そのうちのかなりの部分（34.6％）が常勤の労働者であることを報告しました。

　しかし、貧困の要因について、社会経済体制だけが注目されていたわけではありません。ルイス（Lewis, O.）は『貧困の文化—メキシコの"五つの家族"』（1959年）において、文化人類学の観点から、貧困者に共通して形成・継承される生活様式である貧困の文化が貧困の要因であり、それが世代的に再生産されると主張しました。ただし、彼のイデオロギーは、貧困を自己責任ととらえていると誤解され、批判を受けることも少なくありません。

> 社会的排除の概念は、もともと欧州において、移民や少数民族、貧困者などマイノリティに対する排除の意味で用いられていましたが、近年ではこのような意味でも用いられることが増えてきています。貧困がもたらす社会的排除は、昔も今も存在しているのです。

4 社会福祉の対象とニーズ

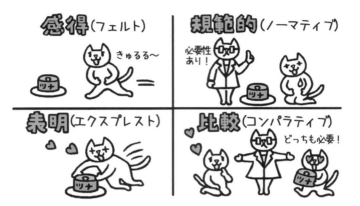

感得（フェルト）

きゅるる〜

規範的（ノーマティブ）

必要性あり！

表明（エクスプレスト）

比較（コンパラティブ）

どっちも必要！

需要とニーズ

▶ 需要とニーズの概念

　利用者が置かれている一定の状態を解消・軽減するべきだとする希求・価値判断を表す言葉として、需要とニーズがあります。これら2つの概念の区別が重要です。

　端的にいうと、需要は本人がその欲求や欲望を表現した主観的なものであり、ニーズは（本人の主観を考慮しつつも）社会通念や専門知識などに基づき専門家や行政など第三者によって客観的に判断されるものです。

　需要とニーズとは一致する場合と、一致しない場合があります。本人に需要があっても、客観的に認められなければニーズとはみなされません。逆に本人に需要がなくても、客観的にニーズとして判断されることもあります。

　福祉政策の支援の対象は、ニーズを基準として判断されます。

📖 **ニーズ**：ニードとも呼ばれる。基本的には同じ意味であるが、市場で使われるニーズという言葉は、本節の概念でいうとむしろ需要の方に相当する。

▶ 有効需要と行政需要

　市場において自ら需要を満たすことのできる経済的な裏付けのある需要を有効需要といいます。また、要求・要望・要請などの形で国民から行政に寄せられる需要を、行政需要といいます。

　行政需要は、国民が直接表明した即自的な行政需要と、それに対し行政によって検討が加えられた結果、行政が応える価値があると判断した対自的な行政需要（真の行政需要）に区分されます。前者を単に行政需要、後者を行政ニーズと呼ぶことがあります。後者は、需要であり、かつニーズでもあります。これに対して、前者はニーズとして認められるとは限りません。

望ましい状態とニーズ　　㉛ ㉜ ㉟ ㊱

　ニーズという概念の特徴の一つは、何らかの望ましい状態を想定していることです。望ましい状態とは、人間が社会生活を営むために欠かすことのできない基本的要件を意味します。

　福祉政策をニード論的にとらえた場合、各個人が実際に置かれている状態と、その望ましい状態とを照らし合わせたときに乖離している部分が福祉政策の対象となります。

> 岡村重夫による社会生活上の基本的要求には、①経済的安定、②職業的安定、③家族的安定、④医療の機会、⑤教育の機会、⑥社会参加の機会、⑦文化・娯楽の機会が含まれます。

▶ 三浦文夫によるニーズ（ニード）の分類

　三浦文夫は、社会的問題・生活問題という概念は福祉利用者の具体的・個別的な状態を把握するには適していないとして、ニードという用語を用いています。

　彼は、一定の目標・基準から乖離した状態（依存状態・広義の福祉ニード）の中で回復・改善の必要があると社会的に認められたものを社会福祉の対象（要援護性あるいは狭義の福祉ニード）としています。

　さらに三浦は、ニード充足の形態を軸として貨幣ニードと非貨幣ニードに分類し、ニードに対する本人の自覚の有無を軸として顕在的ニードと潜在的ニードに分けました。

ここは覚える！

第32・35回で、三浦文夫について出題されました。

▶ ブラッドショーによるニーズ（ニード）の分類

ブラッドショーはニードを、次の4つに整理しています。この分類は、三浦文夫による分類と異なり、実際に存在するニードを類型化したものというよりは、ニードのとらえ方の分類という性格をもっています。

規範的ニード（ノーマティブ・ニード）
社会通念（価値基準）や専門知識に基づき行政や専門家が判断するニード。このようにしてニードを判断するには、望ましい状態の想定が必要となる
感得されたニード（フェルト・ニード）
本人が感じるニードのこと。感得されたニードは、本人が外部に表明している場合と、表明していない場合とがある
表明されたニード（エクスプレスト・ニード）
感得されたニードを充足しようとして言動に表されたニード
比較ニード（コンパラティブ・ニード）
他人や他の集団が置かれた状態との比較に基づいて判断されるニード。個人もしくは集団AとBが同様、類似した状態にあり、Aにニードがあるとされるとき、Bにもニードがあるとみなされる

ここは覚える！

第31・36回で、ブラッドショーのニード分類が出題されました。

▶ 必要原則と貢献原則

ニーズ（必要）に基づいて福祉政策を策定するべきだとする考え方を必要原則といいます。しかし現実には、福祉政策がすべて必要原則に基づいて策定されているわけではありません。その人が成し遂げた功績の程度に応じて再分配量を決めるべきだとする考え方を、貢献原則といいます。とりわけドイツ、フランスなどのヨーロッパ諸国では、貢献原則に基づく制度が多く見受けられます。

資源

　何らかの望ましい状態と実際の状態との乖離を満たすものを総称して資源といいます。

　資源は、報酬と用具という2種類の概念に分類されます。報酬は、ニーズを満たすことに直接役に立つ資源で、「現物給付」として提供されるサービスの多くがこれに含まれます。

　用具とは、必要を満たすことに間接的に役立つ資源で、現金給付、利用券（バウチャー）などが含まれます。これら自体が直接役に立つのではなく、報酬的な資源を得るのに役に立ちます。バウチャーの支給は、現物給付と比較すると受給者に対して物品や事業者の選択を広く認めることができる一方で、支給された金額相当が他の目的に使われてしまうことを防ぐこともできます。

■■ **バウチャー：** フリードマンの『資本主義と自由』（1962年）において提唱された。

5 福祉政策の基本的な視点

社会福祉 ➡ 弱者 に対応するもの

児童　女性の人権擁護　障害者　高齢者　社会教育

男女共同参画　㉝

▶ 福祉国家への批判

　第二次世界大戦後、西欧諸国を中心にいわゆる福祉国家政策が推進されてきましたが、それに対して、フェミニズムの立場からは様々な批判がなされてきました。

　代表的なのは、福祉国家政策は男性が稼ぎ手として労働に従事し、女性が無償で家族の育児や介護を行うことを前提としているという批判です。例えば、生活保護制度には世帯単位の原則があり、産業社会の中にある個人ではなく家庭をサービス対象と考え、ここでの家庭とは男性を稼ぎ手、女性を主婦として想定しているというわけです（男性ブレッド・ウィナーモデル、男性稼ぎ手モデル）。

　福祉国家の類型化論を提示したエスピン-アンデルセンに対しても、ジェンダーの視点を欠いているという批判がなされました。そこで、エスピン-アンデルセンは福祉国家について分析するために脱家族化という概念を提出しました。福祉国家（福祉レジーム）からの給付または市場からの供給によって、家族の福祉やケアに関する責任が緩和される度合いのことです。

▶ 男女共同参画への取り組み

　1979年に国連は、女子に対するあらゆる形態の差別の撤廃に関する条約（女子差別撤廃条約）を採択し、1980年にコペンハーゲンで開催された第2回世界女性会議において各国がこれに署名し、順次批准しました。日本は1985（昭和60）年に批准しています。

　日本では、1999（平成11）年に男女共同参画社会基本法が施行され、前文において、男女共同参画社会の実現は、21世紀の最重要課題として位置づけられています。そして、この実現のために内閣府に男女共同参画局が設置され、都道府県は男女共同参画基本計画の策定が義務づけられ（男女共同参画社会基本法14条1項）、市町村には策定の努力義務が定められています（同法14条3項）。

　この法律により、雇用や昇進等における男女差別が禁止されました。ただし、同法2条1項2号において積極的改善措置が規定され、「男女間の格差を改善するため必要な範囲内において、男女のいずれか一方に対し、当該機会を積極的に提供すること」を認めています。

　政府レベルでは、2000（平成12）年12月に「第1次男女共同参画基本計画」が閣議決定され、5年おきに2005（平成17）年12月に第2次、2010（平成22）年12月に第3次、2015（平成27）年に第4次、2020（令和2）年に第5次が決定されています。

女子差別撤廃条約の違反についての通報制度は、条約自体ではなく、条約に付随する選択議定書に定められました。

ここは覚える！

第33回で、男女共同参画基本計画の策定義務について問われました。

人権擁護　㉝ ㉞

▶ 普遍的人権宣言

　第二次世界大戦における、未曾有の人権侵害の反省から1948年、国連で世界人権宣言が採択されました。これは、人権及び自由を尊重し確保するために、すべての人民とすべての国とが達成すべき共通の基準です。加盟国に対する宣

言という性格のものであり、加盟国を拘束する法的な強制力はありません。「理念と差別撤廃」「自由権」「生存権」「人権の確立された社会にいる権利」のパートから成る全30条で構成されています。

1966年には国際人権規約が国連で採択されました。これは、世界人権宣言と違い、法的な拘束力をもつものです。

国際人権Ａ規約	労働・社会保障・教育についての権利などの社会権の保障
国際人権Ｂ規約	身体・移動・思想・良心の自由、差別の禁止、法の下の平等などの自由権の保障

ここは覚える！

第33回で、国際人権Ａ規約、国際人権Ｂ規約の概要の理解が問われました。

▶ 児童の人権擁護

スウェーデンの女性思想家、エレン・ケイは、1900年に『児童の世紀』を出版し、20世紀こそ児童中心の世紀になるだろうと考えました。ルソーの教育論に共鳴し、児童中心に教育を考える彼女の児童中心主義は、その後の児童の権利に関する国際的な歩みにも大きな影響を与えました。

世界で初めて児童の権利を宣言したのは、1924年の「児童の権利に関するジュネーブ宣言」です。

日本では1947（昭和22）年に児童福祉法が制定されましたが、その後も児童労働、人身売買などの問題はなくなりませんでした。そのため、1951（昭和26）年に児童憲章が制定され、これによって、子どもとして保護されるべきという、受動的な権利保障が明文化されました。

1948年に採択された世界人権宣言の子ども版として、1959年に国連は児童の権利宣言を採択しています。「子どもは子どもとしての権利をそれぞれもつ」と宣言したものです。1979年には国際児童年を採択。多くの途上国において、多数の児童が栄養不足であり、保健サービスや基礎教育を受けられず、基本的な生活環境が与えられていないという認識を示すとともに、各国政府に対し、児童の福祉向上への一層の努力を要請しました。国際児童年の推進機関としてユニセフ（「国際連合国際児童緊急基金」（United Nations International Children's Emergency Fund））を指定し、ユニセフへの資金協力を要請しま

した。民間団体や一般国民へも、児童福祉諸活動への積極的参加（資金協力を含む）を要請しています。

1989年には、児童の権利に関する総合的条約として児童の権利に関する条約（子どもの権利条約、CRC：Convention on the Rights of the Child）が採択されました。日本は1994（平成6）年に批准しています。これは、児童の生存と発達の確保のみならず、児童が意見を表明する権利や結社の自由についての権利も含む、包括的な内容となっています。

日本では、2000（平成12）年に児童虐待防止法（児童虐待の防止等に関する法律）が成立しています。この法律はたびたび改正され、2004（平成16）年の改正では、DVを子どもに見せることが子どもへの心理的虐待に相当すること、保護者以外の同居人による児童への不適切行為を保護者による虐待（ネグレクト）として扱うことなどが規定されました。

2007（平成19）年の改正では、児童相談所職員が、一定の手続きを踏んだ後、裁判所の許可を得て強制立ち入り調査も行うことが可能になりました。なお、児童虐待防止法では、立ち入り調査において管轄警察署長に対して援助を求めることができるとの規定はあります（10条）が、警察の強制立ち入り調査を認めてはいません。

ここは覚える！

第34回で、児童の権利に関する条約について出題されました。

▶ 高齢者の人権擁護

2005（平成17）年に高齢者虐待防止法（高齢者虐待の防止、高齢者の養護者に対する支援等に関する法律）が制定され、翌年施行されました。同法2条4項において、高齢者（65歳以上）虐待の定義は、身体的虐待、ネグレクト、心理的虐待、性的虐待、経済的虐待とされています。

▶ 障害者の人権擁護と合理的配慮

2006（平成18）年に国連総会において障害者権利条約が採択され、日本は2007（平成19）年に署名しましたが、2014（平成26）年1月に批准しました。この条約には、「障害者を排除して障害者に関することを決定しない」「リハビ

リテーションや福祉ではなく、人権の視点から構想」「様々な次元の差別の禁止」などの内容が盛り込まれています。

2011（平成23）年6月には障害者虐待防止法が成立・公布されました。国や地方公共団体、障害者福祉施設従事者等、使用者などの障害者虐待防止等のための責務や、障害者虐待を受けたと思われる障害者を発見した者に対する通報義務について規定されています。

障害者権利条約の中で、日本の関連法・関連施策への影響が最も大きかった項目の一つが「合理的配慮」です。第2条に「障害者が他の者との平等を基礎として全ての人権及び基本的自由を享有し、又は行使することを確保するための必要かつ適当な変更及び調整であって、特定の場合において必要とされるもの」と定義されています。ただし、「均衡を失した又は過度の負担を課さないものをいう」という「非過重負担の原則」が併記されている点に注意が必要です。

日本では、同条約の締結に向けた国内法整備の一環として、2011（平成23）年4月「障害者基本法の一部を改正する法律案」（以下、改正基本法）が国会へ提出され、同年8月5日に公布・施行。「差別の禁止」が新設されています。

この改正部分を受けて、一つは2013（平成25）年6月制定の障害を理由とする差別の解消の推進に関する法律（障害者差別解消法）（2016（平成28）年4月施行）で、5条に行政機関等及び事業者による「社会的障壁の除去の実施についての必要かつ合理的な配慮に関する環境の整備」が定められ、7条と8条に行政機関等及び事業者における「障害を理由とする差別の禁止」が定められました。なお、罰則規定はありませんが行政による合理的配慮の実施は義務、事業者による合理的配慮は努力義務とされました。

もう一つは、「障害者の雇用の促進等に関する法律」（障害者雇用促進法）の2013（平成25）年度改正です。「合理的配慮」という文言は使用されていませんが、第36条の2に同様の内容が定められています。

なお、障害者差別解消法の基本方針の変更により、2024（令和6）年4月1日からは事業者による合理的配慮も義務化されることとなりました。

ここは覚える！

第33回で、通報義務について出題されました。公益通報をした者を解雇してはならない旨の規定（公益通報者保護法）も押さえておきましょう。

▶ 女性の人権擁護

2001（平成13）年にDV防止法（配偶者からの暴力の防止及び被害者の保護等に関する法律）が制定されました。その6条1項では、「配偶者からの暴力を受けている者を発見した者は、その旨を配偶者暴力相談支援センターまたは警察官に通報するよう努めなければならない」と規定されています。なお、これは努力規定です。

2004（平成16）年のDV防止法一部改正によって、身体に対する暴力のほか、精神的暴力、性的暴力もDV規定に追加されました。さらに、2008（平成20）年にも2回目の改正が行われました。2013（平成25）年の改正では、「配偶者からの暴力」だけでなく、婚約者や同居している交際相手、元交際相手からの暴力も対象となりました。

配偶者からの暴力を発見した場合の通報先は、市町村や都道府県ではなく、配偶者暴力相談支援センターと警察官である点を押さえておきましょう。

住宅政策　㊱

高齢者の単身世帯は、2019（令和元）年度の736.9万世帯から、2040年には896万世帯まで増加する見込みです。また、2008（平成20）年のリーマンショック以降、全世帯の平均所得はほぼ横ばいで、2021（令和3）年現在では545.7万円です。これはピーク時の1994（平成6）年の664万円と比べて2割近く低い数字です。生活意識に関しても、「苦しい」と答えた人の割合が5割強です。その他、貧困率の高さが指摘されているひとり親世帯、障害者世帯、生活保護受給世帯、外国人世帯など、いわゆる住宅確保要配慮者は増加の一途をたどっています。

一方、大家（貸主）の側では、家賃滞納、孤独死、事故、騒音などへの不安から、住宅確保要配慮者の入居に対して拒否感が広まっており、住宅確保がますます困難になるという悪循環が生じています。さらに、近年では、相次ぐ災害によって住宅を失った人への住宅供給の問題もあります。

このような状況を受けて、政府は住宅確保要配慮者の入居を拒まない賃貸住宅の登録制度や、民間賃貸住宅や空き家、公的賃貸住宅の積極的な活用などを

盛り込んだ新しい住宅セーフティネット制度を発足させました。これが、2017（平成29）年の「住宅確保要配慮者に対する賃貸住宅の供給の促進に関する法律」（住宅セーフティネット法）改正法です。

ここは覚える！

第36回で、住宅セーフティネット法や公営住宅法について問われました。公営住宅法に基づき地方公共団体は、住宅に困窮する低額所得者を対象とする公営住宅を供給しています。

6 福祉サービスの供給と利用過程

福祉レジーム

脱商品化 → 階層化 → 福祉体制を分類

○自由主義
家族や市場が行う

○保守主義
所得などに応じる

○社会民主主義
すべての人が対象

社会福祉の形成要因

　福祉供給体制のあり方には国によって違いがあります。その違いはどのような理由からもたらされているのでしょうか。1970年代以降、「産業社会は必然的に福祉国家を必要とする」という考え方が福祉国家の形成に影響を与えました。経済成長によって人口増加、高齢化の進展、都市労働者階級の出現、失業の周期的な発生、家族生活や地域生活の変化、健康・有能な人材の必要性の増大等がもたらされることで、福祉国家が必要になるというわけです。

　このような立場の代表的論客であるウィレンスキー（Wilensky, H.）は、『福祉国家と平等』（1975年）において、「福祉国家の発展要因として政治的な要因よりも経済的な要因（GDPに占める社会保障給付費の割合）が重要であり、産業化が進めば、イデオロギーや社会体制とかかわりなく福祉国家化が進む」という福祉国家収斂説を主張しました。

　ただし、この福祉国家収斂説に対しては、様々な実証的研究によって批判がなされています。

　日本では真田是が、社会福祉は客観的な歴史・社会法則の規定を受けて成立し、その内容と水準が決定されると主張しました。具体的には、この客観法則が、社会問題（対象）、政策主体、社会運動の「三元構造」の中で相互作用しながら

立ち現れると考えました。

福祉政策の類型化論　㉝ ㉞ ㊱

▶ ウィレンスキーとルボーの分類

　各国の福祉供給体制には、いくつかの類型を見いだすことができます。アメリカのウィレンスキーとルボー（Lebeaux, C. N.）は、残余的（residual）な社会福祉と制度的（institutional）な社会福祉という2類型を提示しました。

残余的社会福祉	ニーズ充足の中心は家族や市場であるとし、何らかの理由によってそれらが十分に機能しなくなり、人々の生活に困難や障害が生じた場合にのみその役割を果たす
制度的社会福祉	社会制度の一つとして社会福祉が構造化され、常時その役割を果たすことが期待されている形態

▶ ティトマスの分類

　ティトマス（Titmuss, R.）は、イギリスの社会福祉政策史の分析に際し残余的福祉モデル、産業的業績達成モデル、制度的再分配モデルという3通りの類型を設定しました。

　彼の残余的福祉モデルは、ウィレンスキーとルボーのいう残余的社会福祉に相当します。産業的業績達成モデルにおいては、社会福祉の給付は、給付の原資となる財源形成への貢献度（すなわち所得）に結び付けられます。

　制度的再分配モデルは、ウィレンスキーとルボーの制度的社会福祉に相当しますが、市場メカニズムに起因する所得の不平等を再分配によって是正し、平等化を図るという内容も含まれます。

▶ 選別主義と普遍主義

　選別主義と普遍主義という分類もあります。

選別主義	・社会福祉サービスを利用するに当たり、受給資格を判定するためのミーンズテスト（資産調査）などを受けることを要件とする考え方や方法 ・ミーンズテストの実施により福祉サービスの利用者にスティグマ（負のレッテル）を与えやすく、サービス利用の抑制につながってしまう問題がある ・ティトマスの残余的福祉モデルは選別主義を採る

普遍主義	・選別を行わないためミーンズテストを必要とせず、ニーズがある人はみなサービスを利用できる ・一般的に、選別主義よりも財政上の負担が大きくなりやすい ・ティトマスの産業的業績達成モデルはしばしば普遍主義といわれるが、制度的再分配モデルこそ真の普遍主義であるという議論もある

　なお、ティトマスは、選別主義と普遍主義の対立を克服するために、強いニーズをもつ集団や地域のカテゴリーを選び出し、そうしたカテゴリーごとに社会福祉サービスを権利として提供することを主張しました。これを、ポジティブ・ディスクリミネーション（積極的選別）と呼びます。

ここは覚える！

第33回では普遍主義について、第34回では選別主義によるスティグマについて出題されました。

▶ エスピン-アンデルセンの分類

　デンマーク出身のエスピン-アンデルセン（Esping-Andersen, G.）は、『福祉資本主義の三つの世界』（1990年）を著し、脱商品化と社会的階層化という2つの指標を用いて、福祉レジームを分類しました。

　下記の指標によって、福祉資本主義諸国は自由主義レジーム、保守主義レジーム、社会民主主義レジームの3つに類型化できると彼は考えました。

脱商品化	社会政策によって、労働者が自分の労働力を商品として売らなくても生活できるようにしている度合い
社会的階層化	福祉政策が階層化あるいは連帯をもたらす度合い

■ 福祉レジームの3類型

自由主義レジーム	・福祉の実現は、まず市場や家族によってなされる。市場や家族では実現できない例外的（残余的）な場合に限り、政府による社会サービスが対応する ・労働力の商品化指数が高い ・アメリカ、カナダ、オーストラリアなどのアングロサクソン諸国が該当する。イギリスやニュージーランドもこのレジームに近づいている

保守主義レジーム	・伝統的な価値観や職業上の地域の格差（階級）を含めた社会秩序、そして家族の機能を重視する。社会サービスは、労働市場における地位や功績と連動する仕組みとなっている。安定的な職場に勤めている（勤めていた）経済的に余裕のある人ほど、手厚い社会的給付を受けられる。その結果、既存の社会階層も維持、再生産される ・ドイツ、フランス、オーストリア、オランダ、ベルギー、ルクセンブルクなど、西欧諸国の多くが該当し、日本もここに属すとされる
社会民主主義レジーム	・社会サービスは、市場とはかかわりなくニーズに基づいて給付されるものである。すべての市民を対象とした普遍主義的なサービス供給の形態である ・労働力の脱商品化指数が高い ・スウェーデン、ノルウェー、フィンランド等の北欧諸国が該当する

　保守主義レジーム及び社会民主主義レジームの国々は、福祉国家と呼ばれることが多く、福祉に多くの支出を割いている点で共通しています。ただし、保守主義レジームにおいては、中間階層が最も恩恵を受け、社会的階層、不平等が維持されるのに対し、社会民主主義レジームでは、職業上の地位や財源形成への貢献（税や保険料の拠出）にかかわらず、ニーズに基づき社会サービスが給付されるため、不平等の解消へと向かいます。

自由主義レジームは社会保障制度に占める選別主義的制度の割合が高いため、福祉の受給には強いスティグマを伴います。日本がどの福祉レジームに分類されるかについても押さえておきましょう。

ここは覚える！

第36回で、エスピン‐アンデルセンの福祉レジームについて出題されました。

福祉ミックス ㉞ ㊱

▶ 福祉ミックスとは

　近年、福祉サービスの供給に企業やNPO法人（特定非営利活動法人）などの参入が促進されています。福祉サービス供給が国・地方公共団体のみではなく、

営利部門やボランタリー部門、インフォーマル部門（家族・親族、近隣など）によっても担われている状態は、福祉ミックス（あるいは福祉多元主義）と呼ばれます。多様な主体の福祉サービス供給への参入が進むことを表す、福祉サービスの多元化という表現もよく使われます。国・地方公共団体の事業の委託先として、主に営利企業を想定した概念が民営化（プライバタイゼーション）です。

 部門：しばしば「セクター」とも表記され、意味内容は同じ。国・地方公共団体は公的部門や、法定部門などと呼ばれる。ボランタリー部門は民間非営利部門、非営利部門ともいわれる。

　このミックスという概念には、財・サービスの授受方式のミックスと、国・地方公共団体が財源・供給に責任を負う授受方式（法定制度）の枠組みにおける供給部門のミックスという、2つの用いられ方があります。国・地方公共団体が作り上げた枠組みの中で、民間部門が参入する状態を、特に準市場（quasi market）と呼ぶことがあります。福祉サービスの直接の供給からは後退し、調整や条件整備の役割を主に担う国家のありようは条件整備国家（enabling state）と呼ばれます。

　また、近年は、直接的なサービス供給のみでなく、資金調達、施設の所有・整備などあらゆる面を民間に委託し、民間はその雇用・給与体系により事業を行うPFI（Private Finance Initiative、民間資本主導）という手法も導入されています。

　日本でも、1999（平成11）年7月にPFI法（民間資金等の活用による公共施設等の整備等の促進に関する法律）が制定され、病院、ゴミ処理場などの公共施設や一部の刑務所などにPFIの手法が導入されています。

ここは覚える！

第34回では福祉ミックスと準市場について、第36回では準市場について出題されました。

従来のサービス費用を改めて査定し、そのサービスの供給を広く民間も含めた諸団体に入札させる市場化テストという手法も取り入れられています。

▶ 福祉ミックス（福祉多元主義）論の展開

　福祉ミックス論の先駆けとなったのは、ティトマスの論文「福祉の社会的分業」です。彼はこの論文で、福祉を増進するのは国家による「公的福祉供給」ばかりではなく、「財政福祉（税の控除や免除）」、「職業福祉（雇用主からの便益提供）」が重要な役割を果たしていると論じました。なお、民間の福祉供給に対しては、共同体や社会統合に悪影響を及ぼすとして否定的な見解を示しています。

　1970年代後半に生じた石油危機は福祉国家の経済基盤に打撃を与え、福祉支出は削減を余儀なくされました。このことが、福祉ミックス（福祉多元主義）の議論を加速させました。

　イギリスにおいては、ウルフェンデン卿（Wolfenden, J. F.）を座長とする委員会が1978年「ウルフェンデン報告」を提出しました。そこでは多元的な福祉供給システムについて整理されており、イギリスの民間非営利団体の役割を、多元的な福祉システムの中で積極的に位置づける契機になりました。この報告書で、初めて国家のみではなく民間の団体も福祉供給を担ってきたとする福祉多元主義という視点が提示されたのです。国家以外の福祉供給の担い手は、営利部門（営利企業）、ボランタリー部門（民間非営利団体）、インフォーマル部門（家族・親族、近隣など）であるとされました。

　福祉多元主義と福祉ミックスは出てきた系譜が異なるだけで、その意味内容にはほとんど違いはありません。

　イギリスのジョンソン（Johnson, N.）は、福祉多元主義は現象をとらえ直すための視点を表す概念であると同時に、民間による供給の長所を確認・強調し、これを推進するために使われる概念でもあると説明しています。

　また、スウェーデンのペストフ（Pestoff, V.）は、福祉三角形（福祉トライアングル、ウェルフェアトライアングル）論を唱え、「公共・民間部門」、「営利・非営利部門」、「公式・非公式部門」の3つの分類軸によって福祉三角形が形成されるとし、またそこでの第3セクターの位置づけを明確にしました。第3セクターは、国家、市場、コミュニティ・家族とは区別され、民間で、非営利で、フォーマルな組織として定義されています。

 ここは覚える！

第34回で、ジョンソンについて出題されました。NPM（ニューパブリックマネジメント）を論じた点を含め、福祉多元主義とセットで覚えましょう。

日本でいう「第3セクター」とは、国・地方公共団体と民間企業などが合同出資する形式を指し、ペストフらのいうボランタリー部門を示す第3セクターとは異なる概念です。NPOとして表記されることもあり、日本のNPO法人よりも広い概念です。

▶ ボランタリー部門の定義

ボランタリー部門は、民間である点で法定部門と区別され、非営利である点で営利部門と区別されます。さらに公益を追求する点で、生活協同組合・農業協同組合などと区別されます。ボランタリー部門という概念は民間・非営利・公益を特徴とする部門として定義できます。

例えば、アメリカでは、この定義に基づいて定められた基準を満たす団体が内国歳入法で定める501条（c）項（3）号団体として認定され、免税対象とされます。

▶ ボランタリー部門の長所と短所

ジョンソンはボランタリー部門が担う役割を次の4つに整理しています。

① 社会的にまだ注目されず公的支援の対象となっていない先駆的事業
② 社会や政府へ働きかける圧力活動あるいはアドボカシー活動
③ サービス供給と意思決定への要援助者の参加
④ 情報提供や助言

一方、サラモン（Salamon, L.）はボランタリー部門の本質的な欠陥として「ボランタリーの失敗」という考え方を提示しています。

① ボランタリーな供給は、経済変動の影響を受けやすく地域的な偏在も生じやすいため必要な活動やサービスが十分に要援助者に行き渡らないことがある
② 供給の対象を特定の分野、特定の人々に限定する傾向がある
③ 資金力のある者の趣向が反映されて芸術活動などの支援に力点が置かれ、弱者救済が軽視される場合がある。貧民救済に当たっては貧困を

個人責任として貧困者を倫理的・宗教的に導き高めていこうとすることがある

④ 素人の域を出ず、サービスの質を十分に保てるとは限らない

もっとも、例えば介護保険制度のような法定の制度においては、営利部門やボランタリー部門の特徴は発現されにくく、部門間の均質化（同質化）が進むことが指摘されています。

ここは覚える！

ボランタリーの失敗について、日本国憲法89条が公の支配に属しない慈善、博愛事業への公金支出を禁止したことの背景について問われました。

▶ 日本における動向

日本では、戦時中の国家神道が戦争に果たした役割への反省から、日本国憲法89条によって、公の支配に属しない慈善や博愛の事業に公金の支出をすることを禁止しています。

社会福祉は国・地方公共団体の事業とされていましたが、すべて直接サービスを提供することは困難でした。そこで行政の非常に強い管理の下で社会福祉の事業を委託するために、社会福祉法人が設置されることとなりました。

社会福祉法人は、民間の法人ではあるものの、行政の事業を受託し、行政の非常に強い管理の下で運営を行ってきました。

日本の社会福祉における公私関係のあり方が大きく転換する一つの契機となったのは1995（平成7）年の阪神・淡路大震災におけるボランティア活動の高まりでした。1998（平成10）年に特定非営利活動促進法が制定、施行され、NPO法人（特定非営利活動法人）の設立が可能になりました。この法律では、不特定かつ多数のものの利益の増進に寄与することを目的とする20領域の活動団体が法人格取得の対象とされています。

なお、社会福祉法6条では、福祉サービスの提供体制の確保等が国・地方公共団体の責務として定められていますが、これは、国・地方公共団体自体が直接サービスを供給しなければならないという意味ではありません。

ただし、国・地方公共団体が社会福祉事業を民間に委託したとしても、法律

に基づく責任はあくまでも国・地方公共団体にあり、民間の社会福祉事業経営者に責任を転嫁したり、財政的な援助を求めることはできません。

> 国及び地方公共団体は、法律に基づくその責任を他の社会福祉事業を経営する者に転嫁し、又はこれらの者の財政的援助を求めないこと（社会福祉法61条1項1号）

　他方、従来社会福祉法人は国・地方公共団体のいわば下請けとして運営されてきましたが、社会福祉基礎構造改革を受けて、「事業を確実、効果的かつ適正に行うため、自主的にその経営基盤の強化を図る」（社会福祉法24条）ことが定められています。

Q

A

☐ **1** ロールズは、国家の役割を外交や国防等に限定し、困窮者の救済を慈善事業に委ねることを主張した。 第35回

×

☐ **2** エスピン-アンデルセンの福祉レジーム論における分類指標の一つに脱商品化がある。 第36回

○

☐ **3** ブラッドショーのニード類型によると、社会規範に照らしてニードの有無が判断されることはない。 第36回

×

☐ **4** ブラッドショーのニード類型によると、クライエントがニードを自覚しなければ、クライエントからのニードは表明されない。 第36回

○

☐ **5** ベヴァリッジ報告では、貧困の原因として欠乏・疾病・無知・不潔・無為の5大巨悪が指摘された。 第33回

○

☐ **6** 普遍主義的な資源の供給においては、資力調査にもとづいて福祉サービスの対象者を規定する。 第33回

×

☐ **7** ウィレンスキーは、経済成長、高齢化、官僚制が各国の福祉国家化を促進する要因であるという収斂理論を提示した。 第34回

○

☐ **8** ティトマスは、「様々な生き方」を選べる基本的なケイパビリティを平等に配分することが正義であると論じた。 第30回

×

☐ **9** ブルデューが論じた文化資本とは、地域社会が子育て支援に対して寄与する財のことをいう。 第31回

×

☐ **10** デュルケムが論じた有機的連帯とは、教会を中心とした共助のことをいう。 第31回

×

☐ **11** ポランニーの互酬の議論では、社会統合の一つのパターンに相互扶助関係があるとされた。 第31回

○

解説

1 ロールズは「無知のヴェール」という概念を構想し、無知のヴェールに包まれた個人は公正な判断が下せると仮定した。

3 本人が無自覚、ないし望んでおらずとも、他者がニードの存在を認知する場合もある。とりわけ行政や専門家は社会通念や規範に照らして望ましさを判断している。

6 対象者を選別している時点で「普遍的」とはいえない。

8 ケイパビリティは、センが提唱した概念。

9 ブルデューの文化資本の概念は、学歴や教養など金銭で測れない資産を意味する。

10 デュルケムは、同質な個人の集合体を機械的連帯、異質で多様な個人の集合体を有機的連帯と呼んだ。

4

Q　　　　　　　　　　　　　　　　　　　　　　　　　　　　**A**

□ **12** リスターは、車輪になぞらえて、経済的貧困と関係的・象徴的側面の関係を論じた。 第30回 　　〇

□ **13** 恤救規則（明治7年）では、誰にも頼ることのできない「無告の窮民」を対象とし、身寄りのある障害者は含まれなかった。 第30回改変 　〇

□ **14** 岡山県の笠井信一が創設した済世顧問制度はのちの方面委員令につながった。 第34回 　〇

□ **15** ベンサムは、成員の快楽の総和を最大化する社会が最も望ましいと論じた。 第30回 　〇

□ **16** 障害者から社会的障壁の除去を必要とする旨の意思表明があった場合、その実施に伴う負担が過重でないときは、配慮が求められる。 第30回 　〇

□ **17** 住宅セーフティネット法の内容には、民間の空き家・空き室の活用は含まれない。 第30回 　×

□ **18** 住宅確保要配慮者居住支援協議会は、住宅確保要配慮者に対して家賃の貸付けを行っている。 第36回 　×

□ **19** 地方公共団体は、公営住宅法に基づき、住宅に困窮する低額所得者を対象とする公営住宅を供給している。 第36回 　〇

□ **20** 2035年には、第一次ベビーブーム世代が85歳以上となり、人口における高齢者の割合が3割以上になると予測されている。 第36回改変 　〇

解説

16 合理的配慮における「非過重負担の原則」と呼ばれる。

17 住宅セーフティネット法では、民間賃貸住宅や公的賃貸住宅、空き家の積極的な活用が目指されている。

20 2035（令和17）年には、第一次ベビーブーム世代が85歳以上となり、人口における高齢者の割合が3割以上になると予測されている。

第  章

社会保障

この科目のよく出るテーマ5

❶ 社会保障の財源・費用

　毎年のように出題がある部分です。国立社会保障・人口問題研究所「社会保障費用統計」の内容には、必ず目を通しておく必要があります。使い道（部門別・機能別等）だけではなく、税や社会保険料など財源調達の方法、経済規模（GDP等）との比較など幅広く出題があります。

❷ 年金保険制度

　国民年金と厚生年金保険それぞれで、強制加入の対象者や保険料、給付内容など幅広く出題されます。特に国民年金は被保険者の区分（第1号・第2号・第3号）に加えて、保険料免除や猶予の制度についても、しっかり理解しておく必要があります。年金給付については、障害年金も多く出題されます。

❸ 医療保険制度

　各制度の加入対象や保険料、給付内容など幅広く出題されます。加入対象については、健康保険被保険者や被扶養者の要件を理解しておく必要があります。給付については、療養の給付だけではなく、現金給付である傷病手当金や出産手当金、出産育児一時金にも注意が必要です。国民健康保険の保険者は、2018（平成30）年度に大きく改正されました。

❹ 労働保険（雇用保険・労災保険）

　雇用保険は基本手当のほか、育児休業給付や教育訓練給付など幅広く出題されます。労災保険は、単独で出題されるほか、年金保険や医療保険との関係が出題されることもあります。

❺ 人口動態と労働環境

　人口動態については、少子化や高齢化、人口減少の状況に加えて、将来推計も理解しておく必要があります。労働環境については、非正規雇用や労働力人口に注目です。

攻略のポイント

社会保障は幅広く、制度改正も多い分野ですが、繰り返し出題されるものも多くあります。まずは制度の全体像を理解することから始めましょう。また、生活保護制度との関連もよく出題されますので、注意してください。

1 諸外国における社会保障制度

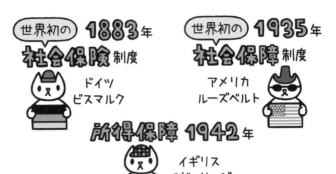

世界初の **1883**年 **社会保険**制度
ドイツ
ビスマルク

世界初の **1935**年 **社会保障**制度
アメリカ
ルーズベルト

所得保障 1942年
イギリス
ベヴァリッジ

救貧法から社会保障法の誕生・発展　㊱

　今日の社会保障は、17世紀初頭のイギリスにおけるエリザベス救貧法に源流を持つ公的扶助制度と、19世紀末のドイツのビスマルク（Bismarck, O.）により成立した社会保険制度の2つの制度体系を基本に発展してきました。

▶ 「公的扶助制度」の源流

　1601年に制定されたイギリスのエリザベス救貧法は、国家による惰民や浮浪者の取り締まりとともに、貧民を救済する法律でした。これは今日の公的扶助に通じる制度になりました（第4章175ページ参照）。

▶ 最初の「社会保険制度」

　ドイツは労働者保護を目的とした各種の社会保険制度を創設しました。ビスマルク宰相は、1883年に世界最初の社会保険法である疾病保険法を制定し、さらに1884年には労災保険法、1889年には、年金保険としての養老（老齢）及び廃疾（障害）保険法を制定しました。

▶ 最初の「社会保障制度」

　20世紀になり、アメリカでは1929年に始まった世界恐慌後の対策として、ルーズベルト（Roosevelt, F.）大統領のもとでニューディール政策が展開され、1935年に社会保障法が世界で初めて制定されました。この法律には公的扶助（要扶養児童、老齢、盲人）、社会保険（失業・老齢年金）、社会福祉サービスの3つの制度が含まれていました。しかし、医療保険は含まれませんでした。

ここは覚える！

第36回で、ニューディール政策での取り組みの一つとして社会保障法が制定されたことについて問われました。

▶ 社会保障の発展

● 所得保障の展開

　その後イギリスでは、ドイツの社会保険制度に倣い1911年に国民保険法を制定しました。これは、疾病時の所得保障を主たる目的とした健康保険と、世界最初の失業保険から構成されていました。

　1938年には、イギリスの自治領であったニュージーランドで当時としては画期的な普遍的所得保障に加えて、医療保健サービスを無料で提供するという社会保障法が制定されました。これは、1942年にILO（International Labour Organization：国際労働機関）が、報告書『社会保障への途』を刊行し、その中で新しい型の社会保障モデルとして紹介しました。また、その前年（1941年）にイギリスとアメリカは、大西洋憲章を宣言し、第二次世界大戦後の国内政策における8つの共通原則の一つに「社会保障」という言葉を書き込みました。

　イギリスでは、1942年にベヴァリッジ（Beveridge, W.）による『社会保険および関連サービス』（ベヴァリッジ報告）が刊行されました。ここでは、労働者を中心とするビスマルク型の社会保険ではなく、国民全体を対象にした普遍的な制度であり、必要最低限（ナショナル・ミニマム）の所得保障を行うための社会保険の創設を中心とする社会保障計画が提案されました。

　また、現代社会の進歩を阻む5つの巨悪（窮乏、疾病、無知、劣悪な環境、無為（失業など））が存在し、この克服が重要であると指摘され、社会保障はこのうち窮乏に対応するものとされています。

また、社会保障の前提条件として雇用の維持、包括的な保健医療サービスの提供、児童手当の支給を挙げました。

📖 **ナショナル・ミニマム**：国民に保障する「最低生活水準」。ウェッブ夫妻によってイギリス型社会政策の基準として提唱された。

● 福祉国家の建設

イギリス等の影響により、フランスでは1945年に社会保障制度を拡充するラロック・プランが出され、スウェーデン等の国々でも包括的な社会保障制度が創設されました。

一方、国連は第二次世界大戦後の1948年、国際連合第3回総会において世界人権宣言を採択しました。ここには、人が有する具体的な権利として、すべての人が医療や福祉サービス等の社会保障を受ける権利があると明確に述べられています。

第二次世界大戦後の各国は、こうした社会保障制度の整備の流れの下に、福祉国家（Welfare State）の建設を目指して、雇用の安定と社会保障を充実させる社会経済体制を整備してきました。日本でも第二次大戦後は、福祉国家の建設が国政の中心課題の一つになりました。さらには、1952年「社会保障の最低基準に関する条約」（ILO第102号条約）として結実し、社会保障制度が普及していきました。

📖 **福祉国家**：資本主義体制の中で、完全雇用と社会保障政策をとることで、国民の最低生活を保障し、国民の福祉の増大を図ろうとする国家体制のこと。

世界の社会保障制度と国際化　㉛ ㉝ ㉞

▶ イギリスの社会保障制度

医療	1948年から実施された国民保健サービス（NHS）によって、すべての居住者を対象に無料で医療サービスを提供。財源の8割は租税、残りは国民保険料からの拠出と処方料等の一部負担
年金	社会保険は国民保険に一元化されており、保険料の拠出に基づく老齢・傷病・失業等に対する給付を行う。この中で老齢年金については国家年金を導入（一定年齢以上のすべての就業者を対象とした制度）

▶ ドイツの社会保障制度

ドイツの社会保障制度には、年金保険、医療保険、介護保険、労災保険、失業保険の5つがあります。

医療	地区や企業を単位とした疾病金庫を保険者とし、全国民の約9割が公的医療保険に加入。一定所得以上の被用者や自営業者等は強制加入の対象ではないが、公的医療保険か民間医療保険に加入することが義務づけられている
介護	1995年から介護保険を実施。医療保険加入者全体が被保険者となっており、すべての年齢層の要介護者に対して給付を行う。現金給付を選択することも可能
年金	職域に応じて年金保険が実施されており、民間被用者は強制加入だが、一部の自営業者や無業者は強制加入の対象外。保険料は労使折半で負担し、給付は報酬比例

▶ アメリカの社会保障制度

医療	公的な医療保障制度としては、いずれも1965年に成立した高齢者・障害者等を対象とする医療保険であるメディケアと低所得者を対象とするメディケイドがあるが、全国民を対象とした医療保障制度はない。多くが民間の医療保険に加入しているが、人口の15％程度がいわゆる「無保険者」となっていた状況に対して、2010年に医療制度改革法が成立（民間医療保険への加入を促進する仕組みが作られた）
年金	老齢・遺族・障害給付を含む公的年金制度（OASDI）があり、一定所得以上の自営業者、被用者に強制適用。財源は主に社会保障税（日本の社会保険料に相当）で労使折半

▶ スウェーデンの社会保障制度

医療	広域自治体であるレギオン（以前のランスティング）が運営する仕組み。財源はレギオンの税収で、患者の一部負担がある。
年金	所得比例年金、プレミアム年金（積立方式）、保証年金がある。保証年金は無拠出で公費によって賄われ、所得比例年金が一定額未満であり、国内居住3年以上の65歳以上のすべての人が受給対象

ここは覚える！

第31回で、スウェーデンに介護保険制度があるかが問われました。

▶ フランスの社会保障制度

医療	社会保険方式で、職域ごとに制度が分立し、金庫制度により管理・運営されている。2015年成立の保健システム現代化法により、外来の給付は段階的に第三者払い（現物給付）の部分が拡大（以前は原則、償還払い）
年金	社会保険方式で職域ごとに制度や給付内容が異なり、金庫制度によって管理・運営。法定の基礎制度（中心は「一般制度」）と補足年金がある

ここは覚える！

第31回で、フランスの医療保険では、被用者、自営業者、農業者が同一の制度に加入しているかが問われました（それぞれ別の制度）。

▶ 社会保障協定

　国際的な人的交流の活発化によって、在外邦人や在日外国人が増えているため、二国間における公的年金制度に関する適用調整（二重加入の防止）と、年金の受給権の取得を目的とした期間通算（通算措置）等を内容とする社会保障協定が締結されています。2024（令和6）年1月22日現在で、22か国との協定が発効しています。

▶ 日本に住む外国人の社会保障

● 社会保険

　被用者保険（厚生年金保険や健康保険など）や労働保険（雇用保険・労災保険）、介護保険は、原則として国籍を問わずに適用になります。また、国民年金や、

国民健康保険（3か月を超える在留期間の場合）も適用になります。

なお、2020（令和2）年度より、健康保険の被扶養者や国民年金第3号被保険者（第2号被保険者の被扶養配偶者）の対象者が国内に居住していない場合は、留学や被保険者も国外にいる等の場合を除き、適用除外となりました。

● 社会扶助

児童手当も、国内に居住していれば対象になります。生活保護では、外国人は本来の適用対象ではないですが、一部の外国人（永住者や認定難民など）のみ、「準用」という形で給付が行われています。

ここは覚える！

第33・34回で、国内居住要件について出題されました。

落とせない！重要問題

国民年金の第三号被保険者は、日本国内に住所を有する者や、日本国内に生活の基礎があると認められる者であること等を要件とする。 第34回

○：ただし、海外に赴任する第二号被保険者である配偶者に同行する等の特例がある。

頻出度

2 社会保障の概念や対象及びその理念

社会保障の定義と目的及び機能 ㉜㉝

▶ 定義と目的

日本の今日における社会保障制度の基礎となったのは、第二次世界大戦後の国民経済・生活の疲弊の中で1950（昭和25）年に出された社会保障制度審議会による社会保障制度に関する勧告です（第4章157ページ参照）。

▶ 理念と基盤

日本の今日の社会保障の理念は、社会保障制度審議会の1995（平成7）年の「社会保障体制の再構築に関する勧告」に見ることができます。ここでは、「広く国民に健やかで安心できる生活を保障すること」が、社会保障の基本的な理念であるとし、国民の自立と社会連帯の考えが社会保障制度を支える基盤となると強調されています。また、今後増大する介護サービスのニーズに対応するため公的介護保険の創設を提言しました。

ここは覚える！

第32回では、「社会保障体制の再構築に関する勧告」で介護保険制度の創設を提言したかが問われました。

▶ 社会保障の機能

社会保障には、個々人のライフサイクル上の生活の不安定に対応し、生活の安定・安心をもたらす社会的セーフティネットの役割があります。

また、所得再分配機能によって、個人や世帯の間で所得を移転し、国民の生活の安定を図っています。例えば生活保護制度は、高所得層から低所得層へ所得を垂直的に再分配し、医療保険制度は、保険料を財源として「健康な人」から「病気の人」へ所得を水平的に再分配しています。また、社会保障は家族の育児や介護、老親扶養などの脆弱化した家族機能を代替または支援する役割もあります。

ここは覚える！

第33回で、社会保障の生活安定・向上機能（生活のリスクに対応し、生活の安定を図る）が問われました。また、所得再分配機能が現金給付にも現物給付にもあることが出題されました。

社会保障制度の体系　㉛ ㉜ ㉝ ㊱

■ 社会保障制度の体系

仕組み・制度			主な給付やサービス
社会保険	年金保険（国民年金、厚生年金保険）		老齢年金　障害年金　遺族年金等
	医療保険（健康保険、国民健康保険など）		療養の給付　傷病・出産手当金　出産育児一時金等
	介護保険		居宅サービス　施設サービス　福祉用具購入・貸与等
	雇用保険		失業給付（求職者給付、教育訓練給付等）　育児休業給付　雇用保険二事業
	労働者災害補償保険		療養補償給付　休業補償給付　障害補償給付等
社会扶助	公的扶助（生活保護）		生活扶助　教育扶助　住宅扶助等
	社会手当		児童手当　児童扶養手当等
	社会福祉	児童福祉	保育所　児童相談所　児童養護施設等
		障害者福祉	介護給付　訓練等給付　自立支援医療等
		老人福祉	老人福祉施設　生きがい・生活支援施策等
		母子父子寡婦福祉	日常生活支援　母子父子寡婦福祉資金貸付等

▶ 社会保険

社会保険には、年金保険、医療保険、介護保険、雇用保険、労働者災害補償保険の5つがあります。

社会保険の特徴として、原則として社会保険料の拠出が必要なことや強制加入であること、最終的には国家責任であること、管理運営費はもとより給付にも公費負担が導入される場合があることが挙げられます。また、民間保険とは異なり、加入者のリスクではなく、負担能力に応じて保険料が決められています。

ここは覚える！

第31回で、社会保険が強制加入であることが出題されました。また、社会保険の保険料について、保険料とそれにより受け取るべき給付の期待値が基本的に一致していない（負担能力に応じて決められるため）ことも出題されました。

▶ 公的扶助

日本の公的扶助である生活保護制度は、収入や資産などを活用しても最低生活を維持できない者に、その原因を問わず無差別平等に給付を行う制度です。財源はすべて公費です。金銭または現物で給付されます。

給付決定には、扶養義務者の扶養能力を含めた資力調査（ミーンズ・テスト）があるため、受給者にスティグマ（屈辱感）を与えるという実態があります。

▶ 社会保険制度と公的扶助制度

社会保険制度と公的扶助制度には、その長所・短所として次表のような事項があります。

■ 社会保険制度と公的扶助制度の長所と短所

	長　所	短　所
社会保険制度	・保険料負担と給付の関係が明瞭で、給付の権利性がより強い ・保険料拠出と保険事故の認定により自動的に受給権が発生する	・予め定められた保険事故以外の個別ニーズに対応しない ・保険料の未納が低い給付や、給付なしの状態をもたらす
公的扶助制度	・保険料負担がなくとも給付される ・個別のニーズに応じた給付が行われる	・受給要件の審査（資力調査）等でスティグマを伴う場合がある

▶ 社会手当

社会手当は、中学生まで（2024年10月からは高校生までとなる予定）を対象とした児童手当、一人親世帯を対象とした児童扶養手当、重度の障害者を対象とした特別障害者手当、20歳未満の障害児を対象とした特別児童扶養手当、重度障害児を対象とした障害児福祉手当など、一定の支給要件に基づいて現金給付が行われる制度を指します。受給要件に所得制限が設けられることもありますが、公的扶助のような厳格な資力調査は行われないので、スティグマを伴いません。

● 児童手当

児童手当は1972（昭和47）年から実施され、当初は第3子以降が対象とされました。その後、対象者や金額など、度重なる変更を経て、2010（平成22）年度からは民主党政権下で子ども手当の支給が開始されました。2012（平成24）年度からは、再び児童手当として支給され、所得制限が設けられました。養育者の所得が基準を上回ると支給されませんが、当分の間は特例給付として、1児当たり一律5,000円（月額）が支給されています。

2022（令和4）年10月から、養育者の所得が一定金額を超えると、特例給付

も支給されなくなりました。また、2023（令和5）年6月の「こども未来戦略方針」に基づき、2024（令和6）年度中の児童手当の改正が予定されています。

　財源は国・自治体のほか、事業主が子ども・子育て拠出金を負担しています。

■ 児童手当

支給対象	国内に住所を有する中学生以下の児童を養育する親
支給月額	3歳未満：15,000円 3歳〜小学生（第2子まで）10,000円　（第3子以降）15,000円 中学生：10,000円
支払月	毎年2月、6月、10月に前月分までを支給
所得制限	あり

■ 2024年の児童手当改正（予定）のポイント

- 支給対象となる児童が高校生世代まで拡大
- 第3子以降の支給月額が一律30,000円となる
- 支払月が年6回（偶数月）に
- 所得制限の撤廃
- 子ども・子育て支援金制度（2026年度から実施）による納付金を財源の一部とする

ここは覚える！

第32回で、児童手当の受給要件に事前の保険料の拠出があるかが問われました（保険料の拠出は必要ない）。また、3歳未満の児童手当の支給額（月額1万5,000円）が問われました。

● 児童扶養手当

　1961（昭和36）年に制定された児童扶養手当法の目的は、父または母と生計を同じくしていない児童が育成される家庭（ひとり親家庭）の生活の安定と自立の促進への寄与です。

　支給対象は、父母の離婚等により父または母と生計を同じくしていない児童（18歳に達する日以後の最初の3月31日までの間にある者または20歳未満で一定の障害の状態にある者）を監護養育している父または母等です。

2012（平成24）年から支給対象に、配偶者からの暴力（DV）で「裁判所からの保護命令」が出された場合が加わりました。2014（平成26）年からは、年金額が児童扶養手当の額よりも低い場合、その差額が児童扶養手当として支給されるようになりました。また、2019（令和元）年11月分からは、2か月分ずつ年6回（以前は4か月分年3回）の支給となりました。なお、2024（令和6）年11月分からは、児童3人以上の場合の加算額が児童2人の場合と同額となる予定です。

手当額は次の通りですが、所得制限があり、所得額に応じて減額（一部支給）されます。費用は、国が3分の1、都道府県、市等が3分の2を負担します。

■ 児童扶養手当額（全部支給の場合 2024（令和6）年度）

児童1人の場合	月額45,500円 ……………………（A）
児童2人の場合	月額（A）＋ 10,750円 …………（B）
児童3人以上の場合	月額（B）＋ 6,450円（1人当たり）

ここは覚える！

第33回では、児童扶養手当の支給対象となる児童の年齢が問われました。また、母子生活支援施設に入所した場合も受給できることが出題されました。

▶ 社会福祉

児童福祉、老人福祉、障害（児）者福祉、母子及び父子並びに寡婦福祉の分野別に各福祉サービスが提供されています。サービス利用者の一部自己負担の方法には、応能負担と応益負担があります。

民間保険の概要　㉛

民間保険は大別すると第一分野の生命保険（生保）と第二分野の損害保険（損保）及び第三分野の保険があります。

▶ 民間保険の原理

保険の仕組みが可能になるには、大人数の加入者が必要（大数の法則）です。

また、受け取る保険金とリスクの大きさに応じた保険料が事前に支払われていなければなりません（給付・反対給付均等の原則）。また、保険料総収入と保険給付の総支出は、均等になるよう設計をすることが求められます（収支相等の原則）。

大数の法則：ある事象の回数が大きくなるほど確率が理論的確率に近づくというもの。保険は事故発生のリスクを数値化する必要があり、その数値を実際に近づけるために加入者が多いほどよいとされる。

ここは覚える！

第31回で、民間保険の保険料について出題されました。加入者の保険料が均一である必要はありません。保険料の減免制度はありませんが、生命保険料控除や地震保険料控除などの所得控除があります。

生命保険	死亡保険	保険期間内に被保険者本人が死亡した場合に保険給付金が支払われる
	生存保険	保険期間以上に生存した場合に保険給付金が支払われる
	養老保険	・死亡保険と生存保険の混合型 ・保険期間内に死亡した場合：死亡保険金が支払われる ・保険期間を過ぎて満期を迎えた場合：満期保険金が支払われる
損害保険	・火災保険、自動車保険など多様な種類の保険がある ・自賠責保険（自動車損害賠償責任保険）は、公的な性格を持つ特異な仕組み。保険会社が取り扱うが、強制加入で交通事故の加害者に被害者の賠償責任を負わせる	
第三分野の保険	生命保険にも損害保険にもあてはまらない、医療保険や介護保険が含まれる	

人口の動向 ㉝㊱

▶ 少子高齢化の進行

日本の出生数は、第一次ベビーブーム期（1947（昭和22）～1949（昭和24）年）のピーク時には年間約270万人に達しましたが、1950年代に入ると急激に減少し始めました。第二次ベビーブーム期（1971（昭和46）～1974（昭和49）年）に約209万人まで回復したものの、その後は減少傾向が続き、1975（昭和50）年に200万人を割り込みました。2016（平成28）年は約98万人と100万人を割

り込み、2022（令和4）年には約**77万人**となっています。

　一方、日本の合計特殊出生率は、2005（平成17）年に過去最低の**1.26**を記録しました。その後はやや回復を見せましたが、2022（令和4）年は再び**1.26**となっています。先進諸国で比較すると、日本は韓国、ドイツ、イタリアとともに顕著に低くなっています。

　一方、高齢化率（65歳以上の人口の割合）は2022（令和4）年10月1日現在、**29.0％**（前年28.9％）となっており、年少人口（11.6％）の2倍を超えるようになりました。また、75歳以上人口も15.5％となり、年少人口より多くなっています。

　平均寿命も2022（令和4）年は男**81.05歳**、女**87.09歳**と引き続き上昇傾向です。

 ここは覚える！

第33回で、2019（令和元）年の合計特殊出生率が前年より上昇したかが問われました。2018（平成30）年は1.42、2019（令和元）年は1.36だったので上昇していません。

▶ 人口減少と今後の動向

　日本の2022（令和4）年の総人口は、1億2,495万人であり、前年よりも56万人の減少になりました。2023（令和5）年の国立社会保障・人口問題研究所の推計によると、今後も減少を続け、2056（令和38）年に1億人を割り、2070（令和52）年には**8,700万人**となり、高齢化率は**38.7**％まで増加します。高齢者数のピークは2043（令和25）年となり、その後は減少する予測です。

 ここは覚える！

第33回では、2019（令和元）年の総人口が前年に比べ増加したかが問われました（増加していない）。第33・36回では、将来推計人口についても問われました。

労働市場の変化　㉛ ㉝

▶ 労働市場の動向

　労働力人口は、総務省「労働力調査」によると、近年は女性や高齢者の労働力率が上昇していることもあり、増加していました。2020（令和2）年から減

少に転じましたが、2023（令和5）年は6,925万人と、2年ぶりの増加となっています。

　2023（令和5）年平均の就業者は約6,747万人ですが、そのうち雇用者は約6,076万人であり、雇用者中心の社会となっています。雇用者の業種は、製造業、卸売業・小売業、医療・福祉の順に多くなっています。また「男性雇用者と無業の妻とからなる世帯」と「雇用者の共働き世帯」との比較では、1997（平成9）年から前者よりも後者が多くなっています。

　一方、完全失業率（季節調整値）は、リーマンショック後の2009（平成21）年から2010（平成22）年にかけて5％を超えていましたが、その後減少し、

■ 労働力人口の推移

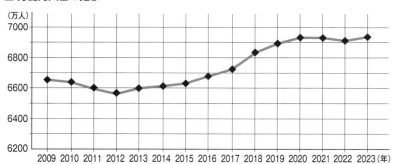

出典：総務省「労働力調査」

■ 完全失業率と有効求人倍率の推移

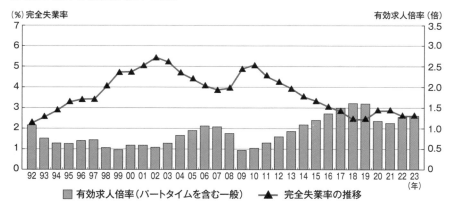

出典：完全失業率：総務省「労働力調査（長期時系列 就業状態別15歳以上人口）」
　　　有効求人倍率：厚生労働省「一般職業紹介状況」をもとに作成

2019（令和元）年は、2.4％となりましたが、2020（令和2）年は2.8％と11年ぶりに上昇しました。2023（令和5）年は2.6％となっています（総務省「労働力調査」）。また、求人数を求職者数で割った有効求人倍率は、2023（令和5）年は1.31倍となっています。

　総実労働時間は、2013（平成25）年からは減少していましたが、2022（令和4）年の総実労働時間は月136.1時間（前年比0.1％増）、所定内労働時間は126.0時間（前年比0.3％減）でした。

📖 **労働力率**：15歳以上人口に占める労働力人口の割合。

第31回で、日本の年間総労働時間がドイツより少ないかが問われました（日本の方が多い）。

▶ 労働市場の変化と社会保障

● 労働環境の変化とセーフティネット

　日本の雇用慣行の特徴は、長期雇用（終身雇用）と年功賃金ですが、1980年代以降は就業形態が多様化し、パート・アルバイト、契約社員・嘱託、派遣社員などの非正規雇用者が大幅に増加しました。これらの労働者は、賃金が低く、雇用が不安定であってワーキングプアになりやすく、厚生年金などの被用者保険が適用されている比率が低いこともあり、社会問題になっています。

　2020（令和2）年からの新型コロナウイルス感染症の拡大下では、正規の職員・従業員は増加を続ける中、非正規の職員・従業員は2021（令和3）年までの2年間で約100万人減少しました。

　1990年代半ばから2000年代前半までの期間は就職氷河期と呼ばれ、この時期に学校を卒業した世代は就職機会や賃金、昇進など様々な面で不況の影響を持続的に受けています。希望する仕事に就けなかった若者が非正規雇用者として働き、「フリーター」となりました。さらにこの時期には、学校教育にも、雇用にも、職業訓練にも参加していない若年無業者（いわゆるニート）と呼ばれる若者が増加し社会的関心を集めるようになりました。政府は2019（令和元）年6月に就職氷河期世代支援プログラムを発表し、3年間の集中支援を行っていました。2023（令和5）年からは「第2ステージ」として2年間の集中支援を行っ

ています。

● ワーク・ライフ・バランス憲章

　一方、30〜40代男性において1週間に60時間以上働いている割合が高くなっています。こうした長時間労働は、健康への影響とともに少子化の要因ともなっています。これらを背景として政府は、2007（平成19）年12月に「仕事と生活の調和（ワーク・ライフ・バランス）憲章」を策定し、人生の各段階に応じて多様な生き方が選択・実現できる社会を目指すこととしました。

　国際労働機関（ILO）においては、「ディーセント・ワーク（働きがいのある人間らしい仕事）」の実現を提唱しています。

▶ 仕事と家庭の両立

　育児・介護休業法に基づき、以下の制度が整備されています。

育児休業（子が1歳になるまで）	・父母がともに育児休業を取得する際は、子が1歳2か月になるまでの1年間（パパママ育休プラス） ・保育所に入れない等の場合は、最長で2歳になるまで延長可 ・2022（令和4）年10月から、2回に分けて取得可
出生時育児休業（産後パパ育休）	子の出生後8週間以内に、最大4週間まで取得可（2回までの分割可）。2022（令和4）年10月実施
介護休業	最長93日、3回に分けて取得可
子の看護休暇	小学校就学前の子が1人なら年5日、2人以上10日（半日単位でも取得可能）
介護休暇	介護対象家族が1人なら年5日、2人以上は年10日（半日単位でも取得可能）
所定労働時間の短縮	3歳になるまでの子を養育する労働者のための、短時間勤務制度（1日6時間）

　厚生労働省「令和4年度雇用均等基本調査」によると、育児休業の取得率は、女性が80.2％であるのに対し、男性は17.13％となっています。

ここは覚える！

第33回で、フレキシキュリティ（柔軟な労働市場と、所得保障などの労働者の保護を組み合わせた政策理念）や、アンペイドワーク（賃金や報酬が支払われない労働や活動であり、家族による無償の家事、育児、介護も含まれる）の理解が問われました。

出産・育児休業中の被用者保険（厚生年金保険・健康保険等）の保険料負担は、労使ともに免除されます。2019（令和元）年度から、国民年金第1号被保険者を対象とした産前産後の保険料免除制度も実施され、2024（令和6）年からは国民健康保険の被保険者を対象とした産前産後の保険料免除制度が導入されました。

労働法規　㉛ ㉜ ㉞

▶ 憲法

労働についての基本的な権利（職業選択の自由や就労の権利、団結する権利など）は日本国憲法の中で保障されています。

22条1項	何人も、公共の福祉に反しない限り、居住、移転及び職業選択の自由を有する。
27条1項	すべて国民は、勤労の権利を有し、義務を負ふ。
27条2項	賃金、就業時間、休息その他の勤労条件に関する基準は、法律でこれを定める。
27条3項	児童は、これを酷使してはならない。
28条	勤労者の団結する権利及び団体交渉その他の団体行動をする権利は、これを保障する。

ここは覚える！

第34回で、日本国憲法で、何人も、公共の福祉に反しない限り、職業選択の自由を有すると明記されていることが問われました。

▶ 労働三権

憲法28条で保障されている権利で、団結権、団体交渉権、争議権（団体行動権）の3つの権利を合わせて労働三権といい、労働基本権ともいわれます。

団結権	労働者が賃金や労働時間などの労働条件改善のために団結して活動する権利
団体交渉権	労働者の団体（労働組合）が、労働条件の維持・改善のために使用者と交渉する権利
争議権（団体行動権）	労働者が労働条件の維持や改善を目的に、集団行動として就労拒否やビラ貼りなどの争議行為を行う権利

ここは覚える！

第32回で労働三権に勤労権が含まれないことが、第34回で勤労者は団体行動をする権利が保障されていることが出題されました。

▶ 民法　3編2章8節（623〜631条）

民法の623〜631条は<mark>雇用</mark>に関する規定ですが、中でも、623条は労働者の労務に対して雇用者が報酬を支払うことを規定しています。

623条	雇用は、当事者の一方が相手方に対して労働に従事することを約し、相手方がこれに対してその報酬を与えることを約することによって、その効力を生ずる。

▶ 労働三法

労働者を守るための法律であり、労働関係の根幹でもある次の3つの法律を、労働三法と呼びます。

● 労働基準法

憲法27条2項をもとに1947（昭和22）年に制定されました。賃金や労働時間など、労働者の労働条件の最低基準を定めた法律で、労働者（パートタイム労働者などを含む）を使用するすべての事業場に適用されます。

- 労働条件の原則：労働条件は労働者が人たるに値する生活を営むもの。この法律の労働条件の基準は最低のものであり、この基準を理由として労働条件を低下させてはならない（1条）
- 均等待遇：使用者は、労働者の国籍、信条または社会的身分を理由として、賃金、労働時間その他の労働条件について、差別的取扱をしてはならない（3条）
- 男女同一賃金の原則（4条）
- 強制労働の禁止（5条）

ここは覚える！

第32・34回で、労働基準法に男女同一賃金の原則や週40時間労働が原則であることが明記されていることが出題されました。

● 労働組合法

1945（昭和20）年に制定、1949（昭和24）年に全部改正されました。労働者が使用者との交渉において対等の立場に立つことを促進した法で、その目的は次の通りです。

- 労働者の地位を向上させること
- 労働者がその労働条件について交渉するために自ら代表者を選出すること。その他の団体行動を行うために自主的に労働組合を組織し、団結することを擁護すること
- 使用者と労働者との関係を規制する労働協約を締結するための団体交渉をすること及びその手続きを助成すること

ここは覚える！

第31回で、労働組合の推定組織率が25%を下回っているか問われました（2023（令和5）年は16.3%）。

● 労働関係調整法

1946（昭和21）年に制定された法律で、1条で「労働組合法と相俟って、労働関係の公正な調整を図り、労働争議を予防し、又は解決して、産業の平和を維持し、もって経済の興隆に寄与することを目的とする」としています。

▶ その他の労働法

● 労働契約法

就業形態の多様化に伴い、労働者の労働条件が個別に決定・変更されるようになると、個別の労働紛争が増え、解決のための民事的ルールが必要になりました。そこで2008（平成20）年に制定されたこの法律では、労働者の定義や契約は労働者と使用者の合意によって成立するなど、労働契約の基本的なルールが定められています。

● 最低賃金法

1959（昭和34）年に制定された法律で、使用者が労働者に支払うべき賃金の最低金額を定めています。最低賃金には、地域別最低賃金（47都道府県別）と、一部の地域で産業ごとに定められる特定最低賃金があり、最低賃金審議会での

審議を踏まえ、厚生労働大臣（地方労働局長）が決定します。また、地域別最低賃金は、労働者が健康で文化的な最低限度の生活を営むことができるよう、生活保護に係る施策との整合性に配慮するものとされています。

なお、精神または身体の障害により著しく労働能力の低い者などの場合は、使用者が都道府県労働局長の許可を受けることを条件として、個別に最低賃金の減額の特例が認められています。許可申請書の提出先は、労働基準監督署になります。

ここは覚える！

第32回で、地域別最低賃金の決定主体が厚生労働大臣（都道府県労働局長）であることが出題されました。

● **男女雇用機会均等法**

法の下の平等を保障する日本国憲法の理念にのっとり、雇用における男女の均等な機会及び待遇の確保を図るとともに、女性労働者の就業に関して妊娠中及び出産後の健康の確保を図るなどの措置を推進する法です。

2016（平成28）年、妊娠・出産等に関するハラスメント防止措置の適切かつ有効な実施を図るために、事業主が職場において講ずべき措置についての指針等が定められました。

● **高年齢者雇用安定法**

高年齢者の安定した雇用の確保の促進、再就職の促進、就業の機会の確保などの措置を総合的に講じ、高年齢者などの職業の安定その他福祉の増進を図るとともに、経済及び社会の発展に寄与することを目的としています。

2006（平成18）年から①65歳までの定年の引き上げ、②65歳までの継続雇用制度（希望者を定年後も引き続き雇用）の導入、③定年の定めの廃止のいずれかの高年齢者雇用確保措置を講じなければならなくなりました。

2013（平成25）年からは、①継続雇用制度の対象者を事業主が労使協定で限定できる仕組みを廃止、②継続雇用される高年齢者が雇用される範囲をグループ企業にまで拡大、③高年齢者雇用確保措置義務に従わない企業名を公表などが行われました。

また、2021（令和3）年4月からは、65歳から70歳までの高年齢者就業確保措置が企業の努力義務となりました。この措置には、定年の引き上げ、継続雇

用制度の導入、定年の定めの廃止のほか、労使で同意した上での雇用以外の措置（継続的に業務委託契約する制度、社会貢献活動に継続的に従事できる制度）の導入のいずれかが含まれます。

▶ 「働き方改革」

2018（平成30）年に「働き方改革関連法案」が可決され、以下の項目が順次実施されています。

2019（令和元）年度から
・時間外労働の上限設定（原則月45時間、年360時間。特別な事情がある場合でも年720時間） ・一定日数の年次有給休暇の確実な取得（年5日間を使用者が時期を指定して付与） ・高度プロフェッショナル制度の創設（一定年収以上の所要の条件を満たした労働者について、労働時間、休日、割増賃金等の規定から除外） ・勤務間インターバル（終業時刻と翌日の始業時刻の間の一定時間以上の休息時間）制度の普及促進
2020（令和2）年度から
短時間・有期雇用労働者に関する同一企業内における正規雇用労働者との不合理な待遇差を解消するための規定の整備、待遇差の説明の義務化

今後の社会保障制度 ㊱

日本では今後も人口減少、少子高齢化が進んでいくものと推測されています。また、経済状況は大きく変化し、雇用関係も不安定なものになってきています。社会保障は、このような社会・経済状況の変化に対応した制度改革が求められています。

2018（平成30）年に政府が作成した「2040年を見据えた社会保障の将来見通し（議論の素材）」では、社会保障給付費は2025（令和7）年度には約140兆円（GDP比22％弱）、2040（令和22）年度には約190兆円（GDP比約24％）になると推計しました。

2013（平成25）年には、社会保障制度改革推進法（2012（平成24）年）に基づき内閣に設置された社会保障制度改革国民会議による報告書が取りまとめられました。

この報告書では、制度改革の方向性として、「『1970年代モデル』から『21世紀（2025年）日本モデル』へ」「すべての世代を対象とし、すべての世代が相

互に支え合う仕組み」「女性、若者、高齢者、障害者などすべての人々が働き続けられる社会」「地域づくりとしての医療・介護・福祉・子育て」などが示されました。2025（令和7）年は、第1次ベビーブーム期に生まれたいわゆる「団塊の世代」がすべて後期高齢者になる年です。

■「社会保障制度改革国民会議報告書　～確かな社会保障を将来世代に伝えるための道筋～」（平成25年8月）抜粋

> 2　社会保障制度改革推進法の基本的な考え方
> （1）自助・共助・公助の最適な組合せ
> 　日本の社会保障制度は、自助・共助・公助の最適な組合せに留意して形成すべきとされている。
> 　これは、国民の生活は、自らが働いて自らの生活を支え、自らの健康は自ら維持するという「自助」を基本としながら、高齢や疾病・介護を始めとする生活上のリスクに対しては、社会連帯の精神に基づき、共同してリスクに備える仕組みである「共助」が自助を支え、自助や共助では対応できない困窮などの状況については、受給要件を定めた上で必要な生活保障を行う公的扶助や社会福祉などの「公助」が補完する仕組みとするものである。
> 　この「共助」の仕組みは、国民の参加意識や権利意識を確保し、負担の見返りとしての受給権を保障する仕組みである社会保険方式を基本とするが、これは、いわば自助を共同化した仕組みであるといえる。

　その後、2019（令和元）年9月には全世代型社会保障検討会議が内閣官房に置かれ、2020（令和2）年12月には最終報告がまとめられました。2021（令和3）年9月からは、全世代対応型の持続可能な社会保障制度を構築する観点から社会保障全般の総合的な検討を行うため、全世代型社会保障構築会議が置かれ、2022（令和4）年12月に報告書がまとめられています。

ここは覚える！

第36回で、第1次ベビーブーム期の出生者が後期高齢者になる年次（2025年）が問われました。

頻出度 | 🐾 🐾 🐾

3 社会保障と財政

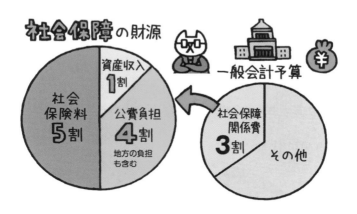

社会保障の財源と費用　　㉜ ㉝ ㉞ ㊱

▶ 社会保障の財源

● 社会保障財源とその内訳

　2021（令和3）年度の日本の社会保障財源（収入）は、総額約163.4兆円です。その内訳は、被保険者と事業主が拠出する社会保険料、国庫負担と他の公費負担（地方自治体）からなる公費負担、資産収入及び他の収入になります。

　社会保険料が収入に占める割合は、2021（令和3）年度で46.2%（約75.5兆円）でした。公費負担が収入に占める割合は、40.4%（約66.1兆円）でした。資産収入が8.8%（約14.4兆円）、他の収入が4.5%（約7.3兆円）で、「資産収入」は年金積立金の運用実績等により変動します（国立社会保障・人口問題研究所「令和3（2021）年度社会保障費用統計」）。

 ここは覚える！

第34回では、公費負担について地方自治体よりも国の負担が大きいことが出題されました。

● 国の財政

　財務省の「令和6年度予算のポイント」によると、一般会計歳出の当初予算額112.0兆円のうち主要経費別歳出額での社会保障関係費（図中の「社会保障」）は、約37.7兆円（33.7%）を占め、最大の支出項目になっています。

　社会保障関係費は、社会保険費、生活保護費、社会福祉費、失業対策費、保健衛生費などのことです。費目別にこれらを見ると、高齢社会の進展ということもあり、社会保険費の割合が大きく、年金と医療の比重が高くなっていることがうかがえます。

　こうした国の予算の財源は、税金や公債発行によるものです。

■ 一般会計歳出（2024（令和6）年度）

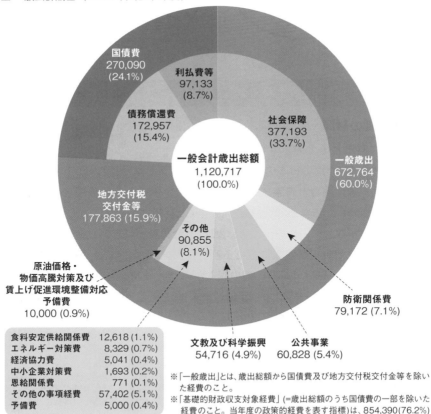

食料安定供給関係費　12,618（1.1%）
エネルギー対策費　8,329（0.7%）
経済協力費　5,041（0.4%）
中小企業対策費　1,693（0.2%）
恩給関係費　771（0.1%）
その他の事項経費　57,402（5.1%）
予備費　5,000（0.4%）

※「一般歳出」とは、歳出総額から国債費及び地方交付税交付金等を除いた経費のこと。
※「基礎的財政収支対象経費」（=歳出総額のうち国債費の一部を除いた経費のこと。当年度の政策的経費を表す指標）は、854,390（76.2%）

（注1）計数については、それぞれ四捨五入によっているので、端数において合計とは合致しないものがある。
（注2）一般歳出における社会保障関係費の割合は56.1%。

出典：財務省「令和6年度予算のポイント」

▶ 社会保障給付費と社会支出

国立社会保障・人口問題研究所「社会保障費用統計」では、ILO基準の社会保障給付費に加えて国際比較が可能なOECD基準の社会支出の集計結果を公表しています。

2021（令和3）年度の社会保障給付費は138.7兆円、社会支出は、143.0兆円でした。

📖 **社会支出**：施設整備費等の個人に帰着しない支出等も集計に含まれているため、社会保障給付費よりも大きくなる。9つの政策分野別の支出では、「高齢」が最も多く、次いで「保健」「家族」「遺族」の順となっている。

● 社会保障給付費と経済規模

社会保障給付費は、高齢化が進む中で社会保障制度の整備とともに、経済の好不況にかかわらず増大してきました。

社会保障給付費の対国内総生産比は25.20％（前年24.60％）となっています。なお、1人当たり社会保障給付費は、110.6万円（前年度比5.5％増）でした。

● 部門別、機能別の社会保障給付費

「令和3年度社会保障費用統計」（国立社会保障・人口問題研究所）の社会保障給付費を部門別に見ると、年金が55.8兆円（40.2％）で最も高く、続いて医療

が47.4兆円（34.2％）、福祉その他が35.5兆円（25.6％）です。

　これまでの推移を見ると、年金が高齢化とともに大きく増え続け、1981（昭和56）年度には、年金が医療を初めて上回りました。「福祉その他」は、1992（平成4）年度以降増加傾向になり、介護保険を実施した2000（平成12）年度には初めて10兆円を超え、その後も伸び続けています。

　機能別では、2021（令和3）年度は高齢58.7兆円（42.3％）、保健医療45.9兆円（33.1％）、家族13.1兆円（9.4％）、遺族6.3兆円（4.6％）の順になっています。高齢、保健医療といった高齢者に関する給付費が多くなっています。

 ここは覚える！

第32・34回で、部門別社会保障給付費における「福祉その他」や「年金」の割合、機能別社会保障給付費における「家族」や「高齢」の割合について問われました。

落とせない！重要問題

「令和3年度社会保障費用統計」によると、社会保障給付費等の部門別（「医療」、「年金」、「福祉その他」）の社会保障給付費の構成割合をみると、「年金」が70％を超過している。 第34回改

×：「年金」（40.2％）で、70％を超過していない。

▶ 国民負担率

　国民負担率とは、租税及び社会保障負担の合計の国民所得に対する比です。また、これに財政赤字を加えたものの国民所得に対する比を潜在的国民負担率といいます。

　2024（令和6）年度の日本の国民負担率（見通し）は、国民所得443.4兆円に対し45.1％であり、内訳は租税負担率が26.7％、社会保障負担率が18.4％です。ここ数年は4割台で推移しています。潜在的国民負担率は50.9％で前年度よりも3.7％減少しました。

　国民負担率の国際比較では、次図の通りアメリカより高く、イギリスと同程度であり他のヨーロッパ諸国より低くなっています。

■ 国民負担率の国際比較

[国民負担率＝租税負担率＋社会保障負担率]
[潜在的な国民負担率＝国民負担率＋財政赤字対国民所得比]

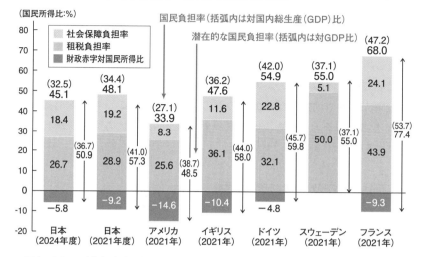

＊日本の2024（令和6）年度は見通し、2021（令和3）年度は実績。ドイツについては推計による2021年暫定値、それ以外の国は実績値。
＊財政収支は、一般政府（中央政府、地方政府、社会保障基金を合わせたもの）ベース。

出典：（日本）内閣府「国民経済計算」等
（諸外国）OECD "National Accounts"、"Revenue Statistics"、"Economic Outlook 114"（2023年11月）

▶ 社会保障と経済

　社会保障の規模の拡大が国民経済に与える影響は、マイナス面として家計所得の減少、経済成長の低下、国際競争力の低下等がいわれてきましたが、近年では高齢者世帯の消費の増加、医療や介護分野での雇用の増加等のプラス面も強調されてきています。

ここは覚える！

第33回で、社会保障には経済変動の国民生活への影響を緩和し、経済を安定させる経済安定機能があることが出題されました。

▶ 地方自治体の財源

　地方自治体における社会福祉の実施に使われる費用は民生費と呼ばれ、地方自治体の歳出の内訳の中で最も多くなっています。民生費はここ数年、比率を高めています。

　さらに、民生費の目的別内訳を見ると、2022（令和4）年度では児童福祉費の比率が最も高く、次いで社会福祉費、老人福祉費、生活保護費と続いています。

　こうした地方自治体の予算の財源となるのは、地方税や地方交付税など一般財源と、国庫支出金や地方債などのその他の財源です。このうち一般財源が全体の53.9%を占め、その中でも、地方税が全体の36.1%、地方交付税が15.3%を占めています。

■ 2022（令和4）年度の目的別歳出決算額の構成比

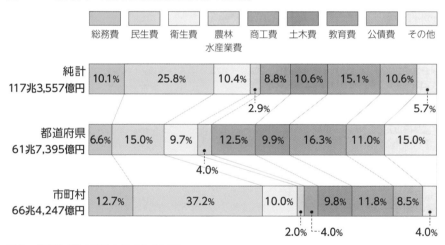

出典：総務省「地方財政白書 令和6年版」

■ 2022（令和4）年度の民生費の目的別内訳の状況

社会福祉費　老人福祉費　児童福祉費　生活保護費　災害救助費

純計
30兆2,720億円

| 8兆9,780億円 29.7% | 7兆1,762億円 23.7% | 10兆2,059億円 33.7% | |

3兆8,787億円　12.8%

333億円　0.1%

都道府県
9兆2,840億円

| 2兆9,659億円 31.9% | 3兆8,410億円 41.4% | 2兆2,206億円 23.9% | |

2,333億円　2.5%

231億円　0.2%

市町村
24兆7,012億円

| 7兆2,676億円 29.4% | 4兆2,751億円 17.3% | 9兆4,537億円 38.3% | |

3兆6,806億円　14.9%

241億円　0.1%

出典：総務省「地方財政白書 令和6年版」

ここは覚える！

地方自治体の歳出額内訳の中で民生費が最も多いことが、繰り返し出題されています。また、民生費の目的別内訳も頻出です。

4 年金保険制度

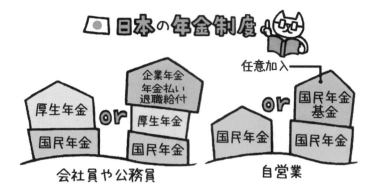

日本の年金制度

任意加入

会社員や公務員

自営業

年金保険制度の歴史

▶ 国民皆年金体制の実現

明治初期〜半ば	軍人や官吏を対象とする恩給制度（日本の公的年金制度の始まり）
1939（昭和14）年	船員保険法
1941（昭和16）年	労働者年金保険法（工場等の男子労働者が対象）
1944（昭和19）年	厚生年金保険法（労働者年金保険法の対象を拡大して改称）
1959（昭和34）年	国民年金法（被用者年金制度の適用外であった自営業者などを対象とする）
1959（昭和34）年	国民年金法による福祉年金（無拠出制、拠出制年金を補完）を実施
1961（昭和36）年	国民年金法による拠出制年金を実施

国民皆年金体制が実現。ただし、専業主婦や学生は任意加入

▶ 制度の充実と基礎年金制度の導入

高度経済成長期	主に給付水準の改善が行われる
1986（昭和61）年	基礎年金制度の導入（制度分立に伴う制度間の格差の解消、給付と負担の適正化、女性の年金権の確立（国民年金第3号被保険者制度）にかかわる改正が行われる）

国民年金は、20歳以上60歳未満の全国民（学生は1991（平成3）年から）を強制加入とし、共通の基礎年金（1階部分）を支給する制度になる。また、厚生年金保険等の被用者年金は、基礎年金の上乗せの2階部分として、報酬比例年金を支給する制度へと再編

▶ 基礎年金制度実施後の主な制度改正

1994（平成6）年	老齢厚生年金の支給開始年齢を60歳から65歳に段階的に引き上げる改正がそれぞれ（定額部分・報酬比例部分）行われ、男性は2025（令和7）年、女性は2030（令和12）年に引き上げが完了する
2000（平成12）年	
2004（平成16）年	少子高齢化に伴う現役世代の負担増を考慮し改正 ・基礎年金の国庫負担割合を2009（平成21）年度より3分の1から2分の1へ引き上げ ・保険料を段階的に引き上げた上で、2017（平成29）年度からは保険水準を固定し、その収入で給付を賄うために、最終保険料固定・給付水準自動調整（マクロ経済スライド）方式を導入 ・育児休業中の保険料免除を1歳未満から3歳未満へと拡充 ・離婚時における、婚姻期間や第三号被保険者期間に基づく厚生年金の分割

▶ 社会保障と税の一体改革

2011（平成23）年	社会・経済情勢の変化を踏まえ、社会保障の各分野と税を一体とした改革が始まる
2012（平成24）年	年金制度分野の法律が四法成立し、順次施行

低所得高齢者・障害者等への福祉的な給付である年金生活者支援給付金の実施は、消費税率の10%への引き上げの先送りに伴い延期されてきたが、2019（令和元）年10月より実施

名称	金額（2024（令和6）年度）
老齢(補足的老齢)年金生活者支援給付金	5,310円／月を基準に、保険料納付済期間等に応じて算出
障害年金生活者支援給付金	障害等級1級の人：6,638円／月 障害等級2級の人：5,310円／月
遺族年金生活者支援給付金	5,310円／月

▶ 被用者年金一元化

　国家公務員、地方公務員及び私立学校教職員は各種の共済年金に加入していましたが、2015（平成27）年から厚生年金保険に加入しています。

　加入や給付の条件等は、基本的に厚生年金保険にそろえて統一することになりますが、いくつか違いも残っています。例えば、保険料率は厚生年金保険と各種の共済年金では違いがありましたが、これは2015（平成27）年の時点では統一されておらず、国家・地方公務員は2018（平成30）年度に統一され、私学教職員は2027（令和9）年度に統一されることになっています。

　また、共済年金には、民間の企業年金（3階部分）にあたる職域加算部分がありましたが、これが廃止される代わりに、新しく年金払い退職給付が創設されました。これは、積立方式で実施されています。

　ちなみに、一元化されたのは年金保険の部分だけであり、医療保険制度の共済組合はそのままです。

現在の年金制度の仕組み

▶ 制度の目的・体系

　公的年金制度は、老齢・退職、障害、死亡による所得の喪失に対して金銭を支給して、一定の所得を保障し国民の生活の安定を図ることを目的としています。これに対して私的年金と呼ばれる、職域レベルでの企業年金や個人レベルでの個人年金があります。私的年金は公的年金に上乗せしたり、公的年金受給までの期間をつなぐことで、より豊かな生活を実現する役割が期待されています。

■ 公的年金制度の体系図

▶ 年金制度の特徴

　日本の公的年金制度は、社会保険方式を基本としています。また、財政方式は、発足当初は積立方式でしたが、今日では、ある程度の積立金を持ちつつも賦課方式を基本としています。

　2004（平成16）年の改正により、最終的な保険料を固定し、その収入内で給付を賄うように調整し、5年に1度長期の財政収支の見通しを作成しています（財政検証）。

　また、従来の完全自動物価スライドに加えて、マクロ経済スライドが2004（平成16）年改正で採用されました。マクロ経済スライドは、物価下落が続いていたため、しばらく実施されてきませんでしたが、2015（平成27）年度に初めて実施されました。2016（平成28）年の年金機能強化法に基づき、未調整分が翌年度以降に繰り越されて（キャリーオーバー）、実施されるようになりました。

積立方式：将来の年金給付に必要な原資を、あらかじめ積み立てていく財政方式。
賦課方式：そのときの給付に必要な原資を、そのときの世代の拠出で賄う財政方式。

国民年金（基礎年金）　㉛ ㉜ ㉝ ㉞ ㊱

▶ 保険者・被保険者

　国民年金の保険者は政府であり、実際の業務は日本年金機構に委任・委託されています。

■ 国民年金の被保険者

	被保険者	概要
強制加入	第1号	日本国内に住む20歳以上60歳未満の者のうち、第2号・第3号被保険者以外の者（国籍条項はなく外国人にも適用される）
	第2号	厚生年金保険の被保険者（ただし、65歳以上の被用者年金制度の老齢（退職）年金受給権者は適用除外）
	第3号	日本国内に住む第2号被保険者の被扶養配偶者で20歳以上60歳未満の者
任意加入	・日本国内に住所のある60歳以上65歳未満の者 ・日本国内に住所のない20歳以上65歳未満の日本国民 ・日本国内に住所のある20歳以上60歳未満の者で、被用者年金の老齢（退職）年金受給権者 ・日本国内に住所のある65歳以上70歳未満の者で、老齢基礎年金の受給権を有しない者（昭和40年4月1日以前に生まれた者に限る） ・日本国籍を有する者、かつ日本国内に住所を有しない65歳以上70歳未満の者で、老齢基礎年金の受給権を有しない者（昭和40年4月1日以前に生まれた者に限る）	

ここは覚える！

第32回では、65歳の個人事業主が国民年金保険料を支払う必要があるかが問われました（第1号被保険者の対象は60歳未満なので不要）。第34回では、被用者も第1号被保険者となる場合があることが出題されました。

ここは覚える！

第33回では、自営業者の配偶者で無業の者は第3号被保険者とならないことが出題されました。第34回では、厚生年金保険の被保険者の被扶養配偶者で、学生である者も第3号被保険者となれることが出題されました。

▶ 保険給付

保険給付には、全被保険者に共通する老齢基礎年金・障害基礎年金・遺族基礎年金があります。第1号被保険者については、独自に付加年金・寡婦年金・死亡一時金、外国人を対象とした脱退一時金があります。

■ 老齢基礎年金

支給要件	・原則として10年の受給資格期間を満たした者が、65歳になったときに支給。受給資格期間には、保険料納付済期間、保険料免除期間（納付猶予の期間を含む）、合算対象期間が含まれる ・60〜64歳での繰上げ受給、66〜75歳での繰下げ受給を選択可能。なお、繰上げ受給を選択すると、寡婦年金の受給権を失う
年金額	・20歳から60歳に達するまでの40年間、保険料を全額納めた場合に満額（2024年度の年金額は年額813,700円）支給 ・保険料未納期間があると減額 ・保険料全額免除期間（納付猶予の期間を除く）は2分の1、4分の3免除期間は8分の5、半額免除期間は4分の3、4分の1免除期間は8分の7に減額支給 ・繰上げ受給（60〜64歳）は繰り上げる月数に応じて一定の率（0.4%／月）で減額、繰下げ受給（66〜75歳）は繰り下げる月数に応じて一定の率（0.7%／月）で増額となり、その額が受給中の全期間適用

第31回では、老齢基礎年金について、満額の支給を受けるには40年間の保険料納付が必要であることが出題されました。第32回では、65歳の者で10年以上の受給資格期間がある場合に老齢基礎年金が受給できることが出題されました。また、老齢基礎年金の繰下げ受給についても問われました（75歳まで繰下げ可能）。第36回では、年金額の算定に保険料免除を受けた期間の月数が反映されることが問われました。

■ 障害基礎年金

支給要件	・初診日において、国民年金の被保険者であった者、またはかつて被保険者であった者で日本国内に住所のある60歳以上65歳未満の者が、受給資格期間を満たし、障害認定日（初診日から1年6か月を経過した日または1年6か月の間に症状が固定した日）に障害等級1級または2級の障害の状態にある場合に支給 ・20歳前に初診日がある場合は、障害の状態にあり20歳になったとき、もしくは20歳になった後に障害の状態になったときから支給。ただし、本人の所得が一定額を超えると全額または2分の1が支給停止 ・保険料納付要件は、保険料納付済期間と保険料免除期間を合わせた期間が、原則、加入期間の3分の2以上あること。または、初診日までの直近1年間に保険料滞納期間がない場合もこの要件を満たす
年金額	・2級の障害基礎年金額は、満額の老齢基礎年金と同額、また、1級は2級の1.25倍。免除期間があることによる減額はない ・受給権取得時に加算要件を満たす子がいる場合に加算、受給権取得後の子の出生等により、加算要件を満たす子ができた場合にも加算。加算額は第1子・第2子が各234,800円、第3子以降は各78,300円

第31回で、障害基礎年金が支給される障害等級について出題されました（3級の障害の状態にあるときは支給されない）。第33回では、出生時から重度の障害がある場合は障害基礎年金の受給にあたり追納の必要がないことや、障害基礎年金には配偶者の加算がないことが出題されました。

受給できる子は、18歳到達年度の末日までの子または1・2級の障害のある20歳未満の子で、いずれも、死亡した者によって生計を維持されていた（結婚していない）子を指します。

■ 遺族基礎年金

支給要件	・被保険者か、かつて被保険者であった日本国内に住所のある60歳以上65歳未満の者、老齢基礎年金の受給者及び老齢基礎年金の受給資格を満たしている者、のいずれかが死亡した場合に遺族（死亡した者によって生計を維持されていた**子のある配偶者または子**）に対し支給 ・保険料納付済期間と保険料免除期間を合わせた期間が、原則として加入期間の**3分の2**以上あることが必要。または、死亡日までの直近１年間に保険料滞納期間がない場合もこの要件を満たす
年金額	満額の老齢基礎年金と同額。子の人数に応じて加算がある

 ここは覚える！

遺族基礎年金について、第32回では、配偶者に受給権がある間、子は支給停止されることが出題されました。第34回では、22歳の子がいる場合は受給できるかが問われました（できない）。

遺族基礎年金は、子が婚姻した場合や孫も受給できません。

■ 第1号被保険者への独自給付

付加年金	付加保険料（月額400円）の納付期間のある人が、老齢基礎年金の受給権を得たときに上乗せ支給される（任意加入）
寡婦年金	第1号被保険者としての保険料納付済期間と、保険料免除期間を合わせた期間が10年以上ある夫が死亡したときに、10年以上婚姻関係がある妻に、夫が受けるはずであった老齢基礎年金の4分の3の年金が、60歳から65歳になるまでの間支給される
その他	・死亡一時金は、第1号被保険者として、保険料納付期間が36月以上である者が、老齢基礎年金などの年金を受けずに死亡したときに、生計を一にしていた遺族に支給される（遺族基礎年金を受給できない場合に限る。また、寡婦年金を受給できる場合は、どちらかを選択する） ・脱退一時金は、第1号被保険者として保険料を6か月以上納付した外国人が、年金の受給権を得ることなく帰国したときに支給される

 ここは覚える！

第31回で、国民年金第一号被保険者を対象とする独自の給付として付加年金があるかが問われました（任意加入の仕組みとしてある）。

▶ 国民年金基金

国民年金の第1号被保険者に対して老齢基礎年金の上乗せを図る任意加入の制度です。2019（令和元）年度から、全国国民年金基金と3つの職種別に設立された職能型国民年金基金に再編されて実施されています。加入できるのは、20歳以上60歳未満の第1号被保険者に加え、国民年金に任意加入している60歳以上65歳未満の者も対象になります。掛金は選択する給付の型、加入口数、年齢、性別によって決定されます。

▶ 給付に要する費用

国民年金の給付に要する費用は、国民年金保険料と被用者年金制度からの拠出金及び国庫負担で賄われます。

第1号被保険者は、定額の国民年金保険料を個別に負担しますが、第2号と第3号被保険者は、個別に納めません。厚生年金保険料として集められた中から、第2号・第3号被保険者数に応じた基礎年金拠出金を毎年度拠出してます。

国庫負担は、給付に要する費用の3分の1の負担でしたが、2004（平成16）年改正により、2009（平成21）年から2分の1に引き上げられています。

ここは覚える！

第32回では第3号被保険者は保険料の納付が不要であることが、第31・34回では老齢基礎年金の給付の国庫負担が出題されました。

▶ 保険料

第1号被保険者の保険料は定額であり、所得による違いはありません。2004（平成16）年改正により、2017（平成29）年まで毎年度引き上げられました。今後は名目賃金の変動により毎年度改定され、2024（令和6）年度は月額16,980円です。

第1号被保険者の保険料には、保険料免除制度があり、法定免除と申請免除があります。法定免除は、生活保護の生活扶助や障害基礎年金等を受けている場合等が対象です。申請免除には所得に応じて、全額免除、4分の3免除、2分の1免除、4分の1免除があります。免除期間の保険料は、10年以内なら遡って追納することができ（本来は2年以内）、追納すると年金額の減額はありません。

20歳以上の学生は、学生納付特例制度（本人の所得が一定以下）、50歳未満の者は、納付猶予制度（本人及び配偶者の所得が一定以下）により、保険料納

付が猶予されます。これらの猶予されていた期間も受給資格期間に算入されますが、追納しない限り老齢基礎年金額の計算には反映されません。

　また、2019（令和元）年度からは第1号被保険者の産前産後期間（計4か月間）の保険料免除制度が始まりました。他の保険料免除制度とは異なり、この期間も保険料は全額納付したものとみなされます。

ここは覚える！

第32・36回では第1号被保険者は産前産後期間に保険料の納付を免除されることが、第33回では障害基礎年金を受給していると国民年金の保険料が免除されることが出題されました。

ここは覚える！

第34・36回で、第1号被保険者の保険料が所得に関わらず定額であることが出題されました。また、第34回では、学生納付特例の対象となる基準が本人の所得のみであることや、特例の適用を受けた期間が受給資格期間に算入されることが出題されました。

厚生年金保険　㉛ ㉜ ㉝ ㉞

▶ 保険者・被保険者

　厚生年金保険も保険者は政府です。適用事業所には、強制適用事業所と任意適用事業所があります。

- 被保険者は適用事業所に就業している70歳未満の者が対象
- 強制適用事業所は、常時5人以上の従業員を雇用している一定業種の事業所や、5人未満であっても常時従業員を雇用している法人の事業所
- 任意適用事業所は、強制適用外の事業所で、事業主が従業員の2分の1以上の同意を得て認可を受けた事業所

ここは覚える！

第34回で、老齢厚生年金の受給を開始しても被保険者資格を喪失しないことが出題されました。また、20歳未満の者も厚生年金保険の被保険者となれることが出題されました。

パートタイマーについては、2016（平成28）年から適用拡大が行われ、以下のような基準になっています。健康保険の被保険者も同様です。

労働時間	加入の可否
正社員の3/4以上 （一般的には週30時間以上）	加入する
週20時間以上30時間未満	以下の条件を全て満たした場合に加入する ・雇用期間2か月超の見込み ・賃金月額が88,000円以上 ・学生ではない ・101人以上の企業 ※2024（令和6）年10月から51人以上となる予定
週20時間未満	加入しない

▶ **保険給付**

保険給付には、**老齢厚生年金・障害厚生年金・遺族厚生年金**があり、独自給付として**障害手当金**があります。

■ 老齢厚生年金

支給要件	・1か月以上の厚生年金被保険者期間がある者で、老齢基礎年金の受給資格を満たした者に対し、原則として65歳から老齢基礎年金に上乗せして支給されるが、66歳から75歳までの間からの繰下げ受給も可能 ・特別支給の老齢厚生年金は、現在、経過措置として64歳（女性は63歳）から65歳になるまでの間で支給されているが、段階的に支給開始年齢を引き上げており、男性は2025（令和7）年4月から本来の老齢厚生年金である65歳からの支給のみに移行予定 ・在職老齢年金は、厚生年金の適用事業所に在職しながら受ける老齢厚生年金であり、収入（賃金＋厚生年金額）が一定額を上回ると、賃金に応じて一部または全部が支給停止になる。なお、70歳以上の者も、被保険者ではないので保険料支払いはないが、在職老齢年金の仕組みは適用 ・脱退一時金は、被保険者期間が6か月以上ある外国人で、老齢厚生年金の受給資格期間を満たす前に帰国する場合などに支給するもの。帰国後2年以内に請求可能
年金額	・65歳支給の老齢厚生年金額は、報酬比例の年金額に、加給年金などを加えた額 　報酬比例の年金額 　　＝平均標準報酬額（賞与を含めた平均給与）×支給乗率×被保険者期間月数 ・加給年金…生計を維持されている65歳未満の配偶者、または18歳到達年度の末日までの子または1・2級の障害の状態にある20歳未満の子がいる場合に支給

ここは覚える！

第32回で、事業収入は在職老齢年金における年金額の調整の対象とならないことが出題されました。

■ 障害厚生年金・障害手当金

支給要件	・被保険者期間中に初診日のある病気やけがで、障害認定日において障害等級の1・2級に認定された場合に、障害基礎年金に上乗せして支給 ・3級は厚生年金の独自給付として支給 ・3級よりも軽い障害の場合には、一時金の障害手当金が支給
年金額・手当額	障害厚生年金や障害手当金は、老齢厚生年金の報酬比例部分の年金額に一定の乗率を掛けて算出。ただし、被保険者期間の月数が300月に満たない場合には、300月として計算。1級はこの額の1.25倍であり、1・2級で対象となる配偶者がいる場合には、配偶者加給年金も支給

ここは覚える！

第32回で、障害認定日の定義が問われました。

■ 遺族厚生年金

支給要件	・被保険者や老齢厚生年金や1・2級の障害厚生年金の受給権者が死亡したとき、被保険者期間中に発生した傷病が原因で、初診日から5年以内に死亡したときなどに遺族に支給 ・支給対象の遺族は、遺族基礎年金の支給対象の範囲に加え、子のない妻（30歳未満の場合は5年間の有期年金）、55歳以上の夫（支給開始は60歳から。遺族基礎年金が受給できる場合は55歳から）、父母・祖父母（支給開始は60歳から）、孫
年金額	・報酬比例の年金額の4分の3に中高齢寡婦加算または経過的寡婦加算を加えた額。ただし、被保険者期間の月数が300月に満たない場合には300月として計算 ・中高齢寡婦加算は、夫の死亡時に40歳以上で、子がいないため遺族基礎年金の支給対象とならなかった妻に65歳まで支給。65歳以降は、生年月日によって老齢基礎年金を補うものとして経過的寡婦加算を支給 ・65歳以上の遺族厚生年金受給者が自身の老齢厚生年金の受給権も有する場合は、まず老齢厚生年金が全額支給され、その額が遺族厚生年金の額を下回るときは、両者の差額分を遺族厚生年金として支給

● 年金の分割、調整・併給支給

　離婚した時に、婚姻期間（合意分割）または国民年金第3号被保険者期間（3号分割）の厚生年金保険の標準報酬を当事者間で分割調整し、それぞれの厚生年金の給付に反映させることができます。3号分割は、分割割合が2分の1と決められていますが、合意分割は分割割合の合意または裁判手続きによる決定が必要です。

　同一制度または他の年金制度間で、2つの事由による年金が該当するときは、原則として一つの年金を選択し、他の年金は支給停止になります。ただし、65歳以降の場合は、老齢基礎年金と遺族厚生年金との併給、障害基礎年金と老齢厚生年金との併給及び障害基礎年金と遺族厚生年金との併給が認められ、また、老齢厚生年金と遺族厚生年金の場合には、併給調整が認められています。

▶ 給付に要する費用

　厚生年金給付に要する費用は、事業主と被保険者の保険料及び積立金の運用収入で賄われます。厚生年金として給付される部分への国庫負担はありません。

▶ 保険料

　一般被保険者等の保険料の額は、毎月の給与を基にした標準報酬月額（32等級・上限65万円）と、賞与（ボーナス）を基にした標準賞与額（上限150万円/回）にそれぞれ保険料率18.3％を乗じた額です。保険料は事業主と被保険者で折半し、事業主が一括して支払います。なお、保険料率は、2004（平成16）年から毎年0.354％ずつ引き上げられ、最終の2017（平成29）年以降は18.3％

に固定されています。

　出産・育児休業中の保険料は、事業主負担分、本人負担分ともに免除されます。免除期間は、年金額算定に際しては保険料を支払ったものとして扱われます。介護休業中の場合は、事業主分、被保険者分ともに保険料免除にはなりません。

企業年金等

　日本の企業年金には、1962（昭和37）年に生まれた税制適格年金（適格退職年金）と、1966（昭和41）年に創設された厚生年金基金がありましたが、2001（平成13）年に確定拠出年金法、確定給付企業年金法が成立しました。これにより、適格退職年金は、2011（平成23）年度末で廃止になりました。

　確定拠出年金は、掛金を確定しておき、年金資産を自分で運用した成績によって、将来の給付額が変動する年金です。確定給付年金は、将来の給付額をあらかじめ確定し、それに応じて掛金（拠出金）を決める方式の年金です。

■ 企業年金の再編成・体系

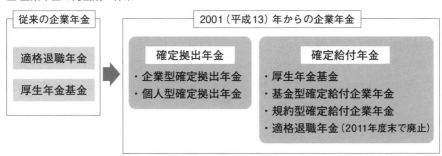

▶ 厚生年金基金

　厚生年金基金は、厚生年金保険の代行部分の保険料と基金独自の掛金とを合わせて運用し、基金独自の上乗せ給付とともに老齢厚生年金の一部を国に代わって支給代行する制度です。

厚生年金基金は財政悪化を理由に解散の動きが広がっています。また、2013（平成25）年の改正により、厚生年金基金の新設は今後認めないこととし、既存の厚生年金基金についても、2019（令和元）年度から財政状況の悪い基金は大臣が解散を命ずることができるようになりました。

▶ 確定拠出年金

確定拠出年金は、加入者個人に責任があり、掛金とその運用益の合計額で給付額が決定されます。このため、将来受け取る年金額はそれぞれの運用成績によって変動します。この仕組みは、給付額が企業の債務にならず、また、従業員にとっても年金原資を転職先へ移換もできるという特徴があります。

企業が掛金も負担して従業員を加入させる企業型と、国民年金基金連合会が実施する個人型があります。個人型は、2017（平成29）年からiDeCo（イデコ）の愛称がつけられるとともに、加入できる者が大幅に拡大され、原則として20歳以上60歳未満の全ての国民年金被保険者が対象となりました。2022（令和4）年からは、65歳未満の国民年金被保険者（任意加入者含む）が加入できるようになりました。

給付内容は、老齢給付金、障害給付金、死亡一時金、脱退一時金があり、老齢給付金と障害給付金は、年金または一時金として支給されます。

▶ 確定給付企業年金

確定給付企業年金は、企業年金の受給権保護を図ることを目的に制度化されました。厚生年金基金のような厚生年金保険の代行部分を持たず、基本的には労使合意に基づき、企業実績に応じた制度運営ができます。

これには、企業が法人格のある企業年金基金を設立し、年金資金を管理・運用する基金型と、労使合意の下で年金規約を制定して年金資金を外部積立して管理・運用する規約型があります。掛金は、全額企業が負担しますが、規約で定めれば加入者が掛金の一部を負担することもできます。

給付内容は、老齢給付金または脱退一時金、規約により障害給付金と遺族給付金も支給可能です。

5 医療保険制度

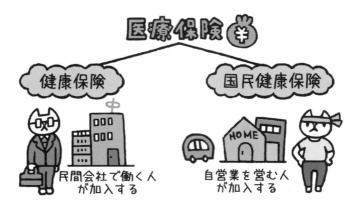

医療保険

健康保険

国民健康保険

民間会社で働く人
が加入する

自営業を営む人
が加入する

医療保険制度の歴史　31 32 34

▶ 第二次世界大戦以前の医療保険

　日本最初の医療保険制度である、健康保険法は1922（大正11）年に制定され、1927（昭和2）年に施行されました。1938（昭和13）年には、国民健康保険法が農民の医療費負担軽減を図ることを目的として制定されました。ただし、市町村ごとの設立は任意であり、加入も原則任意でした。

　被用者保険では、1939（昭和14）年に船員保険法、ホワイトカラーを対象にした職員健康保険法が制定されましたが、職員健康保険は1942（昭和17）年に健康保険と統合されました。

　ここは覚える！

第31回で、健康保険法の対象者に農業従事者や自営業者が含まれていないことが出題されました。

▶ 第二次世界大戦以降の医療保険

● 戦後から国民皆保険の実現まで

戦前からの医療保険制度は、新憲法の下で再建・再構築の動きが始まりました。1947（昭和22）年に労働基準法、労働者災害補償保険法が制定され、健康保険給付の範囲を業務外の傷病のみとしました。1954（昭和29）年には、当時の政府管掌健康保険（現在の協会けんぽ）に初めて国庫負担を導入しました。

国民健康保険制度は、1948（昭和23）年に市町村公営の任意設立・強制加入になり、1958（昭和33）年には、市町村による実施の義務づけ（強制設立）、国庫負担の導入などを内容とする新しい国民健康保険法が制定されました。1961（昭和36）年には、すべての市町村で国民健康保険が実施され、ここに国民皆保険体制が実現しました。

ここは覚える！

第31回で、国民皆保険が国民健康保険法により実現したことが出題されました。第32回では、全国民共通の医療保険に加入するようになったかが問われました（共通ではない）。

● 老人保健法の制定

1973（昭和48）年の福祉元年には、老人医療費支給制度、いわゆる老人医療無料化を含む社会保障制度全般の改善が行われました。しかし、老人医療費の急激な増加を招き、とりわけ高齢者を多く抱える国民健康保険の保険財政の悪化を引き起こし大きな問題になりました。このため、1982（昭和57）年に老人保健法が制定され、翌年に施行されました。老人医療は各医療保険の保険者・国・自治体の共同負担とするとともに、老人医療無料化政策は改められ、患者には定額自己負担の仕組みが導入されました。

健康保険においては、1984（昭和59）年の改正で被用者本人への定率負担（1割）の導入及び退職者医療制度の創設などが実施され、これ以降の改正では、主として給付の引き下げ、給付範囲の縮小の方向へ進みました。

ここは覚える！

第31・34回で、福祉元年の1973（昭和48）年に老人医療費の無料化や、高額療養費制度が創設されたことが出題されました。

● **2000年代以降の改正**

2005（平成17）年の「医療制度改革大綱」に基づき、2006（平成18）年に、いわゆる医療制度改革関連法である「健康保険法の一部を改正する法律」及び「良質な医療を提供する体制の確立を図るための医療法等の一部を改正する法律」が成立しました。これにより順次制度が改正され、2008（平成20）年には老人保健制度が廃止され、後期高齢者医療制度が創設されました。

後期高齢者医療制度については、創設の経緯や創設年なども押さえておきましょう。

医療保険制度の全体像　32 33

▶ **医療保険制度の体系**

日本の医療保険制度は、原則としてすべての国民（住民）を対象とする国民皆保険体制をとり、下表の通りの体系になっています。

■ 国民皆保険体制

	被保険者	制度	保険者
被用者	一般被用者	健康保険	全国健康保険協会（協会けんぽ） 健康保険組合
	船員	船員保険	全国健康保険協会
	公務員・私立学校教職員	共済組合	共済組合・事業団
非被用者	農業者・自営業者・被用者保険の退職者等	国民健康保険	都道府県及び市町村（市町村国保） 国民健康保険組合（国保組合）
75歳以上（一定の障害者は65歳以上）		後期高齢者医療制度	後期高齢者医療広域連合（都道府県単位）

　これらの制度上すべての地域住民は、まず市町村国保の被保険者になりますが、被用者やその扶養家族になると健康保険等の被用者保険が適用になり、市町村国保は適用除外になります。しかし、定年等によって退職すると、市町村国保に戻ります。そして、75歳からは後期高齢者医療制度が適用されます。

2022（令和4）年度末の全国健康保険協会の加入者数は3,944万人。健康保険組合2,820万人、国民健康保険（市町村国保）2,677.3万人、後期高齢者医療制度1,913.5万人です。

国家公務員は各省庁、地方公務員は基本的に都道府県・市町村等を単位として共済組合があります。私立学校教職員の共済組合は、日本私立学校振興・共済事業団のみです。

● 被用者の医療保険

　被用者の医療保険には、一般被用者を対象とする健康保険と、船員保険、公務員などを対象とする共済組合があります。

　健康保険の保険者は、全国健康保険協会（協会けんぽ）と健康保険組合があります。健康保険組合は、厚生労働大臣の許可を得て常時700人以上の従業員（被保険者）を使用する事業主は単独で、また同業種・同一地域の2以上の事業主は従業員（被保険者）が合計3,000人以上であれば共同で設立することができ、現在約1,400の健康保険組合があります。

● 国民健康保険

　農業者・自営業者などを対象とする医療保険として作られたのが、市町村を保険者とする市町村国民健康保険（市町村国保）でした。また、法人に属さない医師、弁護士、理容師、美容師などを対象とし、都道府県知事の認可を受けて設立する職種別の国民健康保険組合もあります。

　市町村国保は規模の小さい保険も多く、共同事業などで財政調整が行われていましたが、2018（平成30）年度からは、「都道府県が市町村とともに」行うこととなりました。市町村が引き続き保険料の徴収や保険給付を行いますが、都道府県が財政運営の責任主体となりました。

● 後期高齢者医療制度

　2008（平成20）年から、老人保健制度に代わる新たな高齢者医療制度として、後期高齢者医療制度が始まりました。この制度は、75歳以上及び65〜74歳で寝たきりなど一定の障害の状態にある人を対象とした制度です。

▶ 保険診療の仕組み

　被保険者（患者）は、保険医療機関（厚生労働大臣指定の病院・診療所）に被保険者証を提示して医療等の給付（治療）を受けることができます。この患者に提供する医療行為の内容・範囲、診療報酬はあらかじめ定められています。

　診療報酬の審査と支払いは、被用者保険では社会保険診療報酬支払基金に、国民健康保険と後期高齢者医療制度では国民健康保険団体連合会に保険者から委託されています。

医療保険制度の仕組み　㉛ ㉜ ㉝ ㉞ ㊱

　75歳未満の医療保険給付の給付率は、いずれの医療保険制度も共通で、義務教育就学前は8割給付（自己負担2割）、70〜74歳（一般）は8割給付（自己負担2割）、70〜74歳の現役並み所得者及び他の年齢層は通院・入院ともすべて7割給付（自己負担3割）です。

　各医療保険の保険給付等に対する財源のうち国庫補助については、全国健康保険協会管掌健康保険16.4％、市町村国民健康保険41％（加えて、都道府県負担9％）、国民健康保険組合28.4〜47.4％と、保険間で異なっています。

健康保険の国庫負担・国庫補助も頻出テーマです。協会けんぽに対しては健康保険の給付費に国庫補助がありますが、健康保険組合の療養の給付に要する費用に国庫負担はありません。

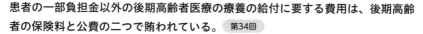

落とせない！重要問題

患者の一部負担金以外の後期高齢者医療の療養の給付に要する費用は、後期高齢者の保険料と公費の二つで賄われている。 第34回

×：後期高齢者の保険料と公費（国・都道府県・市町村）に加え、健康保険や国民健康保険等の保険者が拠出する後期高齢者支援金により賄われている。

▶ 健康保険

● 被保険者・被扶養者

適用事業所に使用されている人は、すべて被保険者となります。ただし、パートタイム労働者は、常用的雇用関係が認められれば被保険者となります。保険料は毎月の給与と賞与（ボーナス）に保険料率をかけて計算されますが、それぞれ賦課上限があり、給与は139万円（50等級）、賞与は年間573万円となっています。保険料率は、全国健康保険協会は都道府県ごとに異なり、健康保険組合は組合ごとに異なります。

保険料は事業主と被保険者が原則として半分ずつ負担（労使折半）しますが、健康保険組合は組合の規約で事業主の負担割合を増加することができます。納付義務者は事業主です。

また、被保険者期間が2か月以上ある人が退職したときは、申請により任意継続被保険者として最大2年間、被保険者の資格を継続できますが、保険料は全額本人負担となります。

被保険者が生計を維持している一定範囲の扶養家族は、被扶養者として保険給付が受けられますが、被保険者と比べて傷病手当金、出産手当金が受けられないといった違いがあります。

ここは覚える！

● 保険給付

■ 傷病に対する給付

療養の給付	・被保険者が保険医療機関で診療を受けたときに現物給付 ・診察、薬剤または治療材料の支給、処置、手術その他の治療など
入院時食事療養費	・保険医療機関に入院時に食事の提供を受けたときは、標準負担額を除いた部分を給付 ・食事療養標準負担額（患者の負担額）：一般490円（所得に応じて減額になる）
入院時生活療養費	・65歳以上の被保険者が、療養病床に入院時に生活療養を受けたときは、標準負担額を除いた部分を給付 ・生活療養標準負担額：一般（管理栄養士等による食事を提供する療養等が行われている保険医療機関の入院者）1食につき490円＋1日につき370円（所得に応じて減額になる）
保険外併用療養費	・被保険者が保険外診療を受けた場合でも評価療養（先進医療、医薬品の治験など）、選定療養（特別室の入院、予約診察など）については保険診療の費用の一部が給付 ・2016（平成28）年から、患者からの申し出を起点として混合診療を認める患者申出療養が実施
家族療養費	・被扶養者が保険医療機関で診療を受けたときに現物給付 ・被扶養者に対する入院時食事療養費、入院時生活療養費、保険外併用療養費
療養費	やむなく保険医療機関以外の医療機関にかかった場合などは、被保険者がいったん費用を全額払った後に現金給付
訪問看護療養費 家族訪問看護療養費	居宅において継続して療養を受ける状態にあり、訪問看護ステーションから訪問看護を受けたときに現物給付
移送費 家族移送費	傷病のため移動が困難な被保険者・被扶養者が、医師の指示で緊急的に、病院または診療所に移送されたときに給付
傷病手当金	・被保険者が業務外の傷病のため就労不能となり、給料を支給されないとき、または傷病手当金の額より少ないときに支給 ・支給額は休職4日目から支給開始日の以前の12か月間の各標準報酬月額を平均した額を30で割った額の3分の2、給料が出ているときはその分減額。支給期間は同一傷病について1年6か月を限度とする

| 高額療養費 | 1か月の一部負担金の額が一定額を超えた場合、超過分を原則として償還払い。自己負担限度額は、年齢と所得によって異なり、世帯員の複数負担を合算できる場合もある（世帯合算） |
| 高額介護合算療養費 | 1年間（8月から翌年7月）の療養の給付に係る一部負担金の額及び介護保険の利用者負担額の合計が、一定額を超えた場合に償還払い。自己負担限度額は年齢と所得によって異なる |

ここは覚える！

第31回では、本人に過失がある場合にも健康保険が適用されることが出題されました。故意の犯罪行為や故意に給付事由を生じさせた場合は適用されません。

ここは覚える！

第31・32・34・36回などほぼ毎回、傷病手当金について出題されています。支給開始日や支給額などを押さえておきましょう。

落とせない！重要問題

健康保険の被保険者が病気やケガのために会社を休んだときは、**標準報酬月額の2分の1に相当する額**が傷病手当金として支給される。 第32回

×： 支給開始日以前の12か月の各標準報酬月額を平均した額を30で割った額の3分の2である。

傷病手当金は、被扶養者は受給できません。

■ 出産に対する給付

| 出産育児一時金
家族出産育児一時金 | 被保険者・被扶養者が出産したときに、1児につき50万円を支給 |
| 出産手当金 | 被保険者が出産のため休職し、給料が支給されないときまたは支給されても出産手当金より少ないときその差額を支給。出産日以前42日から出産後56日までの期間、休業1日につき支給開始日の以前の12か月間の各標準報酬月額を平均した額を30で割った額の3分の2相当額 |

■ 死亡に対する給付

埋葬料 家族埋葬料	被保険者・被扶養者が死亡したときに、埋葬した家族に5万円を支給

▶ 国民健康保険

● 被保険者

　市町村国保の被保険者は都道府県の区域内に住所がある者です。強制加入ですが、被用者保険加入者、後期高齢者医療制度被保険者、生活保護受給者等は適用除外となります。以前は農業者・自営業者向けの保険といわれていましたが、最近は退職者などの無職者や、被用者保険の加入条件を満たさない被用者が多くなっています。

　市町村国保の保険料（税）は、市町村ごとに基準が異なり、最大で4つの基準（所得割・資産割・平等割・均等割）を使って計算されます（上限年間89万円：2024年度）。市町村国保は加入者すべてが被保険者ですが、保険料は個人単位ではなく世帯単位であり、被保険者が属する世帯の世帯主が負担します。被保険者が被用者であっても事業主負担はありません。

　2022（令和4）年度から未就学児の均等割額が2分の1に減額されることになり、2024（令和6）年からは出産被保険者の産前産後の保険料免除制度が追加されました。

ここは覚える！

第33回で、国民健康保険に被用者の一部も加入していることが出題されました。

● 保険給付

　健康保険の給付とほぼ同じですが、傷病手当金、出産手当金は一部の国民健康保険組合にしかなく、市町村国保にはありません。

ここは覚える！

第32回で、国民健康保険の被保険者に、出産育児一時金が支給されることが出題されました。

● 退職者医療制度

　被用者保険の被保険者が定年などで退職したときに加入します。退職者医療の給付費は、退職被保険者の保険料と被用者保険の拠出金で賄われます。保険料、保険給付及び自己負担は、国民健康保険と同じです。2014（平成26）年度末で新規の加入は廃止され、制度自体も2024（令和6）年4月に廃止されました。

高齢者医療制度　㉜ ㉞

▶ 後期高齢者医療制度

　後期高齢者医療制度は、それまでの老人保健制度に代わる制度として、2008（平成20）年度から実施されています。

● 保険者・被保険者

　保険者は、都道府県を単位とし、各都道府県内のすべての市町村で設立する後期高齢者医療広域連合です。被保険者は、75歳以上の者及び65〜74歳で寝たきりなど、一定の障害の状態にある者です。生活保護受給者は適用除外となります。

ここは覚える！

第32回で、75歳以上の全国民が被保険者となるかが問われました（生活保護受給者は適用除外）。

● 保険給付

　従来の老人保健制度の療養給付等とほぼ同じ給付内容で、給付率は9割（現役並み所得者は7割）です。2022（令和4）年10月から、9割給付の者のうち、一定所得以上の者は8割給付となりました。傷病手当金や出産に関する現金給付はありません。

● 保険料・財源

　保険料は、都道府県ごとに基準が決められており、被保険者が個人単位で均等割額と所得割額を合計した額（上限年間73万円：2024年度）を拠出します。軽減措置もあります。財源は、患者負担を除き、公費が約5割、現役世代から

の支援金（後期高齢者支援金）が約4割、被保険者の保険料が約1割です。公費の内訳は、国：都道府県：市町村＝4：1：1の割合です。

　また、2024（令和6）年度から後期高齢者医療制度が出産育児一時金の費用の一部を支援する仕組みが導入されます。

第32・34回で、後期高齢者医療制度の財源構成が問われました。

▶ 前期高齢者対象の制度

　前期高齢者である65歳以上75歳未満の者は、国民健康保険または被用者保険への加入を継続します。各医療保険の保険者は加入者数に占める前期高齢者の割合（被用者保険は一部報酬水準に応じて）によって生じる医療費負担の不均衡を調整するために、各保険者が納付する前期高齢者納付金を充てて財政調整を行っています。個人が加入する保険や保険料の仕組み等が変わるものではありません。

6 介護保険・労働保険制度

介護保険 ③① ③④

▶ 介護保険制度の仕組み

　高齢社会を迎え、今後さらに寝たきりや認知症の高齢者の急増が予想される状況を踏まえ、社会保険としての介護保険法が1997（平成9）年に制定され、2000（平成12）年に施行されました。

● 保険者

　保険者は、市町村及び特別区です。また、サービス基盤の整備等のため複数の市町村が集まって広域連合や一部事務組合を組織して運営することもできます。保険者は主に次の事務を行っています。なお、市町村及び特別区は、介護保険関係業務に係る経理について、特別会計を設置して行わなければなりません。

- 介護保険料の賦課・徴収
- 介護認定審査会を設置し、要支援・要介護認定を行い、保険給付の要否と給付額を決定
- 3年を一期とした介護保険事業計画の策定。都道府県には都道府県介護保険事業支援計画の策定義務がある

介護保険ができるまでの高齢者に対する介護サービスは、老人福祉法に基づく措置制度と、老人保健法に基づいて介護や看護を提供する仕組みの2つがありました。

● 被保険者と保険料

　被保険者は、市町村に住所のある者で、次の通り第1号被保険者と第2号被保険者があります。

■ 被保険者と受給権者

	第1号被保険者	第2号被保険者
対象者	65歳以上の者	40歳以上65歳未満の医療保険加入者
受給権者	要支援者と要介護者	加齢に伴って生じる16の特定疾病を原因とする要支援者と要介護者

　第1号被保険者の保険料は、市町村が条例で定めます。保険料は、所得段階別の定額保険料となっていますが、市町村のサービス給付水準が基準額に反映されるため、給付水準が高ければ保険料の基準額も高く設定されます。また、保険料は被保険者の所得に応じて標準13段階に設定されていますが、市町村の裁量でさらに段階を増やすこともできます。

　第1号被保険者の保険料の徴収方法は、年額18万円未満の年金受給者に対しては普通徴収となります（市町村窓口等へ直接支払い）。年額18万円以上の年金受給者は、年金から天引きされる特別徴収になります。

　第2号被保険者の保険料は、被保険者がそれぞれ加入する医療保険の保険料に上乗せして徴収されます。医療保険者は、これを介護給付費・地域支援事業支援給付金として社会保険診療報酬支払基金へ納付します。支払基金は医療保険加入者分を一括して、介護給付費交付金と地域支援事業支援交付金として、市町村に交付します。

他市町村から住所を移して当該市町村の施設サービスを利用する場合は、住所を異動する前の住所地の市町村が保険者となります。これにより、当該市町村の介護費用の集中を回避する効果があります。

● 保険給付・利用者負担

　保険給付を受けるには、要支援・要介護認定の申請を市町村窓口に行います。すると市町村の担当者による要支援・要介護認定のための訪問調査が行われ、その結果と主治医の意見書をもとに、保健・医療・福祉の専門家による介護認定審査会が開催されます。ここでの判定結果は、非該当(自立)、要支援1及び2(要介護状態になるおそれがあり、日常生活に支援が必要)、要介護1〜5（介護サービスが必要）の8区分のいずれかになります。

　介護保険サービスを利用した場合、原則として費用の9割が保険から支払われ、利用者の自己負担は1割が原則ですが、一定所得以上の第1号被保険者は、2割負担、特に所得の高い層については、3割負担となっています。

　これ以外に、施設でサービスを利用した場合（入院・入所等）は、居住費と食費が自己負担となります。これも、低所得者（市町村民税非課税世帯）は、補足給付（特定入所者介護（予防）サービス費）が支給され、居住費と食費の負担軽減が図られています。ただし、低所得者であっても一定額を超える預貯金等がある場合は、補足給付の対象から除外されています。

　また、在宅サービスの場合、要介護度に応じて支給限度額が定められており、支給限度額を超えた場合には、超えた分は全額自己負担となります。なお、自己負担額が1か月の合計で上限額を超えた場合は、超えた分を高額介護（予防）サービス費として支給する制度があります。

ここは覚える！

第31回では、居宅サービスの給付限度額が要介護度に応じて決定されること、後期高齢者であるという理由での利用者負担の減免はないこと、高額介護サービス費の上限額を超過した分はすべて保険から支給されることなどが出題されました。

● 介護給付費の審査・支払い・審査請求

　介護サービス費の請求に関する審査・支払業務は、都道府県ごとに設置されている国民健康保険団体連合会が市町村から委託を受けて行います。

　保険給付に関する保険者の処分、保険料その他の徴収金に関する処分に不服のある者は、都道府県に置かれている介護保険審査会に審査請求をすることができます。介護保険審査会は、被保険者・市町村・公益代表の三者によって構成されています。

▶ 介護保険サービスと保険給付

● 介護サービスの種類

保険給付には、要支援者に対する予防給付、要介護者に対する介護給付及び市町村特別給付があります。

ただし、要支援者は施設サービス（介護老人福祉施設（特別養護老人ホーム）、介護老人保健施設、介護医療院）を利用できません。このうち、介護老人福祉施設は要介護3以上が対象です。在宅の要介護者は、居宅介護支援事業者に介護サービス計画（ケアプラン）の作成を依頼できます。

📖 **市町村特別給付**：市町村が条例により独自に設けることができる介護保険給付である。財源は第1号被保険者の保険料。

ここは覚える！

第31回で、老人保健施設は1986（昭和61）年の老人保健法改正で創設されたことが出題されました。その後、介護保険法の制定に伴い、介護保険施設の一つとなりました。

● 地域支援事業

2006（平成18）年改正では、介護予防を推進し、地域における包括的・継続的なマネジメント機能を強化するため、市町村を実施主体として、次の地域支援事業が導入されました。

● 介護予防事業（必須）　　● 包括的支援事業（必須）　　● 任意事業

2011（平成23）年の改正では、要支援者と二次予防事業対象者に対するサービスを総合的かつ一体的に実施する介護予防・日常生活支援総合事業が創設されました。

この事業は、2017（平成29）年度からはすべての市町村で実施することとなり、これにより要支援者への訪問介護（ホームヘルプ）と通所介護（デイサービス）は、全国一律の給付ではなく、市町村を主体とする事業として提供されています。

📖 **包括的支援事業**：介護予防ケアマネジメント事業、総合相談・支援事業、権利擁護事業、包括的・継続的ケアマネジメント支援事業の4つがある。

● 地域包括支援センター

　地域支援事業実施において中核的役割を担う機関は、地域包括支援センターであり、中学校区に一つの目安で設置されています。運営主体は市町村または市町村から委託を受けた社会福祉法人、医療法人などであり、社会福祉士、主任介護支援専門員、保健師が配置されています。また、サービス事業者などで構成される地域包括支援センター運営協議会がこの事業の運営に関与することになっています。

● 介護保険の財源構成

　介護保険の給付費は、次のような財源構成になっています。市町村の介護保険財政の安定化を図るため、都道府県に財政安定化基金が設置されており、保険料収入に不足が生じた場合などに交付または貸し付けを行います。

■ 介護保険給付費の負担割合（2024〜2026年度）

		公費　50%			保険料　50%
居宅給付費	国 25%	都道府県 12.5%	市町村 12.5%	第1号被保険者 23%
施設等給付費	国 20%	都道府県 17.5%		第2号被保険者 27%

ここは覚える！

第31回では都道府県の負担割合、第34回では財源構成に第2号被保険者の保険料も含まれることが出題されました。

労働保険　㉛ ㉜ ㉝ ㉞ ㊱

　労働保険とは、労働者が被る業務上の傷病・障害・死亡及び失業というリスクに対応する保険であり、労働者災害補償保険（労災保険）と雇用保険の総称です。2つの保険制度は、原則としてすべての事業所が適用事業所になり、適用や保険料など一元的に処理されています。

公務員や船員の労災補償は、国家公務員災害補償法、地方公務員災害補償法、船員保険法に基づいています。

▶ 労災保険

● 労災保険の仕組み

労働者災害補償保険法は1947（昭和22）年に制定されました。労災保険は、原則としてすべての労働者を対象に、業務上または通勤による傷病・障害・死亡（それぞれ業務災害／通勤災害と呼ぶ）等に対して保険給付を行い、併せて社会復帰促進等事業を実施することにより、労働者の生活保障と福祉の増進を図ることを目的としています。労災保険の給付は、健康保険に優先して適用されます。年金保険の給付と併給することもできますが、労災保険の給付が減額されます。

保険者は政府であり、実際の事務を扱っているのは厚生労働省の組織である都道府県労働局と労働基準監督署です。適用事業には、労働者を使用するすべての事業に強制的に適用する強制適用事業と、個人経営の農林水産業などに適用する暫定任意適用事業があります。

適用労働者は、労働者を1人以上使用する事業所で働く労働者です。これは正社員・アルバイト・パートタイム労働者などの雇用形態にかかわらず、実質的な労使関係にある者をいいます。なお、自営業者の事業主や一人親方等も特別加入制度により、任意加入できます。

労災保険料は、全額事業主負担であり被保険者には課されません。保険料率は、業種ごとに過去の災害発生率などを考慮して定められています。一定規模の事業では、過去の業務災害による保険給付の状況に応じて、一定の範囲内で保険料率を増減させ（つまり、災害発生率が低いと保険料率が引き下げられる）、事業主の労働災害防止努力を促進しようとする制度であるメリット制が採用されています。

ここは覚える！

第31回では労災保険の保険料が全額事業主負担であることが、第33回では会社が保険料を滞納していた場合でも給付を受けられることが出題されました。また、第34回では雇用期間が6か月未満でも労災保険が適用されることが、第36回では労災保険を政府が管掌していることが問われました。

● 労災の認定

労災保険の給付の対象になるには、労働基準監督署により業務災害、複数業務要因災害あるいは通勤災害であると認定を受けます。業務災害の「業務上」

とは業務と傷病等の間に一定の因果関係があることであり、これまでの事例の積み重ねによって決まっていきます。複数業務要因災害は、複数事業労働者の2以上の事業の業務を要因とする傷病等のことを指し、2020（令和2）年9月から新設されました。

また、通勤災害の「通勤」とは、基本的には住居と職場の間を合理的な経路・方法で移動することをいいます。近年、精神障害や、業務の過重負担による「過労死」など、労災認定を巡る問題が複雑化してきています。

ここは覚える！

第31回で、業務上ではないケガは療養補償給付の対象にならないことが出題されました。第34回では、合理的な経路及び方法により通勤中に駅の階段で転倒し負傷した場合に給付が行われることが出題されました。

● **給付概要**

保険給付の種類は、業務災害と複数業務要因災害、通勤災害とでほぼ同じですが、業務災害の場合、下記の（　）内の「補償」の文字が入ります。複数業務要因災害の場合、各給付の名称の前に「複数事業労働者」の文字が入ります。

療養・休業の場合	
療養（補償）等給付	療養を要する場合は、労働者健康福祉機構が設置・運営している労災病院または労災指定医療機関等で療養の給付を現物給付（無料）。これ以外の医療機関等で療養を受ける場合には、療養に要した費用を現金給付
休業（補償）等給付	療養のため休業し賃金が受けられない場合には、休業4日目から休業1日につき給付基礎日額の60％相当額を支給
障害が残った場合	
障害（補償）等年金	労災保険の障害等級第1級から第7級までに該当するとき障害の程度に応じた年金を支給
障害（補償）等一時金	労災保険の障害等級第8級から第14級までに該当するとき障害の程度に応じた一時金を支給
労働者が死亡した場合	
遺族（補償）等年金	被災労働者の収入によって生計を維持していた遺族に年金を支給
遺族（補償）等一時金	遺族補償年金の受給資格者がいない場合などには、その他の遺族に一時金を支給
葬祭料等	葬祭を行う者に対して葬祭料を支給

	傷病が長期化した場合
傷病（補償）等年金	療養開始後1年6か月経過しても傷病が治らず、傷病による障害の程度が傷病等級第1級から第3級までに該当する場合には、休業補償給付に代えて支給
	介護が必要になった場合
介護（補償）等給付	障害補償年金、傷病補償年金受給者が、常時または随時介護を要する状態にあって、実際に常時または随時介護を受けている場合に金銭給付

　労働安全衛生法に基づく一次健康診断において、脳血管疾患及び心臓疾患を発症する危険性が高いと診断された場合、二次健康診断と特定保健指導が給付されます。

ここは覚える！

第33回で、療養給付（通勤災害）の自己負担や、同一の負傷について健康保険の療養の給付は行われないことが出題されました。第36回では、療養補償給付を受ける場合は自己負担がないことが出題されました。

ここは覚える！

第32回で、業務災害による療養のため休業し、賃金を受けられない日が4日以上続くと休業補償給付を受けられることが出題されました。第33回では、障害厚生年金が支給される場合、労働者災害補償保険の障害補償年金は一部減額されて支給されることが出題されました。

● 社会復帰促進等事業
　労災保険は、業務災害、複数業務要因災害、通勤災害に関する給付と併せて、社会復帰促進等事業を実施しています。これには、被災労働者の社会復帰促進の事業と、特別支給金などの被災労働者とその遺族の援護等の事業があります。

▶ 雇用保険
● 雇用保険の仕組み
　雇用保険法は、それまでの失業保険法（1947（昭和22）年）に代わって、1974（昭和49）年に制定されました。雇用保険は、労働者が失業したり、雇用継続が困難となった場合に、必要な給付を行うことによって労働者の生活と雇用の安定を図るとともに、労働者の福祉の増進を図ることを目的としています。

　保険者は政府であり、実際の事務を扱うのは都道府県労働局と公共職業安定所（ハローワーク）です。適用事業は、業種や規模などを問わず労働者を使用するすべての事業です。適用事業所の事業主は、管轄の公共職業安定所への被保険者資格取得（喪失）の届出や保険料の納付などの義務を負います。

　被保険者は、一般被保険者のほか、高年齢被保険者（65歳以上）、短期雇用特例被保険者及び日雇労働被保険者の全部で4区分があります。パートタイム等短時間労働者は、所定の労働時間（1週間当たり20時間以上）、雇用期間（31日以上）を満たせば一般被保険者となります。

　さらに、2022（令和4）年1月から、複数の事業所に雇用される65歳以上の者で、2つの事業所の労働時間を合計して週20時間以上になる場合も被保険者（マルチ高年齢被保険者）となることができるようになりました。

ここは覚える！

第34回で、雇用保険の保険者（政府（国））や、パートタイマーやアルバイトの雇用保険の適用要件（労働時間）について問われました。

● 給付概要

　雇用保険に基づく給付には、求職者給付、就職促進給付、雇用継続給付及び教育訓練給付からなる失業等給付と、育児休業給付があります。育児休業給付は、2020（令和2）年度より失業等給付から独立して位置づけられるようになりました。

求職者給付	求職者給付（基本手当）	
	・離職の日以前2年間に通算して12か月以上、倒産・解雇等の場合、離職前1年間に通算6か月以上の被保険者期間のある者に、賃金日額の5〜8割を基本手当日額として給付（上限・下限あり） ・賃金日額とは、離職の日までの直前の6か月間に支払われた賃金総額（賞与等は除く）を180で割った額	
	高年齢求職者給付金	
	高年齢被保険者が失業した場合は、被保険者であった期間に応じて、基本手当日額の30日分または50日分を一時金として支給	
	技能習得手当・寄宿手当	
	・再就職を促進するため公共職業訓練等を受講する場合に支給 ・技能習得手当には、受講手当、通所手当がある	
	傷病手当	
	受給資格者が求職申込み後、傷病のため仕事に就けず、かつ基本手当が支給されない場合に支給	

就職促進給付	**就業促進手当**
	・就職促進給付には、就業促進手当、移転費、求職活動支援費がある
	・就業促進手当には、再就職手当と就業手当等があり、基本手当の支給残日数が一定の日数以上あって、安定した職業に就いた場合に再就職手当を、アルバイトなど再就職手当の対象にならない職業に就いた場合は就業手当を支給
雇用継続給付	**高年齢雇用継続給付**
	・被保険者であった期間が5年以上ある60歳以上65歳未満の被保険者で一定の条件を満たす者が対象
	・高年齢雇用継続基本給付金と高年齢再就職給付金があり、前者は60歳時点の賃金、後者は直前の離職時点の賃金のそれぞれ75％未満に低下した状態で働き続ける場合に支給
	介護休業給付
	・家族介護のために介護休業を取得した被保険者に、休業前賃金の67％相当額を支給
	・支給は支給対象となる家族の同一要介護につき3回（最長3か月）が限度
教育訓練給付	**教育訓練給付金**
	・一定の要件を満たす被保険者（在職者）または被保険者であった者（離職者）が、厚生労働大臣指定の教育訓練を受講し修了した場合に、支払った教育訓練経費の20％（上限10万円）を支給
	・特定一般教育訓練を受講し修了した場合に、支払った教育訓練経費の40％（上限20万円）を支給
	・専門実践教育訓練を受講した場合には、支払った教育訓練経費の50％（年間上限40万円）が支給。さらに修了後に資格を取得して雇用された場合は20％相当額（年間上限16万円）が追加で支給
	・45歳未満等一定の要件を満たし、失業状態にあるが基本手当が支給されない場合で専門実践教育訓練を受講した場合、訓練期間中に教育訓練支援給付金として基本手当の額の80％が支給される
育児休業給付	**育児休業給付金**
	・1歳未満または1歳2か月（支給対象期間の延長に該当する場合は最長2歳未満）の子を養育するため、育児休業を取得した被保険者に、休業前賃金の50％を支給
	・育児休業開始から6か月までは67％相当額を支給
	出生時育児休業給付金
	・2022（令和4）年10月から出生時育児休業（産後パパ育休）が実施されるのに伴い新設
	・給付は、休業前賃金の67％相当額

■ 育児休業給付の改正予定

出生後休業支援給付（2025（令和7）年度実施予定）
出生後8週間以内（産後休業を取得した場合は16週間以内）に、両親とも育児休業を14日以上取得した場合、28日間を上限に休業前賃金の13％相当額（育児休業給付や出生時育児休業給付に上乗せ）
育児時短就業給付（2026（令和8）年度実施予定）
2歳未満の子を養育するために時短勤務をしている場合、時短勤務中に支払われた賃金額の10％

 ここは覚える！

第33回で、雇用継続給付には、営業休止による休業時の給付は含まれていないことが出題されました。第34回で、自己都合退職の場合も基本手当を受給できることが問われました。

 ここは覚える！

第31回で、介護休業制度を利用し、賃金が支払われなかった場合に介護休業給付金を受給できることが出題されました。

 ここは覚える！

第32回で、育児休業給付が雇用保険から支給されること、受給期間は最長で子が2歳になるまでであることが出題されました。第34回で育児休業給付が失業等給付から独立した給付となったことが問われました。

落とせない！重要問題

雇用保険の育児休業給付金及び介護休業給付金の支給に要する費用には、国庫負担がある。 第34回

○：なお、雇用保険の国庫負担は給付全体に一律に行われるのではなく、給付の種類によって負担の有無や負担割合に差がある。

● 雇用保険二事業

雇用保険は、失業等給付のほか、労働者の福祉の増進を図るため、雇用安定事業と能力開発事業を実施しています。雇用安定事業は、雇用状態の是正や雇用機会の増大などを目的とし、また能力開発事業は、労働者の能力の開発や向上を目的にしており、それぞれ助成金の支給などを行っています。

このうち、雇用調整助成金制度は、景気の変動など経済上の理由による企業収益の悪化から、事業活動の縮小を余儀なくされたときに、事業主が解雇を避け、雇用する労働者を一時的に休業させたり教育訓練を受けさせたり、または出向させたりして雇用を維持する場合、それらにかかる手当等の一部を助成するものです。

新型コロナウイルス感染症に伴い、休業手当等の助成率や上限が期間限定で引き上げられていました。

■ 雇用調整助成金制度の要件と受給額

事業活動縮小要件	最近3か月の生産量・売上高などが前年同期比10%以上減少	
支給限度日数	1年間で100日間、3年間で150日	
助成内容	大企業	中小企業
賃金・休業手当	1／2	2／3
教育訓練	1日1,200円	

母子家庭の母や障害者などで就職が特に困難な場合は、ハローワークや職業紹介事業者の紹介によって、継続して雇用する事業主に対して特定求職者雇用開発助成金が支給されます。

ここは覚える！

第34回で、雇用調整助成金が事業主に対して支給されることが問われました。

● 財源

雇用保険の財源は、保険料と国庫負担です。失業等給付と育児休業給付にかかる保険料は事業主と被保険者が折半して負担していますが、雇用安定事業と能力開発事業の雇用保険二事業に要する費用は、事業主のみが負担します。国庫は、求職者給付と介護休業給付、育児休業給付に要する費用の一部を負担します。

ここは覚える！

第31・34回で、育児休業給付金並びに介護休業給付金に対する国庫負担があることが問われました。第34回では、雇用保険二事業の費用は事業主のみが負担することも出題されました。

▶ 求職者支援制度

　雇用保険を受給できない失業者を主な対象者として「求職者支援法」が2011（平成23）年に施行され、無料の職業訓練、職業訓練を受講するための給付金の支給、強力な就職支援がハローワークにおいて実施されています。

　対象者は、雇用保険の適用がなかった者、加入期間が足りず雇用保険の給付を受けられなかった者、雇用保険の受給が終了した者、学卒未就職者や自営廃業者などです。給付金の受給には、収入や資産の要件、職業訓練への出席が求められます。

Q — A

☐ **1** 1950（昭和25）年の社会保障制度審議会の勧告では、日本の社会保障制度は租税を財源とする社会扶助制度を中心に充実すべきとされた。第32回　×

☐ **2** 社会保険は、各被保険者の保険料とそれにより受け取るべき給付の期待値が一致するように設計されなければならない。第31回　×

☐ **3** 児童手当の支給対象となる児童の年齢は、12歳到達後の最初の年度末までである。第30回　×

☐ **4** 「2023（令和5）年労働力調査」（総務省）によれば、2023（令和5）年平均の完全失業率は5％を超えている。第31回改変　×

☐ **5** ワーク・ライフ・バランスとは、定年退職後も安定した就労機会を実現する政策理念のことである。第33回　×

☐ **6** 「令和3（2021）年度社会保障費用統計」によると、社会保障給付費の対国内総生産比は、40％を超過している。第34回改変　×

☐ **7** 「令和6年版地方財政白書」によると、民生費の目的別歳出の割合は、市町村では児童福祉費よりも老人福祉費の方が高い。第36回　×

☐ **8** 国民年金法が1959（昭和34）年に制定され、自営業者等にも公的年金制度を適用することにより、国民皆年金体制が実現することになった。第30回　○

☐ **9** 介護保険の保険料は、都道府県ごとに決められる。第36回　×

☐ **10** 国民年金の第1号被保険者の月々の保険料は、その月の収入に応じて決まる。第36回　×

解説

1 中心とされたのは社会保険制度である。

2 期待値が必ずしも一致しないのが社会保険である。

3 児童手当の支給対象となる児童の年齢は、18歳到達後の最初の年度末までである。

4 2023（令和5）年平均の完全失業率は、2.6％であった。

5 「仕事と生活の調和」のことであり、年代を限定するものではない。

6 対国内総生産（GDP）比は25.20％であり、40％を超過していない。

7 児童福祉費が9.4兆円（38.3％）、老人福祉費が4.3兆円（17.3％）で児童福祉費の方が高い。

8 1959（昭和34）年に国民年金法が制定され、1961（昭和36）年から国民年金の拠出制（社会保険方式）年金が始まったことで、「国民皆年金体制」が実現した。

9 介護保険の保険料は、市町村ごとに決められる。

10 国民年金の保険料は定額である。

Q ⟶ **A**

☐ **11** 障害基礎年金を受給していると、国民年金の保険料納付は免除される。
第33回　　　　　　　　　　　　　　　　　　　　　　　　　　　　　　〇

☐ **12** 障害厚生年金の受給は、障害認定日が厚生年金保険の被保険者期間内
でなければならない。 第28回　　　　　　　　　　　　　　　　　　　　×

☐ **13** 後期高齢者医療制度には、75歳以上の全国民が加入する。 第32回　　×

☐ **14** 出産育児一時金は、産前産後休業中の所得保障のために支給される。
第36回　　　　　　　　　　　　　　　　　　　　　　　　　　　　　　×

☐ **15** 公的医療保険による保険診療を受けたときの一部負担金の割合は、義
務教育就学前の児童については1割となる。 第35回　　　　　　　　　×

☐ **16** 将来の無年金者の発生を抑える観点から、2012（平成24）年改正に
より、老齢基礎年金の受給資格期間を25年から30年に延長した。
第30回　　　　　　　　　　　　　　　　　　　　　　　　　　　　　　×

☐ **17** 労災保険の保険料は、事業主と労働者が折半して負担する。 第35回　×

☐ **18** 労働者災害補償保険の療養補償給付を受ける場合、自己負担は原則1割
である。 第36回　　　　　　　　　　　　　　　　　　　　　　　　　×

☐ **19** 雇用保険の基本手当は、自己の都合により退職した場合には受給でき
ない。 第34回　　　　　　　　　　　　　　　　　　　　　　　　　　×

☐ **20** 雇用保険の被保険者が育児休業を取得した場合、休業開始時賃金日額
の40％の育児休業給付金が支給される。 第30回　　　　　　　　　　×

解説

11 国民年金の第一号被保険者が障害基礎年
金を受給している場合は、保険料の法定
免除の対象となる。

12 障害認定日が被保険者期間内である必要
はない。その必要があるのは、初診日で
ある。

13 生活保護受給者は除かれる

14 出産育児一時金は出産費用を賄うために
支給される。

15 義務教育就学前の児童については2割と
なる。

16 2012（平成24）年改正に基づき、2017（平
成29）年8月から老齢基礎年金の受給に必
要な受給資格期間は25年から10年に短縮
された。

17 全額事業主負担である。

18 療養補償給付は、無料で受けられる。

19 基本手当は、自己都合退職でも受給でき
るが、正当な理由のない自己都合の退職
の場合は2～3か月の給付制限が課され、
給付の開始が先延ばしになる。

20 最初の6か月は休業開始前賃金日額の
67％、その後は50％となっている。

第 **6** 章

権利擁護を支える
法制度

この科目のよく出るテーマ5

❶ 成年後見事件の概況

　成年後見制度の利用状況の動向は、毎回ではありませんが、これまで最も多く出題されています。成年後見等開始審判の申立て件数の推移、申立ての動機、市町村長申立て件数、親族後見人と第三者後見人の就任割合、認容率など、最新の基本的な統計データ（最高裁判所ホームページを参照）を確認し把握しておく必要があります。

❷ 成年後見人等の職務

　後見等申立てに関するもの、法定後見人としての成年後見人、保佐人、補助人だけではなく、任意後見人も含めた職務内容と権限や義務についても出題されています。同意権や代理権の内容についても整理しておきましょう。

❸ 成年後見制度利用促進法の関連施策

　2016（平成28）年に成年後見制度利用促進法が施行され、制度を必要とする多くの人が利用しやすくするために、各市町村は2017（平成29）年から第一期成年後見制度利用促進基本計画の策定を進めました。しかし、十分な成果を出せていないため、2022（令和4）年から第二期計画が定められました。これらの法律や計画に関する事項が出題されています。

❹ 民法

　契約から家族法に至るまで幅広く出題されています。様々な契約の種類、消費者契約法や特定商取引法・クーリングオフについて出題がされています。また、親族法や相続に関しても整理しておいてください。

❺ 行政法

　行政行為の効力の原則、行政手続き、行政不服申立てとしての審査請求の内容、行政訴訟の種類など、行政法全般にわたって出題がされています。また、国家賠償法についても押さえておく必要があります。

攻略のポイント

第36回試験までは7問出題されていましたが、第37回試験以降は6問の予定です。成年後見制度に関しては、一般的な基礎知識はもちろん事例問題などでその応用力が問われることもあるため、より実践的な場面を想定して整理しておきましょう。

1 ソーシャルワークと法のかかわり

福祉サービスの利用と契約

　社会福祉基礎構造改革によって、高齢者の介護サービスや障害者の福祉サービスは、その利用システムが措置制度から契約制度に変わりました。契約は「当事者間の互いの合意に基づく約束事」であり、当事者以外の者が本人に代わって勝手に契約することはできないということになります。

　しかし、福祉サービスを必要とする人たちの中には、理解力や判断能力が不十分で自分では契約できない人も少なくありません。本来であれば、契約者本人から依頼を受けた人が本人に代わって代理行為として契約を締結できますが、現実には、依頼をすることすらできない人たちがいます。

　このことは、措置制度から契約制度への移行に際して、配慮が必要な大きい問題でした。そこで導入されたのが成年後見制度です。そして、成年後見制度を補完する形で、福祉サービス利用援助事業（日常生活自立支援事業：旧地域福祉権利擁護事業）ができました。これらの制度は、現在、まだ十分に普及して活用されているとはいえませんが、法的に有効となる契約を締結するためには必要ですので、十分に理解しておかなければなりません。

　措置制度から契約制度への転換で、成年後見制度の必要性がより明らかになり、国は当初、この制度の利用を進めようとしました。ところが、家庭裁判所

の処理能力に数的な制約があるため、国はとりあえず「成年後見制度の十分な活用、普及が図られるまでの間は、利用者本人の意思を踏まえられることを前提に、本人が信頼する者が本人に代わって契約を行うことも、サービスの円滑な利用を確保するために止むを得ない場合がある」と応急的な対応を許してしまいました。つまり、介護サービスや障害福祉サービスの利用に際して、家族などが代わりに契約している現状は、決して本来的ではなく経過措置的な対応であるといえます。

　福祉サービスを利用するときに結ぶ契約以外の法律行為（遺産相続、財産分与、その他の生活上の契約行為など）に関しては、本来の契約の考え方によって対応されています。このような対応は、融通が利かないというよりも、むしろ本来的であるといえます。

> 何の権限ももたない人が、本人に代わって代理行為をすることを無権代理といいます。追認しなければ、法的効力は発生しません。

📖 **代理行為として契約**：通常、依頼者から「委任状」をもらって対応すること。委任契約の受任者として本人を代理して契約を締結する。

消費者被害と消費者保護　㉟

　民法は、私的自治の考え方に従って、当事者同士が合意した上での契約は原則として成立するという考え方をしています。しかし実際には、一人暮らしの高齢者を狙った悪徳業者による訪問販売などで、不当に高価な品物を購入してしまった事件や、契約内容の理解ができず騙されて売買契約を結んでしまった障害者の事件が多数報じられました。そこで消費者を保護する観点から、消費者契約法や特定商取引法、またクーリングオフの制度が作られました。

　特に、理解力や判断能力が不十分な認知症高齢者、知的障害者、精神障害者などが被害にあいやすいため、ソーシャルワーカーは成年後見制度の活用や消費生活センターと連携し、被害にあいやすい人たちの権利を擁護（以下の項で詳述）していかなければなりません。

■ **私的自治**：民法では、契約主体を理性的に判断して合理的に行動する存在として、契約主体による契約自由の原則を大前提としている。

■ クーリングオフ制度の適用される取引と期間

訪問販売	法定契約書面の交付日から8日間
割賦販売	クーリングオフ制度の告知から8日間
保険契約	法定書面の交付日か、申し込みをした日のいずれか遅い方の日から8日間
海外先物取引契約	契約締結の翌日から14日間
現物まがい商法	法定契約書面の交付日から14日間

クーリングオフは、文書などで通知する場合は発信主義（発信時から効力が発生するとする立場）を規定しているので、8日間までに通知すれば書面が9日目に届いても有効です。

ここは覚える！

第35回で、消費者被害への対応が事例問題で出題されました。

社会福祉士と法律問題

社会福祉士の相談援助は、実に多岐にわたります。社会福祉士の相談援助活動は、何らかの理由で生活に支障をきたしている人たちの生活課題への援助的対応が欠かせません。特に生活の継続のために必要な経済面での安定が求められます。

また消費者金融などから借金を繰り返し、多額の負債を抱え込んでしまった人たちも少なくありません。騙されて消費貸借契約の保証人になり、保証人が自己破産しなければならないような場合もあります。

借金の整理には、自己破産や任意整理などがありますが、社会福祉士が対応するには困難な問題が多く、弁護士や司法書士など法律の専門家との連携が必要となります。

収入がほとんどなく生活保護を受給している人たちからの相談もあります。

不当に生活保護の支給を減額されたりストップされたりして生活が困窮した場合には、行政不服審査法に基づく審査請求によって不服申立てを行うことができます。また、民法だけではなく、行政法についても基本的な事項については把握しておかなければなりません。行政法については、第3節で解説します。

自己破産などの申立ての手続きは、社会福祉士が直接行うのではなく、弁護士や司法書士に依頼して行います。制度の存在を理解して、他の専門職と連携して対応することが重要です。

日本国憲法とその基本原理

日本国憲法の基本原理は、民主主義の徹底と、平和主義の実現です。民主主義に対しては国民主権と基本的人権が、平和主義に対しては戦争の放棄が主なものになります。

国民主権	政治を最終的に決定する権限は国民にあるとする考え方。日本は、国民に選ばれた国会議員によって議院内閣制をとっており、国会が国権の最高機関であり、また唯一の立法機関とされている
三権分立	憲法では、国会に立法権を、内閣に行政権を、裁判所に司法権を分けて、権限が一極に集中しない仕組みとなっている
基本的人権	「すべての人は生まれながらにして自由、平等である」という考え方を基本とし、憲法では、基本的人権は公共の福祉に反しない限り認められる。基本的人権は包括的人権と個別的人権に大別される

基本的人権は日本国民に限らず、外国人に対しても認められると解釈されています。また、憲法のすべての条文にこの文言が明記されているわけではありませんが、実際的にはこの制約を受けることになります。

■ 包括的人権と個別的人権

包括的人権	・基本的人権の永久不可侵性（11条） ・自由と権利の保持責任と濫用禁止（12条） ・個人の尊重（13条・24条） ・幸福追求権（13条） 　①プライバシーの権利　②自己決定権　③人格権　④名誉権　⑤肖像権　他

個別的人権	平等権	・法の下の平等（14条） ・家族生活における両性の平等（14条） ・教育の機会均等（26条） ・選挙における平等（15条・44条）
	自由権	・精神的自由権 　①思想・良心の自由（19条） 　②信教の自由（20条） 　③集会・結社及び表現の自由（21条） 　④学問の自由（23条） ・身体的自由権 　①奴隷的拘束及び苦役からの自由（18条） 　②刑事手続及び行政手続の基本原則（31条・39条） 　③刑事被疑者・刑事被告人の権利（33〜38条） ・経済的自由権 　①住居・移転・職業選択の自由（22条） 　②財産権（29条）
	社会権	・生存権（25条）　　　　　・教育を受ける権利（26条） ・勤労の権利（27条）　　　・労働基本権（労働三権）（28条）
	受益権	・請願権（16条）　　　　　・国家賠償請求権（17条） ・裁判請求権（32条）　　　・刑事補償請求権（40条）
	参政権	・公務員の選定・罷免権（15条）

📖 **労働基本権：**団結権、団体交渉権、団体行動権の3つの権利のこと。団結権とは団体を組織する権利で、団体行動権とは、ストライキを行う権利。

ここは覚える！

第33回では財産権の制限について、第35回では基本的人権に関する最高裁判所の判断について、第36回では社会権の内容について出題されました。

▶ 国民の義務

憲法には、勤労、納税、教育が国民の三大義務として明記されています。

■ 基本的義務と具体的義務

一般的基本的義務	・自由・権利の保持義務・濫用禁止（12条） ・自由・権利の公共の福祉のための利用義務（12条・97条） ・憲法尊重擁護義務（99条）
個別的具体的義務	・教育を受けさせる義務（26条） ・勤労の義務（27条） ・納税の義務（30条）

▶ 朝日訴訟と堀木訴訟

　憲法25条をめぐっての憲法裁判としては、朝日訴訟と堀木訴訟が有名です。朝日訴訟は、憲法25条に基づき生活保護の基準が争われた事件で、堀木訴訟は障害福祉年金と児童扶養手当の併給禁止が争点でした。このそれぞれの訴訟事件の判決は、裁量権の濫用や逸脱があった場合には司法的救済を求めることができることを認めています。

▶ 社会福祉基礎構造改革と権利擁護

　社会福祉基礎構造改革は、それまでの措置制度から契約制度への移行や、サービス利用者と提供事業者の対等な関係を目指すなど、従来の福祉のあり方を大きく変えました。憲法25条「すべて国民は、健康で文化的な最低限度の生活を営む権利を有する。…以下省略」（生存権の保障）に加え、憲法13条「すべて国民は個人として尊重される。…以下省略」（幸福追求権）を志向することが明確になりました。

　しかしながら、「個人の尊厳」を重視して自己選択、自己決定が可能となる自立した生活の保障は、市場原理を導入して規制緩和や民営化が進められましたが、理念通りには実現できていないのが現状です。

　また、虐待に関しては、児童虐待防止法、障害者虐待防止法、高齢者虐待防止法、DV防止法などの法律が定められ、対策がとられていますが、虐待の定義やその対応内容には違いがあります。

ここは覚える！

第32回で、虐待や暴力等に関する関係機関の役割について出題されました。

2 民法

住居の確保

施設への入所

- 契約の種類や原則
- 相続や親族の概念の理解が必要！

介護の契約

見守り

契約 ㉜ ㉝

　契約は申込みと受諾の意思表示が合致して成立します。契約は口頭でも有効で、契約書は契約成立そのものの要件ではありません。私たちの日常生活は、例えば日用品の購入などの契約行為を抜きにしては成り立ちません。

▶ 契約の種類

有名契約	・売買契約　　・賃貸借契約　　・委任契約　　・請負契約　　・贈与　　・寄託
無名契約	民法上、名称がない契約。有名契約のどれにも該当しない契約
諾成契約	双方の合意のみで成立する契約
要物契約	お金の貸し借りのように合意した上で何らかの物が介在して初めて効力が発生する契約
双務契約	双方が互いに義務を負う契約
片務契約	どちらか一方のみが義務を負う契約

　例えば、弁護士に委任する契約は、法律行為を委任するので委任契約です。また、代理権をもたない者が当事者に代わって無権代理契約をした場合でも、当事者が後に追認すれば、契約時に遡ってその行為は有効となります。

ここは覚える！

第33回で、賃貸借契約に関する事例問題が出題されました。

▶ 契約責任

契約を締結した場合、その契約内容に従って互いの義務を履行しなくてはなりません。契約通りの義務を果たさなかった場合は契約債務不履行となり、賠償責任が生じます。

▶ 契約自由の原則

民法はあくまでも市場においての自由な取引を保護する制度で、契約で特別なルールを設けることが認められています。私たちの生活は、原則的には自由な契約により成立しています。

一般的にみて、不当に高額であると思われる商品であったとしても、購入した本人に異論がなければ、その売買契約は成立するということになります。

▶ 法律行為の瑕疵

しかし、すべてを自由な契約にゆだねてしまうと、特に理解力や判断能力が不十分な人などは、不利な内容の契約をしてしまうことがあります。例えば、売買契約などで、錯誤（思い込みや思い違い）や詐欺（騙されて）、強迫（脅されて）などがあった場合（「法律行為の瑕疵」という）には、その契約は取り消すことができるとされています。

民法には「消費者」という概念がありません。原則的には、自由な個人が対等に契約を締結することを前提としています。

しかしながら、消費者と事業者では、その情報力や交渉能力には大きな格差があり、実際に様々な消費者被害が起きています。こうした事態に対応するために、2000（平成12）年に消費者契約法が成立、翌年施行されました。目的は、次の通りです。

- 事業者の行為によって消費者が誤認や困惑した場合には、契約の申込みやその承諾の意思表示を取り消すことができる
- 事業者の損害賠償責任を免責する条項、その他消費者の利益を不当に害する条項を無効にする
- 消費者の被害の発生または拡大を防止するため、適格消費者団体が事業者に対して差し止め請求することができる

　事業者と消費者との間で締結される契約を消費者契約と呼びますが、介護サービス契約や福祉施設入所利用契約も消費者契約に当たります。

ここは覚える！

第32回で、消費者契約法の契約の取り消しが出題されました。不実の告知、断定的判断の提供、不利益事実の不告知、不退去、退去妨害などの行為を事業者が行った場合は、契約を取り消すことができます。

▶ 契約不適合責任

　2017（平成29）年の民法改正により、これまでの瑕疵担保責任に代わって契約不適合責任の規定が設けられました。瑕疵担保責任は、売買の目的物に隠れた瑕疵がある場合に、売主が買主に対して責任を負う規定でしたが、改正法では隠れた瑕疵を含めて目的物が契約に適合しない場合の規定に統合されました。

　契約不適合責任の追及は、買主が不適合を知ってから1年以内に売主に通知して行わなければなりません。

不法行為　㉝

　契約した当事者以外の間で事故が発生した場合、不法行為責任が問題になります。

▶ 損害賠償責任

　例えば、介護サービス事業者と利用契約を結び、介護サービスを利用していて、スタッフが利用者に怪我をさせてしまった場合、事業所のスタッフの対応に

故意または過失があれば、そのスタッフには個人としての不法行為責任が発生します。また、事業者も使用者責任を負うことになります。

　加害者が公務員の場合には、国家賠償法が適用されます。公務員であるスタッフが故意または過失で利用者に損害を与えてしまった場合、国家公務員であれば国が、地方公務員であれば地方公共団体が損害賠償をすることになります。

> 賠償の方法には、金銭賠償のほかに、名誉が毀損された場合の謝罪広告などの方法もあります。

▶ 損害賠償請求権

　不法行為による損害賠償請求権は、損害を被り加害者を知ったときから3年間（生命または身体の侵害の場合は5年）行使しないと時効により消滅します。また、不法行為の時から20年を経過した場合は行使できません。

▶ 免除条項の無効

　損害賠償責任の免除条項を次の場合は無効にできます。

- 事業者の債務不履行によって消費者に生じた損害を賠償する責任の全部または一部を免除する条項
- 債務の履行に際してなされた不法行為によって生じた消費者の損害を事業者が賠償する責任の全部または一部を免除する条項
- 契約の目的物の瑕疵によって消費者に生じた損害を事業者が賠償する責任の全部を免除する条項

> 不法行為が成立するためには、行為者に責任能力がある必要があります。例えば、幼児には責任能力はないので不法行為責任は負いません。しかし、親が監督責任者として監督責任が問われる可能性はあります。

ここは覚える！

第33回で、福祉施設内の暴力事件における関係当事者の民事責任について事例問題が出題されました。

親族とは、身内や親戚などと混同されますが、法的には「6親等内の血族、配偶者、3親等内の姻族をもって構成する」とされています。血族とは血のつながりのある親族のことであり、姻族とは婚姻によって親族になった者です。

▶ 結婚

民法では、18歳にならなければ婚姻することができないと定めています。また、法律婚主義をとっているため、夫婦として法的な保護を受けるためには婚姻届を出す必要があります。

実質的には結婚し夫婦として生活していても、婚姻届が出されなければ法的には夫婦として認められません。いわゆる内縁の夫婦ということになります。内縁の夫婦に対する法的な保護は、相続権を除いてほとんどが認められるようになってきています。

▶ 離婚

離婚は、離婚届を提出すれば成立します。離婚の理由は問われません。離婚の多くは協議離婚ですが、協議離婚が成立しない場合は、調停離婚、審判離婚、裁判離婚などがあります。

結婚したときに氏（姓）を改めた者は、離婚によって元の氏に戻りますが、3か月以内に届け出れば、氏をそのまま使用（婚氏続称）することもできます。

▶ 嫡出子と非嫡出子

婚姻をした夫婦の子を嫡出子、内縁の夫婦も含めて婚姻届のない男女間の子を非嫡出子と呼びます。非嫡出子の法的な親子関係は、母子の場合は分娩、父子の場合は認知によって成立します。

認知とは、非嫡出子とその父親または母親との間に、法律上の親子関係を発生させる制度です。父親が認知した子は、その父母の婚姻によって嫡出子の身分を得ます（準正）。

▶ 親権

親権は、親が自分の子を監護教育する権利であると同時に義務でもあります。親権に服するのは未成年の子に限られ、通常の場合は、夫婦共同親権が原則です。

親権の内容は、子に対する身上監護・教育、子の財産管理が主となりますが、その他にも居所指定権、職業許可権等があります。

第34回で、親権の内容について問われました。未成年の子が結婚した場合は、成人とみなされるので親権はなくなります。

▶ 扶養義務

民法では、夫婦、親、直系血族と兄弟姉妹、3親等内の親族に扶養義務を規定しています。夫婦や親子が同居して世話をする義務があることは当然ですが、直系血族と兄弟姉妹、3親等内の親族の場合には、経済的支援における生活扶養義務であり、介護義務や監護教育義務は含まれないものとされています。

■ 親権者の決定と変更

	ケース	親権者
養子縁組	①子が養子になった場合	実親がいても養親が親権者となる
	②養親の一方が死亡した場合	他の一方が単独親権者となる
	③養親がともに死亡した場合	養子縁組は解消しないので養親が親権者のままで後見が開始する
	④養子が養親双方と離縁した場合	実親の親権が回復し、実親が親権者となる
父母離婚	⑤父母が協議離婚した場合	・協議により一方に確定する ・協議が不調または不能な場合は家庭裁判所の裁判で定める
	⑥父母が裁判または審判離婚	家庭裁判所が親権者を定める

■ 養子縁組の種類

	戸籍	実親との関係	条件
普通養子縁組	養子	二重の親子関係	・養子が養親の「尊属」、「年長者」でないこと ・15歳未満は法定代理人の承諾が必要 ・自己または配偶者の未成年者を養子とするとき（連れ子） ・後見人が被後見人を養子とするときは家庭裁判所の許可が必要
特別養子縁組	長男等	親族関係は消滅	・養子は請求時15歳未満でなければならない ・養親は25歳以上の配偶者のある者 ・家庭裁判所の審判が必要

■ 嫡出子と推定されるケースとされないケース

嫡出子と推定される子	・妻が婚姻中に懐胎した子 ・婚姻の成立の日から200日を経過した後に生まれた場合 ・婚姻の解消・取消の日から300日以内に生まれた場合（ただし、再婚後に生まれた子は前夫との離婚後300日以内であっても新しい夫の子と推定） ・ただし、婚姻の成立から200日以内に生まれた子の場合、戸籍実務上は嫡出子（準正）として処理
嫡出子の推定が及ばない子	・婚姻届を出していない事実上の夫婦（内縁）の場合 ・婚姻届を出し戸籍上は夫婦だが、事実上別居、離縁の状態にある場合 ・夫が長期にわたり海外に滞在中や疾病のため入院中の場合 ・子が離婚の日から300日を超えた時点で生まれた場合

相続　㉝ ㊱

　相続は死亡によって開始されます。相続遺産に含まれるものは、預貯金や不動産などの所有権、損害賠償請求権、借地権、借家権等の諸権利や金銭債務などの各種義務があります。

▶ 相続の承認

　相続の承認には、単純承認と限定承認があります。単純承認は、無条件で相続する意思を示すことであり、限定承認とは、被相続人の相続債務（消極財産）につき相続財産の限度で責任を負うということです。

　相続をしない場合は相続放棄をすることができます。相続遺産の内容が債務等の負の遺産（消極財産）が多い場合は、相続放棄をすることで負債の弁済を逃れることができますが、相続放棄は3か月以内に家庭裁判所に申し出て行わなければなりません。事情があり申し出に時間がかかる場合などは、申出期間の延長も可能です。相続放棄の申し出がなされなければ単純承認ということになります。

　相続遺産に債務等がなければ、後の分割協議で相続しない意向を表明して実質的な相続の破棄をすることも可能です。

　相続人が不存在の場合、相続財産は法人（相続財産法人）となり、家庭裁判所は利害関係人または検察官の請求によって相続財産の管理人を選任し、その旨を公告します。相続人捜索の公告期間満了後3か月以内に特別縁故者から請求があった場合、家庭裁判所が相当と認めるときには、請求した特別縁故者に対して、清算後残存すべき財産の全部または一部を与えることができます。相

続財産の一部の分与しか認めなかった場合の残余財産は国庫に帰属します。

> 特別縁故者とは、生計を同じくしていた人や療養介護に努めていた人などが該当します（例：婚姻関係にはなかったけれども長年連れ添って最後まで面倒をみてきた人が、戸籍上は相続人でないので財産を受けとれないような場合）。しかし、必ず認められるということではありません。

▶ 法定相続人

法定相続人（民法で定められた相続する権利がある人）の第1順位は子、第2順位は直系尊属（親、祖父母等）、第3順位は兄弟姉妹です。配偶者は常に法定相続人になります。

■ 相続順位と相続割合

	相続人と相続割合		代襲相続人の例
第1順位	配偶者 $\frac{1}{2}$ 、子（代襲相続人含）$\frac{1}{2}$		孫、ひ孫
第2順位	配偶者 $\frac{2}{3}$ 、直系尊属（親、祖父母）$\frac{1}{3}$		
第3順位	配偶者 $\frac{3}{4}$ 、兄弟姉妹（代襲相続人含）$\frac{1}{4}$		甥、姪

胎児の場合は、すでに生まれたものと見なして、相続権者としての法定相続人になります。ただし死産の場合は適用されません。

被相続人の子が相続開始前に死亡した場合は、その人の子がこれを代襲して相続人になります。相続人がいない場合、家庭裁判所によって相続財産管理人が選任されます。相続財産管理人は相続人を探しますが、相続人となる者が誰もいない場合は、相続人の不存在ということになります。また、一方の配偶者が亡くなったことで残された配偶者の保護を図るため、2020（令和2）年より、配偶者の短期・長期の居住権が認められています。

ここは覚える！

第36回で、法定相続分の事例問題が出題されました。

▶ 遺言

遺言は15歳以上であれば作成することが可能で、下表のような種類があります。自筆証書遺言は、遺言内容、日付、氏名を明記しておかなければ有効とはなりません。また、相続の発生後すみやかに家庭裁判所に提出して検認を受ける必要があります。

公正証書遺言を作成するには、公証役場の公証人に遺言内容を伝えて公正証書として作成してもらいます。なお、公正証書遺言の作成には、2名の保証人（立会人）が必要となります。また、遺言執行者をあらかじめ決めて記載しておくこともできます。公正証書遺言の場合は相続が発生したときに家庭裁判所に検認してもらう必要はありません。

普通方式	・自筆証書遺言 ・公正証書遺言 ・秘密証書遺言	法改正により、自筆証書遺言の財産目録は印字されたものでもよいことになった
特別方式	・危急時遺言（死亡危急者遺言と船舶遭難者遺言） ・隔絶地遺言（伝染病隔離者遺言と在船者遺言）	

▶ 遺留分

遺言で、法定相続人ではない者にすべての財産を遺贈する旨の内容や法定相続人であっても偏った割合で相続させる旨の内容が示されていた場合、第1順位、第2順位の法定相続人は遺留分の侵害額請求をすることで、本来相続できる部分の2分の1までの相続が可能となります。これは法定相続人の権利を一定部分保障する考えによるものです。なお、第3順位である兄弟姉妹及び甥姪には遺留分の侵害額請求権はありません。

相続の開始前における遺留分の放棄は、家庭裁判所の許可を受けたときに限り、その効力が生じます。

ここは覚える！

第33・36回で、遺言について出題されました。公正証書遺言の要件や遺留分についても押さえておきましょう。

頻出度 | 🐾🐾 🐾🐾 🐾🐾

3 行政法

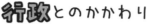

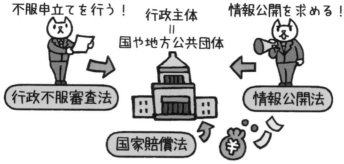

行政行為 ㉞

　国や地方公共団体を行政主体といいます。この行政主体の中でも、法律上の意思決定を行い、それを表明する権限をもつ機関を行政庁といいます。行政庁の意思決定を補助する機関を補助機関といって、行政庁の職員がこれに当たります。

▶ 行政行為と事実行為

　行政行為とは、行政庁が法律に基づき特定の国民の権利義務や法律的地位を具体的に決定する法的な行為のことです。法的でない事実行為などは行政行為とはいいません。

　行政上の義務を果たす方法として、行政強制と行政罰が認められています。行政強制は将来的な行政義務を強制するのに対して、行政罰は過去の行政上の義務違反に対する制裁です。行政強制には、強制執行（代執行、執行罰、直接強制、強制徴収）と即時強制があり、行政罰には行政刑罰と秩序罰があります。

▶ 行政行為の効力の原則

　行政行為には、以下のような私人の法律行為とは異なる法的効力が与えられています。ただし重大でかつ明白な瑕疵のある行政行為の場合は、「無効の行政

行為」として公定力は与えられず出訴期間の制限もありません。

公定力	違法な行政行為も不服申立てまたは行政訴訟によって取り消されるまでは有効となる
自力執行力	裁判所の強制執行によらずに行政庁には自力執行力が認められる
不可争力	行政への不服申立てや行政訴訟は一定の期間に制限されており、それを過ぎると、行政行為の効果を争えなくなる
不可変更力	行政行為をした行政府は、それを職権で取り消すことはできない

 ここは覚える！

第34回で、公定力、自力執行力について出題されました。

行政手続き ㉜

　1993（平成5）年に行政手続法が制定されました。この法律は、行政処分の事前手続きをルール化し、透明で公正なものにすることを通して、国民の権利利益の保護に資することを目的としています。行政の決定した内容について不服があるときは、行政不服審査法に基づいて不服申立てを行うことができます。なお、行政不服審査制度は2016（平成28）年に改正されています。

行政機関が一定の行政目的を実現するため、特定の者に対して指導、勧告、助言などを行う行政指導についても定められています。

▶ 行政不服申立て

　行政の決定に不服がある場合は、審査請求という形で不服申立てをすることができます。これは行政処分のあったことを知ってから3か月以内に行わなければなりません。

　処分があった日の翌日から起算して1年を経過したときは、その後に処分があったことを知った場合でも、原則、不服申立てをすることはできません。

 ここは覚える！

第32回で、行政処分に対する不服申立てについて出題されました。

▶ 行政法上の訴訟類型

　行政法上の訴訟類型には、主観訴訟としての抗告訴訟と当事者訴訟があり、客観訴訟としての民衆訴訟と機関訴訟があります。さらに抗告訴訟の類型には、処分や決裁の取消訴訟、無効等確認訴訟、不作為の違法確認訴訟、義務付け訴訟、差止め訴訟があります。

▶ 国家賠償法

　違法な行政処分に対しては、行政不服審査法に基づいて不服を申し立てることができますが、行政処分の取り消しができたとしても、財産が戻らない場合もあります。このような時には、国や地方公共団体に対して損害賠償を求めることができます。

■ 国家賠償の成立要件

---

① 公権力の行使…公的な政治活動を意味し、教育や福祉、介護、医療における行政活動も含まれる
② 公務員によるもの…行政から委託を受けた民間事業者もその範囲で、国家賠償法が適用される
③ 職務遂行上の行為…職務行為の外観があればそれも含まれる
④ 故意または過失
⑤ 違法性の存在

例えば、警察官が休日に制服・制帽という服装で職務質問し、相手の現金を奪った事件でも、国家賠償責任が認められています。

▶ 公の営造物の設置管理の瑕疵に基づく損害の賠償責任

　公の営造物である道路や河川、施設などの安全性に欠陥があり、その結果、事故や損害が発生した場合、国や地方公共団体が被害者の損害を賠償することになります。しかし、通常有すべき安全性が確保されていた場合は、この限りではありません。

情報公開

　行政の情報公開については、1999（平成11）年に「行政機関の保有する情報の公開に関する法律（情報公開法）」が成立し、2001（平成13）年4月から施行されています。また、2003（平成15）年には、「個人情報の保護に関する法律（個人情報保護法）」「行政機関の保有する個人情報の保護に関する法律」が制定され、2005（平成17）年に全面施行されました。

▶ 個人情報保護法
　個人の情報は、その使われ方で個人に不当な被害を与えることがあります。個人情報保護法は、その適切な取り扱い、公的機関の責務、取り扱い事業者の遵守義務を定めたもので、個人の権利や利益の保護を目的としています。
　また、「個人情報保護」と「データ流通」の両立に必要な全国的な共通ルールを規定するため、2021（令和3）年に法律が改正されました。

▶ 情報公開法
　「行政機関の保有する情報の公開に関する法律」では、国民の行政文書の開示を請求する権利について定めていて、行政機関の保有する情報の公開を図り、その活動を国民に説明する責任を負うものとされています。情報公開法の内容は次の通りです。

- 行政に対する開示請求権の確立
- 行政の情報公開義務と例外情報公開について、個人情報、法人情報、国家機密などは例外として開示されない
- 行政が情報を開示しなかった場合は、不服申立てが認められるが、その手続きは情報公開・個人情報保護審査会に委ねられる

開示請求があった場合、行政機関の長の開示決定は、開示請求のあった日から30日以内にしなければならないとされています。

頻出度｜🐾🐾 🐾🐾 🐾🐾

4 成年後見制度

成年後見制度の概要　32 33 34 36

▶ 制度の目的

　成年後見制度は、社会福祉基礎構造改革により、福祉サービスの提供が措置制度から契約制度へ移行することとなったこと等にあわせて、2000（平成12）年4月1日に施行されました。

　社会福祉サービスの利用者の中には、理解力や判断能力が十分ではなく契約できない人たちや契約によって不利益を被るおそれのある人たちが大勢います。そのような人たちが契約によって不利益を被らないようにするために、これまでの禁治産・準禁治産の制度を見直す形で、新たな成年後見制度がつくられました。

　成年後見制度は、精神上の障害（認知症・知的障害・精神障害等）によって理解力や判断能力が不十分な人がその人らしく生活していく援助をするために、他者による意思決定のルールと手続きを定めたものです。

📖 **禁治産**：心神喪失にある人を保護するため、本人による財産の管理、処分を禁じて後見をつけること。

▶ 法定後見と任意後見

　成年後見制度では、法定後見と任意後見を規定しています。法定後見は、法律の定めに基づくものであり、任意後見は契約による後見の制度です。

■ 成年後見制度の類型

　法定後見制度は、理解力や判断能力（事理を弁識する能力）の程度によって後見、保佐、補助の3つの類型に分かれています。成年後見人等を選任してもらうには、家庭裁判所に申立てを行います。すると、家庭裁判所の決定（審判）に基づいてそれぞれ成年後見人、保佐人、補助人が選任されます。後見類型のみ「成年後見人」といういい方をするのは、未成年後見人と区別するためです。

　成年後見人等は、本人の意思を代弁し、本人のなすべき法律行為を本人に代わって決定したり行ったりしますが、それは成年後見人等が有する2つの権限（代理権、同意権・取消権）に基づいて実施されます。

　任意後見は、理解力や判断能力が不十分にならないうちに、あらかじめ信頼できる人と契約しておき、それを公正証書にしておくというものです。なお、任意後見契約は公証役場の公証人に公正証書を作成してもらい登記しておく必要があります。

> 成年後見人等を辞任するときは、同様に家庭裁判所に申立てをし、審判を受ける必要があります。

■ 代理権、同意権・取消権

代理権	本人に代わって代理をすることのできる法律上の地位または資格のこと
同意権	本人の法律行為に対して保佐人・補助人が同意をすること。判断能力が不十分な本人が、法律行為をするに当たり、了解を得ること
取消権	本人が成年後見人等の同意を得ずに行った法律行為は、日常生活に関する行為を除いて、取り消すことができる

▶ 後見登記の制度

　以前の禁治産・準禁治産の制度では、その宣告を受けるとその事実が戸籍に記載されました。そのことが嫌がられて、自発的に制度を利用する人は少なかったのですが、新たな制度では戸籍への記載を廃止し、代わりに登記することになりました。登記事務は、東京法務局が行います。

ここは覚える！

第34回で、登記事務の内容について出題されました。

■ 補助、保佐、後見制度の概要

<table>
<tr><td colspan="2"></td><td>補助 開始の審判</td><td>保佐 開始の審判</td><td>後見 開始の審判</td></tr>
<tr><td>要件</td><td>対象者</td><td>精神上の障害等により判断能力が不十分な者</td><td>精神上の障害等により判断能力が著しく不十分な者</td><td>精神上の障害等により判断能力に欠ける者</td></tr>
<tr><td rowspan="2">開始の手続</td><td>申立人</td><td colspan="3">本人・配偶者・4親等内の親族・未成年後見人・未成年後見監督人・検察官等（民法）任意後見受任者・任意後見人・任意後見監督人（任意後見契約に関する法律）・市町村長（老人福祉法、知的障害者福祉法、精神保健福祉法）</td></tr>
<tr><td>本人の同意</td><td>必要</td><td>不要</td><td>不要</td></tr>
<tr><td rowspan="3">名称</td><td>本人</td><td>被補助人</td><td>被保佐人</td><td>成年被後見人</td></tr>
<tr><td>保護者</td><td>補助人</td><td>保佐人</td><td>成年後見人</td></tr>
<tr><td>監督人</td><td>補助監督人</td><td>保佐監督人</td><td>成年後見監督人</td></tr>
<tr><td rowspan="3">同意権・取消権</td><td>付与の対象</td><td>申立ての範囲内で家庭裁判所が定める「特定の法律行為」</td><td>民法13条1項所定の行為</td><td>日常生活に関する行為以外の行為</td></tr>
<tr><td>付与の手段</td><td>補助開始の審判＋同意権付与の審判＋本人の同意</td><td>保佐開始の審判</td><td>後見開始の審判</td></tr>
<tr><td>取消権者</td><td>本人・補助人</td><td>本人・保佐人</td><td>本人・成年後見人</td></tr>
<tr><td rowspan="3">代理権</td><td>付与の対象</td><td>申立ての範囲内で家庭裁判所が定める「特定の法律行為」</td><td>同左</td><td>財産に関するすべての法律行為</td></tr>
<tr><td>付与の手続</td><td>補助開始の審判＋代理権付与の審判＋本人の同意</td><td>保佐開始の審判＋代理権付与の審判＋本人の同意</td><td>後見開始の審判</td></tr>
<tr><td>本人の同意</td><td>必要</td><td>必要</td><td>不要</td></tr>
<tr><td>責務</td><td>身上配慮義務</td><td>本人の心身の状態及び生活の状況に配慮する義務</td><td>同左</td><td>同左</td></tr>
</table>

後見の類型や申立て内容によって、代理権の範囲や同意権・取消権の範囲が異なるので注意しましょう。保佐類型の場合、同意権は自動的に付与されますが、代理権を付与してもらう場合には本人の同意が必要です。

▶ 代理権と同意権・取消権

　法定後見では、家庭裁判所で審判した後見人等（成年後見人、保佐人、補助人）に代理権や同意権・取消権を与えています。後見人等はそうした権利に基づいて、事務を行います。

ここは覚える！

第33回で、成年後見人等に付与される権限について出題されました。

▶ 財産管理と身上監護、身上配慮義務

　成年後見人等の行う法律行為は、財産管理と身上監護に大別できます。旧法の禁治産制度においては、家の財産の維持を目的とした財産管理が中心でしたが、新しい成年後見制度は身上監護も大切にしています。また、成年後見人等の事務遂行の指針を身上配慮義務として明確にしています。

■ 財産管理、身上監護、身上配慮義務

財産管理	・本人に帰属する財産（不動産や動産、無体の財産、債権、債務等）の管理を目的とする行為 ・預貯金の管理・払戻し等 ・不動産その他の重要な財産の処分とこれらに関連する登記・供託等の公法上の行為 ・不動産売買、賃貸借契約の締結・解除、担保権の設定等
身上監護	・健康診断等の受診、治療・入院等に対する契約の締結、費用の支払い等 ・本人の住居の確保に関する契約の締結・費用の支払い ・福祉施設等の入退所に関する契約の締結、費用の支払い ・福祉施設等での処遇の監視・異議申立て等 ・介護を依頼する行為及び介護・生活維持に関連して必要な契約の締結費用の支払い等、社会保障給付の利用等 ・教育・リハビリに関する契約の締結、費用の支払い等
身上配慮義務	成年後見人は、成年被後見人の生活、療養監護及び財産の管理に関する事務を行うに当たっては、成年被後見人の意思を尊重しつつ、かつ、その心身の状態及び生活の状況に配慮しなければならない（民法858条）

民法858条（成年被後見人の意思の尊重及び身上の配慮）と同様の趣旨は、保佐人、補助人、任意後見人に対しても規定されています。

▶ 申立請求権者

成年後見人等の選任について、家庭裁判所に申立てができるのは、299ページの表の「申立人」の通りです。なお、当事者からみて3親等以内の親族は、その配偶者も同じ親等となり申立てをすることが可能です。

ここは覚える！

第32回で、申立請求権者が出題されました。申立権をもたない者が申立てを行うことはできません。

▶ 市町村長申立て

成年後見制度を活用して申立てをしたいが、申立権を有する親族がいない場合や、いても協力を得られない場合があります。そのようなケースでは、市町村長による申立てができます。

市町村長の申立てを行うには、市町村が本人の親族調査を実施して協力が得られない状況であることを確認します。当初、親族調査は申立権を有する4親等以内について行われていましたが、その状況を把握するには時間も手間もかかり、親族の数も非常に多数になる場合もありました。結果的に市町村長による申立て件数は伸びず、実際的ではありませんでした。

そこで手続き方針が見直され、現在では2親等以内の親族の確認でよいとされています。申立て件数も徐々に増加してきています。

成年後見関係事件の概況によると、制度が導入された2000（平成12）年度の市町村長申立ては全体の0.5％でしたが、2022（令和4）年度には申立件数3万9,719件のうち23.3％まで増加しています。

ここは覚える！

第34回で、市町村長申立てについて問われました。申立人については、市町村長の割合が最も多くなっています。

▶ 後見等申立ての流れ

成年後見制度に基づいて、後見人等の選任をしてもらう場合の手続きは、次のような手順で進めます。

① 事前準備
- ・本人の判断能力、日常生活、経済的状況の把握
- ・成年後見人等の選任の目的と内容の検討
- ・申立て者の検討　　・診断書の手配
- ・戸籍謄本等の手配　・成年後見人等候補者の検討

② 後見開始等の審判の申立て
- ・代理権、同意権付与の申立て（必要な場合は同時に行う）
- ・申立書及び附票に必要事項を記入　・登記印紙、予収郵便切手等の用意
- ・必要な場合は審判前の保全処分の申立て

③ 調査、鑑定、審問
- ・家庭裁判所からの事情聴取　・補足資料の提出
- ・鑑定が必要な場合の費用の予納

④ 審判
- ・関係者への審判書の送付（告知）

⑤ 即時抗告
- ・審判書を受け取ってから2週間以内は異議申立てが可能

⑥ 登記
- ・審判確定後、家庭裁判所から東京法務局へ登記手続き

⑦ 成年後見人等の活動開始
- ・登記事項証明書の入手により対外的活動が可能

ここは覚える！

第36回で、遺産分割協議のための後見開始等の審判の申立てについて出題されました。

成年後見の概要　㉜ ㉞ ㉟ ㊱

　精神上の障害などによって、「事理を弁識する能力（理解力や判断能力）を欠く常況にある人」が後見類型の対象者（成年被後見人）です。

▶ 成年後見人

　家庭裁判所は「後見開始の審判の申立て」を受けて、職権で成年後見人を選任します。申立ては、後見人候補者がいる場合には、その候補者が適任かどうか審査して選任します。成年後見人の候補者には誰でもなれますが、家庭裁判所が適任と認めない場合には、職権で候補者以外の適任者を選任します。また、必要に応じて成年後見監督人を選任する場合もあります。

　成年後見人は通常は1名ですが、必要に応じて複数選任されることもあります（複数後見）。例えば、弁護士に財産管理をしてもらい、社会福祉士に身上監護の部分をというように、役割を分けて対応することもあります。また、法人後見も可能です。

ここは覚える！

第34回では成年後見人になることができない者（欠格事由）について、第36回では成年後見監督人の事例問題が出題されました。

成年後見監督人は、成年後見人すべてに付くわけではありません。対応が非常に困難なケースや、親族後見などで成年後見人として不安があるような場合に成年後見監督人が別に選任されます。

▶ 成年後見人の職務

　成年後見人に選任された人は、対象者（成年被後見人）の財産管理や身上監護について必要な後見事務を行います。

　財産の管理は、預貯金や不動産、株式などの債券、その他の債務に至るまで善良な管理者としての義務（善管注意義務）をもって管理し、本人に不利益が及ばないようにします。身上監護では本人の健康面に留意しながら必要に応じて福祉サービスなどを使い、利用料の支払いのみではなく、サービスがきちんと提供されているかどうかを監視します。

また、家庭裁判所の指示に従って報告書などを作成して提出することも職務となります。

▶ 一身専属的な事項について

成年後見人は、本人（成年被後見人）に代わって何でも自由にできるということではありません。例えば、結婚や離婚、認知、養子縁組、遺言などは本人の一身専属事項として、成年後見人が代理することはできません。

▶ 注意を要する事項

本人（成年被後見人）の居住用の不動産を処分する場合は、事前に家庭裁判所の許可を得なければなりません。また、医的侵襲を伴うような医療行為への同意はできないことになっています。

さらに、成年後見人が成年被後見人と利益相反関係になるような事案については、その事案に限っては他の特別代理人を選任した上で対応してもらわなければなりません。成年被後見人が不利益を被ることがないように、成年後見人といえども好き勝手にはできません。

利益相反：二者間でお互いの利益が相反すること。例えば成年後見人が成年被後見人の不動産を購入するような場合、安く購入しようとすれば成年被後見人が不利益を被ることになるので、他の特別代理人を決めて対応する。

保佐の概要

▶ 保佐人

　保佐人に選任された場合は、民法13条1項に規定されている所定の行為に対して、同意権・取消権が自動的に付与されますが、特定の法律行為を代理するためには、そのための代理権が付与されていることが必要です。代理権が付与されていない法律行為は代理することができません。

　なお、保佐人が被保佐人と利益が相反する事務を行うことはできません。その場合は臨時保佐人の選任を家庭裁判所に請求して対応することになります。

▶ 保佐の対象者（被保佐人）

　保佐の対象者は、「事理を弁識する能力（理解力や判断能力）が著しく不十分な人」です。本人の理解力や判断能力が著しく不十分である場合でも、本人にできることは本人にしてもらいます。本人が代わりにしてほしいと思っている部分をあらかじめ決めて代理権を付与してもらい、保佐人が代理をするということになります。つまり、事前に付与された同意権・取消権、代理権の範囲内で事務を行うことになります。

補助の概要　㉟

▶ 補助人

　補助人として選任された場合は、付与された代理権や同意権・取消権の範囲内で補助事務を行うことになります。

▶ 補助の対象者（被補助人）

　補助の対象者は、精神上の障害などにより判断能力が不十分な人たちです。具体的には、自分で自己の財産を管理したり処分したりできるかもしれないけれども、きちんとできるかどうか疑わしいので誰かが援助したほうがよいと思われるケースなどです。もちろん、権利擁護の視点から、被補助人の意向に沿った形で補助事務がなされなければなりません。

■ 保佐人の同意権・取消権（民法13条1項）

元本の領収又は利用	預貯金の払戻しや弁済の受領、利息・家賃・地代などが発生する財産を受領し、又はその財産を貸したりすることにより利用する行為を行うこと
借財又は保証	借金をしたり、保証人になったりすること
不動産その他の重要な財産に関する権利の得喪を目的とする行為	不動産や、その他重要な財産の権利について、売買など取得したり手放したりする行為を行うこと。雇用契約・委任契約・寄託契約等のほか、介護契約・施設入退所契約などの役務提供契約がある
訴訟行為	原告として訴訟行為を行うこと
贈与、和解又は仲裁契約	本人が第三者に対して贈与をする場合に限られ、贈与を受ける場合は含まれない。和解は、裁判外の和解と裁判上の和解、調停における合意。仲裁契約とは、現在又は将来の紛争を解決するための裁断を第三者に一任する契約のこと
相続の承認もしくは放棄又は遺産分割	相続の承認は債務の相続等により本人の不利益となるおそれがあるので保佐人の同意を必要とする
贈与もしくは遺贈の拒絶又は担保付の贈与もしくは遺贈の受諾	贈与の申込みの拒絶、遺贈の放棄、一定の義務づけを伴う贈与又は遺贈を受諾することは本人の不利益となるおそれがあるので、保佐人の同意を必要とする
新築、改築、増築又は大修繕	居住用の不動産等の新築、増改築又は大規模修繕を目的とする請負契約を締結すること
民法602条に定める期間を超える賃貸借	山林の賃貸借：10年、宅地や農地の賃貸借：5年、建物の賃貸借：3年、動産の賃貸借：6か月

2020（令和2）年4月より、表中の行為を制限行為能力者（未成年者、成年被後見人、被保佐人等）の法定代理人としてすることも、保佐人の同意を要する行為に加わりました。

▶ 補助人の職務

　補助の類型は、補助開始の審判がなされただけでは、何も機能しません。具体的な代理権や同意権・取消権が与えられていなければ、実質的には何もできないのです。補助人の権限は限定されているため、預貯金の管理のみの代理権しかない場合は、他の、例えば介護契約などの代理はできないことになります。

ここは覚える！

第35回で、補助の概要について出題されました。

　法定後見制度は、すでに精神的な疾患などにより理解力や判断能力が不十分な状態である人たちを保護することを目的としていますが、これに対し任意後見制度は、「将来認知症などでそのような状態になったら心配」という人が、事前に支援してくれる人を探して契約し、それを公正証書にして登記しておくというものです。

　契約内容は、代理権目録を作成して、依頼したいことだけに限定することができます。一人暮らしの高齢者など、将来の生活不安に準備する意味で、この制度を使って任意後見契約を締結する人たちが増加することが予測されます。

▶ 任意後見契約

　法定後見の申立ては家庭裁判所にしますが、任意後見契約は、公証役場に行き公証人に公正証書を作成してもらいます。委任者がどのようなことを依頼したいのか代理権目録を作成し、受任者がそれを引き受けるという契約内容になります。この場合、受任者に対する報酬金額も含めて代理権は自由に設定できます。委任契約は当事者間で締結すればよいのですが、任意後見契約は公正証書を作成し、さらにそれを東京法務局に登記する必要があります。

▶ 任意後見人

　任意後見契約に基づいて、委任者の理解力や判断能力が不十分になった場合、家庭裁判所に任意後見監督人選任の申立てを行い、任意後見監督人が選任されて初めて任意後見人として代理事務を行うことができます。任意後見人は任意後見監督人と相談しながら、委任者から依頼されていた代理事務を行います。任意後見監督人には、通常弁護士などの第三者的立場にある者が選任され、本人の親族などはなることができません。

▶ 将来型、移行型、速攻型

　通常の任意後見契約はいわゆる将来型ですが、今からでもすぐに援助してほしい場合は、民法に基づく委任契約と任意後見契約を同時に締結して、すぐに援助を開始する移行型で対応することもあります。また、法定後見の場合審判が下りるまでに時間がかかるので、公正証書で任意後見契約を締結して登記さ

れたらすぐに任意後見監督人選任の申立てを行って任意後見人として援助するという速攻型の方法もあります。

成年後見制度の最近の動向 ㉜ ㉝ ㊱

　成年後見人等には、本人の家族や親族、弁護士、司法書士、社会福祉士など、様々な人たちが選任されます。親族後見では、成年後見人等の職務が明確に認識されないまま後見人等が選任され、本来の後見業務がなされないこともあります。このため親族による受任は年ごとに減少し、徐々に第三者の専門家による受任件数が増加してきました。

▶ 利用動向

　成年後見人等に選任される人は、身近な家族等が考えられます。しかし、最高裁判所事務総局家庭局の「成年後見関係事件の概況」（令和5年1月〜12月）によると、成年後見制度発足当初は90％以上を占めていた家族や親族は、2023（令和5）年には全体の18.1％にまで減少し、第三者が成年後見人等に選任される割合が増加しています。親族や家族が成年後見人等になっても、きちんとした後見事務を行うことは簡単ではなく、第三者に交代してもらうことも多いようです。

■ 2023（令和5）年の成年後見人等と本人との関係別件数

総数		40,729	
親族	配偶者	516	約18.1％（前年約19.1％）
	親	490	
	子	3,951	
	兄弟姉妹	1,138	
	その他の親族	1,296	

> 親族が成年後見人に選任される割合が徐々に減少

	弁護士	8,925
親族以外	司法書士	11,983
	社会福祉士	6,132
	社会福祉協議会	1,532
	行政書士	1,525
	市民後見人	344
	精神保健福祉士、税理士、社会保険労務士	229
	その他	2,567

出典：最高裁判所事務総局家庭局「成年後見関係事件の概況（令和5年1月～12月）」

■ 主な申立ての動機別件数

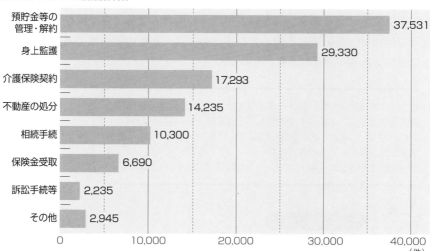

（注1）後見開始、保佐開始、補助開始及び任意後見監督人選任事件の終局事件を対象とした。
（注2）1件の終局事件について主な申立ての動機が複数ある場合があるため、総数は、終局事件総数（40,665件）とは一致しない。

出典：最高裁判所事務総局家庭局「成年後見関係事件の概況（令和5年1月～12月）」

 ここは覚える！

「成年後見関係事件の概況」は頻繁に出題されます。利用状況と傾向、本人と申立人との関係、年齢別割合、男女別割合などがポイントです。なお、同データは最高裁判所のホームページで掲載されています（毎年更新）。必ず最新の状況を押さえておきましょう。

落とせない！重要問題

「成年後見関係事件の概況（令和5年1月～12月）」後見開始、保佐開始、補助開始事件のうち「認容で終局した事件」において、親族以外の成年後見人等の選任では社会福祉士が最も多い。 第33回改

× ：司法書士（37.5％）が最も多い。

▶ 権利擁護の視点

社会福祉士の活動実践は、制度利用者の権利擁護の視点を忘れずに展開されるものです。利用者本人が自らの権利を主張できない状況になっても、本人の都合を後回しにすることがあってはなりません。

利用者主体というスタンスを崩さずに、利用者の意思決定支援を重視する立場で成年後見人等の事務を進めていくためには、福祉の専門家である社会福祉士は適任であると思われます。

新しい成年後見制度は、財産管理だけではなく、身上監護の部分への対応を重視しています。その点でも、社会福祉士への期待は高くなるでしょう。意思決定支援を重視した成年後見事務の進め方は、「意思決定支援を踏まえた後見業務のガイドライン」（2020（令和2）年10月30日意思決定支援ワーキンググループ）に詳しく記載されています。

 ここは覚える！

第36回で、「意思決定支援を踏まえた後見業務のガイドライン」について出題されました。

成年後見制度利用支援事業

成年後見制度利用支援事業は、成年後見制度を普及し、その利用を促進するために、各市町村での申立て費用や成年後見人などの報酬の助成、さらには成年後見制度の普及などの取り組みを支援する国庫補助制度として始められました。また、第二種社会福祉事業として位置づけられています。

▶ 成年後見制度利用支援事業の変遷

　成年後見制度利用支援事業は、2001（平成13）年度、介護予防・生活支援事業のメニューの一つとして、認知症高齢者を対象としてスタートしました。当初は対象者を「身寄りのない重度の認知症高齢者」に限定し、さらに市町村長申立ての場合に限っていました。2002（平成14）年度には、対象者を知的障害者にも拡大し、2003（平成15）年度には「介護予防・生活支援事業」から介護予防・地域支え合い事業へと変わりました。

　2006（平成18）年度には、介護保険法の改正や障害者自立支援法の施行に伴って、高齢者については地域支援事業となり、障害者については地域生活支援事業として実施されることになりました。2008（平成20）年度には、市町村長申立てではないケースにも対象が拡大されました。

　また、介護サービスの基盤強化のため、2012（平成24）年度には、老人福祉法32条の2を新設し、市町村の後見人等に係る体制整備について明記されました。

▶ 成年後見制度利用支援事業の課題

　成年後見制度利用支援事業は、その実施主体である市町村の任意事業として始められたため、市町村間における取り組みの格差が課題でした。障害者虐待防止法が2012（平成24）年10月1日に施行されたことを受けて、障害者の成年後見制度利用支援事業である地域生活支援事業については必須事業に格上げとなり、すべての市町村が体制整備を迫られることになりました。

成年後見制度の現状と課題　㉜

　成年後見制度は、少しずつ利用者の総数が増加していますが、まだ社会に十分に浸透しているとはいえない状況です。

▶ 成年後見制度の現状

　成年後見制度の活用の点ではまだ不十分な状況です。例えば、認知症高齢者が介護施設を利用する場合、利用者本人の意向確認はなされずに、家族やその他の関係者の都合を優先して、利用契約が代理権のない者によって締結されている（無権代理）のが現状です。これは福祉行政と福祉関係者の契約に対する

認識の低さや成年後見制度の周知不足が深く関係しています。関係者は利用者の権利を守るため、成年後見制度の活用も視野に入れて、契約とは本来どうあらねばならないかを理解する必要があります。

▶ 成年後見制度の課題と利用促進

　関係者の理解をさらに進め、手続きや費用面などの課題を解決して、利用者に成年後見制度のメリットを感じてもらい、制度利用をさらに促進させることを目的として、「成年後見制度の利用の促進に関する法律」が2016（平成28）年に公布・施行されました。この法律では、その基本理念を定めて、国の責務等を明らかにし、また、基本方針やその他の基本となる事項を定めるとともに、成年後見制度利用促進委員会を設置すること等により、この法律による施策を総合的かつ計画的に推進するとされています。

　この法律に基づき、第一期成年後見制度利用促進基本計画を定め、2017（平成29）年から5年間にわたり、成年後見制度の利用の促進に関する施策を推進しました。

　しかし、第一期計画の期間後も、主に以下の課題が残されています。

- 後見人等が選任されると、判断能力が回復しない限り、成年後見制度の利用が継続してしまい、被後見人のニーズ変化に対応できない
- 後見人等が本人の意思に反した後見事務を行ってしまう
- 小規模市町村を中心に、被後見人等の権利擁護支援を適切に行う地域連携ネットワーク（行政・福祉・法律専門職・家庭裁判所の連携の仕組み）の整備が進んでいない
- 高齢者の増加に伴う制度の利用ニーズ増に対応するための担い手不足

　そこで、これらの課題を検討し、さらなる利用促進につなげるために、2022（令和4）年から5年間の「第二期成年後見制度利用促進基本計画」が定められました。

　特に第二期計画では、個人ごとに権利擁護支援の課題をとらえた上で、家族同士の想いも尊重しながら、それぞれを同時に支援していく連携の仕組み（地域連携ネットワーク）を全市町村で整備することを目標に掲げています。地域連携ネットワークは、市町村単位もしくは複数の市町村にまたがる圏域での構築を目指しており、「各地域において、現に権利擁護支援を必要としている人も含めた地域に暮らす全ての人が、尊厳のある本人らしい生活を継続し、地域社会に参加できるようにするため、地域や福祉、行政などに司法を加えた多様な

分野・主体が連携するしくみ」を作る必要があるとしています。

　また、地域連携ネットワークの運営にはコーディネートを担う中核機関が必要であり、ネットワークおよび中核機関が担うべき具体的機能は以下の4つに大別されます。

- 制度の広報を担う広報機能
- 制度利用の相談機能
- 成年後見制度利用促進機能としての受任者調整等の支援、担い手育成・活動支援、日常生活自立支援事業からの円滑な移行
- 後見人支援機能

ここは覚える！

第32回で、成年後見制度の利用の促進に関する法律の内容について出題されました。

5 日常生活自立支援事業

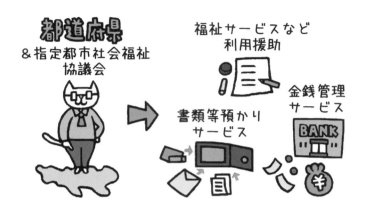

都道府県
&指定都市社会福祉
協議会

福祉サービスなど
利用援助

金銭管理
サービス

書類等預かり
サービス

BANK

日常生活自立支援事業の概要 ㉛ ㉟

　日常生活自立支援事業は、成年後見制度が社会に浸透していくには時間がかかることを予測して、成年後見制度を補完する意味で作られました。これは第二種社会福祉事業として位置づけられています。

▶ 事業の目的

　日常生活自立支援事業の目的は、「認知症高齢者、知的障害者、精神障害者等のうち判断能力が不十分な者に対し、福祉サービスの利用援助等を行うことにより、地域において自立した生活が送れるよう支援すること」（令和4年版厚生労働白書）とされています。

▶ 事業の実施体制

　日常生活自立支援事業は、都道府県社会福祉協議会・指定都市社会福祉協議会が実施主体となって、事業の一部を市町村社会福祉協議会等に委託できるものとされています。委託を受けて事業を実施する社会福祉協議会は基幹的社会福祉協議会といいます。基幹的社会福祉協議会には、専門員と生活支援員が配置されています。

専門員は、事業の利用について相談に応じ、支援計画を策定して利用契約の締結に至るまでの支援を行います。生活支援員は、専門員の指示により支援計画に基づいて具体的な支援を実施します。

■ 日常生活自立支援事業の仕組み

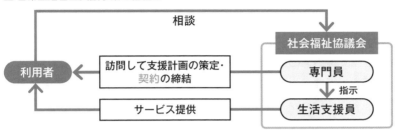

▶ 事業の対象者

　日常生活自立支援事業の対象者は、判断能力が不十分であるために、日常生活を営むのに必要なサービスを利用するための情報の入手、理解、判断、意思表示を適切に行うことが困難であって、この事業の利用契約を締結する能力がある人です。理解力や判断能力が不十分でありながら契約能力があることを条件としていて、その点は矛盾するようですが、契約能力の有無については契約締結判定ガイドラインに基づいて判定がなされます。判断が微妙なケースについては、契約締結審査会でこの事業の利用が可能かどうかの判断がなされます。

　事業開始当初は、その対象を在宅の人達に限定していて、施設入所者や病院入院患者などは対象から除外されていました。しかし、現在では施設入所者や入院患者も対象となっています。また、身体障害者等についても「その他」の枠で対象に含められました。

契約締結審査会：日常生活自立支援事業のサービスを利用しようとする人が、契約能力があるかどうかを判断する審査会。審査会の委員は弁護士、学識経験者、社会福祉士や精神保健福祉士などの福祉専門家、精神科医等で構成されている。

> 契約能力と判断能力は違う視点で考えられています。例えば補助類型の対象者は判断能力が不十分な人ですが、判断能力が不十分であっても、契約能力があると判断される人もいます。もちろん、この点は慎重に判断されなければなりません。

ここは覚える！

第31回では日常生活自立支援事業の利用に関して、第35回では「日常生活自立支援事業実施状況」（2021（令和3）年度）の内容について出題されました。実契約者数やその内訳なども押さえておきましょう。

▶ 事業の内容

日常生活自立支援事業の自立支援サービスの内容は、相談内容に応じた自立支援計画の策定・管理、生活支援員の配置と管理などです。具体的な援助内容は次の通りです。これらの中から、利用者が希望によりサービスを選択することができます。

福祉サービスの利用援助	・福祉サービスに関する情報提供・助言 ・福祉サービス利用手続きの援助 ・福祉サービス利用料の支払い ・通知等の確認援助 ・苦情解決制度の利用手続き援助
日常的金銭管理サービス	・年金の受領確認　　　　　　・手当て等の受領確認 ・日常的な生活費に要する預貯金の払戻し ・医療費の支払い　　　　　　・公共料金の支払い ・家賃や地代の支払い　　　　・税金の支払い
重要書類などの預かりサービス	・普通預貯金通帳の保管　　　・定期預貯金通帳の保管 ・保険証書の保管　　　　　　・不動産権利書の保管 ・不動産契約書の保管　　　　・実印、印鑑登録カードの保管 ・銀行届出印の保管　　　　　・貸し金庫の鍵の保管

日常生活自立支援事業の実際　　㉜ ㉞

日常生活自立支援事業は、事業のサービスを必要としている利用者の相談に応じ、サービスの利用について契約を締結することで援助が開始されます。

次図「援助の過程」のうち①～④までは無料ですが、⑤については利用料がかかります。利用料は各実施主体によって異なりますが、1回の援助活動につき1,200円前後です。また、基本的には生活保護受給者の場合は公費補助があり、本人負担は無料です（一部有料の自治体あり）。

■ 援助の過程

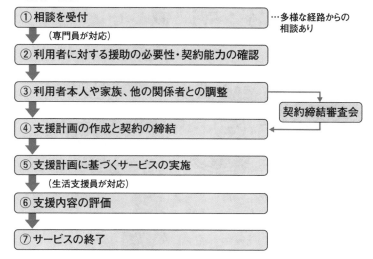

① 相談を受付　　…多様な経路からの相談あり
　　（専門員が対応）

② 利用者に対する援助の必要性・契約能力の確認

③ 利用者本人や家族、他の関係者との調整

契約締結審査会

④ 支援計画の作成と契約の締結

⑤ 支援計画に基づくサービスの実施
　　（生活支援員が対応）

⑥ 支援内容の評価

⑦ サービスの終了

▶ 成年後見制度との関連

　利用者本人の契約締結能力について契約は困難と判断された場合には、この事業の対象とはなりません。成年後見制度の利用を促していくことになります。

　また、徐々に利用者本人の契約締結能力が減退してきた場合には、日常生活自立支援事業のサービス援助だけでは間に合わなくなります。例えば認知症の程度が進んで、この事業の対象要件からは外れるような状況になることも考えられます。その場合は、改めて成年後見制度を活用することになります。

日常生活自立支援事業を利用するときには契約締結能力があった人でも、認知症等が進み、対象者の範囲からは外れるような状態になる人もいます。しかし、事業の契約を解約するにしても、本人では手続きができずに困ってしまうケースが考えられます。成年後見制度を利用して成年後見人等が選任された後に改めて日常生活自立支援事業のサービス援助契約の解除をしてもらうこともあります。上手に連携することで、支援の継続が確保できるのです。

 ここは覚える！

第32回では日常生活自立支援事業の利用者の支援計画の変更について、第34回では専門員が対応できる範囲について事例で出題されました。

6 権利擁護にかかわる 組織・団体・専門職

家庭裁判所 ㉟

　家庭裁判所は、家事事件と少年事件を取り扱う裁判所です。成年後見制度の申立て等は家事事件として扱われるため、家庭裁判所で審査されます。

　地方裁判所等では「判決」という用語を用いますが、家庭裁判所では「判決」とはいわずに「審判」という用語を使います。

▶ 家庭裁判所の職員

　家庭裁判所の職員には、家事審判官、書記官、調査官、技官、参与員、家事調停員などが配置されています。

▶ 家庭裁判所の役割

　家庭裁判所は管轄する地区ごとに設置されています。原則的には事件当事者本人の住所地を管轄する家庭裁判所がありますが、実際の居住地が住民票の住所地と異なる場合は、居住地を管轄する裁判所が担当します。

　法定後見（後見、保佐、補助）開始の審判は、家庭裁判所に申立てを行い、家庭裁判所がその申立てを認めて審判します。家庭裁判所は申立ての内容が適当ではないと判断した場合には、その申立てを却下したり、職権で他の第三者

を後見人等に選任することもあります。

公証役場

　任意後見契約は、公証役場の公証人に、委任者と受任者の間での契約内容を明確にして、公正証書を作成してもらいます。さらにそれを東京法務局に登記することで成立します。

　公証人は、当事者からの委嘱を受けた上で、任意後見、賃貸借、債務の弁済などについての契約や遺言の公正証書を作成します。特に任意後見契約や財産管理契約においては、委任する側の契約能力に関して慎重な判断が求められています。

市町村の役割

　成年後見制度を利用する場合、4親等内の親族には申立権があります。しかし、中には身寄りがなかったり、いたとしても協力してもらえない事情があったりする場合があります。その場合、市町村長が申立てをすることができます。

弁護士の役割

　日本弁護士連合会は、高齢者・障害者の権利に関する委員会を置き、全国の弁護士会に高齢者・障害者支援センターを設置しています。

　福祉サービスとの関連では、介護認定審査会等の委員への就任や、「在宅高齢者虐待対応専門職チーム」への参加を通して、弁護士会と社会福祉士会との連携による権利擁護の活動にも取り組む例があります。

　弁護士も成年後見制度に関与しています。特に法律的な対応が多くなることが予想される案件には、弁護士が成年後見人等に選任される場合があります。また財産管理は弁護士が、身上監護は社会福祉士が対応するという複数後見の形で協力し、連携するケースもあります。

司法書士の役割

司法書士会は1999（平成11）年、公益社団法人成年後見センター・リーガルサポートを設立しました。成年後見事務としては、家庭裁判所に提出する書類の作成のほかに、成年後見人等に就任して当事者の法定代理人として行う事務があります。法定代理人としての事務は司法書士個人では限界があるので、リーガルサポートを通して提供します。

司法書士全員がリーガルサポートに所属しているわけではありません。また、それぞれの地域で社会福祉士に協力を要請して連携するケースもあります。

社会福祉士の活動の実際

社会福祉士は、様々な福祉現場や多様な職種で活動実践しています。社会福祉士は、どのような職場で働くにしても、倫理綱領に基づく権利擁護の視点を崩さずに実践することがその存在意義です。

▶ 地域包括支援センター

地域包括支援センターには、社会福祉士の配置が必置義務とされています。それは高齢者等の権利擁護に関する事業が必須とされているからです。地域包括支援センターの包括的支援事業の一つである権利擁護業務は、まさに高齢者等の権利擁護のための支援を行うことを目的としています。特に、高齢者虐待が疑われるような相談の場合には、迅速で的確な対応がなされなければなりません。

▶ 高齢者虐待対応専門職チーム

2006（平成18）年、日本社会福祉士会は、日弁連との連携による在宅高齢者虐待対応専門職チームを各都道府県に設置するように働きかけて、その上で国や各都道府県に権利擁護事業等推進事業に関する在宅高齢者虐待対応専門職チーム活用を申し入れました。

各地で行われている在宅高齢者等の権利擁護相談などでも、弁護士会と連携して社会福祉士が相談援助に当たっています。

▶ 権利擁護センターぱあとなあ

成年後見制度の利用支援に関しては、日本社会福祉士会は権利擁護センターぱあとなあを設置し、各都道府県の支部も組織して、制度の利用相談、成年後見人養成研修、制度の活用講座などを実施しています。また、成年後見人等の受任調整や受任者への監督やサポートを実施しています。

▶ 独立型社会福祉士

福祉施設や関係機関などの組織のスタッフとしてではなく、独立して活動実践を行う社会福祉士がいます。独立型社会福祉士とは「地域を基盤として独立した立場でソーシャルワークを実践するものである」と定義されています。また、日本社会福祉士会は、独立型社会福祉士に対する名簿登録制度を設けており、独立型社会福祉士は「相談援助の内容およびその質に対し責任を負い、相談援助の対価として直接的に、もしくは第三者から報酬を受ける者をいう」と定義しています。

日本社会福祉士会では「独立型社会福祉士委員会」を設置していて、独立型社会福祉士研修などの開催を通じて独立型社会福祉士を養成しています。

Q ⟶ **A**

☐ **1** 生活保護費の不服を争う訴訟係争中に、被保護者本人が死亡した場合　×
は、相続人が訴訟を承継できる。 第31回

☐ **2** 「障害者虐待防止法」において、基幹相談支援センターの長は、養護者　×
による障害者虐待により障害者の生命または身体に重大な危険が生じ
ているおそれがあると認めるときは、職員に立入調査をさせることが
できる。 第32回

☐ **3** 「高齢者虐待防止法」における「高齢者虐待」の定義には、使用者によ　×
る高齢者虐待が含まれている。 第29回

☐ **4** 児童虐待の通告義務に違反すると刑罰の対象となる。 第31回　×

☐ **5** 売買の目的物に隠れた欠陥（瑕疵）があるときには、そのことを知っ　×
てから1年以内は損害賠償請求権を行使できる。これをクーリング・オ
フという。 第31回改変

☐ **6** 元本保証のない金融商品を「絶対に儲かる」と勧誘し、実際には相場　×
の暴落で元本割れさせてしまった場合、消費者契約を取り消すことは
できない。 第23回

☐ **7** 親権者にならなかった親には、子の養育費を負担する義務はない。　×
第28回

☐ **8** 家庭裁判所は、特別な事情がある場合であっても、四親等の親族に扶　○
養の義務を負わせることはできない。 第25回

☐ **9** 成年後見人は、財産のない被後見人に対する事務を遂行するに当たっ　×
ては、善良な管理者としての注意義務は負わない。 第24回

☐ **10** 成年後見人が選任された者は選挙権を有しない。 第26回　×

☐ **11** 任意後見人と本人との利益が相反する場合は、特別代理人を選任する　×
必要がある。 第30回

解説

1 生活保護費は相続の対象にならない。

2 市町村に通報し、市町村は必要な措置を
講じなければならない。

3 使用者による高齢者虐待は含まれない。

4 刑罰はない。

5 売主に契約不適合責任が課せられている。

6 取り消すことができる。

7 養育費を負担する義務はある。

9 事務を行うに当たっては、財産の有無にか
かわらず、善良な管理者としての注意義務
を負う。

10 成年被後見人の選挙権は回復している。

11 任意後見監督人が任意後見人を代理する
こととなる。

Q ────────────────── **A**

☐ **12** 「成年後見関係事件の概況（令和5年1月～12月）」（最高裁判所事務総局家庭局）によると、「成年後見制度の利用者」は、約24.9万人である。 第30回改変 ○

☐ **13** 市町村が実施する成年後見制度利用支援事業は、市町村長申立て以外の場合を対象とすることはできない。 第26回 ×

☐ **14** 浪費者が有する財産を保全するため、保佐開始の審判を経て保佐人を付することができる。 第32回 ×

☐ **15** 任意後見契約は、任意後見契約の締結によって直ちに効力が生じる。 第30回 ×

☐ **16** 「成年後見関係事件の概況（令和5年1月～12月）」（最高裁判所事務総局家庭局）によると、成年後見開始の申立ての動機としては、介護保険契約締結のためが最も多い。 第30回 ×

☐ **17** 日常生活自立支援事業の実施主体は、利用者が不適切な売買契約を実施した場合、それを取り消すことができる。 第27回 ×

☐ **18** 日常生活自立支援事業の実施主体である社会福祉協議会は、必要な場合は後見の申立てができる。 第25回改変 ×

☐ **19** 判断能力の低下により、日常生活自立支援事業による援助が困難であると事業実施者が認めた場合には、成年後見制度の利用の支援等適切な対応を行う必要がある。 第32回 ○

☐ **20** 政府は、成年後見制度の利用の促進に関する施策の総合的かつ計画的な推進を図るため、成年後見制度利用促進会議を設けることとされている。 第32回 ○

☐ **21** 配偶者は常に法定相続人になり、法定相続分は3分の1である。 第36回改変 ×

解説

13 市町村長申立て以外の場合も対象とする。

14 浪費者というだけでは、成年後見制度の対象とはならない。

15 任意後見監督人の選任が必要であり、任意後見契約を締結しても、直ちに後見活動ができるわけではない。

16 成年後見開始の申立ての動機は、「預貯金等の管理・解約」が最も多く、「介護保険契約」は3番目に多い。

17 取消権は与えられていない。

18 社会福祉協議会には後見の申立てはできない。

21 2分の1である。

第  章

地域福祉と
包括的支援体制

この科目のよく出るテーマ5

❶ 地域福祉の基礎的な概念

コミュニティケアやソーシャルキャピタル（社会関係資本）、ローカルガバナンス、住民主体の原則など、地域福祉にかかわる用語の基本的な理解を問う内容が出題されます。

❷ 地域福祉の発展過程

イギリス、アメリカの慈善組織協会、セツルメント活動、日本における地域福祉の源流（方面委員史）をはじめとする発展過程も問題としてよく取り上げられます。

❸ 地域福祉の主体

地域福祉の主体にかかわるものがよく出題されます。特に民生委員・児童委員、民生委員児童委員協議会など民生委員法にかかわるものです。これ以外でも社会福祉協議会、共同募金、ボランティア関連、特定非営利活動法人（NPO法人）にかかわる問題が出題されます。

❹ 社会福祉法

社会福祉法の地域福祉、地域福祉計画、利用者の利益の保護にかかわる内容もよく出題されます。ここ数年、社会福祉法人にかかわる内容が大改正されています。また地域福祉計画も新たな項目が追加されていますので、出題される可能性がとても高いです。

❺ 国、都道府県、市町村の役割と責務

福祉行政における国（厚生労働大臣）、都道府県、市町村それぞれの役割について繰り返し出題されています。都道府県や指定都市、市町村で設置が義務となっている施設・機関についても頻出です。国と地方自治体の関係では、法定受託事務と自治事務の内容が度々問われています。

攻略のポイント

地域福祉の概念や欧米における理論の展開はくり返し出題されています。厚生労働省や全国社会福祉協議会が検討した報告書や内閣府などの国民生活にかかわる報告書からもくり返し出題されます。最近では、地域包括ケアシステムや認知症が、地域福祉に深くかかわる内容として出されていますのでひとことふれておきます。

1 地域福祉の基本的な考え方

地域福祉の概念と理論 ㉛ ㉝

　地域福祉は、福祉の専門職だけではなく、その地域の住民みんなを巻き込んで、誰もが暮らしやすく、互いに助け合える共生社会を作ろうとする営みです。地域福祉を推進するための考え方については海外で発展したコミュニティ・オーガニゼーションの考え方や、日本国内の様々な研究者による理論が発展してきました。

　コミュニティ・オーガニゼーションは、日本の地域福祉の概念形成で重要な位置を占めています。特にロス（Ross, M.）の『コミュニティ・オーガニゼーション』（1955年）は、岡村重夫によって訳され、地域福祉概念が体系化される以前の主要な概念として導入されました。

　日本でも牧賢一が『コミュニティ・オーガニゼーション概論』（1966（昭和41）年）を著しました。牧賢一は、1953（昭和28）年に『社会福祉協議会読本』を著した人物でもあります。

　その後の海外の新たな理念の登場も地域福祉の理論に影響を与えました。それが国際障害者年を契機として普及したノーマライゼーション（完全参加と平等）と、ヨーロッパから普及してきたソーシャル・インクルージョン（社会的包摂）という理念です。これらは、「地域福祉」の考え方の重要な背景となりました。

第31・33回で、ノーマライゼーションやソーシャル・インクルージョンの考え方について問われました。

■ ノーマライゼーションとソーシャル・インクルージョン

理念	和訳	提唱者	内容
ノーマライゼーション	普遍化・通常化	バンク-ミケルセン（デンマーク）	障害者を含む「社会的弱者」が、可能な限り一般の人たちと同様な権利をもち、人生・生活を送るようにしていこうとするもの
		ニィリエ（スウェーデン）	知的障害者の生活を、日、週、年、生涯のそれぞれにおいて、できる限り通常の生活に近づけることとした
ソーシャル・インクルージョン	社会的包摂・包含・包括	1990年代後半のヨーロッパでの外国人労働者排斥運動の高まりに対して、フランス、イギリスでは、社会から排除するのでなく、コミュニティを構成する一員として包み込む社会を実現していく政策を打ち出した	

日本の地域福祉の概念

地域福祉の概念については、年代ごとの変遷をとらえるとわかりやすいです。

〈1980年代〉（構造と機能）

特　徴	アプローチ	提唱者
構造（枠組・骨格）	構造的アプローチ	右田紀久恵
	制度政策論的アプローチ	井岡勉
	運動論的アプローチ	真田是
機能（はたらき・効用）	主体論的アプローチ	岡村重夫
	資源論的アプローチ	永田幹夫

〈1990年代〉（理論）

理論	提唱者
自治型地域福祉論	右田紀久恵
参加型地域福祉論（主体形成の地域福祉論）	大橋謙策

理論	提唱者
場−主体の地域福祉論	岡本栄一

　まず、岡村重夫の『地域福祉研究』（1970（昭和45）年）、『地域福祉論』（1974（昭和49）年）によって、地域福祉の概念が形づくられました。さらに福祉組織化活動の目的は、「福祉コミュニティづくり」であるとしました。

　右田紀久恵は『現代の地域福祉』（1973年、編著）の中で、住民主体原則の立場から、地域福祉の目的を、生活問題の軽減・除去、発生の予防、地域住民の生活権保障と社会的実現としました。1993（平成5）年には、「自治」と「自治制」を構想した『自治型地域福祉の展開』を著しました。

　地域福祉の実体化に貢献したのが全国社会福祉協議会発行の『在宅福祉サービスの戦略』（1979（昭和54）年）です。この中で三浦文夫は、社会福祉ニーズに、社会福祉政策が注目する視点として貨幣的ニーズに代わって非貨幣的ニーズが主要な課題となってきていると指摘しました。同時期に永田幹夫は、『地域福祉組織論』（1981（昭和56）年）をまとめ、地域福祉の概念として、在宅福祉サービス、環境改善サービス、組織活動を示しました。

　岡本栄一は「場−主体の地域福祉論」において、「場」という展開ステージと、推進支援の「主体」という2つの軸を設定すると、地域福祉論を4つの志向に整理できるとしています。

■ 岡本栄一の分類による地域福祉論の4つの志向と代表的な提唱者

志向	提唱者
福祉コミュニティ志向	岡村重夫、阿部志郎はコミュニティ重視
住民の主体形成志向	大橋謙策
政策・制度（自治）志向	井岡勉、真田是、右田紀久恵は自治型地域福祉論
在宅福祉志向	永田幹夫、三浦文夫

地域社会の概念と理論

　地域社会は、地域福祉を実現する場所や圏域を意味します。地域社会の動向を理解することは極めて重要で、特に人口動向、世帯状況、都市と農村、地域特性などは必須です。様々な政府統計がありますが、住民基本台帳人口移動報告、

平成の合併による市町村数の変遷、過疎対策の現況、中山間地域の課題、日本の市町村別将来推計人口などの動向把握は欠かせません。

　さらに地域社会の集団や組織にみられる相互扶助（互助）の仕組み、古代国家における戸令（近親者による扶養、村里の保護、備荒儲蓄制度）や、中世までみられた五保の制（5戸を1組とする農耕と貢納のための共助組織）を理解することも重要です。近世社会では、七分積金制度がみられます。さらに広く流布した「ゆい（結）」などの共同労働組織や頼母子講などの「講」（互助組織）もあります。

📖 **七分積金制度**：1791（寛政3）年に松平定信が行った院外救済制度。

コミュニティの定義

　コミュニティの定義については、おおむね地域性や共同性としてとらえられています。特によく紹介される提唱者には、次の人物がいます。

■ 主な人物のコミュニティ定義

提唱者	定義
テンニース (Tönnies, F.)	人間の意志を本質意志と選択意志に区別し、社会は実在的・有機的生活としてのゲマインシャフトと観念的・機械的構成体としてのゲゼルシャフトに区別されるとした
マッキーバー (MacIver, R.)	コミュニティとアソシエーションという概念を研究し、コミュニティは国家、政府を超えた生活と意思にかかわるものとした
ヒラリー (Hillery, G.)	地域社会を定義した語彙を調べ「地域性」と「共同性」に収斂されるとした
ウェルマン (Wellman, B.)	コミュニティは、地域を超えたネットワークであることを主張し、コミュニティ解放論として知られている

コミュニティにかかわる報告書

　日本で「コミュニティ」という場合、1969（昭和44）年に出された国民生活審議会調査部会コミュニティ問題小委員会報告「コミュニティ―生活の場における人間性の回復―」に注目する必要があります。

　地域福祉にかかわる報告書として、1971（昭和46）年の中央社会福祉審議

会答申「コミュニティ形成と社会福祉」があります。この報告書はコミュニティ形成の必要性にふれ、コミュニティの定義、条件（地理的規定、相互作用的規定、施設的規定、態度的規定の4つ）を明らかにしました。

　2005（平成17）年に出された国民生活審議会総合企画部会報告書「コミュニティの再興と市民活動の展開」があります。ここで同じ生活圏内に居住する地縁による団体の範囲をエリア型コミュニティ、特定の分野の活動を進める市民活動団体をテーマ型コミュニティと類型化しました。

■■ **コミュニティ**：生活の場において、市民としての自主性と責任を自覚した個人及び家族を構成主体として、地域性と各種の共通目標をもった、開放的でしかも構成員相互に信頼感のある集団をコミュニティと呼ぶ。

2 地域福祉の歴史

イギリスにおける展開

　イギリスは、慈善組織協会（COS）とセツルメント運動を生み出した国です（第4章178ページ、第10章495ページを参照）。

▶ コミュニティケアの展開

　コミュニティケアが公式文書に初めて登場するのが1957年「精神病者及び精神薄弱者に関する王立委員会」の勧告です。そして1959年、コミュニティケアを規定した「精神保健法」が成立します。1962年に政府は「病院計画」を発表し、大規模病院を閉鎖するとしました。

　1968年にシーボーム報告が提出されました。これは、分野別（老人・障害者・児童）で行われていたサービスを単一の社会サービス部が運営管理し、効果的・効率的に提供することを提言した画期的な報告でした。これを受けて、1970年に地方自治体社会サービス法が制定。翌年、社会サービス部が発足しました。この一連のイギリスの取り組みは、日本の地域福祉にも強い影響を与えました。

　そして、イギリスにおける新たな局面が新保守主義の台頭です。その色彩が強く表れているのが1982年のバークレイ報告「ソーシャルワーカー：役割と任務」です。

サッチャー政権が誕生すると、1990年に国民保健サービス（NHS）及びコミュニティケア法が成立し、これがイギリスのコミュニティケア改革をもたらしました。この改革のもとになったのが1988年のグリフィス報告です。公的扶助による高齢者の入所施設の財源を国から地方自治体に移し、社会サービス部に市場原理を導入し、企業やボランタリー組織のサービスを促進して、利用者の選択を創り出すという内容でした。

1997年のブレア政権誕生により、第三の道が追究されることとなります。サービス供給主体の多元化を促進したコミュニティケア改革の継承と、中央政府のイニシアティブによる多様な供給主体によるサービスの質や結果の重視という政策で、ボランタリーやコミュニティの役割重視の方向も示しています。

> シーボーム報告は、コミュニティケアを地方自治体の社会サービス部が
> 総合的に行うことに道を開いた報告書です。バークレイ報告は、新たな
> コミュニティソーシャルワークを、カウンセリングと社会的ケア計画から
> なるとしました。

📖 **ボランタリー組織：** 非営利の慈善団体のこと。イギリスでは、ボランタリー組織は、サービス提供の重要な組織ととらえられている。

■ イギリスにおける主なコミュニティケアに関する報告の概要

1942	ベヴァリッジ報告	すべての国民に最低限度の生活（ナショナル・ミニマム）を保障するというもの
1968	シーボーム報告	コミュニティを基盤に福祉ニーズにジェネリックに対応するソーシャルワーカー体制の整備を行うために関連の部署の統合を勧告した
1970	地方自治体社会サービス法制定	シーボーム報告を受けて法が制定、施行された。これにより地方自治体中心のコミュニティケアが推進された
1978	ウルフェンデン報告	ボランタリー組織の将来についての報告、ボランタリー組織の今後の役割が強調された
1982	バークレイ報告「ソーシャルワーカー：役割と任務」	多数派と少数派、2つの報告が出された。コミュニティソーシャルワークが提唱された
1988	グリフィス報告「コミュニティケア：活動の指針」	コミュニティ政策のあり方を検討し、企業やボランティア組織のサービス促進が提言された
1989	「コミュニティケア白書」	政府の白書が作られた

1990	国民保健サービス及びコミュニティケア法	社会サービス部の役割は、条件整備主体であるとされた
1996	ディキン報告	ボランタリーセクターの役割を強調した

アメリカにおける展開

　日本は、アメリカ合衆国からもとても大きな影響を受けました。アメリカもイギリス同様、セツルメント活動が出発点です。アメリカは、ケースワーク・グループワークという援助技法を開発・発展させてきています。地域福祉にかかわる理論としては、コミュニティ・オーガニゼーション、コミュニティ・ディベロップメント、ソーシャル・アクションがあります。

■ アメリカの慈善組織協会、セツルメント運動の展開

1877年	慈善組織協会（ニューヨーク州バッファロー）の設立
1886年	コイト（Coit, S.）らが、ニューヨークでネイバーフッド・ギルドを設立
1889年	アダムス（Addams, J.）がシカゴにハル・ハウスを設立
1909年	社会福祉協議会（ピッツバーグとミルウォーキーでそれぞれ）誕生
1913年	クリーブランド慈善博愛連盟が共同募金運動を組織化
1918年	全米コミュニティ・オーガニゼーション協会の設立
1939年	全米社会事業会議レイン報告提出

📖 **コミュニティ・ディベロップメント**：開発途上にある諸国の地域共同社会を援助するための努力を指している。アメリカでは、地域全体の経済の活性化や治安維持の要素が強い。
ハル・ハウス：アダムスがスター（Starr, E. G.）とともに立ち上げた。スラム教化事業にとどまらず、人種、移民、労働者、婦人問題に取り組んだ。

▶ コミュニティ・オーガニゼーション

　コミュニティ・オーガニゼーションの理論的整理の成果物は、1939年に全米社会事業会議に提出されたレイン報告書です。この理論は、ニード・資源調整説と呼ばれました。

ダナム (Dunham, A.)	・ニード・資源調整説 ・コミュニティ・オーガニゼーションについて、福祉ニードと福祉 資源との調整を促進・維持するプロセスを意味するとした
ニューステッター (Newstteter, W.)	・インターグループワーク説（1947年） ・地域社会の諸集団が利害や意見の連絡調整を図ることを通して地 域組織化を進めるとした
ロス	・目標達成や問題解決よりはプロセスを重視し、実際の行動を起こ すことに重きを置いた地域組織化説（1955年）を展開
ロスマン (Rothman, J.)	・3つの介入モデルを提示（1968年） 小地域開発モデル：小地域住民を対象にした連帯、自立、調和を 目指す 社会計画モデル：利害や対立ではない計画によって合意形成を図る ソーシャル・アクションモデル：世論を喚起し、議会や行政機関 に制度の創設、改善、充実を求める

▶ 日本への影響

　日本では、コミュニティ・オーガニゼーション理論は「社会福祉協議会基本要項」に反映され、社会福祉協議会による活動の理論的背景となりました。

　イギリスのコミュニティケアの影響による日本の動きで、比較的最近のものは、1990（平成2）年の福祉関係八法改正です。ここで今後の政策の方向として、市町村重視や在宅福祉サービスの重視、事業の計画的な推進などが提起、実施されました。アメリカの影響としては、カリフォルニア大学バークレイ校で起こった自立生活運動（障害者学生の生活保障の運動）も無視できません。

　さらに、「地域福祉計画」が2000（平成12）年の社会福祉事業法等の改正により社会福祉法に新たに規定、2003（平成15）年に施行され、介護保険法の一連の改正により、2006（平成18）年に地域包括支援センターが設置されました。こうした流れにはイギリスのコミュニティケアの影響が感じられます。

日本の地域福祉の発展過程　㉛ ㉜ ㉝ ㉞ ㉟ ㊱

▶ 19世紀〜戦前：慈善事業・社会事業の発展

　日本の地域福祉の源流は、セツルメント運動（隣保事業）や地域における慈善事業の組織化をもってとらえられています。

　20世紀前半に活躍した社会運動家に、生活協同組合の父と呼ばれた賀川豊彦がいます。賀川はセツルメント、関東大震災の罹災者救援、生活協同組合運動に携わりました。

■ 日本の慈善事業・社会事業

1887（明治20）年	石井十次が岡山孤児院を創設
1891（明治24）年	アダムス（Adams, A. B.）が岡山博愛会を設立（岡山）
1897（明治30）年	片山潜がキングスレー館を創設（東京神田三崎町）
1908（明治41）年	中央慈善協会の設立
1917（大正6）年	済世顧問制度（岡山県知事の笠井信一による）
1918（大正7）年	方面委員制度（大阪府知事の林市蔵と顧問の小河滋次郎による）
1929（昭和4）年	救護法制定
1932（昭和7）年	・救護法施行（救護委員に方面委員を充てる） ・全日本方面委員連盟が結成
1936（昭和11）年	方面委員令制定

ここは覚える！

第32・33回で、中央慈善協会や方面委員制度について問われました。どちらも度々出題されます。

▶ 1940～50年代：戦後の社会福祉事業がスタート

■ 戦後の社会福祉事業の流れ

1946（昭和21）年	民生委員令、旧生活保護法
1947（昭和22）年	・児童福祉法制定 ・「国民たすけあい運動」（共同募金の原型）スタート
1948（昭和23）年	民生委員令が民生委員法に改正（生活保護については補助機関から協力機関に改まり、児童委員は民生委員が当たる）
1949（昭和24）年	身体障害者福祉法制定
1950（昭和25）年	新生活保護法
1951（昭和26）年	社会福祉事業法の制定

　1949（昭和24）年の身体障害者福祉法の制定により、児童福祉法、生活保護法、身体障害者福祉法のいわゆる福祉三法体制が確立しました。

　社会福祉協議会は、3団体（日本社会事業協会、全日本民生委員連盟、同胞援護会）の統合による中央社会福祉協議会（現全国社会福祉協議会）と都道府県社会福祉協議会を起源とするもので、1951（昭和26）年の社会福祉事業法に基づいて設置されました。その後、市町村社会福祉協議会の強化が図られ、

1957（昭和32）年市区町村社会福祉協議会当面の活動方針 が策定されます。

　戦後のボランティア活動は、学生を中心とする青年たちの情熱から始まりました。BBS（Big Brothers and Sisters movement）、VYS（Voluntary Youth Social worker）、子ども会、母親クラブなどです。

ここは覚える！

第33回で、民生委員法の制定年や民生委員の位置づけの変更の経緯について問われました。

▶ 1960年代：住民主体の原則と福祉六法体制

1962（昭和37）年	社会福祉協議会基本要項 が住民主体の原則を打ち出す
1966（昭和41）年	国庫補助による福祉活動専門員の配置
1968（昭和43）年	全社協が「ボランティア育成基本要項」を発表

　1960年代は、福祉三法から福祉六法へと拡大基調を強めることとなります。精神薄弱者福祉法（現知的障害者福祉法）に続いて1963（昭和38）年に老人福祉法、1964（昭和39）年には母子福祉法（現母子及び父子並びに寡婦福祉法）と制定が進み、福祉六法体制となりました。

　1968年、イギリスの「シーボーム委員会」報告があったのと同じ年に、民生委員の全国老人介護実態調査による「居宅ねたきり老人20万人」という結果が発表されました。1969（昭和44）年には、国民生活審議会「コミュニティ―生活の場における人間性の回復」答申がありました。

▶ 1970年代：社会福祉の拡大と見直しの論議

1971（昭和46）年	中央社会福祉審議会から「コミュニティ形成と社会福祉（答申）」
1973（昭和48）年	国がボランティア活動（善意銀行）に対して活動費補助
1975（昭和50）年	全国社会福祉協議会が「中央ボランティアセンター」を設置
1977（昭和52）年	「中央ボランティアセンター」が「全国ボランティア活動振興センター」に改組
1978（昭和53）年	全国社会福祉協議会ボランティア活動振興懇談会で「ボランティア活動振興のための提言」

　1970年代に地域福祉論が登場する一方で、1971（昭和46）年から「社会福祉施設緊急整備5か年計画」が始まり、特別養護老人ホーム、重度障害児・者

施設、保育所などの整備が図られました。

　福祉元年と呼ばれた1973（昭和48）年ですが、オイルショックに見舞われます。以後日本経済が低成長へと推移するきっかけとなりました。

　1977（昭和52）年には厚生省（現厚生労働省）による学童・生徒のボランティア活動普及事業が創設されます。これによって小学校・中学校・高校で福祉教育が全国的に展開されることとなりました。

　核家族化が進んで家族構造が変化し、家族のもつ機能が弱まる中で、1979（昭和54）年、全国社会福祉協議会から『在宅福祉サービスの戦略』が発行され、社会的な解決を図る考え方が示されます。それまでの金銭給付による充足を貨幣的ニーズとし、一方、役務（人的サービス）の提供による充足を非貨幣的ニーズとして、これから必要となるのは非貨幣的ニーズであり、これに対応するサービス供給体制を目指すことが重要であると指摘されました。

ここは覚える！

第32回では善意銀行（金銭、物品の預託による取り組み）や学童・生徒のボランティア活動普及事業について、第34・36回では『在宅福祉サービスの戦略』と1962（昭和37）年の「社会福祉協議会基本要項」との違いが問われました。

▶ 1980～90年代：市区町村社会福祉協議会の法制化

1983（昭和58）年	市区町村社会福祉協議会の法制化
1984（昭和59）年	全国社会福祉協議会『福祉教育ハンドブック』発行
1985（昭和60）年	福祉ボランティアのまちづくり事業（ボラントピア事業）の開始
1989（平成元）年	中・高等学校学習指導要領改訂時に、クラブ活動に「奉仕的な活動」が盛り込まれる
1992（平成4）年	新・社会福祉協議会基本要項

　1990（平成2）年には、福祉関係八法などの法律改正（福祉関係八法改正）がありました。このとき、高齢者・身体障害者の措置の権限などが都道府県から市町村に移譲され、施設サービスと在宅サービスの決定と実施を市町村に一元化するとともに、市町村、都道府県による老人保健福祉計画の策定、在宅福祉サービスの社会福祉事業への位置づけなどの規定の整備が行われました。また指定都市の区の社会福祉協議会が法制化されました。

1992（平成4）年には、全国の都道府県、市区町村社会福祉協議会の役職員による討議を経て「新・社会福祉協議会基本要項」が作成され、社会福祉協議会は、地域住民と公私の社会福祉事業関係者等によって構成されることとしました。

ここは覚える！

第32・34・36回では市区町村社会福祉協議会の法制化された年が、第31・32・36回では社会福祉協議会の構成が出題されました。

■ 社会福祉協議会と地域福祉の法制化の変遷

年代	1951〜1982年 （昭和26〜57年）	1983〜1999年 （昭和58〜平成11年）	2000年〜 （平成12年〜）
期	第1期	第2期	第3期
法律	社会福祉事業法		社会福祉法
法制化	全国・都道府県社会福祉協議会が条文化された	1983（昭和58）年に市区町村社会福祉協議会が条文化された。指定都市の区（地区）についての条文化は1990（平成2）年	市町村地域福祉計画・都道府県地域福祉支援計画が条文化された

▶ 社会福祉法成立までの地域福祉計画の動向

　地域福祉計画は、市区町村社会福祉協議会の法制化を機に、全国社会福祉協議会が『地域福祉計画—理論と方法』（1984（昭和59）年）を発行したことで、一挙に策定に対する関心が高まりました。特に行政機関が強い関心を示しました。先駆けになったのが東京都のいわゆる三相計画です。東京都が策定する地域福祉推進計画、市区町村が策定する地域福祉計画、住民活動計画としての地域福祉活動計画というそれぞれのレベルに応じたものとして提起されました。

　また老人保健福祉計画の策定の義務化（1991（平成3）年）があり、地域福祉活動計画策定指針では、地域福祉計画を行政が策定する計画とし、市区町村社会福祉協議会が策定する計画を地域福祉活動計画と呼ぶことにしました。これ以降、地域福祉計画と地域福祉活動計画という、行政と民間による計画策定が行われるようになりました。両者は、密接なかかわりの中で連携して取り組んでいくことが求められるようになり、各分野の計画も義務化されました。

ここは覚える！

第31・32・34・35・36回で、地域福祉計画と地域福祉活動計画の関係について出題されました。

障害者基本計画（障害者基本法）は2004（平成16）年、障害福祉計画（障害者自立支援法）は2005（平成17）年、市町村行動計画（次世代育成支援対策推進法）は2003（平成15）年に、それぞれ策定が義務化されました。

落とせない！重要問題

市町村社会福祉協議会は、市町村地域福祉計画を策定するよう努めなければならない。 第34回

×：地域福祉計画は、市町村（行政）が策定する。市町村社会福祉協議会（民間）が策定するのは地域福祉活動計画。

▶ 社会福祉基礎構造改革

　1997（平成9）年、厚生省において社会福祉基礎構造改革の検討が始まりました。中央社会福祉審議会は新たに専門部会として社会福祉構造改革分科会を設け、集中審議を行いました。分科会は、1998（平成10）年に「社会福祉基礎構造改革について（中間まとめ）」、さらには「社会福祉基礎構造改革を進めるに当たって（追加意見）」を公表し、基礎構造改革の理念、改革の基本的方向、改革すべき具体的内容を示しました。

▶ 社会福祉法の成立

　2000（平成12）年、社会福祉法が制定され、地域福祉が法によって位置づけられることとなりました。同法の1章4条と10章に地域福祉の推進が設けられ、市町村地域福祉計画（107条）、都道府県地域福祉支援計画（108条）が条文化されました。

ここは覚える！

第34・35・36回で、社会福祉法の地域福祉の推進（4条）、国及び地方公共団体の責務（6条）、包括的な支援体制の整備（106条）、地域福祉計画（107条）に関する内容が問われました。

▶ 地域福祉に関する近年の報告書

■ 2000年代の地域福祉史

2000（平成12）年12月8日 「社会的な援護を要する人々に対する社会福祉のあり方に関する検討会」
すべての人々を孤立や孤独、摩擦や排除から援護し、健康で文化的な生活の実現につなげるよう、社会の構成員として包み支え合う（ソーシャル・インクルージョン）とし、新たな「公」を創造する「支え合う」社会の実現を図る
2008（平成20）年3月31日 「これからの地域福祉のあり方に関する研究会」提出の「地域における「新たな支え合い」を求めて－住民と行政の協働による新しい福祉－」
地域における「新たな支え合い」（共助）の確立のための推進や整備方策、地域の生活課題への対応、住民主体を報告
2012（平成24）年 全国社会福祉協議会「社協・生活支援活動強化方針」
経済的困窮や社会的孤立などの今日的な課題の解決に向けて「アクションプラン」を示す
2013（平成25）年 「地域包括ケア研究会報告書」
2025年を目標に、高齢者の尊厳の保持と自立生活の目的のもと、すまい、生活支援、介護・医療・予防、本人・家族の選択と「自助・互助・共助・公助」からなる包括システムを提言
2016（平成28）年、2017（平成29）年 「地域における住民主体の課題解決力強化・相談支援体制の在り方に関する検討会」（地域力強化検討会）中間とりまとめ、最終とりまとめ
住民主体による地域課題の解決力強化・体制づくり、市町村による包括的相談支援体制等について検討
2017（平成29）年 全国社会福祉協議会「社協・生活支援活動強化方針」改定
地域における深刻な生活課題の解決や孤立防止に向けた行動宣言と第2次アクションプラン、社協活動の方向性を示す
2018（平成30）年 全国民生委員児童委員連合会「これからの民生委員・児童委員制度と活動のあり方に関する検討委員会」
民生委員制度100年の歴史の総括および現状の課題の整理をもとに、今後の民生委員・児童委員制度や活動のあり方を検討

2019（令和元）年
「地域共生社会に向けた包括的支援と多様な参加・協働の推進に関する検討会」（地域共生推進検討会）最終とりまとめ
「断らない相談支援」「参加支援」「地域づくりに向けた支援」の3つの柱からなる市町村の新たな事業の創設を提言

ここは覚える！

第31・32・33回で、『地域における「新たな支え合い」を求めて』の内容について出題されました。また、第32・33・35回では、「地域力強化検討会最終とりまとめ」が出題されました。

落とせない！重要問題

厚生労働省の「これからの地域福祉のあり方に関する研究会」報告書（2008（平成20）年）では、住民の地域福祉活動の資金は原則として公的財源によるとされている。　第32回

×：地域福祉活動は、共同募金の配分金や、社会福祉協議会の会費からの交付金・補助金等によっていて、必要な資金の継続的確保には、資金を地域で集める仕組みが必要としている。

社会福祉事業法改正と社会福祉協議会

　1983（昭和58）年、市町村社会福祉協議会が東京都の特別区社会福祉協議会とともに法制化されました（5月11日成立、10月1日施行）。

　1990（平成2）年の福祉関係八法の改正（老人福祉法等の一部を改正する法律）における社会福祉事業法の改正では、3条「基本理念」、3条の2「地域等への配慮」が条文に盛り込まれました。このとき初めて「地域住民」が表現されました。この折、社会福祉協議会については、政令指定都市の地区社会福祉協議会の規定が加わりました。

　これらの改正により、市（指定都市含む）・区（特別区・行政区含む）・町・村社会福祉協議会は、社会福祉事業法に位置づけられました。新たに規定された市区町村社会福祉協議会は、いずれも都道府県社会福祉協議会の規定を準用したものとなりました。

3 地域福祉の動向

社会福祉法での地域福祉規定 ㉞ ㉟ ㊱

近年の地域福祉の動向は、社会福祉法の成立・改正の過程からとらえることができます。

▶ 社会福祉法の成立と地域福祉の推進

社会福祉法は、2000（平成12）年に「社会福祉の増進のための社会福祉事業法等の一部を改正する等の法律案」として提出され、社会福祉事業法を改正改称して成立しました。

この折、4条と10章に「地域福祉の推進」が設けられ、ここで「地域福祉」という言葉が法律上初めて用いられました。10章「地域福祉の推進」は、1節「包括的な支援体制の整備」、2節「地域福祉計画」、3節「社会福祉協議会」、4節「共同募金」から構成されています。

▶ 都道府県社会福祉協議会の規定の大幅改正

社会福祉法は、都道府県社会福祉協議会の事業を大きく変えました。主な新たな事業は、次の通りです。

- 広域的な見地から行うことが適切なもの
- 社会福祉を目的とする事業に従事する者の養成及び研修

- 社会福祉を目的とする事業の経営に関する指導及び助言

　これ以外に、福祉サービスの利用援助等（8章2節）、福祉サービスに係る苦情の適切な解決（82条）、社会福祉を目的とする事業を経営する者への支援（88条）が社会福祉法で位置づけられました。

　また利用者の利益の保護がうたわれ、同法8章に「福祉サービスの適切な利用」が設けられました。この1節「情報の提供等」で、福祉サービスを利用しようとする者が適切かつ円滑にこれを利用できるように、その経営する社会福祉事業に関し情報の提供を行うよう努めなければならないという旨を規定しました（75条1項）。また2節「福祉サービスの利用の援助等」が設けられました。

　福祉サービス利用援助事業とは、精神上の理由により日常生活を営むのに支障がある者（知的障害者、精神障害者、認知症高齢者など）に対して、無料または低額な料金で、福祉サービス（社会福祉事業において提供されるものに限る）の利用に関して相談に応じ、及び助言を行い、並びに福祉サービスの提供を受けるために必要な手続きまたは福祉サービスの利用に要する費用の支払に関する便宜を供与すること、その他の福祉サービスの適切な利用のための一連の援助を一体的に行う事業であると規定しています（2条3項12号）。これは地域福祉権利擁護事業（現日常生活自立支援事業）と呼ばれました。

▶ 市町村社会福祉協議会・地区社会福祉協議会規定の追加改正

　市町村社会福祉協議会及び地区社会福祉協議会については、都道府県社会福祉協議会の規定が準用されていましたが、独立した条文となり、さらに次が追加されました。

- 2以上の市町村や指定都市の区で、区域を超えて事業が実施できること
- 介護保険事業や障害者福祉サービス事業を行うこと
- 住民参加のための援助

■ 地域福祉・地域福祉計画にかかわる条文の改正

> 　4条（地域福祉の推進）
>
> 　5条（福祉サービスの提供の原則）
>
> 　6条（福祉サービスの提供体制の確保等に関する国及び地方公共団体の責務）
>
> 10章　地域福祉の推進

最大の特徴は、10章「地域福祉の推進」の冒頭に新たに「包括的な支援体制の整備」が設けられたことです。

2017（平成29）年の通知「地域共生社会の実現に向けた地域福祉の推進について」では、改定した市町村地域福祉計画及び都道府県地域福祉支援計画の策定ガイドライン等が示されています。

通知では、「身近な圏域」は、地域の実情に応じて異なると考えられ、地域で協議し、決めていく過程が必要である（例えば、合併や統廃合で小学校区域が大きくなっている地域では「小学校区」ではなく「自治会単位」にするなど）と示されました。また、「地域生活課題」も定義されました。

法改正に先立って重要な役割を担ったのが、地域力強化検討会の「地域における住民主体の課題解決能力強化・相談支援体制の在り方に関する検討会（中間とりまとめ）」（2016（平成28）年12月）と「同最終とりまとめ」（2017（平成29）年9月）です。

これにより、市町村は「住民の身近な圏域」において、地域住民等が主体的に地域生活課題を把握し解決を試みることができる環境の整備、地域生活課題に関する相談を包括的に受け止める体制の整備、多機関の協働による包括的な相談体制の構築の、3事業の実施等を通じた包括的支援体制の整備が努力義務とされました。これらは重層的支援体制整備事業として、子ども・障害・高齢・生活困窮の事業にまたがって展開されます。

ここは覚える！

第34・35・36回で、重層的支援体制整備事業について出題されました。

利用者の利益の保護

　社会福祉法は、3条で福祉サービスの基本的理念を、4条で地域福祉の推進について規定し、利用者の利益の保護について、8章で「福祉サービスの適切な利用」として定めています。

8章1節「情報の提供等」
・情報の提供（75条） ・利用申し込み者が事業者と利用契約を適切に締結できるようにする規定（76条、77条） ・福祉サービスの質の向上のための措置等（78条）
8章2節「福祉サービスの利用の援助等」
・福祉サービス利用援助事業 ・福祉サービスに関する苦情の解決など
8章3節「社会福祉を目的とする事業を経営する者への支援」
・都道府県社会福祉協議会に対し、費用請求事務の代行など事業者に対する支援を目的とする事業を行うよう努めなければならない旨

　福祉サービスの利用の仕組みは、事業者が自ら提供する福祉サービスの質を評価すること（自己評価）、国は事業の経営者が行う福祉サービスの質の向上の措置を援助するために、福祉サービスの質の公正かつ適切な評価の実施をすることとなっています。これにより、専門的な知見やノウハウを有し、客観的な基準に基づいて福祉サービスの質の評価を行う第三者評価事業が展開されることになりました。

　運営適正化委員会については、都道府県社会福祉協議会に、人格が高潔であって、社会福祉に関する識見を有し、かつ、社会福祉、法律または医療に関し学識経験を有する者で構成される運営適正化委員会を置くものとする（83条）としました。

日常生活自立支援事業（旧地域福祉権利擁護事業）

　日常生活自立支援事業（旧地域福祉権利擁護事業）とは、認知症高齢者、精神障害者、知的障害者など判断能力が不十分な人が地域で自立した生活が送れるように行われる、福祉サービスの利用に関する情報提供、助言、手続きの援助、利用料の支払などの、一連の援助をいいます。

また事業の実施主体は、法人格を有していなければならないと定めています（日常生活自立支援事業実施要領）。都道府県・指定都市社会福祉協議会が実施主体であり、実際の業務は市区町村社会福祉協議会が行っています。

　この事業は、社会福祉法が成立する前の1999（平成11）年に地域福祉権利擁護事業としてスタートし、2007（平成19）年、日常生活自立支援事業と名称が変更になっています。

　社会福祉法では、第二種社会福祉事業です（2条3項12号）。具体的な援助としては、預金口座への預け入れや引き出しなどの支援があります。支援計画に基づいて支援されますが、支援計画の作成や契約の締結に関する事務を行う専門員（専門員は、原則として社会福祉士、精神保健福祉士等が一定の研修を受けるものである）と、専門員の指示を受けて具体的援助を提供する生活支援員によって行われる業務です。契約の締結では、契約締結審査会による審査が行われます。契約締結審査会は、医療・法律・福祉の専門家により構成されています。

　専門員は、契約締結前に、利用者に対して「契約締結判定ガイドライン」に基づいてインタビューを行います。

　日常生活自立支援事業と類似した制度が成年後見制度（民法）です。成年後見制度には、「補助」「保佐」「後見」の三類型があります。「補助」「保佐」は、日常生活自立支援事業と利用者がほぼ重なります。しかし「後見」類型に当たる人は、判断能力が欠けているのが通常な状態として、通常は、契約の当事者となることはできないこととなっています。

4 地域福祉の推進主体

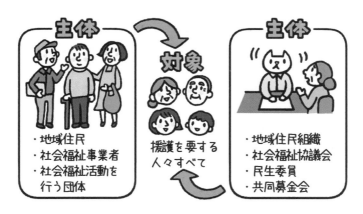

社会福祉法による「地域福祉の主体」 ㉜ ㉝ ㉞

　地域福祉の主体とは、地域福祉を進めるのは「誰か、どこか」ということです。社会福祉法上では、「地域住民、社会福祉を目的とする事業を経営する者及び社会福祉に関する活動を行う者」の三者を指します。主体三者が協力して推進することが同法で明確に規定されています。

ここは覚える！

第32・33回では、地域福祉を推進する主体にどのような人が含まれるのかが、第34回では各主体の役割について問われました。

▶ 地域住民

　2000（平成12）年、社会福祉法で地域住民が地域福祉の主体として位置づけられ、日本に住むすべての人が自分の住む地域の福祉に関心を持つことが求められるようになりました。

▶ 社会福祉を目的とする事業を経営する者

「社会福祉を目的とする事業を経営する者」の代表的なものは、社会福祉法人です。このほか、現在は株式会社や特定非営利活動法人なども第2種社会福祉事業の経営に参画しており、ここに含まれます。

社会福祉を目的とする事業を経営する者については、社会福祉法4条で地域福祉の推進主体の一つに挙げられているほか、同5条では「その提供する多様な福祉サービスについて、利用者の意向を十分に尊重」して、他の地域住民等や保健医療サービスその他の関連するサービスとの有機的な連携を図るよう努めるべき旨が規定されています。

また、国や地方公共団体の責務について規定された6条でも「社会福祉を目的とする事業を経営する者と協力して」、国や地方自治体が福祉サービス提供体制の確保や、福祉サービスの適切な利用の推進を進めるべきことが定められています。社会福祉を目的とする事業を経営する者は、行政と地域住民、保健医療サービスなど他の事業主体が連携して地域福祉を推進する際のハブのような存在であるといえます。

▶ 社会福祉に関する活動を行う者

当事者団体、住民参加型在宅福祉サービス団体、ボランティア、特定非営利活動法人などがこれに当たります。近年こうした団体や組織、個人が増加しており、地域住民、社会福祉を目的とする事業を経営する者とともに、地域福祉の推進に欠かせない主体となっています。

その他の地域福祉の主体　㉛ ㉜ ㉞ ㉟ ㊱

▶ 地域住民組織（自治会・町内会、自治会・町内会連合会）

地域住民は、自治会・町内会の一員です。自治会・町内会は上部に自治会・町内会連合会をもち、内部に組や班といった小グループを組織しています。とても狭い区域ごとに組織されていますが、地域住民の自治区域になっています。

消防団、自主防災組織も地域組織にかかわりの強い組織です。

▶ 地区社会福祉協議会

ここでいう地区社会福祉協議会は、社会福祉法でいう指定都市の区社会福祉協議会ではありません。主に都市の一定の区域（主に小学校区）を対象区域と

して設置されている社会福祉協議会です。いずれも法人格のない任意の団体であるため、すべての都市にあるわけではありません。

　地区社会福祉協議会は、ここでは総称として使用していますが、各地には、これ以外にも校区社会福祉協議会や学区社会福祉協議会といった名称も見られます。さらにまちづくり協議会の福祉部会や自治会・町内会の福祉部会といった形態も見られます。またおおむね小学校区に設置された自治会・町内会連合会とは同じ区域となっており、公民館やコミュニティセンターなどの拠点を通して住民座談会、見守り活動、食事サービス、サロン活動などの小地域福祉活動が見られます。

▶ 市町村社会福祉協議会

　社会福祉協議会は、社会福祉法で地域福祉の推進を図ることを目的とする団体と規定されました（109条1項、2項）。社会福祉協議会には、市町村の区域内の社会福祉事業又は更生保護事業を経営する者の過半数が参加することとなっています。こうした規定から、地域福祉推進の中核組織と呼ばれています。

　市町村社会福祉協議会は、基礎自治体（市区町村）と同様の数が全国に存在し、すべてが社会福祉法人です。全国ネットワークの組織ですが、一つひとつは独立した組織です。地域住民主体のもと、きめ細かい活動を展開しています。

　社会福祉法における、市町村社会福祉協議会の規定を見てみましょう。

■ 社会福祉法109条1〜4項の条文のまとめ

① 市町村社会福祉協議会は、1又は都道府県内の2以上の市町村の区域内で設置できる。しかし実態上2以上の市町村にまたがって設置されている社会福祉協議会は、市町村合併によって今はない。ただし規定上は存在している
② 地域福祉の推進を図ることを目的とする団体である
③ 区域内で社会福祉を目的とする事業を経営する者と社会福祉に関する活動を行う者が参加することが規定されている。区域内で社会福祉事業又は更生保護事業を経営する者の過半数参加も規定されている。指定都市の場合は、これらに加えて区域内の地区社会福祉協議会の過半数参加も規定されている

④ 社会福祉協議会が実施する事業の規定は、社会福祉を目的とする事業の企画及び実施、調査、普及、宣伝、連絡及び調整及び助成、住民が活動に参加するための援助、健全な発達を図るために必要な事業

⑤ 地区社会福祉協議会（指定都市内）は、市町村社会福祉協議会と同様の規定となっている。お互いの地区社会福祉協議会相互の連絡及び事業の調整を行うことも規定されている

⑥ 市町村社会福祉協議会も地区社会福祉協議会（指定都市内）も広域的に事業を実施できる

ここは覚える！

第31・32・36回で、市町村社会福祉協議会の事業内容や会員について問われました。社会福祉事業または更生保護事業を経営する者の過半数が参加する規定についても出題されました。

社会福祉法上、市町村社会福祉協議会の規定には盛り込まれていませんが、地域福祉の推進を図る立場から、災害時の要援護者に対するボランティアなどによる支援を行ったりしています。

▶ 民生委員

民生委員は、民生委員法1条により「社会奉仕の精神をもって、常に住民の立場に立って相談に応じ、及び必要な援助を行い、もって社会福祉の増進に努めるものとする」と定められています。一定の基準の下に小地域社会に配置されています。また、都道府県知事の推薦によって、厚生労働大臣が委嘱します。都道府県知事の推薦は、市町村が設置した民生委員推薦会が、地方社会福祉審議会の意見を聴いて行うことになっています（民生委員法5条）。

民生委員は、厚生労働大臣が委嘱する無給の委員（制度的ボランティアと呼ばれる）です。都道府県知事には、民生委員に対する指導監督の権限があります。身分は特別職の地方公務員で、任期は3年、継続も可能です。また職務の遂行に当たっては、秘密保持が求められています（民生委員法15条）。現在全国で約22.5万人がいます（2022（令和4）年12月1日現在）。

ここは覚える！

第34回で、民生委員の任期や定数について問われました。民生委員の定数は厚生労働大臣の定める基準を参酌して、市町村の区域ごとに都道府県の条例で定めます。

▶ 児童委員・主任児童委員

児童委員は市町村の区域に置かれるもので、民生委員をもって充てられます。厚生労働大臣は、児童委員のうちから、主任児童委員を指名することになっており、厚生労働大臣の指名は民生委員法5条の規定による推薦によって行われます（児童福祉法16条）。

ここは覚える！

第34回で、民生委員と児童委員の兼務が、本人の申出で辞退できないことが出題されました。

■ 厚生労働大臣の定める民生委員・児童委員の配置基準

区分	配置基準
東京都及び指定都市	220から440までの間のいずれかの数の世帯ごとに民生委員・児童委員1人
中核市及び人口10万人以上の市	170から360までの間のいずれかの数の世帯ごとに民生委員・児童委員1人
人口10万人未満の市	120から280までの間のいずれかの数の世帯ごとに民生委員・児童委員1人
町村	70から200までの間のいずれかの数の世帯ごとに民生委員・児童委員1人

ここは覚える！

第32・34回で、民生委員の配置基準について問われました。

▶ 民生委員児童委員協議会（民児協）

民生委員は、都道府県知事が市町村長の意見を聴いて定める区域ごとに民生委員協議会を組織しなければなりません。市においては、区域を数区域に分け

て組織できますが、町村は一区域だけの組織となっています（民生委員法20条）。また、民生委員協議会は会長1人を定めます（同法25条1項）。

　なお、民生委員と児童委員は兼務することとなっているため、実際には民生委員児童委員協議会(民児協)という名称で設置されています。また民生委員は、社会福祉を目的とする事業を経営する者または社会福祉に関する活動を行う者と密接に連携し、事業または活動を支援することが期待されています。

民生委員協議会の任務（民生委員法24条1項）
・民生委員が担当する区域または事項を定めること ・民生委員の職務に関する連絡及び調整をすること ・民生委員の職務に関して福祉事務所やその他の行政機関との連絡に当たること ・必要な資料及び情報を集めること ・民生委員に、職務に関して必要な知識や技術を修得させること ・民生委員が職務を遂行するのに必要な事項を処理すること
民生委員協議会のその他の役割（同法24条2項、3項）
・必要と認める意見を関係各庁に具申することができる（意見具申権） ・市町村を単位とする社会福祉団体の組織（市町村社会福祉協議会）に加わることができる

 ここは覚える！

第32・34・36回で、民生委員協議会が関係各庁に意見具申できることや、都道府県知事が組織するものであることが出題されました。

▶ 共同募金会

　共同募金は、戦後、民間の社会福祉事業者に対する財源措置として行われた民間活動（国民たすけあい運動）を制度化したものです。今日では、社会福祉を目的とする事業の活動を幅広く支援し、地域福祉の推進を図るという目的をもった制度としてとらえ直すべきものとなっています。

　共同募金会は、都道府県内の区域内で広く募集した寄附金を、社会福祉を目的とする事業を経営する者に対して配分するという形で、幅広い対象に対して地域福祉の増進を目指して助成を行う事業であり、特にその運営の適正性を担保する必要が高いために第一種社会福祉事業となっています。

　共同募金の募集期間は、厚生労働大臣が定めます（社会福祉法112条）。共同募金会は、社会福祉法人でなければならず（同法113条2項）、共同募金会以外の者が共同募金事業を行ってはなりません（同法113条3項）。またいわゆる名

称独占（同法113条4項）となっており、違反すれば金銭罰（過料10万円以下）に処せられます（同法166条）。

　共同募金は、毎年10月から3月までの6か月間に行われます。12月には、社会福祉協議会、民生委員児童委員協議会と共同募金会の三者共催で「歳末たすけあい運動」も行われます。三者が行うのが「地域歳末たすけあい募金」、NHKと共催で行うのが「NHK歳末たすけあい募金」です。このようにして行われる共同募金の募金額ですが、募金総額は1998（平成10）年度以降減少傾向にあります。

　配分については、社会福祉を目的とする事業を経営する者以外に配分することは禁止されており（同法117条1項）、また配分を受けたものは、1年間は寄附金の募集が禁止されています（同法122条）。

　社会福祉法では準備金制度が創設され（118条）、これによって災害の発生、その他特別の事情があった場合に共同募金を配分できるようになりました。

ここは覚える！

第34回では共同募金運動設立の経緯や募金の実施主体について、第32・35・36回では募金総額の減少傾向や分配方法、準備金が問われました。

■■■ **準備金制度**：災害や特別な事情の発生に備えるために、資金を積み立てておくこと。

共同募金の配分を受けた者は、その配分を受けた後1年間は、その事業の経営に必要な資金を得るために寄附金を募集できません。

▶ ボランティア、ボランティアグループ、ボランティア団体

　地域社会で、自発的に福祉活動を推進するボランティア、ボランティアグループ、ボランティア団体があります。これらは、いずれも会費に基づいた財源を基礎として成り立っていますが、提供するサービスについては、対価を求めず、出会いや触れ合いを通したかかわり合いの中、共感や学びを体得するといった感覚で様々な活動に取り組む人々及び団体です。

　また、これらの団体を支援するのにボランティアセンターがあります。公費助成を得て運営しています。

▶ 住民参加型在宅福祉サービス団体

　住民参加型在宅福祉サービス団体は1970年代に登場した、各地域で様々な在宅福祉サービスが広がる中で、グループ会員の間で、サービスを提供する会員とサービスを受ける会員同士が、サービスの授受を低価格で交換するという会員の互助をベースにしたシステムをもつ団体です。それぞれの成り立ちの特徴から「社会福祉協議会運営型」「行政関与型」「住民互助型」「生協型」「農協型」「ワーカーズ型」などと呼ばれました。2020（令和2）年では、住民互助型が44.2％、次いで社協運営型が38.3％となっています。

ここは覚える！

第32回で、住民参加型在宅福祉サービス団体の活動内容について問われました。

▶ 特定非営利活動法人（NPO法人）

　NPOとは、「Non-Profit Organization」の略称で非営利団体のことです。1998（平成10）年に特定非営利活動促進法が施行されました。同法ではNPO法人認証の基準等（12条）が示されており、NPO法人は規定の認証を得て設立されます。設立を希望する団体は、所轄庁に設立の手続き、申請書及び定款の内容を提出し、それが法令の規定に適合し、その他認証の基準を満たしていれば、所轄庁は認めなければなりません。地域福祉活動に携わってきたボランティアグループ、ボランティア団体、住民参加型在宅福祉サービス団体で、特定非営利活動法人の認証を受けた団体も数多く見られます。

■ 特定非営利活動20分野

```
1  保健、医療又は福祉の増進を図る活動
2  社会教育の推進を図る活動
3  まちづくりの推進を図る活動
4  観光の振興を図る活動
5  農山漁村又は中山間地域の振興を図る活動
6  学術、文化、芸術又はスポーツの振興を図る活動
7  環境の保全を図る活動
8  災害救援活動
```

9 地域安全活動

10 人権の擁護又は平和の推進を図る活動

11 国際協力の活動

12 男女共同参画社会の形成の促進を図る活動

13 子どもの健全育成を図る活動

14 情報化社会の発展を図る活動

15 科学技術の振興を図る活動

16 経済活動の活性化を図る活動

17 職業能力の開発又は雇用機会の拡充を支援する活動

18 消費者の保護を図る活動

19 前各号に掲げる活動を行う団体の運営又は活動に関する連絡、助言又は援助の活動

20 上記1 〜 19に掲げる活動に準ずる活動として都道府県又は指定都市の条例で定める活動

特定非営利活動法人は、毎事業年度に1回、事業報告書等を所轄庁に提出しなければなりません（同法29条）。認定特定非営利活動法人に対し、その特定非営利活動に係る事業に寄附または贈与をしたとき、当該個人または法人に対する所得税、法人税または相続税の課税についての寄附金控除等の特例の適用がある（同法71条）としています。

特定非営利活動法人 (NPO法人)	「特定非営利活動」を行うことを主たる目的とし、特定非営利活動促進法の定めるところによって設立された法人
認定特定非営利活動法人 (認定NPO法人)	特定非営利活動法人のうち、運営組織及び事業活動が適正であって公益の増進に資するもので、都道府県または指定都市の認定を受けた法人

ここは覚える！

第34・36回で、認定特定非営利活動法人の税法上の優遇措置について問われました。

▶ 老人クラブ

日本国内最大の福祉団体が老人クラブです。あまねく市町村に存在しており、会員数は全国で約438.7万人（2022（令和4）年3月現在）です。高齢者の生き

がい、健康、レクリエーション、文化・スポーツ活動、趣味活動など様々な活動が盛んですが、世代間交流、小地域社会での地域参加活動、ふれあい・いきいきサロンなど地域福祉活動にもかかわっています。

▶ 当事者、セルフヘルプグループ（自助グループ）

交通事故、犯罪、災害、薬害、拉致、重い病気などの被害者や患者とその家族（遺族）はなくなるどころか、むしろ増えているのが実態です。当事者は、当事者の会やセルフヘルプ活動など自らの問題に立ち向かうべく様々な組織・団体・グループを結成し、解決に向けた粘り強い行動を起こします。この中にあって「同じ境遇の者同士」「仲間」による支えが注目されています。セルフヘルプグループの活動もそうした面をもっています。

ここは覚える！

第34回で、セルフヘルプグループの意味の理解が問われました。

民間機関の代表、社会福祉法人の役割

▶ 社会福祉法人のあり方

社会福祉法人は、社会福祉法に基づいて設立される営利を目的としない法人で、1951（昭和26）年の社会福祉事業法制定時に創設されました。国や地方公共団体とともに、児童養護施設や特別養護老人ホームの経営など、「公共性の特に高い事業」である第1種社会福祉事業を経営することができます。社会福祉事業のほかに、公益事業および収益事業を行うこともできますが、あくまで本来の社会福祉事業に影響しない範囲であることが求められています。

社会福祉法人には、株式会社等に比べて手厚い税制優遇措置や、施設整備費補助制度などの公的支援があります。その分、社会福祉事業等を経営する中で生じた余剰資金については地域社会に還元することが求められるようになり、2016（平成28）年の社会福祉法改正で、「地域における公益的な取組」（地域公益事業）を実施する責務が規定されました。具体的には、「日常生活又は社会生活上の支援を必要とする者に対して、無料又は低額な料金で、福祉サービスを積極的に提供するよう努めなければならない」（同法24条2項）と規定されて

います。地域公益事業を実施するにあたり、社会福祉法人は社会福祉充実計画を策定することが求められています。

> 「低所得者への負担軽減策」とは、社会福祉法人等による生計困難者に対する介護保険サービスに係る利用者負担額軽減制度事業のことです。

▶ 社会福祉従事者の確保

　行政、社会福祉施設、社会福祉協議会、社会福祉団体などには、非常に多くの社会福祉従事者がいます。こうした社会福祉従事者を確保するために定められているのが「社会福祉事業に従事する者の確保を図るための措置に関する基本的な指針」（人材確保基本指針）です。これは、社会福祉法89条で厚生労働大臣が定めなくてはならないと規定されています。

　また、同法では福祉人材センターを規定（9章2節）し、93条では、都道府県知事は、都道府県福祉人材センターを指定することができると規定しています。都道府県福祉人材センターは、社会福祉従事者の確保を目的に、社会福祉事業に関する啓発活動、社会福祉従事者の確保に関する調査研究、社会福祉事業の経営者に対する相談・援助、社会福祉従事者の研修、従事しようとする者に対する就業の援助等や社会福祉事業従事者の確保を行うこと（94条各号）となっています。

企業や組合の社会貢献、自治会・町内会の活躍など

　地域福祉の推進を目的とする活動は、様々な協力から成り立ちます。企業であれば、その本業を活かしたボランティア活動や財団などを通じた寄附活動、従業員の募金活動をベースに会社が上乗せして行う民間活動への寄附活動（マッチングギフト）などです。

　また、労働組合、消費生活協同組合や農業協同組合なども地域福祉活動を展開しています。

　さらに、自治会・町内会という地縁団体でも、一人暮らし高齢者の見守り活動や災害時の安否確認行動、防犯・防火活動、犯罪予防の見守り活動などが行われるようになってきました。

▶ 地方分権と地方自治

　2000（平成12）年は、地方分権一括法（地方分権の推進を図るための関係法律の整備等に関する法律）が施行され、機関委任事務が廃止になった年です。これにより地方自治体の事務は、法定受託事務と自治事務になりました。自治事務については、基礎自治体（市区町村）は権限と責任をもって行政を運営することが期待されることになりました。また市区町村では、「まちづくり条例」を整備する動きも出てきました。

　地域福祉計画には、住民参加の原則があります。つまり、住民参加がなければ地域福祉計画とは認められないということです。社会保障審議会「市町村地域福祉計画及び都道府県地域福祉支援計画策定指針の在り方について（一人ひとりの地域住民への訴え）」では、住民参加の必要性について「個人の尊厳、その人が生きる価値などの点においては、皆平等であり、すべての地域住民が地域社会の一員としてあらゆる分野の活動に参加する機会が保障されなければならない」としています。

　住民参加の意義は、地域社会のガバナンスを高めることにほかなりません。地域住民は、地域福祉の担い手であり「福祉サービスの利用者」であることで、地域福祉の推進を図ることができるようになっていきます。

■■ **ガバナンス**：管理、統治。行政や議会と地域住民との協働による統治。

5 地域福祉にかかわる専門職、ボランティア

地域福祉にかかわる専門職　㉛㉞

▶ 資格をもつ専門職

　社会福祉の専門職には、社会福祉士、介護福祉士、介護支援専門員、保育士など代表的な専門資格を有する者があり、それぞれ職能団体を構成し、倫理綱領に基づいて専門性を発揮した業務を遂行しています。このうち、介護福祉士はもっぱら介護現場で働いており、介護支援専門員は居宅介護支援事業所で、保育士は児童福祉施設などで働いています。

　社会福祉士は、実際には、市町村社会福祉協議会や、都道府県社会福祉協議会、各種社会福祉施設の職員、福祉事務所、児童相談所の相談員、地域包括支援センターなど幅広い分野で活躍しています。

▶ 福祉活動専門員・福祉活動指導員・企画指導員

　市町村社会福祉協議会には福祉活動専門員がおり、民生委員、町内会・自治会などと協力して安否確認や見守り活動、ふれあい・いきいきサロン、住民座談会などの小地域福祉活動を進めています。都道府県社会福祉協議会には福祉活動指導員（市町村社協の育成指導を担当）が、全国社会福祉協議会には企画指導員が置かれています。いずれも地域福祉のコーディネーターで、地域の民

間福祉活動を推進するために調査を行い、プログラムを企画します。

> 福祉活動専門員は、国庫補助により社会福祉協議会に配置された職員の名称です（現在は国庫補助事業ではない）。任用要件は、原則、社会福祉士または社会福祉主事です。

▶ 介護相談員

　介護保険制度の施行と同時に介護相談員派遣等事業が始まりました。実施主体は、市町村（特別区含む）です。施設などから希望があった場合に、市町村が登録者の中から介護相談員（事業所ごとに1名または複数名）を派遣します。介護相談員は一定の研修を受けた人で、この研修の実施主体は都道府県です。

　介護相談員はいわば研修を受けたボランティアであり、施設など介護サービス事業者と利用者との間に入って調整を行います。利用者から相談や苦情を聞き、事業者と意見交換を行って、サービスの向上及び問題の改善などの取り組みを行います。

▶ 生活支援コーディネーター（地域支え合い推進員）

　生活支援コーディネーター（地域支え合い推進員）は、2014（平成26）年の介護保険法改正で、ボランティア等の養成や担い手となる人材発掘を行う人として配置されることになりました。

　第31・34回で、生活支援コーディネーターについて出題されました。

▶ ボランティアコーディネーター

　ボランティアコーディネーターとは、ボランティア活動の希望者と利用者をつなぐ（調整する）役割を担う人のことです。

　全国社会福祉協議会が1993（平成5）年に打ち出した「ボランティア活動推進7カ年プラン構想」提案を受け、中央社会福祉審議会地域福祉専門分科会（当時）が「ボランティア活動の中長期的な振興方策について」意見を具申したことにより配置が進められました。

▶ 地域福祉のコーディネーター

近年、地域福祉分野において「地域福祉コーディネーター」（コミュニティソーシャルワーカー）と呼ばれる職種の配置がなされています。主に市町村傘下で、各地区レベルでの配置となっています。地区社会福祉協議会や市区町村社会福祉協議会などで配置が進んでいます。

▶ ゲートキーパー

自殺の危険を示すサインに気づき、悩んでいる人に気づき、声をかけ、話を聞いて、必要な支援につなぎ見守る命の門番で、医師、教職員、看護師、ケアマネジャー、民生委員・児童委員などが、各種相談窓口担当となっています。

▶ 認知症サポーター

認知症サポーターとは、認知症を正しく理解して認知症の人や家族を支援する人のことです。地域ごとに実施している養成講座（全国キャラバン・メイト連絡協議会）を受講すれば小・中・高校生を含め誰でもなれます。これは厚生労働省が2005（平成17）年から始めたキャンペーン「認知症を知り地域をつくる10カ年」の一環で、多くの人が認知症を正しく理解することで、認知症になっても安心できる社会づくりを目的としています。

▶ 認知症にかかわる新たな職種

認知症地域支援推進員と呼ばれる人たちがいます。認知症の医療や介護の専門的知識及び経験を有する医師、保健師、看護師、作業療法士、歯科衛生士、精神保健福祉士、社会福祉士、介護福祉士などで、地域包括支援センター、市町村本庁、認知症疾患医療センターなどに配属されます。

また、認知症ケア専門士は、一般財団法人日本認知症ケア学会が主催する民間資格です。

6 福祉行財政システム

施策の立案や財政的援助など

認可 → 社会福祉法人

整備 → 施設

直接、福祉サービスを提供

国、都道府県、市町村の役割とその関係　34 35 36

　日本の社会福祉行政の実施体制は、国、都道府県、市町村という3つの層で構成され、各層がそれぞれの役割を果たし、連携しながら推進しています。

▶ 国の役割

　国の役割には、全国的に実施する施策の立案や、その施策実施のための財政的援助などがあります。国において社会福祉行政の中心的役割を担っているのは厚生労働省です。厚生労働省では、雇用環境・均等局、障害保健福祉部、社会・援護局、老健局が社会福祉行政を担当しますが、実際には、それ以外の部局も社会福祉にかかわっています。

　厚生労働省には社会保障審議会があり、ここでは社会保障全体を視野に入れた総合的な議論が行われます。同審議会は、厚生労働大臣の諮問に答え、関係行政庁に意見を具申する機関となっています。

　また、厚生労働省だけでなく、内閣府、総務省、文部科学省、法務省、国土交通省など、多くの省庁が社会福祉行政にかかわっています。

■ **社会保障審議会**：2001（平成13）年の省庁再編で、医療保険福祉審議会、身体障害者福祉審議会、中央社会福祉審議会、中央児童福祉審議会、年金審議会などが統合され、社会保障審議会となった。

▶ 地方公共団体の組織

地方公共団体には次の2種類があります。

普通地方公共団体	・一般的な地方公共団体（市町村、都道府県） ・市町村は基礎的な自治体として、都道府県が処理するとされるものを除き、一般的に地域における事務等を処理
特別地方公共団体	・特定の目的や趣旨に基づき設置される特別地方公共団体 ・特別区、地方公共団体の組合（一般事務組合、広域連合等）、財産区、地方開発事業団

■ **特別区**：東京23区のこと。その役割と機能は普通地方公共団体とほぼ同様で、具体的にいうと市に相当する機能をもつ。

> 広域連合は、複数の普通地方公共団体や特別区が、行政サービスの一部を共同で行うことを目的として設置される組織です。複数の市町村により運営される介護保険広域連合は、全国に数多くあります。

▶ 都道府県の役割

都道府県は、市町村の指導や連絡調整、社会福祉法人の許認可や社会福祉施設の整備など福祉サービス基盤の整備、また社会福祉施設の指導・監査など、広域的な立場からの役割を担っています。

都道府県には、福祉事務所、児童相談所、身体障害者更生相談所、知的障害者更生相談所、精神保健福祉センター、女性相談支援センターの設置や、社会福祉審議会や児童福祉審議会といった審議会の設置が義務づけられています。

▶ 政令指定都市・中核市の役割

政令指定都市（人口50万人以上）や中核市（人口20万人以上）などでは、一般の市町村とは異なった需要があることから、都道府県と同様の専門機関をもつ場合があります。

■ 日本の社会福祉の実施体制

```
                                        ┌─────────┐
                                        │   国    │
                                        └─────────┘
```

民生委員・児童委員（231,111人）────────────────── 社会保障審議会

（令和4年3月現在）

都道府県（指定都市、中核市）
・社会福祉法人の認可、監督
・社会福祉施設の設置認可、監督、設置
・児童福祉施設（保育所除く）への入所事務
・関係行政機関及び市町村への指導等

身体障害者相談員（6,507人）

知的障害者相談員（3,035人）

（令和4年4月現在）

地方社会福祉審議会
都道府県児童福祉審議会
（指定都市児童福祉審議会）

身体障害者更生相談所	知的障害者更生相談所	児童相談所	婦人相談所
・全国で78か所（令和5年4月現在） ・身体障害者への相談、判定、指導等	・全国で88か所（令和5年4月現在） ・知的障害者への相談、判定、指導等	・全国で225か所（令和3年4月現在） ・児童福祉施設入所措置 ・児童相談、調査、判定、指導等 ・一時保護 ・里親委託	・全国で49か所（令和4年4月現在） ・要保護女子及び暴力被害女性の相談、判定、調査、指導等 ・一時保護

都道府県福祉事務所
・全国で205か所（令和5年4月現在）
・生活保護の実施等
・助産施設、母子生活支援施設への入所事務等
・母子家庭等の相談、調査、指導等
・老人福祉サービスに関する広域的調整等

市
・社会福祉法人の認可、監督
・在宅福祉サービスの提供等
・障害福祉サービスの利用等に関する事務

市福祉事務所
・全国で999か所（令和5年4月現在）
・生活保護の実施等
・特別養護老人ホームへの入所事務等
・助産施設、母子生活支援施設及び保育所への入所事務等
・母子家庭等の相談、調査、指導等

町村
・在宅福祉サービスの提供等
・障害福祉サービスの利用等に関する事務

町村福祉事務所
・全国で47か所（令和5年4月現在）
・業務内容は市福祉事務所と同様

福祉事務所数
（令和5年4月現在）

郡部	205
市部	999
町村	47
合計	1,251

出典：厚生労働省「厚生労働白書 令和5年版 資料編」

■ 厚生労働省の機構

厚生労働省組織図（令和5年4月1日現在）

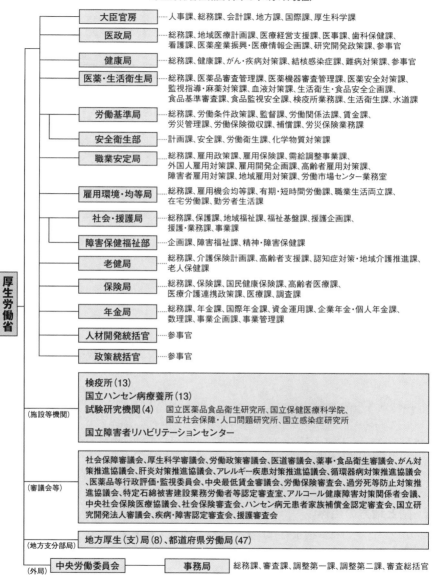

厚生労働省

- **大臣官房** ……人事課、総務課、会計課、地方課、国際課、厚生科学課
- **医政局** ……総務課、地域医療計画課、医療経営支援課、医事課、歯科保健課、看護課、医薬産業振興・医療情報企画課、研究開発政策課、参事官
- **健康局** ……総務課、健康課、がん・疾病対策課、結核感染症課、難病対策課、参事官
- **医薬・生活衛生局** ……総務課、医薬品審査管理課、医薬機器審査管理課、医薬安全対策課、監視指導・麻薬対策課、血液対策課、生活衛生・食品安全企画課、食品基準審査課、食品監視安全課、検疫所業務課、生活衛生課、水道課
- **労働基準局** ……総務課、労働条件政策課、監督課、労働関係法課、賃金課、労災管理課、労働保険徴収課、補償課、労災保険業務課
  - **安全衛生部** ……計画課、安全課、労働衛生課、化学物質対策課
- **職業安定局** ……総務課、雇用政策課、雇用保険課、需給調整事業課、外国人雇用対策課、雇用開発企画課、高齢者雇用対策課、障害者雇用対策課、地域雇用対策課、労働市場センター業務室
- **雇用環境・均等局** ……総務課、雇用機会均等課、有期・短時間労働課、職業生活両立課、在宅労働課、勤労者生活課
- **社会・援護局** ……総務課、保護課、地域福祉課、福祉基盤課、援護企画課、援護・業務課、事業課
  - **障害保健福祉部** ……企画課、障害福祉課、精神・障害保健課
- **老健局** ……総務課、介護保険計画課、高齢者支援課、認知症対策・地域介護推進課、老人保健課
- **保険局** ……総務課、保険課、国民健康保険課、高齢者医療課、医療介護連携政策課、医療課、調査課
- **年金局** ……総務課、年金課、国際年金課、資金運用課、企業年金・個人年金課、数理課、事業企画課、事業管理課
- **人材開発統括官** ……参事官
- **政策統括官** ……参事官

（施設等機関）
検疫所（13）
国立ハンセン病療養所（13）
試験研究機関（4）　国立医薬品食品衛生研究所、国立保健医療科学院、国立社会保障・人口問題研究所、国立感染症研究所
国立障害者リハビリテーションセンター

（審議会等）
社会保障審議会、厚生科学審議会、労働政策審議会、医道審議会、薬事・食品衛生審議会、がん対策推進協議会、肝炎対策推進協議会、アレルギー疾患対策推進協議会、循環器病対策推進協議会、医薬品等行政評価・監視委員会、中央最低賃金審議会、労働保険審査会、過労死等防止対策推進協議会、特定石綿被害建設業務労働者等認定審査室、アルコール健康障害対策関係者会議、中央社会保険医療協議会、社会保険審査会、ハンセン病元患者家族補償金認定審査会、国立研究開発法人審議会、疾病・障害認定審査会、援護審査会

（地方支分部局）
地方厚生（支）局（8）、都道府県労働局（47）

（外局）　**中央労働委員会** ── **事務局** ……総務課、審査課、調整第一課、調整第二課、審査総括官

出典：厚生労働省「厚生労働白書 令和5年版 資料編」

機関	政令指定都市	中核市
福祉事務所	○	○
児童相談所	○	△
身体障害者更生相談所	△	規定なし
知的障害者更生相談所	△	規定なし

○：設置義務（置かなければならない）
△：任意設置（置くことができる）　　規定なし：設置の規定がない

▶ 市町村の役割

　直接住民に接して福祉サービスを提供するのが市町村です。市町村には、市町村長の事務部局として社会福祉課（市町村により名称は異なる）が置かれています。また、市及び特別区においては福祉事務所を置かなければならないとされ、町村においては置くことができるとされています。

　また、中核市を含め、市町村には児童福祉審議会を置くことができるとされています。

第35・36回で、都道府県や市町村が設置しなければならない法定の機関・施設について問われました。

第34回で、市町村の役割として、小学校就学前の子どものための教育・保育給付の認定を行うことが出題されました。

▶ 国と地方の関係

　かつて日本の社会福祉行政においては、国が上級機関として社会福祉行政の中心的役割を担い、下級機関としての都道府県や市町村を国の出先機関とみなして実務を担当するという体制をとっていました。

　1999（平成11）年に制定された「地方分権の推進を図るための関係法律の整備等に関する法律」（地方分権一括法）により、それまでの中央集権的な行財

政モデルが抜本的に転換され、国と地方は対等な関係にあるとされるようになりました。地方分権一括法では、それまであった機関委任事務と団体委任事務が廃止され、法定受託事務と自治事務に区分されることになりました。

法定受託事務は、国が本来実施すべき仕事を地方公共団体が受託する第1号（例：国政選挙の実施や旅券の発給など）と、市町村が都道府県から委託されて実施する第2号に分かれています。

自治事務は、国の事務及び地方公共団体の法定受託事務以外のものとされており、ほとんどの社会福祉に関する事務は、この自治事務とされています。

> 地方分権一括法は、地方分権の目玉として、1999（平成11）年に成立、2000（平成12）年4月に施行されました。住民にとって身近な行政をできるだけ地方が行うとし、地方の自主性と自立性が求められるようになりました。以降、市町村合併や「三位一体の改革」（財源委譲、国庫補助負担金の廃止、地方交付税改革）が進められました。

📖 **機関委任事務**：国の事務を地方公共団体の執行機関（都道府県知事や市町村など）に委任して実施するもので、機関は国の指揮監督下に置かれていた。地方分権一括法により廃止され、法定受託事務に再編された。
団体委任事務：国から地方公共団体そのものに委任して実施するもの。地方分権一括法により廃止され、自治事務に再編された。

■ **法定受託事務と自治事務**

法定受託事務	・一般旅券の発給に関する事務 ・社会福祉法人の認可 ・生活保護法による保護に関する事務 ・福祉関係手当の支給 ・福祉施設の認可 ・精神障害者に対する入院措置に関する事務 ・感染症予防法に基づく健康診断及び就業制限に関する事務
自治事務	・就学に関する事務 ・児童福祉法による措置 ・身体障害者福祉法による措置 ・知的障害者福祉法による措置 ・老人福祉法による措置 ・母子及び父子並びに寡婦福祉法による措置 ・福祉施設・福祉サービス利用者からの費用徴収 ・自治体独自事業

第34・36回で、法定受託事務と自治事務の内容について問われました。

地方自治法では、国と地方との関係が次のように規定されています。

- **地方自治法1条の2第2項**
  国は、国際社会における国家としての存立にかかわる事務、全国的に統一して定めることが望ましい事務又は全国的な視点に立って行わなければならない施策及び事業の実施を重点的に担う
- **地方自治法1条の2第1項**
  地方公共団体は、住民の福祉の増進を図ることを基本として、地域における行政を自主的かつ総合的に実施する役割を広く担う

つまり国は、国家として統一して行わなければならない施策の実施等を担うとともに、住民に身近な行政はできるだけ地方公共団体にゆだね、地方公共団体の自主性や自立性が十分に発揮されるようにしなければならず、また地方公共団体は、その自主性や自立性に基づき、地域の住民と直接かかわりながら、福祉の増進を図っていくべきであるということです。

福祉行政の組織及び専門職の役割 ㉝

▶ 都道府県・市町村の組織

都道府県には、福祉部や健康福祉部といった社会福祉関連の部局が置かれ、その下に福祉政策課などの課が置かれて社会福祉の事務を担当しています。また、知事の下には、福祉事務所、児童相談所、身体障害者更生相談所、知的障害者更生相談所、女性相談支援センターが置かれています。

市町村や特別区では、市区町村の事務部局に社会福祉関連の部課が設けられています。これらの都道府県、市区町村の社会福祉関連の組織編成については、地方公共団体ごとに若干の相違があります。

また、都道府県、指定都市、中核市には、社会福祉に関する事項を調査審議するため、社会福祉法7条により地方社会福祉審議会が置かれています。この

審議会は首長の監督に属し、諮問に答え、または関係行政庁に意見を具申するよう規定されています。さらに児童福祉法8条により、都道府県には児童福祉に関する都道府県児童福祉審議会が置かれています。市区町村にも市町村児童福祉審議会を置くことができるとされています。

▶ 福祉事務所

福祉事務所は、「福祉に関する事務所」として直接住民とかかわる社会福祉行政の第一線の現業機関です。

社会福祉法14条によると、都道府県と市（特別区を含む）には福祉事務所の設置義務があり、町村は任意で設置することができます。2023（令和5）年4月現在、都道府県設置が205か所、市（特別区を含む）設置が742か所、政令・中核市設置が257か所、町村設置が47か所で、合計1,251か所に福祉事務所が設置されています。

福祉事務所には、所長、指導監督を行う所員（査察指導員）、現業を行う所員（現業員）、事務を行う所員を置くとされ、このうち、査察指導員と現業員は社会福祉主事資格の取得が必要となります。

また、その他の職員として、老人福祉指導主事、身体障害者福祉司、知的障害者福祉司、母子・父子自立支援員などが配置されています。

> 福祉事務所長が査察指導員を兼務することも可能ですが、その場合は所長も社会福祉主事の資格を求められます。

▶ 児童相談所

児童相談所は、児童福祉法12条により、都道府県・政令指定都市に設置が義務づけられており、2023（令和5）年2月現在、全国に230か所設置されています。

また、児童相談所には、児童福祉司、児童心理司、医師などの専門職が置かれ、専門的な相談援助を行っています。児童相談所は、児童及び妊産婦に対して、次のような業務を行います。

① 市町村との連絡調整や、情報の提供等必要な援助を行うこと、またこれらに付随する業務を行うこと

② 児童に関する家庭等からの相談のうち、専門的な知識及び技術を必要とするものに応ずること

③ 児童とその家庭につき、必要な調査、及び医学的・心理学的・教育学的・社会学的・精神保健上の判定を行うこと

④ 児童とその保護者につき、③の調査、または判定に基づいて必要な指導を行うこと

⑤ 児童の一時保護を行うこと　　など

児童相談所は、2004（平成16）年度からは中核市にも、2016（平成28）年の児童福祉法改正で特別区にも設置できるようになりました。

📖 **一時保護**：要保護児童の処遇決定までの間、一時的に保護することをいう。児童相談所長が児童相談所付設の一時保護所において、あるいは適当な者に委託して行うことができる。期間は原則として2か月以内（児童福祉法33条）。

 ここは覚える！

第33回では、都道府県はその設置する児童相談所に児童福祉司を置かなければならないことが出題されました。児童福祉司は現在、児童福祉法施行令によって、人口おおむね3万人に1人配置することを基本としています。

▶ 身体障害者更生相談所

　身体障害者更生相談所は、身体障害者福祉法11条により、都道府県に設置が義務づけられており、2022（令和4）年4月現在、全国に78か所設置されています。

　身体障害者更生相談所には、身体障害者福祉司、医師、理学療法士、作業療法士、義肢装具士、言語聴覚士、心理判定員、職能判定員、ケースワーカー、保健師または看護師などの専門的職員が配置されています。

　身体障害者更生相談所は、身体障害者にとっての更生援護の利便を図るため、また市町村が適切に援護を実施するよう支援するため、次のような業務を行っています。

- 市町村の援護の実施に関し、市町村相互間の連絡調整、市町村に対する情報の提供等必要な援助を行うこと、またこれらに付随する業務を行うこと
- 身体障害者に関する相談や指導のうち、専門的な知識や技術を必要とするものを行うこと
- 身体障害者の医学的、心理学的、職能的判定を行うこと　　など

📖 **身体障害者福祉司**：身体障害者について専門的な相談や指導に当たる人。身体障害者更生相談所には必置だが、市町村の福祉事務所には任意設置。

▶ 知的障害者更生相談所

　知的障害者更生相談所は、知的障害者福祉法12条により、都道府県に設置が義務づけられ、2022（令和4）年4月現在、全国に88か所設置されています。

　知的障害者更生相談所には、知的障害者福祉司、医師、心理判定員、職能判定員、ケースワーカー、保健師または看護師、理学療法士、作業療法士などの専門的職員が配置されています。

　知的障害者更生相談所は、知的障害者の福祉に関し、次のような業務を行っています。

- 市町村の更生援護の実施に関し、市町村相互間の連絡、調整、市町村に対する情報の提供等必要な援助を行うこと、並びにこれらに付随する業務を行うこと
- 知的障害者に関する相談や指導のうち、専門的な知識や技術を必要とするものを行うこと
- 18歳以上の知的障害者の医学的、心理学的、職能的判定を行うこと　　など

📖 **知的障害者福祉司**：知的障害者の福祉に関する相談を受けたり、日常生活などの指導や、福祉事務所所員に対しての技術的指導を行う。知的障害者更生相談所には必置で、市町村の福祉事務所には任意設置。

▶ 女性相談支援センター

　女性相談支援センターは、2022年5月成立、2024年4月施行の「困難な問題を抱える女性への支援に関する法律（困難女性支援法）」9条に基づいて、都道

府県に義務設置となっています。また、指定都市も任意で設置することができます。かつての売春防止法（1956年成立）に基づき設置されていた婦人相談所を名称変更したものが、女性相談支援センターです。

　女性相談支援センターは、「困難な問題を抱える女性」に対して以下のような業務を行っています。

> ① 対象女性の立場に立った相談
> ② 一時保護（一定の基準を満たす者に委託して行う場合あり）
> ③ 医学的・心理学的な援助
> ④ 自立して生活するための関連制度に関する情報提供等
> ⑤ 居住して保護を受けることができる施設の利用に関する情報提供等

　女性相談支援センターは「配偶者からの暴力の防止及び被害者の保護等に関する法律（DV防止法）」3条に基づき、配偶者暴力相談支援センターとしての機能も果たします。

　女性相談支援センターには女性相談支援員（かつての婦人相談員）が配置され、困難な問題を抱える女性の発見に努め、その立場に立って相談に応じ、専門的技術に基づいて必要な援助を行うことが、困難女性支援法11条に規定されています。

▶ 地域包括支援センター

　地域包括支援センターは、2005（平成17）年の介護保険法改正（2006（平成18）年4月施行）により、同法115条の46に基づき、設置されるようになりました。2022（令和4）年4月現在、全国に5,404か所設置されています。設置は市町村が行うことができますが、老人介護支援センターの設置者など、市町村から委託を受けた法人が市町村長に届け出て設置することもできます（同法115条の46）。

　地域包括支援センターは、地域住民の心身の健康の保持及び生活の安定のために必要な援助を行うことにより、その保健医療の向上及び福祉の増進を包括的に支援することを目的とする施設です。原則として、保健師、社会福祉士、主任介護支援専門員を置くこととなっています。

地域包括支援センターには社会福祉士が必置となっているというのも注目すべき点です。今後、社会福祉士が活躍すべき場として期待されています。

福祉における財源 ㉜ ㊱

　地域福祉における財源として、代表的なものに地域福祉基金、共同募金があります。地域福祉基金は、ボランティア活動の振興を支援することを目的に、都道府県、市町村が設置しています。ボランティア活動の推進に特化した形がボランティア基金です。

　共同募金は、民間社会福祉の財源確保の使命をもちますが、地域福祉財源としても見逃せません。募金方法では、戸別、街頭、法人（企業）、職域、学校、NHK歳末といった募金方法がありますが、戸別募金の割合が極めて高く、最も大きな役割を占めています。

　また、課題を地域で解決していく財源として、クラウドファンディングやSIB（Social Impact Bond）、ふるさと納税等を取り入れていくことも有効であると言及されています。

 ここは覚える！

第32・36回で、共同募金やクラウドファンディングなど地域福祉の財源について出題されました。

7 福祉計画の意義と種類、策定と運用

福祉計画の意義・目的と展開

　福祉計画とは、5年から10年を期間として都道府県や市町村が策定する社会計画のことです。日本では、1990年代以降、老人福祉計画、介護保険事業計画、障害福祉計画など多くの福祉計画が策定されてきました。

　福祉計画の意義は、国民のニーズに基づいた社会福祉政策を計画的に進めるというところにあります。また、その目的は社会福祉にかかわる法律をもとに、中長期的な目標を設定した上で、その実現のための施策を明確にしていくこと（福祉の計画化）です。地方自治体の役割を明確にして、社会福祉の推進体制を整備することも目的であるといえます。

　福祉行政における福祉計画は、福祉計画と行政計画の2つに大別でき、策定主体は国と地方公共団体です。

福祉計画	根拠法に基づき、計画作成者、計画の趣旨、事業目標などが定められている（介護保険事業計画、障害福祉計画、次世代育成支援行動計画など）
行政計画	・特に根拠法をもたず、各都道府県の行政計画の中で社会福祉分野の計画として策定されるもの ・事業目標の設定と計画期間内に整備すべきサービス基盤などを数値目標として示し、国が策定を求めている計画に連動

福祉計画の種類 ㉜ ㉞ ㉟ ㊱

▶ 地域福祉計画

　2000（平成12）年の改正によって、社会福祉事業法から社会福祉法へと名称が変更されました。地域福祉計画は、この改正後の社会福祉法の中に、新たに地域福祉の推進が位置づけられることによって規定された行政計画です。地域福祉計画は、次の2つに大別されます。

> 2017（平成29）年の社会福祉法改正において、地域福祉計画の策定は努力義務となりました。

■ 市町村・都道府県の地域福祉計画に定められる事項

市町村地域福祉計画（社会福祉法107条）

・地域における高齢者の福祉、障害者の福祉、児童の福祉その他の福祉に関し、共通して取り組むべき事項
・地域における福祉サービスの適切な利用の推進に関する事項
・地域における社会福祉を目的とする事業の健全な発達に関する事項
・地域福祉に関する活動への住民の参加の促進に関する事項
・地域生活課題の解決に資する支援が包括的に提供される体制の整備に関する事項

市町村地域福祉計画を策定し、又は変更しようとするときは、あらかじめ、地域住民等の意見を反映させるよう努めるとともに、その内容を公表するよう努める

都道府県地域福祉支援計画（社会福祉法108条）

・地域における高齢者の福祉、障害者の福祉、児童の福祉その他の福祉に関し、共通して取り組むべき事項
・市町村の地域福祉の推進を支援するための基本的方針に関する事項
・社会福祉を目的とする事業に従事する者の確保、又は資質の向上に関する事項
・福祉サービスの適切な利用の推進及び社会福祉を目的とする事業の健全な発達のための基盤整備に関する事項
・市町村による地域生活課題の解決に資する支援が包括的に提供される体制の整備の実施の支援に関する事項

都道府県地域福祉支援計画を策定し、又は変更しようとするときは、あらかじめ、公聴会の開催等住民その他の者の意見を反映させるよう努めるとともに、その内容を公表するよう努める

> 「市町村地域福祉計画、都道府県地域福祉支援計画の策定ガイドライン」では、市町村地域福祉計画の計画期間は、おおむね5年を1期とし、3年ごとに見直すことが適当とされています。

7

地域福祉と包括的支援体制

⑦　福祉計画の意義と種類、策定と運用

ここは覚える！

市町村地域福祉計画や都道府県地域福祉支援計画の計画期間や変更する際の手続きは、たびたび出題されています。

落とせない！重要問題

市町村地域福祉計画は、他の福祉計画と一体で策定できるように、社会福祉法で計画期間が定められている。 第35回

×：社会福祉法では計画期間に関する定めはない。

▶ 老人福祉計画

　1990（平成2）年の社会福祉関係八法改正では、老人福祉法に老人福祉計画が、老人保健法に老人保健計画が規定され、両者は一体的に都道府県及び市町村で策定されるものとされ、老人保健福祉計画という名称で呼ばれました。

　これら市町村・都道府県の老人福祉計画は、それぞれ介護保険事業計画と一体のものとして策定されなければならず、また、それぞれ地域福祉計画との調和が保たれたものでなければならないとされています。

　しかしながら、2008（平成20）年4月に老人保健法が高齢者の医療の確保に関する法律に改正されたことにより、老人保健法の規定が廃止され、老人保健計画は廃止されました。

■ 市町村・都道府県の老人福祉計画に定められる事項

市町村老人福祉計画（老人福祉法20条の8第2・3項各号）
①市町村の区域において確保すべき老人福祉事業の量の目標及びその確保のための方策に関する事項
②老人福祉事業従事者の確保・資質の向上、業務の効率化・質の向上のために講じる都道府県と連携した措置に関する事項

都道府県老人福祉計画（老人福祉法20条の9第2・3項各号）
①都道府県が定める区域ごとの養護老人ホーム及び特別養護老人ホームの必要入所定員総数その他老人福祉事業の量の目標
②老人福祉施設の整備及び老人福祉施設相互間の連携のために講ずる措置に関する事項
③老人福祉事業に従事する者の確保及び資質の向上並びにその業務の効率化及び質の向上のために講ずる措置に関する事項

老人福祉事業全般にわたる基盤整備を目的として、市町村には市町村老人福祉計画の策定が、都道府県には都道府県老人福祉計画の策定が義務づけられています。市町村老人福祉計画を策定・変更したときは都道府県知事に、都道府県老人福祉計画を策定・変更したときは厚生労働大臣に提出しなければなりません。

▶ 介護保険事業計画

　介護保険事業計画は、介護保険法に基づく行政計画です。国が定める基本方針に即して、市町村には市町村介護保険事業計画が、都道府県には都道府県介護保険事業支援計画の策定が義務づけられており、3年を1期として策定しなければならないことになっています。

　このうち市町村介護保険事業計画は、第1号被保険者の保険料決定の基礎となるなど、市町村の制度運営のためにも大変重要な計画です。市町村も都道府県も、介護保険事業計画は老人福祉計画と一体のものとして策定することになっています。

■ 市町村・都道府県の介護保険事業計画に定められる事項

市町村介護保険事業計画
サービスの種類ごとの量の見込みとその確保のための方策　など

都道府県介護保険事業支援計画
区域ごと年度ごと、介護保健施設の種類ごとの必要入所定員総数、その他の介護サービスの量の見込み、地域における自立した日常生活の支援、介護予防、要介護状態等の軽減・悪化防止、介護給付費用の適正化に関する取組への支援に関する事項　など

市町村は、市町村介護保険事業計画の策定に当たって、あらかじめ被保険者の意見を反映させるために必要な措置を講ずるものとされており（介護保険法117条12項）、同計画の実績に関する評価を行うものとされています（同条8項）。また、市町村が同計画を策定・変更しようとするときは、あらかじめ都道府県の意見を聴くことが義務づけられています（同条13項）。

▶ 障害者計画

　1993（平成5）年に心身障害者対策基本法が改正され、障害者基本法と改称されました。これにより、国に障害者基本計画の策定が義務づけられ、都道府

県及び市町村には障害者計画の策定が努力義務となりました。

2004（平成16）年には障害者基本法が改正され、同年より新たに都道府県障害者計画の策定が、また2007（平成19）年より市町村障害者計画の策定が義務化されました。

ここに、「国の基本計画・都道府県障害者計画・市町村障害者計画」の三層構造が確立し、現在の障害者計画は、広く関連分野のサービスを開発しながら障害者の自立を支援することを目指しています。

障害者基本計画は、障害者政策委員会が実施状況を監視するものとされています。

▶ 障害福祉計画

障害福祉計画は、2005（平成17）年に成立した障害者自立支援法（現：障害者総合支援法）に基づく行政計画で、市町村には市町村障害福祉計画の、都道府県には都道府県障害福祉計画の策定が義務づけられています。

また、市町村・都道府県の障害福祉計画は、それぞれ障害者計画・地域福祉計画などとの調和が保たれたものでなければならないとされています。

■ 市町村・都道府県の障害福祉計画に定められる事項

市町村障害福祉計画
・障害福祉サービス、相談支援及び地域生活支援事業の提供体制の確保に係る目標 ・各年度における指定障害福祉サービスや指定地域相談支援または指定計画相談支援の種類ごとの必要な量の見込み ・地域生活支援事業の種類ごとの実施に関する事項

都道府県障害福祉計画
・障害福祉サービス、相談支援及び地域生活支援事業の提供体制の確保に係る目標 ・都道府県が定める区域ごとの各年度の指定障害福祉サービス、指定地域相談支援又は指定計画相談支援の種類ごとの必要な量の見込み ・各年度の指定障害者支援施設の必要入所定員総数 ・地域生活支援事業の種類ごとの実施に関する事項

 ここは覚える！

障害者総合支援法88条8項では、障害福祉計画を定め、または変更しようとするときは、あらかじめ住民の意見を反映させるために必要な措置を講ずることを努力義務としています。

▶ 障害児福祉計画

　障害児福祉計画は、2016（平成28）年6月の児童福祉法改正により、2018（平成30）年4月より策定が義務づけられた計画で、市町村には市町村障害児福祉計画の、都道府県には都道府県障害児福祉計画の策定が義務づけられています。

　市町村・都道府県の障害児福祉計画は、内閣総理大臣が定める基本指針に則して策定されることになっており、それぞれ障害福祉計画と一体のものとして作成することができるとされています。また、障害者計画・地域福祉計画などとの調和が保たれたものでなければならないとされています。

市町村障害児福祉計画を策定・変更したときは都道府県知事に、都道府県障害児福祉計画を策定・変更したときは厚生労働大臣に提出しなければなりません。

▶ 次世代育成支援行動計画

　次世代育成支援行動計画は、2003（平成15）年に制定された次世代育成支援対策推進法に基づいて策定される計画です。都道府県・市町村行動計画については、2015（平成27）年の子ども・子育て支援法の施行により、行動計画の策定は義務から任意に変更されました。この行動計画に基づく措置の実施状況については、毎年一回は公表するよう努めるものとされています。従業員101人以上の一般事業主には一般事業主行動計画の策定を、国及び地方自治体に対しては、特定事業主行動計画の策定を義務づけています。

2011（平成23）年4月より、従業員101人以上の一般事業主には、職業・家庭生活の両立を支援する雇用環境を整備するために、行動計画の策定と届出が義務づけられています（従業員100人以下の一般事業主は努力義務）。その他、市町村健康増進計画にも注意が必要です。

▶ 子ども・子育て支援事業計画

　子ども・子育て支援事業計画は、2015（平成27）年に施行された子ども・子育て支援法に基づいて策定される計画です。内閣総理大臣は、教育・保育及び地域子ども・子育て支援事業の提供体制を整備し、子ども・子育て支援給付及び地域子ども・子育て支援事業の円滑な実施の確保、その他子ども・子育て

支援のための施策を総合的に推進するための基本的な指針（基本指針）を定めることになっています。

　基本指針に則して、市町村は5年を一期とする市町村子ども・子育て支援事業計画を、都道府県は5年を一期とする都道府県子ども・子育て支援事業支援計画を定めることになっています。

ここは覚える！

第32回で、市町村子ども・子育て支援計画を策定・変更したときは都道府県知事に、都道府県子ども・子育て支援事業支援計画を策定・変更したときは内閣総理大臣に提出しなければならないことが出題されました。第34・35・36回では、計画の内容が問われました。

市町村地域福祉計画・都道府県地域福祉支援計画の内容　㉞

▶ 地域福祉計画の新設

　社会福祉法は、4条で地域福祉を推進する主体について条文化するとともに107条の市町村地域福祉計画、108条の都道府県地域福祉支援計画として地域福祉計画を法制化しています（施行は2003（平成15）年）。市町村地域福祉計画には、地方自治法の基本構想に即して地域福祉の推進の事項を定めること、都道府県地域福祉支援計画には、各市町村を通じる広域的見地から市町村の地域福祉の支援に関する事項を定めることが規定されています。

市町村地域福祉計画
107条　市町村は、地域福祉の推進に関する事項として次に掲げる事項を一体的に定める計画（市町村地域福祉計画）を策定するよう努めるものとする。 一　地域における高齢者の福祉、障害者の福祉、児童の福祉その他の福祉に関し、共通して取り組むべき事項 二　地域における福祉サービスの適切な利用の推進に関する事項 三　地域における社会福祉を目的とする事業の健全な発達に関する事項 四　地域福祉に関する活動への住民の参加の促進に関する事項 五　地域生活課題の解決に資する支援が包括的に提供される体制の整備に関する事項 2　市町村は、市町村地域福祉計画を策定し、又は変更しようとするときは、あらかじめ、地域住民等の意見を反映させるよう努めるとともに、その内容を公表するよう努めるものとする。 3　市町村は、定期的に、その策定した市町村地域福祉計画について、調査、分析及び評価を行うよう努めるとともに、必要があると認めるときは、当該市町村地域福祉計画を変更するものとする。

> **都道府県地域福祉支援計画**
>
> 108条　都道府県は、市町村地域福祉計画の達成に資するために、各市町村を通ずる広域的な見地から、市町村の地域福祉の支援に関する事項として次に掲げる事項を一体的に定める計画（都道府県地域福祉支援計画）を策定するよう努めるものとする。
>
> 一　地域における高齢者の福祉、障害者の福祉、児童の福祉その他の福祉に関し、共通して取り組むべき事項
> 二　市町村の地域福祉の推進を支援するための基本的方針に関する事項
> 三　社会福祉を目的とする事業に従事する者の確保又は資質の向上に関する事項
> 四　福祉サービスの適切な利用の推進及び社会福祉を目的とする事業の健全な発達のための基盤整備に関する事項
> 五　市町村による地域生活課題の解決に資する支援が包括的に提供される体制の整備の実施の支援に関する事項
> 2　都道府県は、都道府県地域福祉支援計画を策定し、又は変更しようとするときは、あらかじめ、公聴会の開催等住民その他等の者の意見を反映させるよう努めるとともに、その内容を公表するよう努めるものとする。
> 3　都道府県は、定期的に、その策定した都道府県地域福祉支援計画について、調査、分析及び評価を行うよう努めるとともに、必要があるときは、当該都道府県地域福祉支援計画を変更するものとする。

 ここは覚える！

第34回で、地域福祉計画は市町村（行政）が策定することが出題されました。また、地域福祉活動計画は市町村社会福祉協議会（民間）が策定し、地域の実情に応じてこれら2つの計画は一体的に作成してもよいとされています。

　また社会保障審議会福祉部会は、2002（平成14）年1月28日「市町村地域福祉計画及び都道府県地域福祉支援計画策定指針の在り方について（一人ひとりの地域住民への訴え）」を発表しました。

　人口、面積などが小規模な市町村では、複数の市町村が合同で策定することは差し支えないこと、人口規模の大きな市町村や相当の面積を有する市町村においては、管内を複数に分割する（例えば政令指定都市における区単位など）ことが望ましいこと、また、一定の福祉サービスや公共施設が整備されている区域を福祉区として、住民参加の体制を検討していくこと、計画期間及び公表については、おおむね5年とし、3年で見直すことが適当であるとしました。

> 2022（令和4）年4月1日時点では、84.8％の市町村が市町村地域福祉計画を策定済みと回答しています。

▶ 地域福祉計画の改訂

社会福祉法は、2016（平成28）年、2017（平成29）年、第6章の社会福祉法人をめぐって大幅な改正がなされました。平成29年には地域福祉計画が大きく改正され、2018（平成30）年から新たに施行されています。

▶ 地域福祉計画策定の努力義務化

2017（平成29）年、地域包括ケアシステムの強化のための介護保険法等の一部を改正する法律が成立し、これにより社会福祉法が改正され、地域福祉計画の策定は努力義務となりました（2018（平成30）年4月1日施行）。

同年、「社会福祉法に基づく市町村における包括的な支援体制の整備に関する指針」が告示され、「地域共生社会の実現に向けた地域福祉の推進について」が通知されたことにより、「市町村地域福祉計画及び都道府県地域福祉支援計画の策定について」（平成14年通知）は廃止されました。

さらに、各福祉分野（高齢者、障害者、児童その他）に関して取り組むべき事項、福祉以外の分野、制度の狭間の課題などに対し横断的に対応できる体制等が示されました。これにより、市町村計画（成年後見制度利用促進法）、供給促進計画（住宅セーフティネット法）、市町村自殺対策計画（自殺対策基本法）、地方犯罪防止推進計画（再犯防止推進法）、市町村地域防災計画（災害対策基本法）等で、一体的に展開することが望ましい分野の場合は、地域福祉計画を積極的に活用することも考えられるとしています。

福祉計画の策定過程と方法　㉜ ㉝ ㉞ ㊱

▶ 福祉計画における住民参加の意義

社会福祉への住民のかかわり方には、サービス利用への参加、サービス提供への参加、意思決定への参加の3つが考えられますが、その中の意思決定への参加が、すなわち「福祉計画における住民参加」であると考えられています。

意思決定への参加とは、利用者や地域住民が、地方公共団体による福祉政策の立案や、福祉計画の策定時に加わることです。利用者や地域住民がこうした過程に参加することは、行政による一方的な政策立案や計画策定を統制する機能をもちます。

社会福祉法107条では、市町村地域福祉計画の策定時や変更時に、住民など

の意見を反映させるように努めることを求めており、計画における住民参加を規定しています。また、この市町村地域福祉計画に盛り込む事項として「地域福祉に関する活動への住民の参加の促進に関する事項」を挙げて、住民参加に基づく福祉計画を規定しています。

市町村地域福祉計画における住民参加の方法としては、計画策定委員会などに利用者や地域住民の代表として参加する直接的な参加方法と、ワークショップ・住民懇談会・パブリックコメント・アンケート調査などによる間接的な参加方法があります。

 ワークショップ: 設定された目的のために、進行役と参加者が対等な立場で意見を交わしながら行う共同作業のこと。

▶ 住民参加の手法

実際の活動に参加する中で創意や工夫を発揮するものとして、近隣の助け合いや**ふれあい・いきいきサロン**などの福祉活動、さらに研修や委員会などに参加するものとして、研修時のワークショップ、百人委員会、説明会、座談会、広報、公聴会、各種委員会や策定委員会の公募などがあります。最近ではインターネット、ケーブルテレビ、パブリックコメントなどの参加方法がよく見られるようになってきました。

ここは覚える！

第33回で、パブリックコメントについて出題されました。行政機関が政令などの案と関連資料を公示し、広く一般から意見を募集することです。

▶ 地域における福祉ニーズの把握方法と実際

ニーズ把握の方法には、統計調査法を用いた量的なニーズの把握と、質的なニーズの把握があります（第12章567 〜 602ページを参照）。

ニーズは第4章「社会福祉の原理と政策」で、調査法は第12章「社会福祉調査の基礎」で出題されることが多いですが、本科目でも第32・34・36回で出題されています。

福祉計画の実施と評価 ㉜ ㉝ ㉞

　福祉サービスの評価には、利用者の意向調査、満足度調査、自己評価、第三者評価などがあります。利用に際しての十分な説明、質の高いサービスとしての品質保証、危機管理といったリスクマネジメント、セキュリティの確保、情報の公開や提供など、これらが問題ないかどうかが様々な面から問われます。福祉サービスの自己評価は社会福祉法で定められています。

　福祉サービスの評価としては、福祉サービス第三者評価事業（福祉サービス第三者評価基準ガイドライン）、介護保険地域密着型サービス外部評価、介護サービス情報の公表の3つがあります。これらの評価を行う評価機関に求められることは、公平性・信頼性の確保のため法人格を有すること、中立性が担保されていること、研修を受けた評価調査者が設置されていることです。

　法人格としては、NPO法人、社会福祉法人、社団法人、株式会社・有限会社などがあります。評価機関になるには、都道府県推進組織の第三者評価機関認証委員会から認証を受けることが必要となります。

　サービスの評価については近年、ロッシ（Rossi, P.）らによるプログラム評価の考え方が注目されています。プログラム評価とは、効果の高いプログラム（行政事業など）とそうでないものを区別して、様々なプログラムをより良いものに構築・改善しようとする科学的な評価実践です。

　プログラム評価は、以下の5つの段階に沿って実施されます。

ニーズ評価	そのプログラムが対象とする地域に本当に必要とされているのかどうか，事前にプログラムの実施ニーズを評価する
セオリー評価 （理論評価）	プログラムの実施計画（理論）がうまく運ぶように設計されているかどうか，事前に計画内容について評価する
プロセス評価	プログラム開始後，計画した通りに事業が進んでいるかどうか，途中段階で実施プロセスを評価する
アウトカム評価 （インパクト評価）	プログラム終了後，目標を達成できたか，事業の成果（アウトカム）を様々な指標を見て評価する
効率評価	プログラム終了後，投入した予算に比して十分な成果を上げたのかどうか，金銭的コストの面から評価する

ここは覚える！

第32・33・34回で、プログラム評価の枠組みに関わる問題が出題されました。5つの段階の中でも「アウトカム評価」は頻出です。

⑧ 地域社会の変化と多様化・複雑化した地域生活課題

様々な地域課題

生活困窮
8050問題
ヤングケアラー
災害時・非常時
社会的孤立を防ぐ！

地域社会の変化 ㊱

　現在の日本は人口減少社会ですが、実は世帯数を見ると増加傾向にあります。その分、1世帯あたりの人員数が減り、世帯の小規模化が進んでいます。単独世帯や夫婦のみ世帯が増加しているのです。

　また、2022（令和4）年には全国の自治体の50%超が過疎法による過疎地域に指定されるなど、都市と地域の人口格差が拡大しています。高齢者の割合が人口の50%を超え、地域内での支え合いが困難になる限界集落も増えています。

　子どもの貧困や女性の貧困が叫ばれるなど、経済格差の拡大に伴う生活困窮の問題や、外国人住民の増加なども現在の日本社会を取り巻くトピックです。特に過疎化の進み具合や外国人住民の居住率などは自治体によって大きな差があり、各地域の実情に応じて誰もが暮らしやすい地域共生社会を構築することが求められています。

> 過疎法の正式名称は「過疎地域の持続的発展の支援に関する特別措置法」で、2021（令和3）年3月から2031（令和13）年3月までの時限立法です。

多様化・複雑化した地域生活課題の現状とニーズ

社会福祉法4条3項には、「地域生活課題」という言葉が規定されています。

地域住民等は、地域福祉の推進に当たっては、福祉サービスを必要とする地域住民及びその世帯が抱える福祉、介護、介護予防、保健医療、住まい、就労及び教育に関する課題、福祉サービスを必要とする地域住民の地域社会からの孤立その他の福祉サービスを必要とする地域住民が日常生活を営み、あらゆる分野の活動に参加する機会が確保される上での各般の課題（地域生活課題）を把握し、地域生活課題の解決に資する支援を行う関係機関（支援関係機関）との連携等によりその解決を図るよう特に留意するものとする。（社会福祉法4条3項）

現在の日本社会ではひきこもり、ニート、ヤングケアラー、8050問題、ダブルケア、依存症、自殺など、様々な地域生活課題があります。これらの多くは社会からの「孤立」が原因となって生じています。地域住民と関係機関が協力し合って地域生活課題を抱えている人が社会から孤立することを防ぎ、社会とつながる場を創出していくことが求められています。

■ **ヤングケアラー：** 家族にケアを要する人がいる場合に、大人が担うようなケア責任を引き受け、家事や家族の世話、介護、感情面のサポートなどを行っている、18歳未満の子ども。
8050問題： 80代の親が50代の子どもの生活を支える世帯にまつわる社会問題。ひきこもりの長期化が背景にある。

地域福祉と社会的孤立

「孤独」が寂しさなど個人の感情面に焦点を当てた主観的な概念であるのに対し、「孤立」は客観的に人との交流・接触がない状況を指します。日本では現在

「社会的孤立」が社会問題となっています。社会から孤立している人は経済的に困窮しやすかったり、健康面で課題を抱えやすかったりすることがわかっています。2023（令和5）年には孤独・孤立対策推進法が成立し、国や地方公共団体の責務が定められました。

また、これと関連する言葉に社会的排除やセルフネグレクトがあります。社会的排除とは、労働市場や教育機関などすべての人に開かれているべき場に参加できず、社会生活上、様々な不利に直面することをいいます。セルフネグレクトは「自己放任」などと訳され、自分自身による世話の放棄により不衛生な環境や低栄養状態になることを指します。どちらも社会的孤立との関連が指摘されている言葉です。

生活困窮者自立支援の考え方

2013（平成25）年に生活困窮者自立支援法が制定され、2015（平成27）年4月より同法に基づく制度がスタートしました。この法律は生活保護が必要な状態に陥る一歩手前で生活困窮者等の生活相談に乗ることで、就労自立に向けた支援を目指しています。

制度の基本理念は生活困窮者自立支援法に、以下のように記載されています。

> 生活困窮者に対する自立の支援は、生活困窮者の尊厳の保持を図りつつ、生活困窮者の就労の状況、心身の状況、地域社会からの孤立の状況その他の状況に応じて、包括的かつ早期に行われなければならない。（2条1項）

この法律では単に経済的側面から就労自立を支援するのではなく、「地域社会からの孤立が困窮につながっている」という視点から、地域での社会参加や関係構築も重視している点に特徴があります。その意味で、生活困窮者自立支援制度は低所得者支援のみならず、地域福祉の観点が含まれた制度であると言えます。

同法に位置付けられた事業は以下の通りです。

■ 生活困窮者自立支援法による事業

<table>
<tr><td colspan="2"></td><th>事業名</th><th>事業内容</th></tr>
<tr><td rowspan="2">必須事業</td><td></td><td>生活困窮者自立相談支援事業</td><td>就労その他の自立に関する相談支援、事業利用のための自立支援計画の作成などを行う</td></tr>
<tr><td></td><td>生活困窮者住居確保給付金</td><td>離職により、住居を失ったか家賃の支払いが困難となった生活困窮者に対して、就職活動を容易にするために家賃相当の「住居確保給付金」を支給する</td></tr>
<tr><td rowspan="5">任意事業</td><td rowspan="2">努力義務</td><td>生活困窮者就労準備支援事業</td><td>直ちに就労が困難な生活困窮者に対して、就労に必要な知識・能力の向上のための訓練を一定期間行う</td></tr>
<tr><td>生活困窮者家計改善支援事業</td><td>家計の状況を適切に把握することが難しい生活困窮者などに対して、家計に関する相談、家計管理に関する指導、貸付のあっせん等を行う</td></tr>
<tr><td></td><td>生活困窮者一時生活支援事業</td><td>住居のない生活困窮者に対して一定期間宿泊場所や衣食の提供を行う</td></tr>
<tr><td></td><td>子どもの学習・生活支援事業</td><td>生活困窮者の子どもに対して学習の支援、生活環境・育成環境に関する助言等を行う</td></tr>
<tr><td></td><td>その他の事業</td><td>生活困窮者の自立の促進を図るために必要なその他の事業を行う</td></tr>
</table>

非常時や災害時における法制度 ㉜ ㉟

　日本列島を襲う災害の発生は、地域福祉において、災害ボランティアセンターの設置や地域住民の安否確認などの見守り活動を展開させてきました。災害対策基本法や災害救助法などの法律改正や、災害時における日本赤十字社、社会福祉協議会、共同基金などによる被災者支援活動の取り組みも進んでいます。

　具体的には、災害救助法が適用される災害において、当座の生活費を必要とする世帯に対する生活福祉資金の緊急小口の特例貸与や共同募金会による災害義援金、福祉避難所の設置などであります。

　2013（平成25）年の災害対策基本法改正では、市町村に避難行動要支援者名簿の作成を義務付けました。さらに2021（令和3）年の災害対策基本法改正では、高齢者や障害者などの避難行動要支援者について、一人ひとりの個別避難計画を作成することが市町村の努力義務となりました。

非常時や災害時における総合的かつ包括的な支援

　地震や水害、新型コロナウイルス感染症のような様々な災害が起きた時も、福祉サービスは利用者の命と生活を守るため、事業を継続することが求められます。2021（令和3）年の介護報酬改定によって、介護施設等に事業継続計画（BCP）の策定が義務付けられました。

　同じく2021（令和3）年には「福祉避難所の確保・運営ガイドライン」が改訂されました。これまでは高齢者や障害者なども地域の一般避難所にいったん避難してから、福祉避難所に移動することが求められていましたが、この改正により事前の受入れ調整を行うことで、一般避難所を経由することなく福祉避難所に直接避難することが推奨されるようになりました。

9 地域共生社会の実現に向けた包括的支援体制

断らない支援

参加支援

地域づくりに向けた支援

2020（令和2）年
重層的支援体制整備事業

包括的支援体制　㉛ ㉜ ㉞

▶ 社会福祉法上の行政機関の責務

　社会福祉法6条では、「福祉サービスの提供体制の確保等に関する国及び地方公共団体の責務」を規定しています。

> 国及び地方公共団体は、社会福祉を目的とする事業を経営する者と協力して、社会福祉を目的とする事業の広範かつ計画的な実施が図られるよう、福祉サービスを提供する体制の確保に関する施策、福祉サービスの適切な利用の推進に関する施策その他の必要な各般の措置を講じなければならない（社会福祉法 6条）

 ここは覚える！

第32・34回で、同法6条の規定について出題されました。

　行政機関の役割という点では、この6条の規定が重要です。2020（令和2）年の改正社会福祉法では、6条2項で国及び地方公共団体が「保健医療、労働、教育、

住まい及び地域再生に関する施策その他の関連施策との連携に配慮するよう努めなければならない」とされています。また、6条3項では国及び都道府県が、市町村による重層的支援体制整備事業等の適正かつ円滑な実施のために、「必要な助言、情報の提供その他の援助を行わなければならない」ことを規定しています。

　2015（平成27）年に厚生労働省が公表した「新たな時代に対応した福祉の提供ビジョン」では、それまでのような高齢・障害・児童といった縦割りの制度ではなく、全世代・全対応型の地域包括支援体制を構築することを打ち出しました。縦割りによるサービス提供から漏れてしまう制度の狭間の問題を解決するために、どのような相談にも地域の中で対応できる体制が目指されるようになりました。

　これを受けて2017（平成29）年の社会福祉法改正では106条の3に「包括的支援体制の整備」が規定され、各市町村は住民に身近な圏域において、分野を超えた総合相談体制を整備することになりました。また、2020（令和2）年の同法改正では重層的支援体制整備事業が、包括的支援体制の理念を具体化する事業として定められました。

　なお、2016（平成28）年に閣議決定された「ニッポン一億総活躍プラン」では「地域共生社会の実現」が提唱され、誰もが役割を持って支え合い、生き生きと暮らせる社会の構築が目指されるようになっています。包括的支援体制や重層的支援体制整備事業は、この地域共生社会の実現を目指すためのものです。

地域共生社会の実現に向けた各種施策

　地域共生社会の実現に向けた施策として特に重要なのが、2020（令和2）年の社会福祉法改正で創設された重層的支援体制整備事業です。同事業では、「属性を問わない相談支援」「参加支援」「地域づくりに向けた支援」という3つの事業を一体的に実施することが必須とされています。

属性を問わない相談支援	属性や世代を問わず包括的に相談を受け止める。複雑化・複合化した課題については適切に多機関協働事業につなぐ
参加支援	社会とのつながりを作るための支援を行う。利用者のニーズを踏まえた丁寧なマッチングやメニューをつくる
地域づくりに向けた支援	世代や属性を超えて交流できる場や居場所を整備する。地域のプラットフォームの形成や地域活動の活性化を図る

なお、これらに加えて「アウトリーチ等を通じた継続的支援事業」「多機関協働事業」も規定されています。

地域福祉ガバナンス

国や地方自治体の長、あるいは企業の代表がトップダウンで意思決定を行っていくことを「ガバメント」と呼びます。それに対し、多くの人が協働して組織や集団の意思決定をしていくことを「ガバナンス」と呼びます。

地域福祉を推進する上では、住民、行政、福祉関係者、保健・医療・教育・就労等の関連分野、ボランティアなど多様な関係者が意見を出し合いながら地域が進むべき方向性を決定していくため、地域福祉ガバナンスがうまく機能する必要があります。そのための仕組みとして、社会福祉法に規定された包括的支援体制の整備などがあります。

地域共生社会の構築

地域共生社会とは制度・分野ごとの縦割りや「支え手」「受け手」という関係を超えて、地域住民や地域の多様な主体が参画し、住民一人ひとりの暮らしと生きがい、地域をともに創っていく社会です。そこではすべての人に「居場所」と「出番（役割）」があることが目指されています。

2019（令和元）年の「地域共生社会に向けた包括的支援と多様な参加・協働の推進に関する検討会」（地域共生社会推進検討会）最終とりまとめでは、「断らない相談支援」「参加支援」「地域づくりに向けた支援」を住民に身近な市町村が実施することで、地域共生社会の実現を目指すことが謳われました。これが2020（令和2）年の社会福祉法改正による重層的支援体制整備事業の創設につながっています。

また、同検討会最終とりまとめでは、専門職による対人支援では「具体的な課題解決を目指すアプローチ」と「つながり続けることを目指すアプローチ」の2つを支援の両輪として組み合わせることが提言されました。後者は「伴走的支援」と呼ばれています。様々な地域生活課題を抱えた人の問題をスムーズに解決できればもちろん良いのですが、すぐに解決できなくても、その人に寄り添ってつながり続ける、「伴走する」姿勢が、対人援助の専門職には求められています。

10 地域共生社会の実現に向けた多機関協働

多機関協働を促進する仕組み

地域共生社会を実現するため、どんな相談も断らずに受け止める「総合相談」の実施や、そのための「包括的支援体制の構築」が進められています。どんな相談にも対応するためには、地域の様々な社会資源や、それらが協働・連携する仕組みの整備が欠かせません。

社会資源	地域住民、地域住民組織（自治会、町内会等）、各種の拠点（集会所、公民館、センター等）、各種サービス（医療、保健、福祉、教育、文化、労働、産業等）など	
	人的資源	住民、ボランティア、福祉協力員等各種委員、地域や団体などの役職員、民生委員・児童委員、社会福祉士・介護福祉士、福祉活動専門員、専門員、生活支援員、市民後見人などの専門職など
	財源	会費、寄附金、共同募金、地域福祉基金、助成金、補助金など
	その他	様々な行事、イベント、企画、展示、催し、事業、メニューなど
協議体	2015（平成27）年の介護保険法改正により位置付けられた生活支援体制整備事業で、高齢者の社会参加を推進するために創設された仕組み。市町村が設置し、生活支援コーディネーターが中心となって運営	
地域ケア会議	2014（平成26）年の介護保険法改正で位置付けられた。地域包括支援センターが主催して、地域で活動する多職種が集まって個別ケースの検討や地域課題について話し合う	

地域包括支援センター運営協議会	地域包括支援センターの適切、公正かつ中立な運営を確保するために市町村が設置。構成員は介護サービス事業者や職能団体、利用者、被保険者、学識経験者など
要保護児童対策地域協議会	2004（平成16）年の児童福祉法改正で設置された。被虐待児や非行少年、保護者がいない児童など要保護児童の早期発見および適切な保護を図るために関係機関が協議し、連携・協力体制を確保
（自立支援）協議会	障害者総合支援法に基づいて設置。都道府県自立支援協議会と、市町村レベルで置かれる地域自立支援協議会があり、障害者等への支援体制を地域で整備するために中核的な役割を担う

多職種連携

　地域包括ケアシステムの構築をはじめ、保健医療福祉の分野で多職種による連携は欠かせないものとなっています。多職種連携のメンバーには様々な資格を持つ専門職のみならず、民生委員やボランティア、場合によっては利用者の近隣住民などのインフォーマルな社会資源も含まれます。

　サービス担当者会議や地域ケア会議では多職種による様々な情報共有が図られますが、その際には個人情報保護の視点が重要です。原則として会議等で利用者のプライバシーにかかわる情報を開示する際には、事前に本人の許諾を得ておく必要があります。

地域包括ケアシステム　㉛

　地域包括ケアシステムとは、地域の実情に応じて、高齢者が、可能な限り、住み慣れた地域でその有する能力に応じ、自立した日常生活を営むことができるよう、医療、介護、介護予防（要介護状態もしくは要支援状態となることの予防または要介護状態もしくは要支援状態の軽減もしくは悪化の防止をいう）、住まい及び自立した日常生活の支援が包括的に確保される体制をいうと定義されました（地域における医療及び介護の総合的な確保の促進に関する法律2条）。

　厚生労働省では、地域包括ケアシステムについて、団塊の世代が75歳以上となる2025（令和7）年を目途に、重度な要介護状態になっても住み慣れた地域で自分らしい暮らしや人生を最後まで続けることができるよう、住まい、医療、介護、予防、生活支援が一体的に提供されるシステムの構築を実現するとしています。

地域支援事業（介護保険法）は、地域において自立した日常生活を営めるよう支援することを目的として実施されている事業です。介護予防・日常生活支援総合事業（一般介護予防、介護予防・生活支援サービス）、包括的支援事業（介護予防ケアマネジメント、総合相談支援、権利擁護及び包括的・継続的ケアマネジメント）、任意事業から構成されており、市町村の責任の下で行います。

市町村からの委任を受けて行うのが地域包括支援センターです。地域の各種サービス、保健・医療・福祉の専門職及び専門機関相互の連携、ボランティアなどの住民活動といったインフォーマルな活動を含めた、地域における様々な社会資源の有効活用を図り、ネットワークを構築していく必要があるとされています。

 ここは覚える！

第31回で、高齢者保健福祉における地域包括ケアの推進に関して、介護予防・日常生活支援総合事業が、ボランティア、NPO、民間企業、協同組合などの多様な主体のサービス提供を想定していることが問われました。

福祉以外の分野との機関協働の実際

地域共生社会を実現する上で、ビジネスや農業など、福祉以外の分野との機関協働が注目されています。

社会的企業	ビジネスの手法を用いて様々な社会課題を解決しようとする企業体のことで、ソーシャルビジネスとも呼ばれる
農福連携	農業と福祉が連携することを指す。障害者や刑務所出所者などが農場で働くことで給与や生きがいを得る一方、高齢化や担い手不足に直面している農家にとっても貴重な働き手を得ることができるメリットがある

Q ────────────────────────────→ **A**

☐ **1** ソーシャルキャピタルとは、地域における公共的建築物や公共交通といった物的資本の整備状況を示すことをいう。 第31回　　×

☐ **2** 社会的企業とは、社会問題の解決を組織の主たる目的としており、その解決手段としてビジネスの手法を用いている企業のことである。 第35回　　○

☐ **3** 1951（昭和26）年に制定された社会福祉事業法で、市町村社会福祉協議会が法制化された。 第36回　　×

☐ **4** 方面委員制度は、岡山県で発足した済世顧問制度を始まりとし、後に方面委員令により全国的な制度として普及した。 第32回　　○

☐ **5** 重層的支援体制整備事業は、参加支援、地域づくりに向けた支援の2つで構成されている。 第35回　　×

☐ **6** 民生委員は、その職務に関して市町村長の指揮監督を受ける。 第32回　　×

☐ **7** 民生委員の給与は支給しないものとされ、任期は定められていない。 第34回　　×

☐ **8** 民生委員の定数は厚生労働大臣の定める基準を参酌して、市町村の条例で定められる。 第34回　　×

☐ **9** 共同募金の募金実績総額は、1990年代に減少に転じたが、2000（平成12）年以降は一貫して増加している。 第35回　　×

☐ **10** 共同募金を行う事業は第二種社会福祉事業である。 第35回　　×

☐ **11** 福祉事務所の現業を行う所員（現業員）は、社会福祉主事でなければならない。 第34回　　○

解説

1 社会関係資本と呼ばれ、公共財の供給を可能にしてくれる社会関係を指す。

3 1951（昭和26）年の社会福祉事業法制定で法制化されたのは全国及び都道府県社会福祉協議会である。市町村社会福祉協議会の法制化は1983（昭和58）年。

5 属性を問わない相談支援（包括的相談支援）、参加支援、地域づくりに向けた支援

の3つで構成されている。

6 都道府県知事の指揮監督を受ける（民生委員法17条）。

7 任期は3年で、再任が可能である。

8 都道府県の条例で定められる。

9 共同募金の募金実績総額は1998（平成10）年以降、減少傾向にある。

10 第一種社会福祉事業である。

Q ────────────────────────── **A**

☐ **12** 地方公共団体の事務は、自治事務、法定受託事務、団体委任事務、機関委任事務の4つに分類される。 第36回 　✕

☐ **13** 生活保護法に規定される保護の決定及び実施は、地方自治法上の法定受託事務に当たる。 第34回 　◯

☐ **14** 児童扶養手当の給付事務は、自治事務である。 第36回 　✕

☐ **15** 都道府県は、地域包括支援センターを設置しなければならない。 第35回 　✕

☐ **16** 指定都市（政令指定都市）は、児童相談所を設置しなければならない。 第35回 　◯

☐ **17** 市町村は、地方社会福祉審議会を設置しなければならない。 第36回 　✕

☐ **18** 医療計画と介護保険事業計画の整合性を確保するため、介護保険事業計画の計画期間は5年に変更された。 第31回 　✕

☐ **19** 都道府県は、都道府県障害福祉計画を定めたとき又は変更したときには、内閣総理大臣に提出しなければならない。 第32回 　✕

☐ **20** 市町村子ども・子育て支援事業計画は、市町村が教育・保育及び地域子ども・子育て支援事業の提供体制の確保について定める計画である。 第35回 　◯

☐ **21** 災害対策基本法は、市町村長が避難行動要支援者ごとに、避難支援等を実施するための個別避難計画を作成するよう努めなければならないと規定している。 第35回 　◯

☐ **22** 地域包括ケアシステムは、住まい・医療・介護・予防・生活支援が地域の特性に応じて、一体的に提供されるシステムの構築を目指している。 第27回 　◯

☐ **23** 社会的企業とは、社会問題の解決を組織の主たる目的としており、その解決手段としてビジネスの手法を用いている企業のことである。 第35回 　◯

解説

12 自治事務と法定受託事務の2つに分類される。団体委任事務と機関委任事務は1999（平成11）年の地方分権一括法の施行により2000（平成12）年4月に廃止されている。

14 国が責任をもって行うべき事務を地方公共団体が受託しており、法定受託事務である。

15 地域包括支援センターを設置できるのは市町村で、義務ではなく任意設置である。

17 地方社会福祉審議会の設置は都道府県、指定都市、中核市の義務である。

18 介護保険事業計画の計画期間は、従来通り3年となっている。

19 厚生労働大臣に提出しなければならない。

第 **8** 章

障害者福祉

❶ 障害者の生活実態と社会情勢

　障害者の生活実態や介護ニーズの実態等、国のデータに基づく出題が多く見られます。「生活のしづらさなどに関する調査」等の最新データを確認しておく必要があります。

❷ 障害児・者福祉制度の発展過程

　大きな転換点となった障害の概念・理念の変化や法改正での変更内容、実態の変化などについて、具体的な知識を問う選択肢が多く見られます。

❸ 障害者にかかわる法体系

　障害者福祉に関連する法体系に関する出題が頻出しています。特に、身体障害者福祉法、知的障害者福祉法、精神障害者福祉法については、法の目的や制度について十分理解しておく必要があります。

❹ 障害者総合支援法

　「障害福祉サービス」等に関して、具体的な内容を問うものが増えています。ここ数年で法改正が2度行われていますので、改正のポイントはしっかりと押さえておく必要があります。

❺ 障害者就労支援制度

　障害者総合支援法による就労支援の内容や、障害者雇用促進法に関する出題が多くみられます。それぞれの法律の基本的内容について理解しておく必要があります。

攻略のポイント

今後の出題に関しても、「障害者基本法」「身体障害者福祉法」「知的障害者福祉法」「精神保健福祉法」「障害者総合支援法」等の発展過程や理念、仕組み、サービスの概要、支援過程等が中心になると考えられます。さらに、「障害者権利条約」の批准に伴う制度変更や、近年のニーズ拡大に伴って成立した「発達障害者支援法」「バリアフリー新法」「身体障害者補助犬法」「学校教育法（特別支援教育等）」「障害者虐待防止法」「障害者差別解消」「障害者雇用促進法」など制度の概要や現状等についての出題も増えていくものと思われます。

1 障害者の生活実態と これを取り巻く社会情勢

障害者の定義　32 33 34 35 36

　日本における障害の定義は、法制度によってとらえ方や解釈が異なり、一様ではありません。理念上の定義やサービスの適用に関連した定義など、様々です。

■ 主な障害者福祉関係制度における障害者等の定義

法制度	「障害」「障害者」の定義
障害者基本法 障害者差別解消法	身体障害、知的障害又は精神障害（発達障害を含む）その他の心身の機能の障害がある者であって、障害及び社会的障壁によって、継続的に日常生活又は社会生活に相当な制限を受ける者
障害者総合支援法	身体障害者福祉法4条に規定する身体障害者、知的障害者福祉法にいう知的障害者のうち18歳以上である者、精神保健及び精神障害者福祉に関する法律5条に規定する精神障害者のうち18歳以上である者、並びに治療法が確立していない疾病その他の特殊な疾病であって政令で定める程度が厚生労働大臣が定める程度である者（難病等）であって18歳以上である者
身体障害者福祉法	別表（身体障害者障害程度等級表）に該当する身体上の障害がある18歳以上の者であって、都道府県知事から身体障害者手帳の交付を受けた者

知的障害者福祉法	知的障害者の定義は設けられていない。知的障害児（者）基礎調査等では、「知的機能の障害が発達期（おおむね18歳まで）に現れ、日常生活に支障が生じているため、何らかの特別の援助を必要とする状態にある者」としている
精神保健福祉法	統合失調症、精神作用物質による急性中毒又はその依存症、知的障害、精神病質その他の精神疾患を有する者
発達障害者支援法	発達障害：自閉症、アスペルガー症候群その他の広汎性発達障害、学習障害、注意欠陥多動性障害（ADHD）、その他これに類する脳機能の障害であってその症状が通常低年齢において発現するもの 発達障害者：発達障害がある者であって発達障害及び社会的障壁により日常生活又は社会生活に制限を受ける者
障害者雇用促進法	身体障害、知的障害又は精神障害（発達障害を含む）その他の心身の機能障害があるため、長期にわたり、職業生活に相当の制限を受け、又は職業生活を営むことが著しく困難な者
児童福祉法	障害児：身体に障害のある児童、知的障害のある児童又は精神に障害のある児童（発達障害児を含む）又は治療方法が確立していない疾病その他の特殊の疾病であって障害の程度が厚生労働大臣が定める程度である児童

ここは覚える！

障害者等の法律上の定義については、ほぼ毎回出題されています。しっかり覚えておきましょう。

障害者の福祉・介護需要 ㉜ ㉝ ㉞

▶ 福祉需要

厚生労働省による2016（平成28）年の「生活のしづらさなどに関する調査（全国在宅障害児・者等実態調査）」によると、障害者手帳を所持しておらず、自立支援給付等を受けていない者の中で、障害による日常生活のしづらさを感じている者の数は、約137.8万人となっています。またその中で、福祉サービスを利用したいと希望する者の数は、25.8万人（65歳未満で25.8％、65歳以上で43.0％）となっています。

▶ 同居者の状況

同調査では、同居者の状況については次のような結果が出ています。

65歳未満では、「同居者有」の者の割合が全体の81.0％を占め、そのうち「親

と暮らしている」が53.6％と最も多く、次いで「夫婦で暮らしている」が26.1％、「兄弟姉妹と暮らしている」が18.6％、「子と暮らしている」が15.4％、「その他の人と暮らしている」が3.9％となっています。

また、身体障害者（身体障害者手帳所持者）では「夫婦で暮らしている」者が52.1％と最も多く、知的障害者（療育手帳所持者）と精神障害者（精神保健福祉手帳所持者）では「親と暮らしている」がそれぞれ92.0％、67.8％と最多となっています。

65歳以上では、「同居者有」の者の割合は全体の79.4％を占め、そのうち「夫婦で暮らしている」者が54.8％と最も多く、次いで「子と暮らしている」が36.9％、「その他の人と暮らしている」が3.3％、「親と暮らしている」が2.6％、「兄弟姉妹と暮らしている」が1.8％となっています。

また、身体障害者（身体障害者手帳所持者）では「夫婦で暮らしている」者の割合が70.9％と最多で、知的障害者（療育手帳所持者）でも62.5％、精神障害者（精神保健福祉手帳所持者）でも63.8％と最も多くなっています。

 ここは覚える！

第32・33・34回で、2016（平成28）年「生活のしづらさなどに関する調査（全国在宅障害児・者等実態調査）」の結果に関して出題されました。最新の調査は2022（令和4）年に行われています（2024（令和6）年3月現在、結果未公表）。

障害者福祉の理念

障害者福祉の発展の中で、これまで多くの理念が掲げられ、それらの実現に向けた取り組みが行われてきました。主な理念の内容や発展過程は次のようなものとなっています。

リハビリテーション

・身体機能の回復だけではなく、精神的、社会的な回復も含め、全人間的復権を目的とした考え方
・障害者の身体的、精神的、社会的、職業的、経済的な側面を可能な限り回復させること（1942年、全米リハビリテーション協議会）
・身体的、精神的、かつまた社会的に最も適した機能水準の達成を可能にすることにより、各個人が自らの人生を変革していくための手段を提供していくことを目指し、かつ時間を限定したプロセス（1982年、国連の障害者に関する世界行動計画）

ソーシャル・インクルージョン

- 障害のある人も含め、あらゆる人々を社会の一員として包み込み、共生社会の実現を目指す考え方
- インテグレーション（統合教育）やメインストリーミング（主流化教育）など、障害児を通常の教室で共に教育しようとする考え方などとも共通する
- 「特別なニーズ教育に関する世界会議」（1994年、スペイン・サラマンカ）で、すべての子どもを包括的・総合的に支援しようとする「インクルージョン」が示され、日本をはじめ多くの国に浸透し、教育分野や福祉分野の政策に反映されてきている

ノーマライゼーション

障害がある人も、ない人と同じような通常の生活を送る権利があり、そのような生活が可能となるような社会にしていくべきであるとする考え方

バンク-ミケルセン（デンマーク）	1950年代に知的障害児の親の会によって行われていた、知的障害児にできる限り通常の生活を送らせようとする運動を受け、こうした考え方を1959年法において提唱し、理念として掲げた
ニィリエ（スウェーデン）	知的障害者の生活様式をできる限り社会の標準に近づけることを主張し、8つの原理（1日のリズム、1週間のリズム、1年のリズム、ライフサイクルでの経験、要求の尊重、異性との生活、経済的水準、環境水準）を提示
ヴォルフェンスベルガー（アメリカ）	障害者の社会的な役割の実践を重視しながら、人々の意識にも働きかけていくことを主張

エンパワメント

- 社会的に弱い立場に置かれている人々が本来もっている潜在的な力を活かし、様々な問題に対処していこうとする考え方
- アメリカのソロモン（Solomon, B.）は、著書『黒人のエンパワメント』（1976年）でエンパワメントの重要性を主張
- 今日では、要援護者のプラス面に着目して支援していくという対人援助サービスの基本的な理念として活用されている

バリアフリー

- 障害のある人の生活における、あらゆるバリア（障壁）を取り除こうという考え方
- 建築や交通機関では物理的なバリアを取り除くといった意味合いで使用されることが多いが、障害者の社会参加を困難にしている制限の撤廃や、人々のもつ偏見や差別といった意識上の障害の除去という意味でも多く用いられる
- 障害者基本法の条文やバリアフリー新法（高齢者、障害者等の移動等の円滑化の促進に関する法律）などの法律用語としても用いられている

2 障害者福祉の歴史と障害者に対する法制度

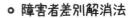

障害者基本法
○ 障害者差別解消法
○ 障害者雇用促進法
○ 学校教育法

自立と社会参加

障害者福祉施策・制度の発展　㉛ ㉜ ㉝ ㉞ ㉟ ㊱

▶ 国際的な展開

　国連においては、今日の障害者福祉の理念の大本である人権に関する各種の宣言や行動計画、条約などが採択されてきました。人権に関しては世界人権宣言（1948年）、児童権利宣言（1959年）、知的障害者の権利宣言（1971年）、障害者の権利宣言（1975年）があり、障害者の権利宣言は身体障害者、知的障害者、精神障害者などすべての障害者に対する包括的な権利に関する決議です。

　さらに1979年には国際障害者年行動計画が決議され、それを踏まえて1981年を国際障害者年とし、テーマを「完全参加と平等」としました。1982年には障害者に関する世界行動計画が決議され、差別の撤廃やリハビリテーションの完全実施が主張され、その実行のために1983～1992年を国連・障害者の十年と定めました。

　1993年には障害者の機会均等化に関する標準規則が採択。また、アジアを対象にした「アジア太平洋障害者の十年」（1993～2002年）、「第2次（2003～2012年）」の取り組みが行われ、現在「第3次（2013～2022年）」の取り組みが進められています。

　2006年には、障害者の権利を保護するための国際条約として、障害者の権利

に関する条約（障害者権利条約）が採択。障害者に対するあらゆる人権の保護や固有の尊厳の尊重促進などが目的とされています。日本も2007年9月に署名し、「障害者制度改革推進会議」（内閣府）などを中心に国内法の整備・調整を経て2014年1月に批准しました。

> 障害者権利条約2条では、合理的配慮を「障害者が他の者との平等を基礎として全ての人権及び基本的自由を享有し、又は行使することを確保するための必要かつ適当な変更及び調整であって、特定の場合において必要とされるものであり、かつ、均衡を失した又は過度の負担を課さないものをいう」と定義しています。

 ここは覚える！

第31・32・35回では国際障害者年について、第31・34回では合理的配慮について出題されました。第33回では、障害者権利条約の批准に向けた法整備の一環として障害者差別解消法が制定されたことが問われました。

▶ 日本における障害者福祉の発展

これまで日本では、国際的な理念や施策の発展に対応しながら多くの制度が策定されてきました。

■ 主な障害者福祉制度の発展

年	名称	主な特徴
1949 （昭和24）	身体障害者福祉法	貧困対策で扱われてきた障害者対策を福祉施策として明確化
1950 （昭和25）	精神衛生法	精神病院設置の義務づけ、精神障害者を医療保護の対象とした
1960 （昭和35）	精神薄弱者福祉法	精神薄弱者の更生保護や福祉増進などが目的。精神薄弱者援護施設を制度化
	身体障害者雇用促進法	法定雇用率を導入、身体障害者福祉工場など福祉的就労の場を創設
1970 （昭和45）	心身障害者対策基本法	国や地方公共団体の責務を明確化。心身障害の予防や福祉施策に関しての基本事項を規定
1987 （昭和62）	精神保健法	「精神衛生法」を改正。入院患者の権利擁護や社会復帰施設を規定
	障害者雇用促進法	「身体障害者雇用促進法」を改正。精神障害者を含むすべての障害者を法律の対象とした

年	名称	主な特徴
1990 (平成2)	福祉関係八法改正	・在宅福祉サービスの整備方針を明確化 ・在宅福祉・施設福祉行政の市町村への一元化
1993 (平成5)	障害者基本法	「心身障害者対策基本法」を改正。障害者基本計画策定や精神障害者サービスの重要性を明示
1995 (平成7)	精神保健福祉法	「精神保健法」を改正。精神障害者保健福祉手帳制度の創設や社会復帰施策の充実などを目的とした
1998 (平成10)	知的障害者福祉法	「精神薄弱者福祉法」を改正。知的障害者の自立と社会参加の促進などを目的とした
	身体障害者補助犬法	補助犬（盲導犬・聴導犬・介助犬）の育成や施設利用の円滑化、自立や社会参加の促進などが目的
2003 (平成15)	支援費制度	身体障害者、知的障害者・障害児を対象とした。措置から契約への転換
	医療観察法	心神喪失者や心神耗弱者などへの適切な医療保護、指導、社会復帰促進などが目的
2004 (平成16)	発達障害者支援法	発達障害者の自立や社会参加の促進、福祉の増進などが目的
	障害者基本法改正	障害を理由とした差別、その他の権利利益を侵害する行為の禁止規定
2005 (平成17)	障害者自立支援法	障害者の自立と共生を目標とし、身体・知的・精神障害者に対する施策の一元化、サービス再編、利用者負担の確立
2006 (平成18)	バリアフリー新法	「ハートビル法」「交通バリアフリー法」を一本化。円滑な移動や建築物の利用の確保などを目的とする
2010 (平成22)	障害者自立支援法改正	発達障害者の支援対象への追加。応益負担から応能負担への変更
2011 (平成23)	障害者基本法改正	目的規定や定義規定（発達障害者等の追加）の変更。国際的協調・協力規定の新設
	障害者虐待防止法 (2012年10月1日施行)	家族などの養護者や福祉施設職員、事業者などの使用者が行う虐待の定義、発見した者への通報義務等を規定
2012 (平成24)	障害者優先調達推進法 (2013年4月1日施行)	障害者就労施設等の受注の機会を確保するために必要な事項を規定
	障害者総合支援法	(2013年4月1日施行)「障害者自立支援法」から「障害者総合支援法」への改称、障害者の範囲への難病等の追加等
		(2014年4月1日施行) 障害支援区分の創設、重度訪問介護の対象者の拡大、ケアホームのグループホームへの一元化等

年	名称	主な特徴
2013 (平成25)	精神保健福祉法改正 (2014年4月1日施行)	精神障害者の医療に関する指針の策定や保護者制度の廃止、医療保護入院等の見直し等を規定
	障害者差別解消法 (2016年4月1日施行)	差別を解消するための措置として、差別的取り扱いの禁止（国・自治体・民間事業者に法的義務）や「合理的配慮」（国・自治体に法的義務、民間事業者に努力義務）等を規定
	障害者雇用促進法改正	(2016年4月1日施行）雇用の分野における障害者に対する差別を禁止するための措置等を規定
		(2018年4月1日施行）精神障害者を法定雇用率の算定基礎に加える等を規定
2014 (平成26)	難病法 (2015年1月1日施行)	難病の患者に対する医療費助成制度の整備等を規定
2016 (平成28)	発達障害者支援法改正 (2016年8月1日施行)	発達障害者の定義の改正、基本理念の新設等を規定
	障害者総合支援法改正 (2018年4月1日施行)	障害者の望む地域生活の支援（自立生活援助、就労定着支援、障害児支援のニーズへの対応等）を規定
2019 (令和元)	障害者雇用促進法改正 (2020年4月1日施行)	障害者の活躍の場の拡大に関する措置等を規定
2021 (令和3)	障害者差別解消法改正 (2024年4月1日施行)	民間事業者の合理的配慮の提供義務化
2024 (令和6)	障害者雇用促進法改正 (2023年4月1日施行)	雇用の質の向上のための事業主の責務の明確化等を規定
	障害者雇用促進法改正 (2024年4月1日施行)	納付金助成金の新設・拡充等を規定
	障害者総合支援法改正 (2024年4月1日施行)	障害者等の地域生活の支援体制の充実等を規定

ここは覚える！

法律が制定された時期や順序、法律名の改称などを押さえておきましょう。

■ 障害者基本計画・障害者プランの変遷

策定年	名称・計画年度	主な内容
1993 (平成5)	（基本計画） 障害者対策に関する新長期計画 (1993（平成5）年度～2002（平成14）年度)	全員参加の社会作りを目指し、ノーマライゼーションやリハビリテーションの理念の実現がテーマとして掲げられた。障害者基本法（1993（平成5）年）により国の障害者基本計画策定が義務づけられたため、この計画が障害者基本計画とみなされた

策定年	名称・計画年度	主な内容
1995 （平成7）	（実施計画） 障害者プラン〜ノーマ ライゼーション7か年 戦略〜 （1996（平成8）年度〜 2002（平成14）年度）	「障害者対策に関する新長期計画」の重点施策実施計画である。7つの視点（「地域でともに生活するために」「社会的自立を促進するために」「バリアフリー化を促進するために」「生活の質（QOL）の向上を目指して」「安全な暮らしを確保するために」「心のバリアを取り除くために」「国際協力・国際交流」）から施策の重点的な推進を図ることとされた
2002 （平成14）	（基本計画） 新障害者基本計画 （2003（平成15）年度〜 2012（平成24）年度）	従前の基本計画の理念を継承しつつ、「共生社会」を実現するという理念が掲げられた。基本方針として、「社会のバリアフリー化」「利用者本位の支援」「障害の特性を踏まえた施策の展開」「総合的かつ効果的な施策の推進」の4つの横断的視点、重点課題として「活動し参加する力の向上」「活動し参加する基盤の整備」「精神障害者施策の総合的取り組み」「アジア太平洋地域における域内協力の強化」の4つの点を取り上げている
2002 （平成14）	（前期5年の実施計画） 重点施策実施5か年計画（新障害者プラン） （2003（平成15）年度〜 2007（平成19）年度）	「共生社会」の実現に向けて、障害のある方々が活動し、社会に参加する力の向上を図るとともに、福祉サービスの整備やバリアフリー化の推進など、自立に向けた地域基盤の整備などに取り組むものとしている。32項目について数値目標が示されているが、「入所施設は真に必要なものに限定し、地域資源として活用する」「精神障害者のうち退院可能な約7万2,000人の退院・社会復帰を目指す」としたことなどが特徴的である
2007 （平成19）	（後期5年の実施計画） 重点施策実施5か年計画 （2008（平成20）年度 〜2012（平成24）年度）	「共生社会」の実現に向けて、「啓発と広報活動」「生活支援」「生活環境」「教育・育成」「雇用・就業」「保健・医療」「情報・コミュニケーション」「国際協力」といった8つの分野にわたる具体的な計画が示されている。障害者権利条約の周知を図ることや施設入所者14万6,000人のうち1万1,000人・退院可能な精神障害者4万9,000人のうち約3万7,000人の地域移行を図ることなども目標として明記されている
2013 （平成25）	（基本計画） 第3次障害者基本計画 （2013（平成25）年度〜 2017（平成29）年度）	基本原則を見直し（①地域社会における共生等、②差別の禁止、③国際的協調）、施策の横断的視点として、障害者の自己決定の尊重を明記した。また、障害者基本法改正や障害者差別解消法の制定等を踏まえて既存分野を見直すとともに、「安全・安心」（防災、東日本大震災からの復興、防犯、消費者保護等）、「差別の解消及び権利擁護の推進」（障害を理由とする差別の解消の推進、障害者虐待の防止等）、「行政サービス等における配慮」（選挙等及び司法手続等における配慮等）の3分野を新設している

策定年	名称・計画年度	主な内容
2018 (平成30)	(基本計画) 第4次障害者基本計画 (2018 (平成30) 年度 〜 2022 (令和4) 年度)	基本理念として「共生社会の実現に向け、障害者が、自らの決定に基づき社会のあらゆる活動に参加し、その能力を最大限発揮して自己実現できるよう支援」することが掲げられた
2023 (令和5)	(基本計画) 第5次障害者基本計画 (2023 (令和5) 年度〜 2027 (令和9) 年度)	基本理念に障害者の社会参加を制約する社会的障壁を除去するための施策の基本的な方向を含めた。主な内容として、①差別の解消、権利擁護の推進及び虐待の防止、②安全・安心な生活環境の整備、③情報アクセシビリティの向上及び意思疎通支援の充実、④防災、防犯等の推進、⑤行政等における配慮の充実、⑥保険・医療の推進、⑦自立した生活の支援・意思決定支援、⑧教育の進行、⑨雇用・就業、経済的自立の支援、⑩文化芸術活動・スポーツ等の振興、⑪国際社会での協力・連携の推進が示されている

ここは覚える！

第32回で、第4次障害者基本計画の内容について問われました。

障害者基本法　㉜ ㉝ ㉞ ㉟ ㊱

　障害者基本法は障害者の自立および社会参加の支援のための施策を総合的かつ計画的に推進し、障害者の福祉を増進することを目的に、1970（昭和45）年に制定されました。

> この法律は、全ての国民が、障害の有無にかかわらず、等しく基本的人権を享有するかけがえのない個人として尊重されるものであるとの理念にのっとり、全ての国民が、障害の有無によって分け隔てられることなく、相互に人格と個性を尊重し合いながら共生する社会を実現するため、障害者の自立及び社会参加の支援等のための施策に関し、基本原則を定め、及び国、地方公共団体等の責務を明らかにするとともに、障害者の自立及び社会参加の支援等のための施策の基本となる事項を定めること等により、障害者の自立及び社会参加支援等のための施策を総合的かつ計画的に推進することを目的とする（同法1条）。

この法律は、2004（平成16）年と2011（平成23）年に改正されています。

■ 2004（平成16）年6月改正のポイント

3条	「差別することその他の権利利益を侵害する行為をしてはならない」として差別の禁止を追加
4条	国及び地方公共団体の責務として「障害者の権利の擁護及び障害者に対する差別の防止を図りつつ障害者の自立及び社会参加を支援すること等により、障害者の福祉を増進する責務を有する」との規定を追加
5条	「国及び地方公共団体は、国民が障害者について正しい理解を深めるよう必要な施策を講じなければならない」こととされた
6条	「国民は、社会連帯の理念に基づき、障害者の人権が尊重され、障害者が差別されることがない社会の実現に寄与するよう努めなければならない」ことが追加された
7条	障害者の日（12月3日）が、障害者週間（12月3日〜12月9日）に改められた
8条	施策の基本方針の規定に関して、2項に「障害者の福祉に関する施策を講ずるに当たっては、障害者の自主性が十分に尊重され、かつ、障害者が、可能な限り、地域において自立した日常生活を営むことができるよう配慮されなければならない」とする規定が追加された
9条	都道府県障害者計画、市町村障害者計画の策定が義務化された（市町村は2007（平成19）年4月）。「内閣総理大臣は、関係行政機関の長に協議するとともに、中央障害者施策推進協議会の意見を聴いて、障害者基本計画の案を作成し、閣議の決定を求めなければならない」こととされた

■ 2011（平成23）年8月改正のポイント

1条	目的規定の条文に、前ページ下線部を追加
2条	定義規定において「精神障害」の部分が、精神障害（発達障害を含む）その他の心身の機能の障害がある者に改められた
3条	1条に規定されたような社会の実現を図るため、次のような事項が図られなければならないとした（地域社会の共生等） (1) 全て障害者は、あらゆる分野の活動に参加する機会が確保されること (2) 全て障害者は、可能な限り、どこで誰と生活するかについての選択の機会が確保されること (3) 全て障害者は、可能な限り、言語（手話を含む）その他の意思疎通の手段についての選択の機会が確保されるとともに、情報の取得または使用のための手段について選択の拡大が図られること
4条	差別の禁止についての次の規定が新設された (1) 何人も、障害を理由として、差別することその他の権利利益を侵害する行為をしてはならない (2) 社会的障壁の除去は、それを必要としている障害者が現に存し、かつ、その実施に伴う負担が過重でないときは、その実施について必要かつ合理的な配慮がなされなければならない (3) 国は差別の防止を図るために必要となる情報の収集、整理及び提供を行う

5条	1条に規定されたような社会の実現に向けて、「そのための施策が国際社会における取組と密接な関係を有していることに鑑み、国際的な協調の下に図らなければならない」とする規定が設けられた
6条	国及び地方公共団体は、3条から5条に定める基本原則にのっとり、「障害者の自立及び社会参加の支援等のための施策を総合的かつ計画的に実施する」として、その責務が規定された
7条 8条	国民においても、1条に規定する「社会の実現に寄与するよう努めなければならない」として、理解と責務が規定された
10条	国や地方公共団体が行う障害者の自立及び社会参加の支援等のための施策は、障害者の「性別、年齢、障害の実態、生活の実態」に応じて策定や実施がなされなければならない旨が規定された。またその際、「障害者その他の関係者の意見を聴き、その意見を尊重するよう努めなければならない」との規定も設けられた
32～ 35条	中央障害者施策推進協議会を改組し、障害者政策委員会を内閣府に設置（障害者、障害者の自立及び社会参加に関する事業に従事する者、学識経験者のうちから総理大臣が任命）することとなった

ここは覚える！

障害者基本法について、第34回では3条の意思疎通の手段の言語に手話が含まれることが、第36回では2004（平成16）年の改正により4条に差別の禁止が追加されたことが問われました。

ここは覚える！

第32・35回で、障害者政策委員会について出題されました。

障害者差別解消法 ㉝

　2013（平成25）年6月26日に「障害を理由とする差別の解消の推進に関する法律」として公布、2016（平成28）年4月1日に施行されました。この法律は、障害者基本法の基本的な理念にのっとり、同法4条の差別の禁止を具体化するものとして位置付けられています。

　また、2021（令和3）年の改正により、2024（令和6）年4月から事業者による障害者への合理的配慮の提供が義務化されました。

■ 障害者差別解消法の概要

障害者基本法 4条　基本原則 差別の禁止

障害を理由とする差別等の権利侵害行為の禁止（1項）	社会的障壁の除去を怠ることによる権利侵害の防止（2項）	国による啓発・知識の普及を図るための取組（3項）
何人も、障害者に対して、障害を理由として、差別することその他の権利利益を侵害する行為をしてはならない。	社会的障壁の除去は、それを必要としている障害者が現に存し、かつ、その実施に伴う負担が過重でないときは、それを怠ることによって前項の規定に違反することとならないよう、その実施について必要かつ合理的な配慮がされなければならない。	国は、第一項の規定に違反する行為の防止に関する啓発及び知識の普及を図るため、当該行為の防止を図るために必要となる情報の収集、整理及び提供を行うものとする。

具体化

I. 差別を解消するための措置

差別的取扱いの禁止

国・地方公共団体等民間事業者 → 法的義務

合理的配慮の不提供の禁止

国・地方公共団体等民間事業者 → 法的義務

具体的な対応

政府全体の方針として、差別の解消の推進に関する基本方針を策定（閣議決定）
- ●国・地方公共団体等　→　当該機関における取組に関する要領を策定※
- ●事業者　→　事業分野別の指針（ガイドライン）を策定

※ 地方の策定は努力義務

実効性の確保　主務大臣による民間事業者に対する報告徴収、助言・指導、勧告

II. 差別を解消するための支援措置

紛争解決・相談　相談・紛争解決の体制整備 → 既存の相談、紛争解決の制度の活用・充実

地域における連携　障害者差別解消支援地域協議会における関係機関等の連携

啓発活動　普及・啓発活動の実施

情報収集等　国内外における差別及び差別の解消に向けた取組に関わる情報の収集、整理及び提供

ここは覚える！

第33回で、障害者差別解消支援地域協議会について出題されました。差別を解消するための支援措置として設置されており、地域の関係機関等との連携を図ることが求められています。

身体障害者福祉法　㉛ ㉜ ㉝ ㉞ ㉟

　身体障害者福祉法は、身体障害者に対する更生や援護などを目的として制定されました。身体障害者の定義（身体上の障害がある18歳以上の者）や福祉の措置、各種施設・機関・専門職の役割などについて規定しています。国の身体障害者更生援護施設等の設置も義務づけています。

身体障害者手帳
・居住地または現在地の都道府県知事（指定都市市長・中核市市長）に、指定された医師の診断書を添え申請して取得 ・障害の種類（視覚障害、聴覚障害、平衡機能障害、音声・言語機能または咀嚼機能の障害、肢体不自由（上肢・下肢・体幹）、内部障害など）ごとに、障害の程度により1〜7級（手帳は1〜6級まで。肢体不自由の障害の程度に7級があるが、合計の指数などにより手帳交付の際に繰り上げ）の等級がある

身体障害者更生相談所
・身体障害者の更生援護の利便のため、及び市町村の援護の適切な実施の支援のため、都道府県に設置（政令指定都市への設置は任意） ・身体障害者福祉司や医師、義肢装具士、言語聴覚士、心理判定員、職能判定員などを配置

身体障害者福祉司
・都道府県の身体障害者更生相談所に配置（市町村福祉事務所への配置は任意） ・市町村相互間の連絡調整や市町村に対する情報の提供その他必要な援助、専門的な知識及び技術を必要とする相談や指導の業務などを行う

身体障害者福祉センター
・身体障害者社会参加支援施設の一つ。無料または低額な料金で身体障害者の各種相談に応じ、機能訓練、教養の向上、社会との交流促進、レクリエーションなどのための便宜を総合的に供与する ・身体障害者福祉の増進を図る事業を総合的に行うA型、身体障害者デイサービス事業やボランティアの養成などを行うB型、宿泊、レクリエーションその他休養のための便宜を供与する「障害者更生センター」などがある

📖 **内部障害**：心臓・腎臓・呼吸器・膀胱・直腸・小腸の機能障害、ヒト免疫不全ウイルスによる免疫機能障害、肝臓・肝機能障害。

ここは覚える！

第31・32・34回で、身体障害者手帳所持者の障害の種類について問われました。障害の種類で最も多いのは、肢体不自由です。

ここは覚える！

第31・35回で、身体障害者更生相談所の業務内容や設置義務が問われました。第33・34・35回では、身体障害者福祉司について出題されました。

知的障害者福祉法　㉛ ㉝ ㉞ ㉟

　知的障害者を「社会通念上知的障害者と考えられる者」と解釈するものとして定義は設けていませんが、福祉の措置や各種施設・機関・専門職の役割などについて規定しています。

同法には、知的障害者自身の努力（1条の2第1項）や社会参加の機会均等（1条の2第2項）なども規定されています。

療育手帳
・療育手帳制度について（厚生事務次官通知）に基づいた制度
・本人やその保護者が福祉事務所に申請し、児童相談所または知的障害者更生相談所の判定に基づいて都道府県知事（指定都市の場合は市長）が交付
・Aが重度、Bがその他とされ、原則2年間の認定になっているため、2年ごとに児童相談所または知的障害者更生相談所での判定が必要（分類や判定方法は自治体によって異なる）

知的障害者更生相談所
・知的障害者に関する相談支援事業や医学・心理・職能的な判定、市町村相互間の連絡調整、情報提供などを行う機関であり、都道府県に設置（指定都市への設置は任意）
・知的障害者福祉司の配置が義務づけられている

知的障害者福祉司
・都道府県の知的障害者更生相談所に配置（市町村福祉事務所への配置は任意）
・市町村相互間の連絡調整や市町村に対する情報の提供その他の必要な援助、専門的な知識及び技術を必要とする相談や指導の業務などを行う

ここは覚える！

第31・33・34・35回で、知的障害者更生相談所や知的障害者福祉司について出題されました。

精神保健福祉法　③① ③② ③③ ③④ ③⑤

　正式名称は「精神保健及び精神障害者福祉に関する法律」で、精神障害者の
定義や福祉の措置、入院など医療の措置、各種施設・機関・専門職の役割など
について規定しています。

精神障害者保健福祉手帳
・本人または家族が市町村に申請し、都道府県の精神保健福祉センターによる審査を経て、都道府県知事（指定都市では市長）によって手帳が交付
・1級（日常生活の用を弁ずることを不能ならしめる程度）から3級（日常生活もしくは社会生活が制限を受けるか、または日常生活もしくは社会生活に制限を加えることを必要とする程度）までが障害の程度に応じて定められている
・有効期間が2年となっているため、手帳交付を受けた者は、2年ごとに都道府県知事（指定都市では市長）の認定を受けなければならない
・保健福祉サービス受給にあたり手帳の所持は必須条件ではないが、手帳（1～3級）により税制（相続税の障害者控除等）などの各種優遇措置が受けられる

精神保健福祉センター
・精神保健福祉に関する知識の普及や調査研究、相談や指導のうち複雑・困難なもの、精神医療審査会の事務、精神障害者保健福祉手帳の申請にかかる専門的業務、自立支援医療費の支給認定にかかる専門的な対応などを行う
・都道府県や指定都市などに設置され、精神保健福祉の専門的・技術的な中核機関として機能

精神保健福祉相談員
・精神保健福祉センターや保健所に配置（都道府県、市町村とも配置は任意）
・精神保健及び精神障害者の福祉に関する相談や、精神障害者及びその家族などへの必要な指導などを行う

ここは覚える！

第35回で、精神保健指定医の診療の結果、必要と認められれば、本人の同意がなくとも家
族等のうちいずれかの者の同意に基づき入院させることができることが出題されました。

発達障害者支援法　③① ③② ③③

　発達障害者の定義や国・地方公共団体の責務、学校教育における支援、早期
発見や支援施策、就労支援、家族支援、各種機関の役割などについて規定して
います。

同法2条の2において、発達障害者の支援は以下のように定められています。

- 社会参加の機会の確保、地域社会において他の人々と共生することを妨げられない
- 社会的障壁の除去に資する
- 個々の発達障害者の性別、年齢、障害の状態及び生活の実態に応じて、関係機関等の緊密な連携の下に、意思決定の支援に配慮しつつ、切れ目なく行う

国や地方公共団体の責務

・国及び都道府県の役割として、「発達障害者の就労を支援するため必要な体制の整備に努めるとともに、公共職業安定所、地域障害者職業センター、障害者就業・生活支援センター、社会福祉協議会、教育委員会その他の関係機関及び民間団体相互の連携を確保しつつ、個々の発達障害者の特性に応じた適切な就労の機会の確保、就労の定着のための支援その他の必要な支援に努めなければならない」（10条）
・市町村の役割の一つとして、保育の実施に当たっては、「発達障害児の健全な発達が他の児童と共に生活することを通じて図られるよう適切な配慮をするものとする」（7条）

発達障害者支援センター

・発達障害者や家族に対する専門的な相談や発達・就労の支援、研修や情報提供、医療機関などとの連絡調整などを行う
・都道府県や指定都市に設置されているが、指定を受けた社会福祉法人やNPO法人などへの委託も可能

 ここは覚える！

第31・32・33回で、発達障害者支援センターについて出題されました。

身体障害者補助犬法

　身体障害者補助犬とは盲導犬、介助犬、聴導犬であると定義されており、国など（地方公共団体や独立行政法人、特殊法人なども含む）の管理する施設や公共交通事業者、不特定多数の者が利用する施設などは、身体障害者が利用する際の身体障害者補助犬の同伴を拒否してはならないとされています。

2008（平成20）年の法改正で、補助犬によるトラブルに関する相談窓口を設置することや民間の職場における受け入れの義務化などが規定されました。

障害者虐待防止法

　2011（平成23）年成立、2012（平成24）年施行の障害者虐待防止法（障害者虐待の防止、障害者の養護者に対する支援等に関する法律）は、「障害者虐待」を「養護者による障害者虐待、障害者福祉施設従事者等による障害者虐待及び使用者による障害者虐待をいう」と規定し、それらの人々が行う次のような行為を「虐待」と定義しました。

■ 障害者虐待の定義（同法2条2項）

> 養護者による障害者虐待、障害者福祉施設従事者等による障害者虐待及び使用者による障害者虐待をいう

■ 障害者虐待の類型（同法2条6〜8項）

身体的虐待	障害者の身体に外傷が生じ、若しくは生じるおそれのある暴行を加え、又は正当な理由なく障害者の身体を拘束すること
性的虐待	障害者にわいせつな行為をすること又は障害者をしてわいせつな行為をさせること
心理的虐待	障害者に対する著しい暴言又は著しく拒絶的な対応その他の障害者に著しい心理的外傷を与える言動を行うこと
放棄、放置（ネグレクト）	障害者を衰弱させるような著しい減食又は長時間の放置、養護者以外の同居人による1から3までに掲げる行為と同様の行為の放置等養護を著しく怠ること
経済的虐待	障害者の財産を不当に処分することその他障害者から不当に財産上の利益を得ること

　養護者、障害者福祉施設従業者による虐待を受けたと思われる障害者を発見した者は、速やかに市町村に通報しなければなりません（使用者による虐待の場合は、都道府県に通報）。

　市町村長は、養護者による障害者虐待により障害者の生命または身体に重大な危険が生じているおそれがあると認めるときは、担当職員を障害者の住所または居所に立入調査をさせることができます。また、市町村や都道府県の障害者福祉の担当部局（施設）においては、市町村障害者虐待防止センター及び都道府県障害者権利擁護センターとしての機能を果たすようにすることが定められています。

ここは覚える！

第31・33回では、障害者虐待の定義や類型、通報義務について出題されました。第32回では、市町村による立入調査について問われました。

児童福祉法

児童福祉法に基づく障害児サービスは、2010（平成22）年12月の障害者自立支援法改正における障害児支援の強化策を踏まえて、2012（平成24）年の児童福祉法改正により再編後、次のような体系となりました。

■ 障害児通所支援の概要

児童発達支援	未就学の障害児に対して、日常生活における基本的な動作の指導、知識技能の付与、集団生活への適応訓練その他必要な支援を行う
医療型児童発達支援	肢体不自由である未就学の障害児に対して、児童発達支援及び治療を行う
放課後等デイサービス	就学中の障害児に対して、授業の終了後または休校日に、生活能力の向上のために必要な訓練、社会との交流の促進その他必要な支援を行う
保育所等訪問支援	保育所や幼稚園等の集団生活を営む施設に通う障害児に対して、保育所等を訪問して、集団生活への適応のための専門的な支援等を行う
居宅訪問型児童発達支援	重症心身障害児などの重度の障害児等で、児童発達支援等の障害児通所支援を受けるために外出することが著しく困難な障害児に対して、障害児の居宅を訪問し、日常生活における基本的な動作の指導、知識技能の付与等の発達支援を行う

■ 障害児入所支援の概要

福祉型障害児入所施設	身体障害、知的障害、精神障害のある児童（発達障害も含む）に対して、保護、日常生活の指導、知識技能の付与等を行う
医療型障害児入所施設	知的障害、肢体不自由のある児童または重症心身障害児に対して、保護、日常生活の指導、知識技能の付与及び治療等を行う

2016（平成28）年の障害者総合支援法改正により、障害児支援のニーズの多様化へのきめ細やかな対応として、①居宅訪問型児童発達支援の新設、②保育所等訪問支援の対象拡大（乳児院・児童養護施設の障害児を対象）、③自治体

における連携促進（医療的ケア児）、④自治体による障害児福祉計画の策定など
が拡充されました。また、補装具費の支給範囲の拡大、情報公表制度が創設さ
れました。

経済的負担の軽減に関する各種制度

　障害者の経済的負担を軽減するための制度は、次の表のものがあります。

障害年金	※第5章「④年金保険制度」を参照
社会手当	※第5章「④年金保険制度」を参照
障害者控除	納税義務者が障害者の場合、対象者の配偶者や扶養されている親族が障害者の場合などには、所得税や住民税が控除される
特別障害者控除・特別障害者扶養控除	重度の障害者（1・2級の身体障害者手帳所持者やおおむねIQ35以下の知的障害者、1級の精神障害者保健福祉手帳所持者など）やそれらの対象者を同居して扶養している場合は、住民税や所得税が控除される
JR運賃の割引	第1種身体障害者と第2種身体障害者、第1種知的障害者と第2種知的障害者、及び第1種障害者と定期券を使用する12歳未満の第2種障害者の介護者は、割引の対象となる 本人が単独で乗車する場合は100kmを超えると5割引、介護者とともに乗車する場合には本人・介護者ともに5割引などとなる
航空運賃の割引	第1種身体障害者手帳所持者（12歳以上）の本人と介護者1名、第2種身体障害者（12歳以上）、第1種知的障害者と介護者、第2種知的障害者などは、割引（割引率については航空会社によって異なる）の対象となる
NHK放送受信料の割引	受信料の割引制度として、全額免除と半額免除がある **全額免除**：世帯構成員の中に身体障害者手帳、療育手帳、精神障害者保健福祉手帳を所持する者がいて、世帯の構成員すべてが市町村民税非課税の世帯が対象となる **半額免除**：身体障害者手帳を所持する視覚障害者や聴覚障害者、1・2級の重度障害者、療育手帳を所持する最重度・重度者、精神障害者保健福祉手帳を所持する1級の重度者が対象となる

障害者控除として、障害者1人につき27万円（特別障害者は40万円）
が控除されます。

頻出度 | 🐾🐾 🐾🐾 🐾

3 障害者総合支援法

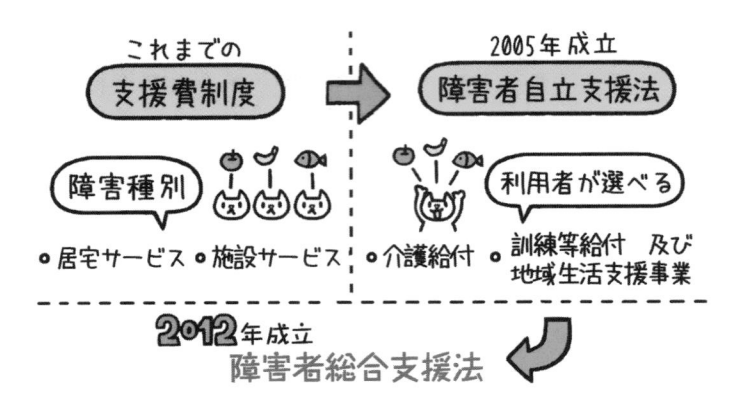

法律の目的とポイント　32 35 36

　障害者の日常生活及び社会生活を総合的に支援するための法律（障害者総合支援法）の目的は、以下のように示されています（下線部分は障害者自立支援法から追加された箇所）。

> この法律は、障害者基本法の基本的理念にのっとり、身体障害者福祉法、知的障害者福祉法、精神保健及び精神障害者福祉に関する法律、児童福祉法その他の障害者及び障害児の福祉に関する法律と相まって、障害者及び障害児が基本的人権を享有する個人としての尊厳にふさわしい日常生活又は社会生活を営むことができるよう、必要な障害福祉サービスに係る給付、地域生活支援事業その他の支援を総合的に行い、もって障害者及び障害児の福祉の増進を図るとともに、障害の有無にかかわらず国民が相互に人格と個性を尊重し安心して暮らすことのできる地域社会の実現に寄与することを目的とする。（同法1条）

　障害者の自立と共生を目標に2005（平成17）年に制定された障害者自立支援法は、2013（平成25）年までに廃止され、新たに障害者総合支援法（障害者の日常生活及び社会生活を総合的に支援するための法律）が施行されました。

その後、2016（平成28）年、2024（令和6）年に改正されています。

■ 改正のポイント

2005（平成17）年　障害者自立支援法
・障害者に対する施策が3つの障害（身体・知的・精神）に一元化 ・地域移行の推進 ・就労移行支援事業、就労継続支援事業の創設 ・障害程度区分（1〜6、非該当）の導入 ・障害福祉計画策定の義務化
2012（平成24）年　障害者総合支援法へ改正・改称
・障害者の範囲に難病等を加える ・障害程度区分を障害支援区分（1〜6、非該当）に改める ・重度訪問介護の対象拡大 ・ケアホームのグループホームへの一元化 ・地域移行支援の対象拡大 ・地域生活支援事業の追加 ・障害児支援ニーズへのきめ細やかな対応
2016（平成28）年改正
・自立生活援助の新設 ・就労定着支援の新設 ・重度訪問介護の訪問拡大
2017（平成29）年改正
・共生型サービスの創設（同一事業所で高齢者と障害児者にサービスを提供することで、地域共生社会の推進や、人材やサービス提供体制整備の確保を図る）
2022（令和4）年改正
・障害者等の地域生活の支援体制の充実 ・障害者の多様な就労ニーズに対する支援及び障害者雇用の質の向上の推進 ・障害福祉サービス等、指定難病及び小児慢性特定疾病についてのデータベースに関する規定の整備等

障害者や難病患者等が安心して暮らし続けることができる地域共生社会を目指し、精神保健福祉法、障害者雇用促進法、難病法、児童福祉法もあわせて改正されました。

 ここは覚える！

第32回では障害福祉計画の策定について、第35回では障害者自立支援法の内容について問われました。また、第35・36回では障害支援区分について出題されました。

サービス支給及び相談支援の体系・内容 ㉛ ㉞ ㉟ ㊱

　介護給付費等の支給を受けようとする障害者または障害児の保護者は、市町村の支給決定を受けなければなりません。

■ **申請から支給決定までのプロセス**

① サービス利用を希望する障害者などが市町村に申請

↓

② 市町村が障害程度区分の認定や支給要否の決定をするため申請者の心身の状況や生活環境などについて調査。その結果に基づいて全国統一のコンピュータ判定（1次判定）

↓

③ 市町村が設置した市町村審査会（障害者等の保健や福祉に関する学識経験者等から審査委員が任命）が、1次判定や医師の意見書などを踏まえて審査し、非該当・区分1～6を判定（2次判定）

↓

④ 市町村が②③の審査結果に基づいて、障害支援区分の認定

↓

⑤ 市町村が、障害支援区分や介護者の状況、サービス利用の意向などを踏まえて支給決定

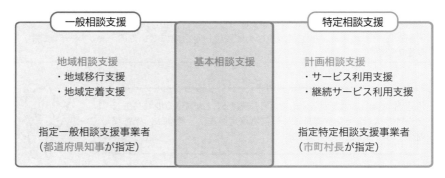

市町村は、障害支援区分の認定などのために行う障害者の心身の状況や環境などの調査を指定一般相談支援事業者等に委託できます。

障害者または障害児の保護者の居住地が明らかでないとき、介護給付費の支給決定は現在地の市町村が行います。

ここは覚える！

第34・36回で、障害支援区分や地域相談支援、計画相談支援について出題されました。サービス利用支援では、相談支援専門員がサービス等利用計画を作成します。

障害福祉サービスの体系・種類・内容 ㉛ ㉜ ㉝ ㉞ ㉟ ㊱

▶ サービスの体系

障害福祉サービスには、自立支援給付（介護給付・訓練等給付・自立支援医療・補装具）、地域生活支援事業などがあり、主に次の図のような体系となっています。

この制度では、従来の「施設サービス」や「居宅サービス」ではなく、「日中活動（昼間）」「居住支援（休日・夜間）」「訪問」といった区分が用いられ、それらを組み合わせたサービスが利用者の状況に合わせて展開されています。

■ 障害者総合支援法等における給付・事業

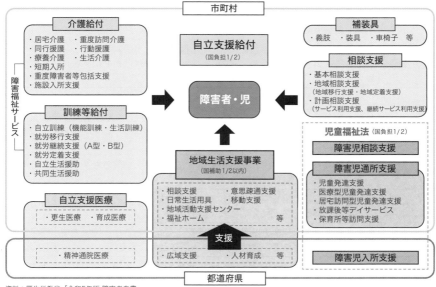

資料：厚生労働省「令和5年版 障害者白書」

施設入所者も、在宅者と同様にサービスを組み合わせて利用するスタイルに変わりました。つまり、日中は、「生活介護」や「自立訓練」などの給付を受け、夜間は「施設入所支援」といった「居住」サービスの給付を受ける形になります。

ここは覚える！

第33回で、地域活動支援センターは、介護保険の給付を受けることができる者でも必要に応じて利用可能であることが出題されました。

▶ 介護給付

障害程度区分の認定を受け、生活上あるいは療養上必要な介護などを受ける障害者や家族に提供されるサービスです。状況に応じた9種類のサービスがあり、主なサービスの内容は次の表の通りです。

■ 介護給付の概要　　　　　　　　　　　　　　　者 … 障害者　児 … 障害児

サービス	主な内容	分類
居宅介護 者児	居宅での食事や排泄、入浴などの介護や掃除、買い物などの家事援助を行う	訪問
重度訪問介護 者	常時介護を必要とする重度の肢体不自由者・知的障害者・精神障害者に対して、居宅で食事や排泄、入浴などの介護を行う	訪問
同行援護 者児	視覚障害により、移動に著しい困難を有する障害者等について、外出時に同行し、移動に必要な情報提供とともに移動の援護その他の便宜を供与する	訪問
行動援護 者児	知的・精神障害で行動上著しい困難がある人に対して、行動時の危険回避に必要な援護や外出時の移動支援を行う	訪問
重度障害者等包括支援 者児	介護の必要性が高い障害者に対して、様々なサービスを組み合わせて、包括的に提供する	訪問
療養介護 者	常時介護が必要で医療が必要な人に対して、病院で機能訓練や療養上の管理、看護などを行う	日中活動
生活介護 者	常時介護が必要な人に対して、食事や排泄、入浴などの介護や創作的・生産活動の機会を提供する	日中活動
短期入所 者児（ショートステイ）	居宅での介護者が病気などで介護できないときに、障害者支援施設などにて、食事や排泄、入浴などの介護を行う	居住支援（夜間）
施設入所支援 者	障害者支援施設などにおいて、食事や排泄、入浴などの介護を行う	居住支援（夜間）

介護給付や訓練給付については、ほぼ毎回出題されています。各サービスの名称と概要を押さえておきましょう。

▶ 訓練等給付

社会復帰や就労などに向けて施設などで様々な訓練などを行うサービスです。主な内容は次の表の通りです。

■ 訓練等給付の概要

サービス		主な内容	分類
自立訓練		自立した日常生活や社会生活を営むことができるよう、身体の機能や生活能力の向上のための訓練を行う	日中活動
自立生活援助		障害者支援施設やグループホーム等から一人暮らしへ移行を希望する知的・精神障害者などについて、本人の意思を尊重した地域生活を支援するため、一定期間にわたり定期的な巡回訪問や随時の対応を行う	居住支援
共同生活援助（グループホーム）		地域で共同生活を営むのに支障のない障害者に対して、他の障害者と共同で生活を行う住居で、日常生活上の援助や相談を行う《平成26年4月1日より、共同生活介護（ケアホームと一本化)》	居住支援（夜間)
就労移行支援		※「障害者就労支援制度の概要」を参照	日中活動
就労継続支援	A型	※「障害者就労支援制度の概要」を参照	日中活動
	B型	※「障害者就労支援制度の概要」を参照	日中活動
就労定着支援		※「障害者就労支援制度の概要」を参照	就労支援

▶ 自立支援医療

障害者等の心身の障害の状態から見て、自立した日常生活または社会生活を営むために必要とされる医療について政令で定めるものをいいます。

従来の育成医療、更生医療、精神障害者通院医療費公費負担制度が統合され、

自立支援医療（育成医療・更生医療・精神通院医療）となりました。

　支給認定を受けた障害者は、都道府県または指定都市が指定する「指定自立支援医療機関」において医療を受け、市町村より「自立支援医療費」の支給を受けることになります。

育成医療の支給認定の有効期間は原則3か月以内とされています。長期にわたる医療が必要な場合に延長されます。

ここは覚える！

第36回で、自立支援医療について出題されました。

▶ 補装具

　障害児または障害者の身体の欠損や損なわれた身体機能を補完したり、代替したりするために、長期間にわたって継続して使用されるものです。

　支給決定を受けた障害児または障害者は、事業者との契約を行いますが、その購入費や修理費として補装具費の支給を受けることになります。

　補装具の種目には、次のようなものがあります。

障害児・障害者対象	義肢、装具、座位保持装置、盲人安全つえ、義眼、眼鏡、補聴器、車いす、電動車いす、歩行器、歩行補助つえ、重度障害者用意思伝達装置
障害児のみ対象	座位保持いす、起立保持具、頭部保持具、排便補助具

補装具費の支給額は、利用者の家計の負担能力その他の事情を考慮して政令で定める額を控除した額となります。

▶ 地域生活支援事業

　障害者等が自立した日常生活や社会生活を営めるよう支援する事業で、市町村地域生活支援事業、都道府県地域生活支援事業などがあります。

■ 地域生活支援事業の概要

	市町村 地域生活支援事業
必須事業	● 理解促進研修・啓発事業 ● 自発的活動支援事業 ● 相談支援事業（基幹相談支援センター等機能強化事業・住宅入居等支援事業） ● 成年後見制度利用支援事業 ● 成年後見制度法人後見支援事業 ● 意思疎通（コミュニケーション）支援事業 ● 日常生活用具給付等事業 ● 手話奉仕員養成研修事業 ● 移動支援事業 ● 地域活動支援センター機能強化事業
任意事業	● 日常生活支援（福祉ホームの運営、訪問入浴サービス、生活訓練等、日中一時支援、地域移行のための安心生活支援、巡回支援専門員整備、相談支援事業所等における退院支援体制確保、協議会における地域資源の開発・利用促進等の支援） ● 社会参加支援（レクリエーション活動等支援、芸術文化活動振興、点字・声の広報等発行、奉仕員養成研修、複数市町村による意思疎通支援の共同実施促進、家庭・教育・福祉連携促進） ● 就業・就労支援（盲人ホームの運営、知的障害者職親委託）

	都道府県 地域生活支援事業
必須事業	● 専門性の高い相談支援（発達障害者支援センター運営、高次脳機能障害及びその関連障害に対する支援普及、障害者就業・生活支援センター） ● 専門性の高い意思疎通支援を行う者の養成研修（手話通訳者・要約筆記者養成研修、盲ろう者向け通訳・介助員養成研修） ● 専門性の高い意思疎通支援を行う者の派遣 ● 意思疎通支援を行う者の派遣に係る市町村相互間の連絡調整 ● 広域的な支援
任意事業	● サービス・相談支援者、指導者育成（障害支援区分認定調査員等研修、相談支援従事者等研修、サービス管理責任者研修、居宅介護従事者等養成研修、身体障害者・知的障害者相談員活動強化、音声機能障害者発声訓練指導者養成、精神障害関係従事者養成研修、精神障害者支援の障害特性と支援技法を学ぶ研修、その他サービス・相談支援者、指導者育成） ● 日常生活支援（福祉ホームの運営、オストメイト社会適応訓練、音声機能障害者発声訓練、児童発達支援センター等の機能強化等、矯正施設等を退所した障害者の地域生活への移行促進、医療型短期入所事業所開設支援、障害者の地域生活の推進に向けた体制強化支援） ● 社会参加支援（手話通訳者設置、字幕入り映像ライブラリーの提供、点字・声の広報等発行、点字による即時情報ネットワーク、都道府県障害者社会参加促進センター運営、奉仕員養成研修、レクリエーション活動等支援、芸術文化活動振興、サービス提供者情報提供等、障害者自立支援機器普及アンテナ事業、企業CSR連携促進） ● 就業・就労支援（盲人ホームの運営、重度障害者在宅就労促進、一般就労移行等促進、障害者就業・生活支援センター体制強化等） ● 重度障害者に係る市町村特別支援

意思疎通支援事業：聴覚や言語機能、音声機能の障害等により意思疎通を図ることに支障のある人に対して、手話通訳者や要約筆記者等の派遣を行うことで、意思疎通の円滑化を図ることを目的としている。

福祉ホーム：現に住居を求めている障害者について、低額な料金で、居室その他の設備を利用させるとともに、日常生活に必要な便宜を供与する施設をいう。

サービス管理責任者研修事業は、事業者や施設サービスの質の確保を行うために都道府県が行います。

▶ 日常生活用具給付等事業

　重度の身体障害児・者や知的障害児・者、精神障害者に対し、自立生活支援用具などの日常生活用具を給付または貸与する事業です。品目には次のようなものがあります。

- 介護・訓練支援用具：特殊寝台や特殊マットなど
- 自立生活支援用具：入浴補助用具や聴覚障害者用屋内信号装置など
- 在宅療養等支援用具：電気式痰吸引器や盲人用体温計など
- 情報・意思疎通支援用具：点字器や人工喉頭など
- 排泄管理支援用具：ストーマ装具など
- 居宅生活動作補助用具：居宅生活動作などを円滑にする用具の設置で、小規模な住宅改修を伴うもの

▶ 財源

	国	都道府県	市町村
障害福祉サービス費や自立支援医療費、補装具費など	50%	25%	25%
地域生活支援事業（市町村）の費用の補助	50%以内	25%以内	

▶ 費用負担

　利用者が介護給付や訓練等給付、自立支援医療、補装具といった障害福祉サービスを受給した際、介護給付費や訓練等給付費、自立支援医療費、補装具費などが市町村より支給されます（厚生労働大臣が定める基準により算定した費用額の9割相当）。その上で利用者は、費用の1割（定率負担・所得に応じて月額

の上限がある）を自己負担することになります。

　ただし、障害福祉サービスや介護保険の介護給付など対象サービスの自己負担額の世帯合計が一定負担額を超えて高額であるときには、高額障害福祉サービス等給付費が支給されます。

　また、特定相談支援事業者からサービス等利用計画の作成や調整などのサービス（いわゆるケアマネジメント）を受けた場合には、計画相談支援給付費が支給されます。

> 低所得（市町村民税非課税）の障害者は福祉サービス及び補装具に係る利用者負担は無料となっています。

組織・団体・専門職の役割　㉛ ㉜ ㉞ ㉟ ㊱

▶ 国の役割

　国は、市町村や都道府県が行う業務が適正かつ円滑に行われるように、必要な助言や情報の提供その他の援助を行います。また、厚生労働大臣は、障害福祉サービスや相談支援、地域生活支援事業の提供体制を整備し、円滑な実施の確保のための基本指針を定め、公表することとなっています。

▶ 都道府県の役割

　都道府県は、市町村が行う自立支援給付や地域生活支援事業が適正かつ円滑に行われるように、必要な助言や情報の提供その他の援助を行います。また、都道府県地域生活支援事業の実施や自立支援医療（精神通院医療）の支給認定、障害福祉サービス事業者の指定、サービス管理責任者研修事業等の実施、都道府県障害福祉計画の策定、障害者介護給付費等不服審査会の設置などを行います。

　また都道府県は、指定した事業者に対して指導・監査を実施し、事業の設備及び運営に関する基準に従って適切な運営をしていない場合、基準を遵守するよう勧告・命令したり、不正などを行った場合に指定の取消しや効力の一部停止を行ったりする役割も担っています。

📖 **障害者介護給付費等不服審査会**：市町村の介護給付費などの処分に不服がある障害者などは、都道府県知事に対して審査請求をすることができ、それを審査する機関。委員定数5人を標準として、都道府県が設置している。

ここは覚える！

第32・34回で、都道府県による障害福祉サービス事業者の指定や取消しについて出題されました。

▶ 市町村の役割

市町村は、障害福祉サービスの実施主体として、介護給付費・訓練等給付費・地域相談支援給付費・自立支援医療費・補装具費等の支給決定や障害支援区分の認定、市町村地域生活支援事業の実施、市町村障害福祉計画の策定、支給決定障害者等や指定事業者に対する調査など、具体的な業務を行います。

ここは覚える！

市町村について、第34回では障害支援区分の認定調査を指定相談支援事業者に委託できることが、第35回では自立支援給付と地域生活支援事業を行うことが出題されました。

▶ 指定障害福祉サービス事業者の役割

指定障害福祉サービス事業者や障害者支援施設は、利用者の意思や人格を尊重して、常に当該利用者の立場に立ったサービスの提供に努めることとされています。また、利用者の意向や特性などを踏まえた個別支援計画を作成し、これに基づいてサービスを提供しています。その個別支援計画の作成や実施状況などは、事業所のサービス管理責任者やサービス提供責任者が行うこととなっています。

▶ 国民健康保険団体連合会の役割

国民健康保険団体連合会は、都道府県知事の認可によって設置され、市町村などから受けた介護給付費・訓練等給付費、特定障害者特別給付費、地域相談支援給付費及び計画相談支援給付費などの審査及び事業者等への支払い業務のみが委託対象となっています。

▶ 相談支援事業所の役割

市町村から委託を受けた相談支援事業を運営し、障害者のニーズに応じた支援を効果的に実施するためのケアマネジメントを実践する機関です。指定特定

相談支援事業者は、事業所ごとに管理者を置かなければならないとされています。また事業所ごとに置かれる相談支援専門員は、業務に支障がなければ、他の事業所等でも従事できるとされています。

▶ 基幹相談支援センターの役割

地域における相談支援体制の強化を図るため相談支援の中核的な役割を担う機関であり、市町村に設置されています。業務として、総合的・専門的な相談支援の実施や地域の相談支援体制の強化、地域移行・地域定着への取り組み、権利擁護・虐待の防止などが規定されています。

ここは覚える！

第31・34回で、基幹相談支援センターについて問われました。地域における相談支援の中核的な役割を担います。

▶ 相談支援専門員の役割

相談支援専門員は、相談支援事業所に配置され、利用者に対する相談支援や連携などを行う専門職です。

障害者のニーズに合わせたサービス等利用計画の作成やサービス担当者会議の開催、モニタリング（少なくとも1～6か月に1回居宅を訪問する）などを行い、利用者を継続的に支援していきます。

相談支援専門員になるには、次の要件があります。

- 障害者に対する相談支援や介護業務、就労支援などの実務経験
- 都道府県知事が行う相談支援従事者初任者研修の受講
- 相談支援従事者の現任研修を5年に1回以上受講

ここは覚える！

第34回で、障害者の意思決定を尊重するために意思決定支援会議を開催する、相談支援専門員の役割について問われました。第36回では相談支援専門員が行う支援について事例問題が出題されました。

▶ サービス管理責任者の役割

　サービス管理責任者は、各種の障害福祉サービスの事業所に、人員に関する基準に基づいて、利用者数に応じて配置されています。

　サービス管理責任者になるには、実務経験（期間はサービスによって異なる）や相談支援従事者初任者研修、サービス管理責任者研修といった一定の研修を修了することが必要とされています。

▶ 居宅介護従業者の役割

　介護給付における居宅介護サービスとして、実際の身体介護や家事援助などを行います。居宅介護従業者になるには、都道府県知事の指定する居宅介護職員初任者研修を修了することが必要です。

▶ （自立支援）協議会の役割

　（自立支援）協議会とは、地域における相談支援の中立・公平性を担保し、障害福祉計画の達成に向け、障害児・者及び家族、福祉サービス事業者等の地域の関係者や関係機関が協働する場となっています。

> 障害者の就労を支援する機関や専門職については次節を参照してください。

4 障害者就労支援制度の概要

障害者総合支援法による就労支援　㉛ ㉝ ㉞ ㊱

　障害者自立支援法によって、身体障害者、知的障害者、精神障害者、障害児の福祉サービスが一元化され、就労支援は「訓練等給付費」の中に位置づけられるようになりました。

■ 障害者総合支援法による就労支援

就労移行支援	・一般就労を希望する65歳未満の障害者が対象 ・就労に必要な知識や能力の向上のために必要な訓練、事業所や企業での作業や実習、適性に合った職場探し、就職後の職場定着支援を行う ・期間は2年間（あん摩マッサージ指圧師、はり師、きゅう師の資格取得を目的とする場合は3年または5年）
就労継続支援A型	・通常の事業所に雇用されることが困難であって、雇用契約に基づく就労が可能な障害者を対象に就労の機会を提供 ・就労に必要な知識や能力の向上のために必要な訓練その他の必要な支援を行う ・雇用契約に基づく就労の場合、労働基準法、最低賃金法が適用
就労継続支援B型	・通常の事業所に雇用されることが困難であって、雇用契約に基づく就労が困難な障害者を対象に、就労や生産活動の機会提供、その他必要な支援を行う ・雇用関係を結ばずに生産活動その他の活動の機会を提供し、A型への移行を目指す

就労定着支援	・就労移行支援、就労継続支援等の利用を経て<u>一般就労へ移行</u>した障害者で、<u>就労に伴う環境変化により生活面・就業面の課題が生じている</u>者（一般就労後6か月を経過）が対象 ・相談を通じて日常生活面及び社会生活面の課題を把握するとともに、企業や関係機関等との連絡調整、必要となる支援を実施

ここは覚える！

就労移行支援について、第31回では直接の職業紹介は行わないことが、第34回では利用期間に関する定めがあることが、第36回では相談支援専門員に関する事例問題が出題されました。

ここは覚える！

就労継続支援A型について、第34回では雇用契約を締結した利用者に最低賃金法が適用されることや、一般就労に移行できることが出題されました。また、就労継続支援B型について、第33回では平均工賃の月額が、第34回では一般就労に移行するにあたって就労移行支援事業の利用を経る必要がないことが問われました。

就労継続支援B型では、平均工賃が月額3,000円を下回ってはならないとされています（障害者の日常生活及び社会生活を総合的に支援するための法律に基づく指定障害福祉サービスの事業等の人員、設備及び運営に関する基準201条2項）。

落とせない！重要問題

就労移行支援事業では、利用者が就職できるまで支援を提供するため、利用期間に関する定めはない。 第34回

×：標準利用期間は2年間と定められている。

障害者優先調達推進法

　この法律は2013（平成25）年に施行され、<u>国</u>や<u>地方公共団体</u>等が物品等を調達する際に、障害者就労施設等から優先的に購入することを推進するように

制定されました。正式名称は「国等による障害者就労施設等からの物品等の調達の推進等に関する法律」で、障害者就労施設等の受注の機会を確保するために必要な事項等を定めることにより、障害者就労施設等が供給する物品等に対する需要の増進を図ることを目的としています。

障害者雇用促進法 ㉛ ㉝ ㉞

　2022（令和4）年度の新規求職申込件数は23万3,434件（前年度比4.2％増）となりました。就職件数は10万2,537件（同6.6％増）、就職率は43.9％（前年比1.0ポイント増）でした（厚生労働省「令和4年度 障害者の職業紹介状況等」）。

　障害者雇用促進法（障害者の雇用の促進等に関する法律）では、事業主が障害者の有する能力を正当に評価し、適当な雇用の場を与えるとともに適正な雇用管理を行うことによりその雇用の安定を図るように努めなければならないとされています。そして、事業主はその雇用している労働者の総数に占める身体

■ 障害者の就労件数と新規求職申込件数

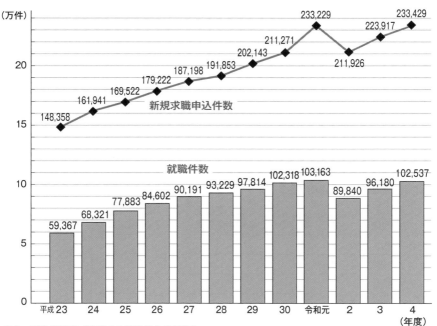

出典：厚生労働省「障害者の職業紹介状況等」

障害者または知的障害者の割合が一定の率（障害者雇用率）以上であるようにしなければならないこととされています。

同法は2013（平成25）年に改正され、障害者に対する差別禁止、合理的配慮の提供義務の規定が2016（平成28）年から施行されています。

ここは覚える！

第33回で、障害者雇用促進法が規定する内容について問われました。労働者（障害者）は能力の開発・向上や職業人としての自立に努めなければならない、募集と採用において障害の有無にかかわらず均等な機会を与えなければならないとする規定について押さえておきましょう。

障害者雇用率制度　㉜ ㉝ ㉞ ㉟ ㊱

障害者雇用率制度は、国・地方公共団体や民間企業、事業者などにおいて、障害者が一定の割合を占めるように義務づける制度です。

▶ 法定雇用率

障害者の雇用を促進するために、事業主等には知的障害者や身体障害者の雇用を一定の割合で義務づけられています（法定雇用率）。2018（平成30）年からは精神障害者も雇用率の対象になりました。

重度身体障害者または重度知的障害者は、1人で2人の雇用と算定されます。また、2024（令和6）年度からは重度身体障害者、重度知的障害者、精神障害者の特定短時間労働者（週10時間以上20時間未満）について、1人で0.5人の雇用として算定されることになりました。

■ 雇用率制度における算定方法

週所定労働時間		30時間以上	20時間以上30時間未満	10時間以上20時間未満
身体障害者		1	0.5	―
	重度	2	1	0.5
知的障害者		1	0.5	―
	重度	2	1	0.5
精神障害者		1	0.5	0.5

2023（令和5）年4月より、一般の民間企業の法定雇用率は2.7％に設定されましたが、雇い入れに係る計画的な対応ができるよう、2024（令和6）年4月から2.5％、2026（令和8）年4月から2.7％に段階的に引き上げられます。国及び地方公共団体については3.0％、教育委員会は2.9％に設定されましたが、民間企業と同様に段階的な引き上げが行われます。

障害者の雇用状況について常用労働者が40人以上（2026（令和8）年7月からは37.5人以上）の民間企業が厚生労働大臣への報告義務があります。

また、障害者の雇用状況が一定の水準を満たしていない企業には、厚生労働大臣（公共職業安定所長）から障害者雇入れ計画の作成が命じられることがあります。さらに勧告や指導によっても、改善が見られない場合には、厚生労働大臣は企業名を公表できるとされています。

ここは覚える！

第32回では、法定雇用率やその算定方法、短時間労働者が算定対象になるか、未達成の場合の企業名公表について問われました。第33回では法定雇用率を達成している企業の割合も問われました。

▶ 障害者雇用納付金

障害者を雇用していない企業から納付金を徴収し、雇用している企業へ助成を行って負担のバランスをとろうとする制度を障害者雇用納付金制度といいます。法定雇用率未達成の事業主（101人以上の規模の企業）が雇用している障害者数の不足人数に対して、1人につき月額5万円の障害者雇用納付金が徴収されます。

ここは覚える！

第32回では障害者雇用納付金制度の目的、対象となる企業規模について、第33回では納付金を納付しても障害者雇用義務は免除されないことが、第36回では100人以下の規模の事業主に関して、障害者雇用納付金が徴収されないことが出題されました。

▶ 障害者雇用調整金

一方、常用雇用労働者数が100人を超える事業主で法定雇用率を超えて障害者を雇用している場合には、その超えている障害者の人数に応じて1人当たり月額

2万9,000円の障害者雇用調整金が支給されます。

　常用雇用労働者数が100人以下の事業主の場合は、一定数を超えている障害者1人当たり月額2万1,000円の報奨金が支給されます。

　2020（令和2）年度からは、週10時間〜20時間の短時間労働の障害者を雇用する事業主に対して、特例給付金を支給する仕組みが創設されました。

　また、雇用率が著しく低い企業は障害者雇入れ計画書を作成し、職業安定所長に提出することとなっています。

▶ 特例子会社

　特例子会社とは、企業が障害者の雇用の促進及び安定を図るために設立する障害者の雇用に特別の配慮をし、一定の要件を満たした子会社です。

　障害者雇用のために様々な環境を整備するなどの一定の要件を満たし認可を受けた子会社は、障害者雇用に関しては、親会社の一事業所とみなされ、親会社の障害者雇用率に算定されます。

企業グループ算定特例
一定の要件を満たす企業グループとして厚生労働大臣の認定を受けたものについては、特例子会社がない場合であっても、企業グループ全体で実雇用率を通算できる

事業協同組合等算定特例
中小企業が事業協同組合等を活用して共同事業を行い、一定の要件を満たすものとして厚生労働大臣の認定を受けたものについて、その事業協同組合等とその組合員である中小企業（特定事業主）における実雇用率を通算することができる

■ 企業グループの算定特例のイメージ

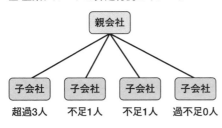

■ 事業協同組合の算定特例のイメージ

ここは覚える！

第33回で、特例子会社の認定を受けている企業数が問われました。

障害者優先調達推進法　㉞

　2013（平成25）年4月に「国等による障害者就労施設等からの物品等の調達の推進等に関する法律（障害者優先調達推進法）」が施行。障害者就労施設で就労する障害者や、在宅で就業する障害者の経済面の自立を進めるために、公機関（国、地方公共団体等）が物品やサービスの調達の際に、障害者就労施設等から優先的・積極的に購入することを推進しています。

ここは覚える！

第34回で、国が優先的に物品等を調達する努力義務があることが出題されました。

障害者雇用の現状　㉛ ㉝

▶ 働いている障害者

　2022（令和4）年の民間企業に雇用されている障害者の数は 61万3,958.0人で、前年より2.7％増加し、19年連続で過去最高となりました。このうち、身体障害者は35万7,767.5人（対前年比0.4％減）、知的障害者は14万6,426.0人（同4.1％増）、精神障害者は10万9,764.5人（同11.9％増）と、いずれも前年より増加し、特に精神障害者の伸び率が大きくなっています。

▶ 雇用率の現状

　民間企業の法定雇用率達成企業の場合は、2022（令和4）年は48.3％で前年より1.3％増加しました。企業規模別では、「1,000人以上」の企業（62.1％）が最も高くなっています。

　5人以上の障害者を雇用する事業所は、その障害者の職業生活上の相談及び指導を行う障害者職業生活相談員を置かなければなりません。

■ 障害者の雇用率

企業・機関	法定雇用率	実雇用率	法定雇用率達成企業・機関
民間企業	2.3%	2.23%	50.1%
国の機関	2.6%	2.92%	100.0%
都道府県	2.6%	2.96%	93.3%
市町村	2.6%	2.63%	77.6%
教育委員会	2.5%	2.34%	67.4%
独立行政法人等	2.6%	2.76%	83.5%

出典：厚生労働省「令和5年 障害者雇用状況の集計結果」をもとに作成

ここは覚える！

第31回で、障害者職業生活相談員について出題されました。

▶ 福祉施設から一般就労へ

　厚生労働省「障害福祉サービスからの就職者について」によると、2019（令和元）年の福祉施設から一般就労への移行は2万1,919人でした。就労移行支援の利用者は約3.4万人、就労継続支援の利用者は34.1万人でした。サービス利用終了者に占める一般就労への移行者割合は、就労移行支援で54.7％、就労継続支援A型で25.1％となっています。

　「第6期（令和3～令和5年度）障害福祉計画及び障害児福祉計画に係る基本指針の見直しについて」では、一般就労への移行を進めるために2023（令和5）年の就労移行支援事業等の一般就労への移行者数の目標を2019（令和元）年度の1.27倍以上としています。

ここは覚える！

第33回で、就労移行支援から一般就労への移行率が問われました。

職業リハビリテーション　㉛ ㉜ ㉝ ㉞

　職業リハビリテーションとは、障害者が仕事に就き、そして継続して職業生活における自立を図れるように職業指導、職業訓練、職業紹介などを行うことです。

▶ 障害者職業センター（独立行政法人高齢・障害・求職者雇用支援機構）

　障害者職業センターは、障害者雇用促進法において、専門的な職業リハビリテーションを実施する機関として位置づけられています。また職業リハビリテーションの専門家として障害者職業カウンセラーが配置されています。

　障害者職業センターには、次の3つの種類があります。

障害者職業総合センター	職業リハビリテーションに関する研究、技法の開発、専門職員の養成などを実施
広域障害者職業センター	障害者職業能力開発校や医療施設などと密接に連携した系統的な職業リハビリテーションを実施
地域障害者職業センター	障害者職業カウンセラー（職業評価やカウンセリングを行いながら職業リハビリテーションを実施）などが配置され、ハローワークなどと連携し、障害者に対して職業評価や職業指導、職業準備訓練、職場適応援助などの職業準備支援、専門的な職業リハビリテーションなどを行う中心的な機関。各事業所に対して、事業主への相談援助や職場適応援助者（ジョブコーチ）の養成や派遣なども実施

広域障害者職業センターには、国立職業リハビリテーションセンター、国立吉備高原職業リハビリテーションセンターの2か所があります。

ここは覚える！

第31回では、地域障害者職業センターで職業リハビリテーションに関する技術的事項について助言を行っているかが問われました。

職業評価	就職の希望などを把握した上で、職業能力等を評価し、それらを基に就職して職場に適応するために必要な支援内容・方法等を含む、個人の状況に応じた職業リハビリテーション計画を策定
職場適応援助者（ジョブコーチ）支援事業	障害者の円滑な就職及び職場への適応を図るために事業所に派遣され、事業主や同僚への助言、障害者の業務遂行能力の向上支援、健康管理などを行う。地域障害者職業センターや福祉施設など（第1号）、一般企業事業所（第2号）などに配置

▶ 障害者就業・生活支援センター

　障害者の身近な地域において、雇用・保健福祉・教育など関係機関が連携す

る拠点となる機関です。就職に向けた準備訓練や職場実習のあっせん、職場定着に向けての支援といった就業面での支援に加え、健康管理や生活習慣、金銭管理への助言といった生活面での支援も行います。

　都道府県知事が指定した社会福祉法人、NPO法人などが運営しており、職業支援ワーカー（就業に関しての相談や支援を行う）や生活支援ワーカー（地域における生活に関する助言を行う）などが配置されています。

■ 障害者就業・生活支援センター

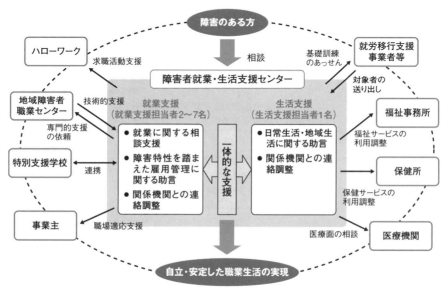

出典：厚生労働省「障害者就業・生活支援センターの概要」

ここは覚える！

障害者就業・生活支援センターについて、第31回では根拠法（障害者雇用促進法）が、第31・32回では就労している障害者からの相談について問われました。

▶ 障害者職業能力開発校

　障害者職業能力開発校とは、障害者が職業的に自立し、生活の安定と地位向上を図れるように、就職に必要な知識、技能・技術を学べる場で、職業能力開発促進法に基づいています。

公立の能力 開発施設	訓練科目や訓練方法などに特別の配慮を加えつつ、障害の特性に応じた職業訓練を行う。また、技術革新の進展に対応した在職者訓練を実施する。国立校、府県立校がある
民間の能力 開発施設	障害者の職業に必要な能力を開発し、向上させるための教育訓練事業（厚生労働大臣の定める基準に適合するもの）を実施

 ここは覚える！

第31回で、障害者職業能力開発校の根拠法（職業能力開発促進法）が問われました。学校教育法ではありません。

組織、団体の役割 ㉛ ㊱

▶ 国及び地方公共団体の役割

国及び地方公共団体の役割は、障害者雇用促進法6条に定められており、障害者の雇用促進のために必要な施策を行います。

▶ 公共職業安定所（ハローワーク）の役割

公共職業安定所（ハローワーク）では、就労を希望する障害者を求職登録の上、障害を把握し職業相談や職業紹介、障害者向けの求人開拓を行います。そして、障害者雇用率が未達成の企業へ、障害者雇入れ計画の作成命令、同計画の適正実施勧告などを出し、指導を行います。

また、障害者の就労のために、福祉施設や特別支援学校、関係機関の関係者からなる「障害者就労支援チーム」の中心的役割を担い、就職の準備段階から職場定着までの一貫した支援を実施します。

 ここは覚える！

第31回では、職業安定法に基づき最低賃金の減額適用の許可に関する事務をハローワークが行っているかが問われました（許可は都道府県労働局長が行い、申請書は労働基準監督署に提出する）。また第36回では、ハローワークが実施する業務として障害者雇用に関する技術的助言・指導が含まれることが問われました。

▶ 障害者総合支援法の事業所の専門職

障害者総合支援法の事業所に所属する専門職には、次のものがあります。

サービス管理責任者

・利用者のアセスメントをし、個別支援計画の作成を行って、事業所が提供するサービスに関する管理を行う
・サービスの質を確保するために、各事業所への配置が義務付けられている
・次の要件があり、5年ごとに更新研修の受講義務がある
　①サービス管理責任者実務要件（経験の内容によって3〜8年）
　②相談支援従事者初任者研修（講義部分）の受講
　③サービス管理責任者等基礎研修の修了
　④サービス管理責任者等実践研修の修了（受講には、一定の実務経験が必要）

就労支援員

・障害者の適性にあった職場を探し、企業内授産・職場実習の指導や、就職後の職場定着の支援を行う
・就労移行支援事業を行う事業所に配置
・資格要件は特になし

職業指導員

・サービス管理責任者の補助として事業所での作業や、授産の指導などを行う
・就労移行支援事業及び就労継続支援事業を行う事業所に配置
・資格要件は特になし

就労定着支援員

・障害者との相談を通じて日常生活面及び社会生活面の課題を把握するとともに、企業や関係機関等との連絡調整や、それに伴う課題解決に向けて必要となる支援を行う
・就労定着支援を行う事業所に配置

▶ 職業リハビリテーションにかかわる専門職

職業リハビリテーションにかかわる専門職には、次のものがあります。

ジョブコーチ（職場適応援助者）

・障害者が職場に適応できるよう、障害者職業カウンセラーが策定した支援計画に基づき、職場に出向いて直接支援を行う
・事業主や職場の従業員に対しても助言を行い、必要に応じて職務の再設計や職場環境の改善を提案
・職場に適切な支援方法を伝えて、事業所自体による支援体制の整備を促進し、障害者の職場定着を図るため、支援は個別に1〜8か月の範囲で支援に必要な期間（標準的には2〜4か月）を設定（永続的に実施するものではない）
・資格要件は、障害者の支援に1年間の経験があり、高齢・障害・求職者雇用支援機構等が実施する職場適応援助者養成研修を修了していること

障害者職業カウンセラー

・地域障害者職業センターに所属し、障害者に対して職業リハビリテーション計画を策定し、職業指導を行う
・障害者に対する職業準備支援、職業準備訓練、職業講習や、障害者及び事業主に対する職場適応援助者を通して支援、さらにジョブコーチの養成や研修も行う
・資格要件は、厚生労働大臣が指定する試験に合格し、かつ厚生労働大臣が指定する講習を修了していること。または、その他の厚生労働省令で定める資格を有していること

リワークアシスタント

・地域障害者職業センターに所属し、精神障害者を主に担当する障害者職業カウンセラーの指示に基づいて業務を行う
・資格要件は、1年以上の業務経験と研修の受講
・仕事内容は、①職場復帰しようとする障害者・事業主の支援、②対人技能の習得支援（職業準備支援における自立支援カリキュラムの実施）、③障害者の職場適応指導、④支援終了後のフォローアップ、⑤支援の実施にかかわる事業主、医師、関係機関などとの連絡及び調整の補助

ジョブコーチは配置場所により、配置型ジョブコーチ（地域障害者職業センターに配置）、訪問型ジョブコーチ（障害者の就労支援を行う社会福祉法人等に雇用）、企業在籍型ジョブコーチ（民間企業に雇用）といった種類があります。

ここは覚える！

第31・33回で、ジョブコーチについて出題されました。

5 雇用・福祉・教育の連携と実際

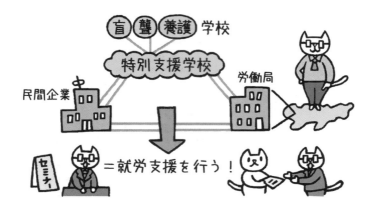

教育と福祉の連携（特別支援学校）

　学校教育法の改正（2006（平成18）年成立）により、子どもの障害の種類による「盲学校・聾学校・養護学校」という区分が取り除かれ、2007（平成19）年から特別支援学校に一本化されました。対象となる子どもの増加や障害の重度・重複化に対応するための制度転換であり、特別支援学校は複数の障害種別を受け入れることができます。

　特別支援学校はその専門性を地域に還元（センター的機能）する取り組みを促進するため、幼稚園、小学校、中学校、高等学校から要請があった場合に、これらの学校に在籍する障害のある児童生徒等の教育に関して助言・援助を行います。また、小・中学校などにおいても、発達障害を含む障害のある児童生徒に対する特別支援教育を推進することが法律上明確に規定されました。

福祉、教育、医療から雇用への移行推進事業

　障害者やその保護者、就労支援機関・特別支援学校の教職員の、企業での就労に対する不安感等を払拭させるとともに、企業での就労への理解促進を図るため、都道府県労働局が事業計画に基づき、企業就労理解促進事業等を行います。

■ 福祉、教育、医療から雇用への移行推進事業

┌─────────────────────────────────────┐
│ **都道府県労働局による事業計画の策定** │
└─────────────────────────────────────┘

- 地域の関係機関による雇用移行推進連絡会議を設置し、意見を聴取
- 地域の状況・ニーズを踏まえた、事業の効率的、効果的な実施に係る企画立案

┌─────────────────────────────────────┐
│ **都道府県労働局による事業の実施** │
└─────────────────────────────────────┘

企業就労理解促進事業

- 就労支援機関、特別支援学校、医療機関等を対象とした就労支援セミナー
- 障害者とその保護者等を対象とした事業所見学会
- 就労支援機関等の職員、企業の人事担当者等を対象とした事業所見学会
- 障害者就労アドバイザーによる就労支援機関、特別支援学校、医療機関等への助言

一般雇用の理解促進

障害者に対する職場実習推進

- 職場実習に協力する意思のある事業所の情報収集
- 関係機関への職場実習協力事業所の情報提供
- 実習実施に係る職場実習協力事業所への受入依頼
- 一定の場合に、実習者の損害保険手続き、協力事業所への謝金支払、実習を補助する実習指導員の派遣
- 職場実習のための合同面接会の実施

職場実習の推進

出典：厚生労働省「福祉、教育、医療から雇用への移行推進事業」

就労支援セミナーの実施
就労支援機関等の職員や利用者、特別支援学校の教職員や生徒、保護者などを対象に、一般就労に関する理解や就労支援の方法に関する基礎的な知識を高め、就労支援を効果的に行う
事業所見学会の実施
就労支援機関等の職員や利用者、特別支援学校の教職員や生徒、保護者などを対象に、一般就労についての具体的な理解を深めてもらうとともに、就職への動機づけを行うために、障害者が就労している企業を見学する機会を提供
障害者就労アドバイザーによる助言
企業における障害者の雇用管理や一般就労に向けての支援について、豊富な知識や経験を有する人を障害者就労アドバイザーとして登録。就労支援機関や特別支援学校等に対して、その利用者や生徒の就労意欲及び能力を高めるための指導方法などに関する助言を行い、就労支援の取り組みの強化を図る
障害者に対する職場実習の推進
障害者やその保護者、就労支援機関、特別支援学校等と企業の不安を解消し、相互理解を促進するため、情報提供や合同面接会などを行い、障害者が企業において就労体験を行う職場実習を推進

特別支援学校等との連携 ㉜ ㉝

　ハローワークは、特別支援学校や就労支援コーディネーターなどと、障害者雇用に積極的に取り組む企業に関する情報や実習の受け入れが可能な企業に関する情報の共有などを図る必要があります。また、障害のある者は高等学校及び大学等にも在籍し、高等学校及び大学等とも連携する必要があります。

　特別支援学校では、生徒一人ひとりについて、家庭及び地域や医療、福祉、保健、労働等の関係機関との連携を図り、入学前から卒業後までを見通した長期的な視点で教育的支援を行うために、個別の教育支援計画を作成することが義務付けられています。就職を希望する生徒の就職支援については、この作成段階からハローワークをはじめとした関係機関と協力を行うとともに、取り組みや支援等を計画的に進めていくことが効果的とされています。

ここは覚える！

第32回では個別の教育支援計画の対象者について、第33回では特別支援学校高等部（本科）卒業生における就職者数の割合が問われました。

Q ──────────────────────────────── **A**

☐ **1** 障害者権利条約では、「完全参加と平等」という考え方が重要視された。
第31回 ── ×

☐ **2** 障害者基本法の改正（2004（平成16）年）で、同法による障害者の範囲に難病等の者も含まれるようになった。 第28回 ── ×

☐ **3** 「障害者基本法」の規定では、障害者政策委員会の委員に任命される者として、障害者は除外されている。 第32回 ── ×

☐ **4** 「全国在宅障害児・者実態調査」（平成28年）によると、身体障害者手帳所持者のうち、65歳以上の者は3分の2を超えている。 第31回 ── ○

☐ **5** 知的障害者更生相談所は、緊急時に知的障害者の一時保護を行う。
第30回 ── ×

☐ **6** 市町村は、精神通院医療について支給決定を行う。 第29回 ── ×

☐ **7** 障害者虐待とは、養護者による障害者虐待と障害者福祉施設従事者等による障害者虐待の2類型をいうと定義されている。 第33回 ── ×

☐ **8** 基幹相談支援センターは、地域における相談支援の中核的な役割を担う機関である。 第34回 ── ○

☐ **9** 「障害者総合支援法」に規定されている特定相談支援事業として行うこととされているものは、地域移行支援である。 第29回 ── ×

☐ **10** 自立生活援助とは、重度障害者の居宅において、入浴、排泄、食事等の介護等を行うサービスである。 第31回 ── ×

☐ **11** 「障害者総合支援法」に基づく就労継続支援A型のサービスでは、暫定支給決定の仕組みがある。 第30回 ── ○

☐ **12** 就労継続支援A型事業では、利用者と雇用契約を締結する場合、最低賃金法が適用される。 第34回 ── ○

解説

1 「合理的配慮」という考え方が重視された。

2 2012（平成24）年に制定された障害者総合支援法である。

3 障害者は明記されている。

5 知的障害者の医学的、心理学的及び職能的判定を行う。

6 市町村ではなく、都道府県の役割である。

7 養護者、障害者福祉施設従事者等、使用者の3類型である。

9 特定相談支援事業では計画相談支援と基本相談支援を行うこととされている。

10 一人暮らし等の障害者に対して、巡回訪問等による相談に応じ、助言等を行う。

第 **9** 章

刑事司法と福祉

❶ 更生保護制度の概要

「国家試験出題基準」の中で最も多く出題されています。刑事司法・少年司法の流れについては、犯罪白書を中心に把握しておきましょう。保護観察・仮釈放等・更生緊急保護の対象者やそれらに対する手続き・処遇内容に関する知識といった制度の概要の理解は、必須となります。

❷ 更生保護制度の担い手

保護観察官・保護司の配置や職務内容、役割については、保護観察の処遇内容とともに並行して理解しましょう。また、更生保護施設の役割については、更生緊急保護とあわせて、対象者と処遇内容も理解しておきましょう。

❸ 更生保護制度における関係機関・団体との連携

更生保護ボランティアとしての更生保護法人、更生保護女性会、BBS会についてや、支援機関としての地域生活定着支援センターについて理解しておきましょう。就労支援施策の一翼を担っている協力雇用主についても押さえておきましょう。

❹ 医療観察制度の概要

医療観察制度は更生保護制度における大きな柱の一つであるため、例年一題は出題されると考えてよいでしょう。制度の対象を把握することは前提として、手続きの流れと処遇内容を、保護観察の役割や社会復帰調整官の役割とともに押さえてください。

❺ 更生保護における近年の動向と課題

近年は、少年法が改正されるなど、更生保護を取り巻く環境も大きく変化しています。日頃から新聞を読んだりニュースを見るなどして動向を把握するとともに、それぞれの制度や法律等の概要を整理しておきましょう。

攻略のポイント

更生保護制度（社会内処遇）を理解した上で、保護観察や医療観察制度について、法務省のホームページや最新の犯罪白書でポイントを押さえ、過去問題を参考にして整理、学習しましょう。

■ 刑事司法手続（成人）の流れ

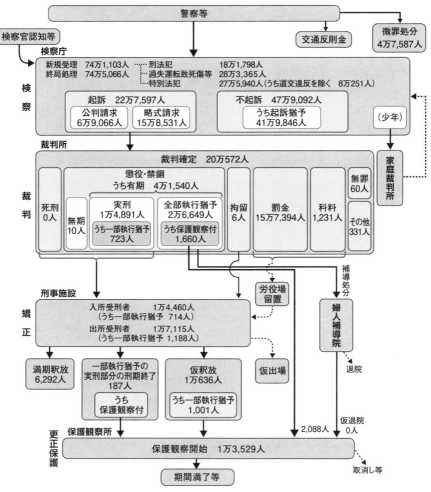

注 1 警察庁の統計、検察統計年報、矯正統計年報及び保護統計年報による。
　 2 各人員は令和4年の人員であり、少年を含む。
　 3 「微罪処分」は、刑事訴訟法246条ただし書に基づき、検察官があらかじめ指定した犯情の特に軽微な窃盗、暴行、
　　　横領（遺失物等横領を含む。）等の20歳以上の者による事件について、司法警察員が、検察官に送致しない手続
　　　を執ることをいう。
　 4 「検察庁」の人員は、事件単位の延べ人員である。例えば、1人が2回送致された場合には、2人として計上している。
　 5 「出所受刑者」の人員は、出所事由が仮釈放、一部執行猶予の実刑部分の刑期終了又は満期釈放の者に限る。
　 6 「保護観察開始」の人員は、仮釈放者、保護観察付全部執行猶予者、保護観察付一部執行猶予者及び婦人補
　　　導院仮退院者に限り、事件単位の延べ人員である。
　 7 「裁判確定」の「その他」は、免訴、公訴棄却、管轄違い及び刑の免除である。

出典：法務省法務総合研究所「犯罪白書 令和5年版」

■ 非行少年に対する手続の流れ

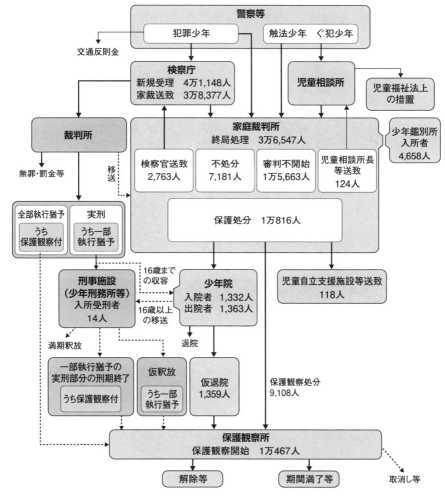

注 1 検察統計年報、司法統計年報、矯正統計年報、少年矯正統計年報及び保護統計年報による
　　2 「検察庁」の人員は、事件単位の延べ人員である。例えば、1人が2回送致された場合には、2人として計上している。
　　3 「児童相談所長等送致」は、知事・児童相談所長送致である。
　　4 「児童自立支援施設等送致」は、児童自立支援施設・児童養護施設送致である。
　　5 「出院者」の人員は、出院事由が退院又は仮退院の者に限る。
　　6 「保護観察開始」の人員は、保護観察処分少年及び少年院仮退院者に限る。
　　7 本図及び数値は、令和4年3月までは少年法の一部を改正する法律(令和3年法律第47号)施行前の手続により、同年4月以降は同法施行後の手続による。

出典：法務省法務総合研究所「犯罪白書 令和5年版」

1 更生保護制度

犯罪を犯した人　　健全な社会の一員

社会復帰

社会全体の　幸せ

制度の概要　㉝ ㉞

▶ 更生保護の目的

犯罪をした者及び非行のある少年に対し、社会内において適切な処遇を行うことにより、再び犯罪をすることを防ぎ、又はその非行をなくし、これらの者が善良な社会の一員として自立し、改善更生することを助けるとともに、恩赦の適正な運用を図るほか、犯罪予防の活動の促進等を行い、もって、社会を保護し、個人及び公共の福祉を増進することを目的とする。（更生保護法1条）

📖 **改善更生**：自分の犯罪行為などを改めて、社会に復帰すること。

 ここは覚える！

第34回で、更生保護制度の概要について出題されました。

矯正施設（刑務所や少年院）における処遇は「施設内処遇」といい、更生保護には含まれません。

■ 更生保護制度の歴史的展開

1888 （明治21）年	金原明善、川村矯一郎らが、静岡県に私財を投じて「静岡県出獄人保護会社」を設立し、出獄者を保護収容して身元を保証し職業斡旋などを行う
1905 （明治38）年	執行猶予制度の導入
1922 （大正11）年	起訴猶予制度の導入
	18歳未満を対象とした旧少年法制定。少年審判所の保護処分の一つとして少年保護司の観察が設けられる
1936 （昭和11）年	思想犯保護観察法制定。法律上初めて「保護観察」の用語が使われる
1939 （昭和14）年	司法保護事業法制定。民間の司法保護団体を法制化するとともに司法保護委員を置く
1949 （昭和24）年	犯罪者予防更生法制定
1950 （昭和25）年	更生緊急保護法制定
	保護司法制定
1954 （昭和29）年	執行猶予者保護観察法制定
1995 （平成7）年	更生緊急保護法を廃止し、更生保護事業法を制定。更生保護会が更生保護施設に名称変更
1998 （平成10）年	保護司法改正。保護司の職務を明確化
2003 （平成15）年	心神喪失等の状態で重大な他害行為を行った者の医療及び観察等に関する法律（医療観察法）成立（2005（平成17）年施行）
2007 （平成19）年	犯罪者予防更生法と執行猶予者保護観察法を整理・統合した更生保護法が成立（2008（平成20）年施行）

以降、慈善事業の免囚保護事業として発展

執行猶予の言い渡しを受けたとき、仮出獄・矯正院仮退院中も観察に付される。現行の少年に対する保護観察制度に近い

関係法規が整備され、保護観察所などの更生保護行政の関係機関が設置される

更生保護法人を創設して社会福祉法人並みの法的地位を目指すなど、更生保護事業の充実化が図られた

施行の前年に社会復帰調整官を新設

江戸時代、犯罪者や無宿者を収容して職業訓練を施す「人足寄場」が江戸石川島に設置されました。無宿者や罪を犯した者に居住支援を行うとともに、職業訓練などを施して社会復帰を支援するという、更生保護の先駆的なものでした。

▶ 少年の定義

少年とは20歳に満たない者を意味し、少年法は以下のように定義します。

① 犯罪少年	14歳以上20歳未満で罪を犯した少年
② 触法少年	14歳未満で①に該当する行為を行った少年。14歳未満の少年については刑事責任を問わない
③ ぐ犯少年	保護者の正当な監督に服しない性癖があるなど、その性格または環境に照らして、将来、罪を犯し、または刑罰法令に触れる行為をするおそれがあると認められる少年
④ 特定少年	18歳、19歳で罪を犯した少年

なお、触法少年及び14歳未満のぐ犯少年については、児童福祉法上の措置が優先されます。また、これらの少年のうち、保護者のない児童または保護者に監護させることが不適当であると認められる児童（要保護児童）を発見した者は、これを都道府県等の福祉事務所または児童相談所に通告しなければなりません。

そして、これらの非行少年の健全な育成を目指して、警察、検察庁、家庭裁判所、少年鑑別所、少年院、少年刑務所、地方更生保護委員会、保護観察所等の多くの機関がそれぞれの段階や状況に応じた処理や処遇を行っています。

ここは覚える！

第33回で、非行少年に対する手続きの流れや、少年法における少年の定義について出題されました。

▶ 成年年齢の引き下げに伴う少年法の改正

成年年齢が18歳に引き下げられることにあわせて、2021（令和3）年に少年法等の一部を改正する法律が成立（2022（令和4）年4月施行）。改正により、18歳、19歳の者が罪を犯した場合には、その立場に応じた取扱いとするため「特定少年」として、17歳以下の少年とは異なる特例が定められました。

事件を起こした場合は、すべて家庭裁判所に送致する仕組みを維持した上で、家庭裁判所から検察官に逆送致する事件の対象を拡大することや、起訴された場合には実名報道を可能とすることが盛り込まれています。

■ 18歳、19歳の特定少年と17歳以下の少年との主な違い

① 保護処分決定の方法
② 原則逆送対象事件の拡大
③ 推知報道の禁止を公判請求後に解除
④ ぐ犯の適用除外
⑤ 刑事事件の特例の一部不適用

仮釈放

▶ 仮釈放の機能と目的

　刑罰の目的は、犯罪の予防と犯罪者の更生であり、仮釈放とは、刑期満了前に収容されていた人に社会生活の機会を与え、更生や円滑な社会復帰をより促進するための制度です。機能的には社会内処遇の枠を広げるような側面があると言え、刑事施設等からの仮釈放、少年院からの仮退院等があります。なお、仮釈放などの期間中は保護観察に付されます。

ここは覚える！

第34・36回で、仮釈放の要件や手続きについて出題されました。

▶ 仮釈放の許可基準と手続き

　仮釈放の許可基準要件として、刑法には「改悛（かいしゅん）の状があるとき（28条）」、有期刑については刑期の3分の1、無期刑については刑に服して10年が経過したこと（少年法には特則がある）と規定されています。仮釈放を許可する基準は以下の通りですが、これらを満たしても「社会の感情がこれを是認すると認められないとき」は、仮釈放は認められない場合があります。

- 悔悟の情及び改善更生の意欲がある
- 再び犯罪をするおそれがない
- 保護観察に付することが改善更生のために相当である
- 社会の感情が仮釈放を是認する

仮釈放の許否を決定する機関は法務省の機関である地方更生保護委員会で、次の図の流れで手続きがなされます。

■ 地方更生保護委員会における仮釈放の手続き（典型的な例）

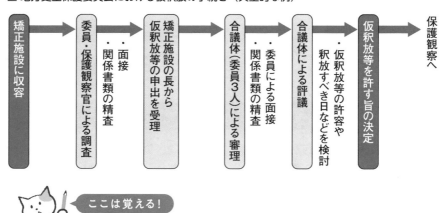

ここは覚える！

第34回で、仮釈放等の許否を決定する機関が地方更生保護委員会であることが出題されました。

保護観察 ㉛ ㉜

▶ 保護観察の機能と目的

　矯正施設での処遇が施設内処遇と呼ばれるのに対して、保護観察を中心とする更生保護は社会内処遇と呼ばれています。

> 犯罪をした者及び非行のある少年に対し、社会内において適切な処遇を行うことにより、再び犯罪をすることを防ぎ、又はその非行をなくし、これらの者が善良な社会の一員として自立し、改善更生するのを助ける（更生保護法1条）

　実施機関は、保護観察対象者の居住地（住居がない・明らかでないときは、現在地または明らかである最後の居住地もしくは所在地）を管轄する保護観察所であり、保護観察官が配置されています。

　保護観察対象者に対する措置として、良好措置と不良措置があります。

458

第31・32回で、保護観察の目的や方法について出題されました。また、第32回では保護観察における良好措置と不良措置の理解も問われました。

▶ 保護観察の方法

保護観察は、権力的・監督的な性格を有する指導監督と、援助的・福祉的な性格を有する補導援護の2つの側面で成り立っています。

指導監督 （更生保護法57条1項）	・面接等により保護観察対象者と接触を保ち、その行状を把握する ・保護観察対象者が一般遵守事項及び特別遵守事項を遵守し、生活行動指針に即して生活・行動するよう、必要な措置をとる ・特定の犯罪的傾向を改善するための専門的処遇を実施する ・保護観察対象者が、更生保護事業者等が行う特定の犯罪的傾向を改善するための専門的な援助を受けるよう、必要な措置をとる ・保護観察対象者が、刑や保護処分の理由となった犯罪や刑罰法令に触れる行為に係る被害者等の被害の回復・軽減に誠実に努めるよう、必要な措置をとる
補導援護 （同法58条1〜6号）	・適切な住居・宿泊場所を得たり、そこへ帰住することを助ける ・医療・療養を受けることを助ける ・職業を補導し、就職を助ける ・教養訓練の手段を得ることを助ける ・生活環境を改善・調整し、社会生活への適応に必要な生活指導を行う

	保護観察対象者全員が守るべきもの
一般遵守事項	① 再び犯罪をすることがないよう、非行をなくすよう健全な生活態度を保持する ② 次の事項を守り、保護観察官及び保護司による指導監督を誠実に受ける 　・保護観察官または保護司の呼出しまたは訪問を受けたときは、これに応じ、面接を受ける 　・保護観察官または保護司から、労働または通学の状況、収入または支出の状況、家庭環境、交友関係その他の生活実態を示す事実で指導監督を行うため把握すべきものを明らかにするよう求められたときは、事実を申告し、資料を提示する 　・保護観察官または保護司から、健全な生活態度を保持するために実行・継続している行動、特定の犯罪的傾向を改善するための専門的な援助を受けることに関する行動、被害者等の被害を回復・軽減するためにとった行動などの状況を示す事実で、指導監督を行うため把握すべきものを明らかにするよう求められたときは、事実を申告し、資料を提示する ③ 保護観察に付されたときは、速やかに住居を定め、その地を管轄する保護観察所長に届出をする ④ ③の届出に係る住居に居住する ⑤ 転居または7日以上の旅行をするときは、あらかじめ、保護観察所長の許可を受ける

特別遵守事項	・個々の保護観察対象者に定められるもの ・保護観察所長または地方更生保護委員会が定める ・変更・取消が可能
	① 犯罪性のある者との交際、いかがわしい場所への出入り、遊興による浪費、過度の飲酒その他の犯罪または非行に結びつく恐れのある特定の行動をしてはならない ② 労働に従事すること、通学することその他の再び犯罪をすることがなくまたは非行のない健全な生活態度を保持するために必要と認められる特定の行動を実行し、または継続する ③ 7日未満の旅行、離職、身分関係の異動その他の指導監督を行うため事前に把握しておくことが特に重要と認められる生活上または身分上の特定の事項について、緊急の場合を除き、あらかじめ、保護観察官または保護司に申告する ④ 医学、心理学、教育学、社会学その他の専門的知識に基づく特定の犯罪的傾向を改善するための体系化された手順による処遇（法務大臣が定めるもの）を受ける ⑤ 法務大臣が指定する施設、保護観察対象者を監護すべき者の居宅その他の改善更生のために適当と認められる特定の場所で、宿泊の用に供されるものに一定期間宿泊して指導監督を受ける ⑥ 善良な社会の一員としての意識の涵養及び規範意識の向上に資する地域社会の利益増進に寄与する社会的活動を一定時間行う ⑦ 更生保護事業者等が行う特定の犯罪的傾向を改善するための専門的な援助を受けること ⑧ その他指導監督を行うため特に必要な事項

ここは覚える！

第32回で、特別遵守事項が地方更生保護委員会あるいは保護観察所の長が定めることが出題されました。

■ 保護観察の種類

1号観察	家庭裁判所において決定される、保護処分としての保護観察	
	対象者	保護観察処分少年（家庭裁判所で保護観察に付された少年）
	期間	保護観察決定の日から20歳に達するまで（20歳になるまで2年に満たない場合は2年間）
2号観察	少年院を仮退院後、収容期間の満了日または本退院までの期間受ける保護観察	
	対象者	少年院仮退院者（少年院からの仮退院を許された少年）
	期間	仮退院の日から仮退院期間が満了するまで（原則20歳までだが、26歳までの例外もあり）
3号観察	刑務所などの刑事施設を仮釈放中に受ける保護観察	
	対象者	仮釈放者（刑事施設からの仮釈放を許された人）
	期間	残刑期間（仮釈放の日から刑期満了まで。無期の者は、原則、終身保護観察を受ける。少年のときに無期懲役の言い渡しを受けた者は、仮釈放後10年を経過すると刑の執行が終了）

4号観察	保護観察付きの刑執行猶予判決を受けた者が、執行猶予期間中に受ける保護観察	
	対象者	保護観察付執行猶予者（裁判所で刑の全部または一部の執行を猶予され保護観察に付された人）
	期間	執行猶予の期間（地裁などで保護観察付きの執行猶予の言い渡しがなされ、確定してから期間満了まで）
5号観察	婦人補導院を仮退院した者が受ける保護観察。近年事例がほとんどない	
	対象者	婦人補導院仮退院者（婦人補導員からの仮対処を許された人）
	期間	補導処分の残期間

生活環境の調整　㉜ ㉞

▶ 生活環境の調整の意義

　罪を犯した人が矯正施設から社会に戻った際、犯行に至った時と変わらない環境であれば、再び同じ過ちを犯す（再犯）恐れがあります。そのため、改善更生に適した環境作りを働きかける生活環境の調整が重要です。

　生活環境の調整は、保護観察官や保護司が、刑務所などにいる人の釈放後の住居や就業先などについて調査し、改善更生と社会復帰にふさわしい生活環境を整えることによって、円滑な社会復帰を目指すものです。なお、生活環境の調整については更生保護法で次の4つが規定されています。

- 保護観察中の者に対する補導援護における生活環境の調整（更生保護法58条5号）
- 刑事施設または少年院に収容中の者に対する生活環境の調整（同法82条）
- 保護観察付執行猶予の裁判確定前の生活環境の調整（同法83条）
- 更生緊急保護を受ける者に対する援護における生活環境の調整（同法85条1項）

ここは覚える！

第32・34回で、保護観察における補導援護としての生活環境の調整について出題されました。

▶ 環境調整の具体的内容

更生保護法82条の規定では「その者の家族その他の関係人を訪問して協力を求めることその他の方法により、釈放後の住居、就業先その他の生活環境の調整を行う」とされていますが、その具体的内容は次の通りです。

- 釈放後の住居を確保すること
- 引受人等を確保すること
- 釈放後の改善更生を助けることについて、引受人等以外の家族その他の関係人の理解及び協力を求めること
- 釈放後の就業先又は通学先を確保すること
- 改善更生を妨げるおそれのある生活環境について、釈放された後に影響を受けないようにすること
- 釈放された後に、公共の衛生福祉に関する機関その他の機関から必要な保護を受けることができるようにすること
- その他健全な生活態度を保持し、自立した生活を営むために必要な事項

更生緊急保護 ㉜

▶ 制度の意義とその対象者

刑事上の手続きまたは保護処分による身体の拘束を解かれて自由の身になっても、職業を得ることが困難であったり、親族からの援助が得られない、または生活保護法等に基づく一般の社会福祉からの保護を直ちに受けられない等の事情により、当座の衣食住にも窮して再び犯罪に陥る者が少なくありません。そのため、更正緊急保護は、満期釈放者等に対して、その者（本人）の申し出に基づいて、食事・衣料・旅費等を与える等、緊急に保護を実施することにより、健全な社会人として生活が営めるよう支援することを目的としています。

更生緊急保護の対象となる人は、刑事上の手続きまたは保護処分による身体の拘束を解かれた人です（同法85条1項）。つまり、対象となる人はすでに法的な拘束状態にないため、本人の意思に反して更生緊急保護を実施することはできません（同法85条4項）。

身体の拘束を解かれた人
① 懲役、禁錮または拘留の刑の執行を終わった者
② 懲役、禁錮または拘留の刑の執行の免除を得た者
③ 懲役または禁錮の刑の執行猶予の言い渡しを受け、その裁判が確定するまでの者
④ 上記③に掲げる者のほか、懲役または禁錮の刑の執行猶予の言い渡しを受け、保護観察に付されなかった者
⑤ 懲役または禁錮につき刑の一部の執行猶予の言い渡しを受け、その猶予の期間中保護観察に付されなかった者であって、その刑のうち執行が猶予されなかった部分の期間の執行を終わった者
⑥ 検察官が直ちに訴追を必要としないと認めた者
⑦ 罰金または科料の言い渡しを受けた者
⑧ 労役場から出場し、または仮出場を許された者
⑨ 少年院から退院し、または仮退院を許された者（保護観察に付されている者を除く）

更生緊急保護の対象となる人は、一般の人と同じ状況に置かれています。

▶ 更生緊急保護の実施内容

更生緊急保護の実施内容について、更生保護法85条1・4項には以下のように示されています。

種別	対象	期間	措置の内容
応急の救護等	保護観察中の人で、改善更生が妨げられる恐れのある場合	保護観察期間	一時点での調査
更生緊急保護	以下のすべてにあてはまる人 ・刑事上の手続きまたは保護処分による身体の拘束を解かれた人 ・親族からの援助や、公共の衛生福祉に関する機関等の保護を受けられない、またはそれらのみでは改善更生できないと認められた人	原則、6か月（例外的にさらに6か月を超えない範囲で延長可能）	・食事の給与 ・医療及び療養の援助 ・帰住の援助 ・金品の給貸与 ・宿泊する居室及び必要な設備の提供 ・就職の援助や健全な社会生活を営む（適応する）ために必要な指導助言の実施

更生緊急保護は、前記の対象者（同法85条1項）や収容中の者（刑執行終了者等に該当した場合）からの申出があった場合において、保護観察所の長がその必要があると認めたときに限り、行うものとされています（同法86条1項）。

その際に保護観察所の長は、更生緊急保護を行う必要があるか否かを判断するに当たり、その申出をした者の刑事上の手続きに関与した検察官またはその

者が収容されていた刑事施設（労役場に留置されていた場合には、当該労役場が附置された刑事施設）の長または少年院の長の意見を聴かなければなりません。ただし、仮釈放の期間の満了になった者または仮退院が終了した者については、この限りではありません（同法86条3項）。

　検察官、刑事施設の長または少年院の長は、同法85条1項各号に掲げる者について、刑事上の手続きまたは保護処分による身体の拘束を解く場合において、必要があると認めるときは、その者に対し、更生緊急保護の制度及び申出の手続きについて教示しなければならない（収容中の者について必要があると認められるときも同様）、とされています（同法86条2項）。

ここは覚える！

第32回で、更生緊急保護は更生保護事業を営む者に委託して行うことができることが出題されました。

▶ 更生緊急保護の期間

　対象となる者は、刑事上の手続きまたは保護処分による身体の拘束を解かれた後6か月を超えない範囲内において、その意思に反しない場合に限り、行うものとされています。ただし、改善更生を保護するために特に必要があると認められるときは、金品の給与または貸与及び宿泊場所の供与についてはさらに6か月、その他のものについてはさらに1年6か月を超えない範囲内において、これを行うことができる（同法85条4項）とされています。

　更生緊急保護は次のいずれにも該当したときとされています。

- 心身の状況、生活環境等に改善更生を妨げる特別の事情があると認められる
- 改善更生の意欲及びそのための努力が顕著に認められる
- 公共の衛生福祉に関する機関その他の機関から必要な保護を受けることができるようあっせんしたにもかかわらず、なおその改善更生を保護する必要がある

更生保護における犯罪被害者等支援 ㉞

▶ 犯罪被害者等施策の概要

　犯罪被害者等基本法が2004（平成16）年に成立しました。そして同法に基づいて翌年、犯罪被害者等基本計画が閣議決定され、国などが取り組むべき具体的な施策が示されました。また全国の保護観察所に被害者担当官と被害者担当保護司が新たに配置されました。彼らは被害者などに配慮して加害者の保護観察や生活環境調整などを担当しないこととなっています。

　更生保護における犯罪被害者等施策の大きな4つの施策は次の通りです。

被害者の範囲は、①被害者本人、②被害者の法定代理人、③被害者が死亡、またはその心身に重大な故障がある場合におけるその配偶者、直系の親族または兄弟姉妹、となっています。

仮釈放等審理における意見等聴取制度
加害者の仮釈放や仮退院などを許すか否かの審理を行う地方更生保護委員会の審理において、仮釈放・仮退院などに関する意見や被害に関する心情を述べることができる制度
保護観察対象者に対する心情等聴取・伝達制度
被害者などが保護観察中の加害者に対し、保護観察所を通して被害に関する心情や被害者などが現在置かれている状況、加害者の生活・行動に関する意見を聴取したり伝える制度
更生保護における被害者等通知制度
地方更生保護委員会と保護観察所が実施主体となり、地方更生保護委員会は仮釈放等審理の開始や結果に関する事項を、保護観察所は保護観察の開始から処遇状況、そして終了までを、被害者などの申出に基づき知らせる制度
犯罪被害者等に対する相談・支援
主として保護観察所が犯罪被害者などの相談を受け、また必要に応じて支援に関する制度や関係機関・団体等の紹介などを行う

 ここは覚える！

第34回で、意見等聴取制度の理解が問われました。

頻出度 | 🐾🐾🐾🐾🐾

2 団体・専門職の役割と連携

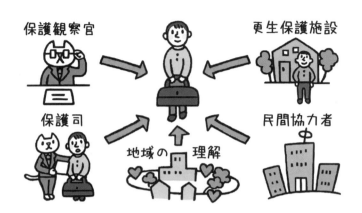

保護観察官　　　　　　　　　　　更生保護施設

保護司　　　　　　　　　　　　　民間協力者

地域の　理解

保護観察官　　　　　　　　　　㉛ ㉝

▶ 保護観察官とは

　保護観察官は、更生保護法31条2項によると「医学、心理学、教育学、社会学その他の更生保護に関する専門的知識に基づき、保護観察、調査、生活環境の調整その他犯罪をした者及び非行のある少年の更生保護並びに犯罪の予防に関する事務に従事する」者とされ、地方更生保護委員会事務局（全国に8か所）及び保護観察所（全国に50か所）に約1,000人（2021（令和3）年1月現在）が配置されています。

ここは覚える！

第31・33回で、保護観察官について出題されました。

▶ 保護観察官の役割

　保護観察官は、具体的には、保護観察対象者の日々の行いを面接などで把握した後、対象者に対して遵守事項などの厳守を促します。特定の犯罪傾向がある者に対しては専門的対処を行います。また必要に応じて住居や職業の確保な

どの支援に当たります。

　その他、再犯やそのおそれのある者に対して調査を行い、矯正施設に再収容する手続きを行う不良措置、所在不明になった者の所在調査、犯罪や非行がない社会を目指す犯罪予防活動、また、満期釈放者で生活に困窮し、帰住先がない者に対する更生緊急保護などの業務に当たっています。

保護司　　　㉛ ㉝ ㊱

▶ 保護司の役割

　保護司は、「保護観察官で十分でないところを補い、地方委員会又は保護観察所の長の指揮監督を受けて、地方委員会又は保護観察所の所掌事務に従事するもの」とされ（更生保護法32条）、全国で約4万7,000人が活動しています。法務大臣から委嘱される非常勤国家公務員の身分ですが報酬はなく、民間のボランティアとして様々な職業の人が従事しています（交通費などの一定の実費弁償金はあり、活動中に災害にあった場合は国家公務員災害補償法が適用）。

　具体的には、保護観察官の指導と助言を受けながら、保護観察に付されている者の指導監督と補導援護を定期的な面接などで行います。また矯正施設から釈放される人のために、関係者との調整や帰住先・就業先などの調整を行っています。そして地域に対しては、犯罪や非行のない社会を目指した啓発活動なども行っています。

ここは覚える！

第31・33・36回で、保護司について出題されました。今後も出題の可能性が高いです。

落とせない！重要問題

保護司は、検察官の指揮監督を受けて職務にあたる。 第32回

×：地方更生保護委員会（地方委員会）または保護観察所の長の指揮監督を受けて職務にあたる。

保護司の定員は、全国で5万2,500人以内とされています（保護司法2条2項）。①人格及び行動について、社会的信望を有する、②職務の遂行に必要な熱意及び時間的余裕を有する、③生活が安定している、④健康で活動力を有する、をすべて満たした中から法務大臣が委嘱。任期は2年で、再任が可能です。

▶ 保護司の現況

　2023（令和5）年の平均年齢は65.6歳です。1999（平成11）年以降は、再任上限年齢を「76歳未満」とするいわゆる定年制が導入されました。

　近年、都市化の進行や社会意識の変化に伴って、処遇を行う上での困難さや、保護司の高齢化など制度の基盤の揺らぎも指摘されています。

　2019（平成31）年に「保護司の安定的確保に関する基本的指針【改訂版】」及び「保護司の安定的確保のための10のアクションプラン」が策定されたほか、2020（令和2）年には「保護司の適任者確保のための緊急行動宣言」が発出されています。また、2023（令和5）年の女性の比率は26.8％で、徐々に高くなってきています。

更生保護施設

▶ 更生保護施設の機能と現況

　刑事施設から仮釈放された者、満期出所者や保護観察を受けている者の中には、身を寄せられる家族や親族がいないなど、様々な事情で居住場所を定められない者も少なくありません。不安定な環境の中での自立は当然難しく、再び犯罪に走らざるを得ない状況にまで追いつめられる場合もあります。

　更生保護施設は主に保護観察所の長から委託を受けて、このような状況に置かれている保護観察に付されているものや更生緊急保護の対象者を宿泊させ、食事を支給するほか、就業援助・相談・助言などの援助・指導を行うことによって円滑な社会復帰を支援する民間の施設です。2023（令和5）年4月1日現在、全国に102の施設があり、その内訳は男子施設87か所、女子施設7か所、男女施設8か所です。

　また、2011（平成23）年度から緊急的住居確保・自主支援対策を開始し、民間法人・団体などが管理する施設の空室・空きベッドなどを活用する自立準

備ホームが制度化されました。2022（令和4）年4月1日現在、全国に473の施設があります。

> 更生保護施設を運営する民間施設のほとんどは「更生保護法人」ですが、最近は「社会福祉法人」「NPO法人」の施設もできています。

民間協力者

BBS会（Big Brothers and Sisters Movement）

- 問題を抱える少年に対して兄や姉のような身近な存在として接しながら、少年自身の問題解決の支援や、健全な余暇活動の提供をするとともに、犯罪や非行のない地域社会の実現を目指す青年ボランティア団体
- 児童自立支援施設や児童養護施設などへの家庭教師派遣活動、児童館や学校などにおける子どもとの行事なども実施
- 4,400人の会員が活動（2022（令和4）年1月1日現在）

更生保護女性会

- 地域社会の犯罪・非行の未然予防のための啓発活動を行うとともに青少年の健全な育成活動に取り組む
- 更生保護施設での子ども食堂の実施や子育て相談などの活動も展開
- 130万3,395人の会員が活動（2022（令和4）年4月1日現在）

協力雇用主

- 犯罪・非行の前歴のために定職に就くことが必ずしも容易でない刑務所出所者・保護観察対象者・更生緊急保護対象者を、その事情を理解した上で雇用し、改善更生に協力する民間事業者
- 個人・法人合わせて2万5,202社の協力雇用主がいるが、実際に雇用している協力雇用主数は1,024社で、被雇用者数は1,384人（2022（令和4）年10月1日現在）
- 業種は建設業が過半数を占め、次いでサービス業、製造業

> 2006（平成18）年から「刑務所出所者等に対する総合的就労支援事業」が実施されています。

3 関係機関との連携・協力

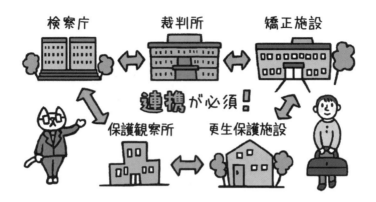

検察庁との連携

検察官は事件の状態を把握し、包括的に刑の執行を監督する立場です。保護観察所や地方更生保護委員会は、事件処理上必要がある場合、すべての情報が集積されている検察庁から記録などを借り出しますが、このとき仮釈放審理や執行猶予取消しの申出など重要な判断を行う場合には、刑の執行指揮者として検察官の意見を求めます。

また更生緊急保護について、検察官は必要があると認められる者に対し、制度の説明及び申出の手続きについて教示しなければならない、とされています（更生保護法86条2項）。

裁判所との連携・協力

人権を著しく制限する刑事施設などへの入所や保護観察の実施に当たっては、裁判所の判断が必要となります。連携で大切なことは、まずその事件全体に関する情報の共有、そして処遇の一貫性と継続性がなければなりません。その時、処遇の枠組みを決める際などでは裁判所の意見や判断を求めることもあります。

矯正施設などとの連携・協力

▶ 少年院とのかかわり

少年院は次の5つに分類されます。

保護観察所は、少年の退院後の生活環境を継続して調整します。この状況は少年院側にも伝えられ、矯正教育を実施する上での参考にされます。少年の円滑な社会復帰には、情報の共有をはじめとした両者の連携が不可欠です。

第一種	保護処分の執行を受ける者であって、心身に著しい障害がないおおむね12歳以上23歳未満の者（第二種に定める者を除く）
第二種	保護処分の執行を受ける者であって、心身に著しい障害がない犯罪的傾向が進んだおおむね16歳以上23歳未満の者
第三種	保護処分の執行を受ける者であって、心身に著しい障害があるおおむね12歳以上26歳未満の者
第四種	刑の執行を受ける者
第五種	特定少年の保護観察処分（2年）について、重大な遵守事項違反があった者

1949（昭和24）年の施行以来の抜本改正となる少年法改正案が2014（平成26）年に成立し、少年院の種類が再編されました。第五種は2022（令和4）年10月から追加されています。

就労支援機関などとの連携

▶ 就労支援の意義

就労を「継続」させること。これは、単に安定した収入を得ることだけではなく、職場での人間関係を通して社会の一員としての自覚を芽生えさせるなど、再び罪を犯すことのない環境整備につながります。

2006（平成18）年、厚生労働省と法務省が包括的な「就労支援」で連携した刑務所出所者等総合的就労支援対策が始まりました。具体的には、保護観察対象者や更生緊急保護対象者などに対し、公共職業安定所とも情報交換しながら、矯正施設収容時からの相談援助、職場体験講習、事業所見学、トライアル雇用、身元保証などが行われます。

ただし、この支援を受けるためには前歴を雇用主に告知することが条件のた

め、理解ある雇用主をさらに増やしていくことが今後の課題の一つとして挙げられます。

職場体験講習	刑務所出所者等に実際の職場環境や業務を体験させた場合、最大2万4,000円の講習委託費が支払われる
トライアル雇用	期間は原則3か月。企業に対しては月額4万円の奨励金を支給
身元保証	期間は1年間。業務上の損害が出た場合は、200万円を上限に企業へ見舞金を支給

▶ 福祉的アプローチの必要性

　対象者には高齢者もいますし、知的障害者や精神障害者もいます。また入所以前の不摂生で慢性的に健康を害し、継続した就労ができない人も少なくありません。さらに障害等が明らかでなく、ある程度の就労能力がある人の場合が最も支援や保護を受けにくいことも事例として挙がっています。

　司法機関だけでは、対象者の抱える負の連鎖を断ち切ることは不可能です。地域社会へ円滑な復帰をさせるためには、様々な分野との連携をしないと可能性は拡大しません。様々な対象者に応じた就労支援システムの構築が望まれます。

■ 様々な連携・協働が必要

学校・医療機関・ハローワーク・
保健所・福祉事務所・
社会福祉協議会・社会福祉士会・
福祉施設（ボランティア団体・事業主）

地域の実情にあった連携と協働

保護観察対象者などの社会再統合へ

■　刑務所出所者等総合的就労支援対策の概要

支援体制の構築

支援体制として、関係機関の相互連携を強化。

> 厚労省
> 公共職業安定所

都道府県別の協議会

| 保護局 | 矯正局 |
| 保護観察所 | 矯正施設 |

①支援対象者の選定・個別支援計画の作成

再犯防止を図るため、就労上の問題の改善と就職の促進を図る。このため、地域労働市場との接点が少ない刑務所出所者などを積極的に市場に送りだすこととし、就労支援の専門機関である公共職業安定所との間で定職による立直りのための方途を確立する。

■矯正施設・観察所による支援対象者の適切な選定

■定職への挑戦を奨励
■公共職業安定所への求職登録

■個別支援計画の作成

②就職能力向上のための施策

就職に必要な能力に加え、就職した職場に長期定着するために必要な能力を身に付けさせる。

■刑務所出所者などを対象とした支援施策
◎職場体験講習
就労経験の乏しい者、仕事の勘を取り戻せない者、転職や対人関係に不安のある者などに就労実体験をさせ、就労課題の解決を図る（厚労省予算）
◎セミナー・事業所見学会
求職活動方法、履歴書の書き方、面接方法などの習得。仕事現場の見聞による仕事理解促進（厚労省予算）

■受刑者などを対象とした支援施策（矯正局所管）
◎職業訓練
雇用情勢に応じた職業訓練の実施
◎釈放前指導
釈放直前に就労に役立つ指導を実施
◎公共職業安定所出張講話・相談
職業安定所職員が刑務所などに赴いて、職業講話、職業相談を実施
◎公共職業安定所作成の就職案内書の配布
求職活動方法、仕事の決め方、求人票の見方などを解説等

■職業安定所による一般支援施策の活用
◎就職助言者、職業適性検査などを活用したきめ細かな職業指導、適職選定支援
◎職業訓練の受講あっせん（職業能力の向上）
◎特定求人に応募するための履歴書の個別添削、模擬面接など

③求人企業へのあっせんの推進

求人企業に対する紹介あっせんを積極的に実施して企業との出会いを促進するとともに、出会い後の職場定着を支援する。

◎試行雇用（トライアル雇用）制度
採用を躊躇する企業が、試行的に雇用することにより、相互理解を深めて正式採用への円滑な移行を促進（試行雇用企業に奨励金を支給：厚労省予算）
◎身元保証制度
刑務所出所者などの身元保証を支援することにより、企業の受入れを促進（労働者が企業に与えた業務上の損害に対し見舞金を支給する身元保証制度の保証手数料を助成（法務省予算））
→2006（平成18）年9月に本制度を運営するNPO法人の認証
◎職場適応・定着推進員による事後支援
公共職業安定所の推進員が採用後の事後支援を行い、問題点の把握と問題解決のための支援を行う（厚労省予算）

④就労先企業の開拓（雇用受け皿拡大）

定職としての受け皿拡大を図り、従来の協力雇用主はもとより、地域の幅広い企業に対して協力依頼を実施する。

◎協力雇用主の就労受入れの推進
・各観察所が協力雇用主及び過去に対象者の受入れ実績のある企業などを洗い出し、就労受入れ協力依頼を実施
・各刑務所・少年院が刑務作業契約企業などに対し、協力雇用主となってもらうべく、協力依頼を実施
◎地域の事業主団体などへの働きかけ
職業安定所の協力のもと、広範な事業主団体、個別企業に対する本事業の周知及び就労受入れ依頼を実施

出典：法務省保護局「刑務所出所者等総合的就労支援対策の概要」

4 医療観察制度

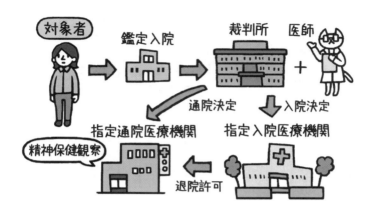

医療観察法の成立と保護観察所の役割　㉛㉜㉝㉞㊱

▶ 医療観察法の意義と目的

　心神喪失または心神耗弱の状態にある者が重大な他害行為を行った場合、被害者はもとより、その病状のために図らずも加害者になってしまった本人にとっても不幸な事態です。このような人については刑罰ではなく適切な医療を確保して病状の改善を図り、社会復帰を促進していくことが重要です。

　心神喪失等の状態で重大な他害行為を行った者の医療及び観察等に関する法律（医療観察法）は、2003（平成15）年に成立し、2005（平成17）年に施行されました。

> 心神喪失等の状態で重大な他害行為を行った者に対し、その適切な処遇を決定するための手続等を定めることにより、継続的かつ適切な医療並びにその確保のために必要な観察及び指導を行うことによって、その病状の改善及びこれに伴う同様の行為の再発の防止を図り、もってその社会復帰を促進することを目的とする（医療観察法1条）

📖 **重大な他害行為**：殺人・放火・強盗・強姦・強制わいせつ・傷害など（軽微なものを除く）。

▶ 医療観察法の対象者

医療観察法は、次の人を対象としています。

- 心神喪失者または心神耗弱者と認められて不起訴処分となった人
- 心神喪失を理由として無罪の裁判が確定した人
- 心神耗弱を理由として刑を減軽する旨の裁判が確定した人（実刑は除く）

　検察官の申立てがあると、地方裁判所の裁判官は対象者に鑑定入院を命じます。期間は2か月以内で、必要に応じて最大1か月の延長が可能です。対象者は、都道府県・指定都市が推薦する鑑定入院医療機関に入院し、鑑定のための面接や検査を受けます。

　処遇を決定するための審判は、地方裁判所の裁判官1名と精神保健審判員と呼ばれる精神科医（鑑定医とは別の医師）1名の合議体で行われます。裁判所は、処遇の要否と内容について、精神保健参与員に精神保健福祉の観点に基づく意見を求めます。審判の結果、入院処遇、通院処遇、不処遇のいずれかが決定します。

　指定入院医療機関への入院中に、指定入院医療機関または本人などからの申立てにより入院による医療の必要性がないと認められたときは、裁判所によって退院が許可されます。また入院を継続する場合は、少なくとも6か月に1回はその必要性について裁判所が判断します。そして、退院決定または通院決定を受けた人については指定通院医療機関において医療を受けることになります（通院は原則3年で必要があれば2年まで延長可）。

　地域社会においては「指定通院医療機関」が本制度の「通院医療（入院によらない医療）」を担当することになります。本制度においては社会復帰調整官が医療の実施状況や本人の生活状況を見守り、必要な指導や助言を行います。

📖 **精神保健審判員**：必要な学識経験を有する医師であり、身分は特別職の国家公務員、非常勤の裁判所職員である。
精神保健参与員：厚生労働大臣があらかじめ作成した精神障害者の保健及び福祉に関する専門的知識及び技術を有する精神保健福祉士等の名簿の中から、地方裁判所が事件ごとに指定。

対象者の権利擁護の観点から、審判では必ず弁護士（付添人）を付けることとし、審判においては本人や付添人からも資料提出や意見陳述ができることとしています。

■ 医療観察法制度の仕組み

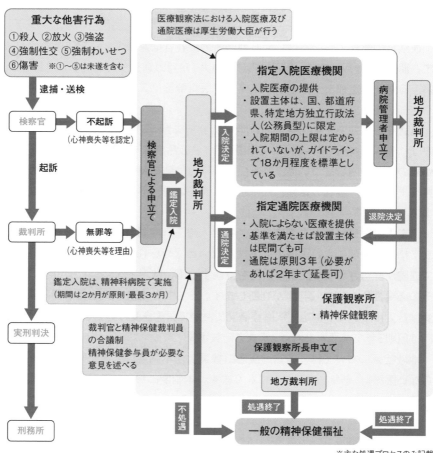

重大な他害行為
①殺人 ②放火 ③強盗
④強制性交 ⑤強制わいせつ
⑥傷害　※①〜⑤は未遂を含む

逮捕・送検

検察官 → 不起訴
（心神喪失等を認定）

起訴

裁判所 → 無罪等
（心神喪失等を理由）

実刑判決

刑務所

医療観察法における入院医療及び通院医療は厚生労働大臣が行う

検察官による申立て

鑑定入院

地方裁判所

入院決定

指定入院医療機関
・入院医療の提供
・設置主体は、国、都道府県、特定地方独立行政法人（公務員型）に限定
・入院期間の上限は定められていないが、ガイドラインで18か月程度を標準としている

通院決定

指定通院医療機関
・入院によらない医療を提供
・基準を満たせば設置主体は民間でも可
・通院は原則3年（必要があれば2年まで延長可）

鑑定入院は、精神科病院で実施（期間は2か月が原則・最長3か月）

裁判官と精神保健裁判員の合議制
精神保健参与員が必要な意見を述べる

病院管理者申立て

地方裁判所

退院決定

保護観察所
・精神保健観察

保護観察所長申立て

地方裁判所

不処遇

処遇終了

処遇終了

一般の精神保健福祉

出典：厚生労働省「心神喪失者等医療観察法の概要」

※主な処遇プロセスのみ記載

▶ 保護観察所と社会復帰調整官の役割と機能

社会復帰調整官は、医療観察法が2003（平成15）年に成立したことに伴って、翌年新設された職種です。社会復帰調整官は、医療観察法の対象となっている

期間を通じて（申立てから処遇終了まで）、対象者の社会復帰を支援します。社会復帰調整官の主な業務には、生活環境の調査、生活環境の調整、精神保健観察、関係機関の連携確保などがあります。精神保健福祉士等（精神障害者の保健及び福祉に関する高い専門的知識を有し、かつ、社会福祉士、保健師、看護師、作業療法士もしくは公認心理師もしくは臨床心理士）の資格を有することとしており、保護観察所の職員（国家公務員）として採用されています。

生活環境の調査	裁判所が適切な処遇を決定するには、対象者の生活環境をよく知る必要がある。鑑定と並行して、社会復帰調整官が対象者の生活歴、家族の状況、地域の状況などを調査し、保護観察所の長が裁判所に報告する
生活環境の調整	指定医療機関（指定入院医療機関・指定通院医療機関）に入院した人が退院後の居住地等において、社会復帰調整官、保護観察所の保護観察官や保護司が引受人等と面接するなどして本人の希望を踏まえて、住居、就労先等が改善更生と社会復帰にふさわしい生活環境となるよう調整する

 ここは覚える！

第31・32・34・36回で、社会復帰調整官の役割について出題されました。

なお、指定通院医療機関通院中は、本人との面接、関係機関から報告を受けるなどして生活状況等を見守り、地域において継続的な医療とケアを確保していくことを目的として、社会復帰調整官による精神保健観察を受けることになります。

また他の保護観察に付されている精神障害者についても、その専門的見地から、地域の精神科医療・福祉機関などと連携し、よりよい処遇を目指しています。

 ここは覚える！

第33・34回で、指定入院医療機関や指定通院医療機関について出題されました。前者は国・都道府県または特定（地方）独立行政法人が開設する病院から指定され、後者は地域バランスを考慮し、一定水準の医療が提供できる病院・診療所などから指定されます。また、第34回では精神保健観察に付された者の「守るべき事項」についても問われました。

地域における支援

▶ ケア会議

　地域社会における処遇を進める過程では、保護観察所と指定通院医療機関、精神保健福祉関係の諸機関の各担当者によるケア会議を行うこととしています。会議を通じ、関係機関相互間において、処遇を実施する上で必要となる情報を共有するとともに、処遇方針の統一を図っていくこととしています。

　具体的には、処遇の実施計画を作成するための協議を行うほか、その後の各関係機関による処遇の実施状況や、本人の生活状況等の必要な情報を共有し、実施計画の評価や見直しについての検討を行います。ケア会議は、保護観察所により定期的または必要に応じて、あるいは関係機関等からの提案を受けて開催され、関係機関の担当者のほか、本人やその家族等も協議に加わることがあります。

保護観察所は必要に応じて「ケア会議」を開催し、情報の共有と支援の実施状況を確認します。また、処遇実施計画書には、処遇の目標や本人の展望、具体的な支援内容などが記載されます。

▶ 精神保健観察

　通院決定を受けた人や退院を許可された人は、地域社会で「指定通院医療機関」にて治療を受けるとともに社会復帰調整官による精神保健観察に付されます。社会復帰調整官は、対象者の円滑な社会復帰を図るため関係機関・団体などとの連携に努めなければなりません。また本人宅への訪問や保護観察所での面会、通院同行などの様々な方法により本人と継続的な接触を保つよう心がけます。また適切な医療を受けさせるために、本人に通院や服薬を促し家族などへの助言も行います。

　精神保健観察の下で通院治療を行う期間は3年間とされていますが、病状な

どによって、裁判所は2年を超えない範囲で期間を延長することができます。

　地域処遇での全体的なコーディネートを担う保護観察所は、ケア会議を開催することを通じてそれぞれの関係機関が「顔の見える」連携が図れるように努めています。しかし、対象者が遠方の指定入院医療機関に入院せざるを得ないケースや、対象者の居住地に指定通院医療機関がないケースなどが現在の課題となっています。

入院中は精神保健福祉法が適用されませんが、通院中は医療観察法と併用されるため、精神保健福祉法に基づく入院は可能です。

裁判所は、対象者・保護者または保護観察所の長の申立てによって「精神保健観察」の下での通院治療を終了することができます。また、保護観察所の長の申立てにより、「(再)入院」を決定することもできます。

■ 精神保健観察までの流れ

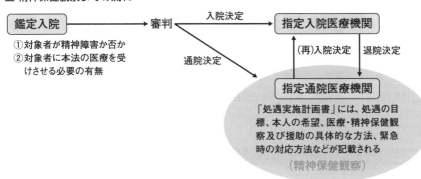

対象者の社会復帰のためには、関係機関だけではなく、地域住民やボランティア団体などの地域の理解と協力なくしては円滑に進みません。これは対象者が戻る場は「地域」であることからも理解できます。

Q

		A
☐ **1**	更生保護行政をつかさどる国の機関は、厚生労働省である。 第34回	×
☐ **2**	更生保護施設は、被保護者に対して、宿所や食事の提供だけでなく、酒害・薬害教育やSST（社会生活技能訓練）などの処遇も行う。 第26回	○
☐ **3**	被害者等通知制度とは、被害者や参考人などのほうが希望される場合に、捜査した事件の処分結果や、裁判の期日、裁判結果、加害者の刑務所からの出所情報等を通知する制度である。 予想問題	○
☐ **4**	懲役・禁錮の刑の執行を終わった者は、更生緊急保護を受けることができない。 第29回	×
☐ **5**	更生保護の処遇は、矯正施設における施設内処遇を主とする。 第34回	×
☐ **6**	保護観察所は、更生保護を実施するための第一線の機関である。 第30回	○
☐ **7**	保護観察では、保護観察官が指導監督、保護司が補導援護を行う役割分担を行っている。 第28回	×
☐ **8**	保護観察官は、犯罪の予防に関する事務には従事できない。 第33回	×
☐ **9**	保護観察官は、都道府県庁及び保護観察所に配置される。 第33回	×
☐ **10**	更正緊急保護は、刑事施設の長または検察官がその必要があると認めたときに限って行われる。 第32回	×
☐ **11**	仮釈放を許された者には、保護観察が付される。 第31回	○
☐ **12**	更生保護施設は、地方公共団体が運営しなければならない。 第30回	×
☐ **13**	保護司の身分は、常勤の国家公務員である。 第33回	×

解説

1 法務省である。

4 更生保護法85条1の規定に合致すると認められる場合は、受けることができる。

5 社会内処遇を主とする。

7 このような役割分担は規定されておらず、保護観察官と保護司の情報共有と連携により実施されている。

8 保護観察官は、社会の中において、犯罪をした人や非行のある少年の再犯・再非行の予防と改善更生を図るための業務に従事する。

9 保護観察官は、地方更生保護委員会事務局（全国に8か所）及び保護観察所（全国に50か所）に配置される。

10 本人からの申出があった場合において、保護観察所の長がその必要があると認めたときに限り、行うものとされている。

12 更生保護施設は、すべて民間の法人である。

13 保護司の身分は非常勤国家公務員である。

Q ──────────── **A**

☐ **14** 保護観察所は、少年院に収容されている者の仮退院を許可することができる。 第35回　×

☐ **15** 仮退院決定後、速やかに生活環境の調整を開始する。 第34回　×

☐ **16** 家庭裁判所は、審判を開始する前に、少年鑑別所に命じて、審判に付すべき少年の取調その他の必要な調査を行わせることができる。 第28回　○

☐ **17** 「医療観察法」が規定する審判は、地方裁判所において裁判官と裁判員との合議体により行われる。 第26回　×

☐ **18** 地域社会における精神保健観察は、保護観察官と保護司が協働して実施すると規定されている。 第35回　×

☐ **19** 通院決定を受けた者及び退院を許可された者は、指定通院医療機関にて治療を受けるとともに社会復帰調整官による保護観察に付される。 予想問題　×

☐ **20** 社会復帰調整官は、各地方裁判所に配属されている。 第35回　×

☐ **21** 地域生活定着支援センターは、法務省により設置されている。 第31回　×

☐ **22** 保護観察処分少年の保護観察期間は、保護処分決定の日から、原則として18歳に達するまでの期間である。 第32回　×

解説

14 少年院からの仮退院は、地方更生保護委員会が許可をする。

15 生活環境の調整は、矯正施設（刑事施設や少年院）の長からその者の帰住予定地を管轄する保護観察の長に対して身上調査書が通知されることによって開始となり、矯正施設収容後、速やかに行われる。

17 裁判員ではなく、精神科医である「精神保健審判員」との合議である。

18 通院決定を受けた者は、厚生労働大臣が指定する指定通院医療機関において医療を受けるとともに、保護観察所に置かれる社会復帰調整官による精神保健観察に付される。

19 保護観察ではなく、精神保健観察である。

20 保護観察所に配置されている。

21 高齢・障害のために福祉的支援を必要とする矯正施設退所者について、退所後直ちに福祉サービス等につなげるための施策として、厚生労働省が全国に設置を進めている。

22 少年が20歳に達するまでの期間であるが、その期間が2年に満たないときは、2年間まで延長される。

第 **10** 章

ソーシャルワークの基盤と専門職

❶ 社会福祉士及び介護福祉士法

本科目では定番化し出題されている項目です。特に2007（平成19）年の法改正の内容は出題されやすく、第2条1項の社会福祉士の定義の見直し、第44条の2、第47条、第47条の2の社会福祉士の義務の見直し等の内容は必ず押さえましょう。

❷ 国際ソーシャルワーカー連盟（IFSW）のソーシャルワーク専門職のグローバル定義

国際ソーシャルワーカー連盟（IFSW）の定義は2000年に採択され、更に2014年、改訂されたグローバル定義が採択されています。キーワードとしては「社会正義」「人権」「エンパワメント」「多様性尊重の諸原理」「地域・民族固有の知」等が挙げられます。

❸ 利用者の気持の尊重、自立支援

毎年数題出題される事例問題のテーマは、「利用者の気持の尊重」「自立支援」の傾向が強くなっています。これらのテーマの意味を理解することが、解法の近道でしょう。

❹ 歴史上の主な活動家とその実績

ほぼ毎年出題される項目です。出題が多い人物として、リッチモンド、ホリス、パールマン等が挙げられますが、どの人物について問われるかは予測できません。まずは、各活動家の名前と実績におけるキーワードを覚えましょう。

❺ アメリカのソーシャルワークの統合化

毎年ではないものの、出題されやすい項目です。「診断主義」「機能主義」「ミルフォード会議」「ジェネリック・ソーシャルワーク」等のキーワードはしっかりと押さえておきましょう。

攻略のポイント

その他の出題傾向としては、ソーシャルワークの歴史（慈善組織協会、セツルメント運動等）、社会福祉士の倫理綱領・行動規範、倫理的ジレンマに関する出題も目につきます。

1 社会福祉士及び精神保健福祉士の法的な位置づけ

社会福祉士及び介護福祉士法　　㉛ ㉜ ㉝ ㉞ ㉟ ㊱

▶ 社会福祉士とは何か

　社会福祉士は相談、助言、指導、連絡や調整その他の援助の専門職であり、ソーシャルワーカーの国家資格です。つまり社会福祉士は、日常生活を営むことに支障がある人を支援対象として、社会福祉に関する相談援助を行う専門職です。

　加えて社会福祉士は、セルフヘルプグループの患者会や家族会などのグループ形成を支援して、社会福祉士自身が所属するサービス提供機関が、グループのニーズに適切に応ずることができるように取り組みを行います。

　1987（昭和62）年に成立した社会福祉士及び介護福祉士法2条1項では、社会福祉士について次のように定義しています。

> 登録を受け、社会福祉士の名称を用いて、専門的知識及び技術をもって、身体上若しくは精神上の障害があること又は環境上の理由により日常生活を営むのに支障がある者の福祉に関する相談に応じ、助言、指導、福祉サービスを提供する者又は医師その他の保健医療サービスを提供する者その他の関係者との連絡及び調整その他の援助を行うことを業とする者をいう。

また、同法3条には、社会福祉士になることができない欠格事由が定められています。

- 心身の故障により社会福祉士又は介護福祉士の業務を適正に行うことができない者
- 禁錮以上の刑に処せられ、その執行を終わり、又は執行を受けることがなくなった日から2年を経過しない者
- 法律の規定による罰金刑に処せられて執行を終わり、又は執行を受けることがなくなった日から2年を経過しない者
- 登録を取り消された日から2年を経過しない者

　2007（平成19）年成立の「社会福祉士及び介護福祉士法等の一部を改正する法律」により大幅に改正されました。

　この改正では、同法47条の2「資質向上の責務」が明記されました。なお、後見人登録、事業者やボランティアへの指導、助言、サービス提供における地域格差の是正等は規定されていません。

■ 社会福祉士及び介護福祉士法改正（平成19年）の主な内容

定義規定の見直し
社会福祉士は相談・援助を行う専門職だが、自ら援助するだけではなく助言、指導、福祉サービスを提供する者又は医師その他の保健医療サービスを提供する者その他の関係者（「福祉サービス関係者等」との連絡及び調整その他の援助を行うこと（7条及び47条の2において「相談援助」という）を業とすることを明文化（2条1項）

義務規定の見直し
44条の2「誠実義務」、47条「連携」、47条の2「資質向上の責務」を新たに規定

ここは覚える！

　第32回で、2007（平成19）年の法改正について出題されました。改正の背景の一つに、社会福祉士資格の創設後20年間で、社会、経済情勢が変化し、資格者へのニーズも変化してきたことがあります。

▶ 社会福祉士の義務

社会福祉士は「業務独占」ではなく、「名称独占」の資格です。試験に合格し社会福祉士として登録していない者は、社会福祉士の名称を使用することはできません。また、名称の使用制限に違反した場合は30万円以下の罰金（同法53条）が科せられます。

しかし、2006（平成18）年の地域包括支援センターへの社会福祉士の必置のように、限定的な業務独占としての動きも出てきました。社会福祉士の援助は高齢者、障害者に限らず就労支援、受刑者の刑務所出所後の支援、ニートやワーキングプアへの支援、外国からの移住者への支援など、国民・住民の生活課題のニーズは広範化、多様化しています。

なお、社会福祉士は、児童福祉司、身体障害者福祉司、知的障害者福祉司、社会福祉主事の任用資格として位置づけられています。

これらの事柄から、今後の社会福祉士の職域拡大と専門社会福祉士制度が課題となっています。まず、職域拡大については、司法・教育・労働・保健・医療などの分野に社会福祉士の雇用が求められています。

現在、社会福祉士はジェネリック（一般的）な資格と位置づけられ、基本的にどの領域でのソーシャルワークにも対応できるような教育内容となっています。今後は、資格取得後に特定領域のスペシャリストになる、より高度なジェネラリスト・ソーシャルワーカーとして実践を重ねるなど、スキルアップの検討が課題となります。

ここは覚える！

第31・35・36回で、社会福祉士資格の名称の独占や使用制限、登録前の名称使用不可とその罰則規定について出題されました。

ここは覚える！

第31・33回で資格更新を問う問題が出ましたが、社会福祉士には資格の更新制度はありません。また、第31・32・36回で後継者の育成に関して出題されましたが、法律上の定めはありません。

社会福祉士の業務範囲についても出題されます。喀痰吸引や心理的な支援はその業務に含まれません（第31回）。また、限定的な業務独占の動きはありますが、老人保健施設に社会福祉士の必置義務はありません（第35回）。

■ 社会福祉士の義務（社会福祉士及び介護福祉士法）

誠実義務 （同法44条の2）	社会福祉士は、その担当する者が個人の尊厳を保持し、自立した日常生活を営むことができるよう、常にその者の立場に立って、誠実にその業務を行わなければならない
信用失墜行為の禁止 （同法45条）	社会福祉士は、社会福祉士の信用を傷つけるような行為をしてはならない
秘密保持義務 （同法46条）	社会福祉士は、正当な理由がなく、その業務に関して知り得た人の秘密を漏らしてはならない。社会福祉士でなくなった後においても、同様とする
連携 （同法47条1項）	社会福祉士は、その業務を行うに当たっては、その担当する者に、福祉サービス及びこれに関連する保健医療サービスその他のサービスが総合的かつ適切に提供されるよう、地域に即した創意と工夫を行いつつ、福祉サービス関係者等との連携を保たなければならない
資質向上の責務 （同法47条の2）	社会福祉士は、社会福祉及び介護を取り巻く環境の変化による業務の内容の変化に適応するため、相談援助又は介護等に関する知識及び技能の向上に努めなければならない
名称の使用制限 （同法48条1項）	社会福祉士でない者は、社会福祉士という名称を使用してはならない

 ここは覚える！

社会福祉士の義務規定はほぼ毎回出題されます。直近では、誠実義務（第32・36回）、秘密保持（第32・33・36回）、信用失墜行為（第32・33・36回）、連絡および調整（第32回）、連携（第33回）、資質向上の責務（第34回）などが問われました。

落とせない！重要問題

社会福祉士及び介護福祉士法では、業務を行う上で主治医の指示を受けなければならない。 第30回

×：同法には、主治医と社会福祉士の関係についての記載はない。

社会福祉士の専門性と取り組み

　今後、社会福祉士の取り組みには、地域の福祉課題を地域で解決するという発想をもち、各種の専門職と共に、地域住民を巻き込みつつ、地域ベースで課題を解決することが求められています。社会福祉士に期待される役割として、個別の問題解決と地域福祉の支援を一体的に推進していく点が挙げられます。

　社会福祉士は、クライエント自身が問題を直視して、自らが解決の主役となるよう能動的にサービスを選び、自己の生き方を選択するというプロセスに働きかけなければいけません。

　地域住民や地域組織、ボランティア、地域の各種事業所、社会福祉協議会、行政などとの連携を図りながら、ネットワークを形成してクライエントを支援するシステムづくりも必要です。

　また、社会福祉士はその実践の中から不十分な制度やサービスを明確化して、新たに創出する過程に介入することも求められるようになってきています。

　さらには、現代的なニーズとして、高齢者や児童への虐待防止、就労支援、権利擁護、孤立・孤独の防止、生きがいの創出などにも対応する役割があります。社会情勢や福祉問題の時間的変化に伴い、社会福祉士にも次々と新しい役割が求められています。

　今後、社会福祉士には、総合的かつ包括的な相談援助の役目を全うするために、地域に根づき、課題の解決に向けて取り組むことが社会から望まれます。

　なお、「社会福祉士及び介護福祉士法」には、所属する勤務先の立場を優先して業務を行うといった規程はありません。

> 制度・分野ごとの縦割りや、支え手・受け手の関係を超え、地域住民や多様な主体が参画して、人と資源が丸ごとつながる地域共生社会の実現に向けて、社会福祉士は実践を積み重ねていくことが望まれます。

精神保健福祉士法　㉝

▶ 精神保健福祉士とは何か

　精神保健福祉士は精神科ソーシャルワーカーの国家資格です。1997（平成9）年成立の精神保健福祉士法2条では精神保健福祉士は次のように規定しています。

> 精神保健福祉士の名称を用いて、精神障害者の保健及び福祉に関する専門的知識及び技術をもって、精神科病院その他の医療施設において精神障害の医療を受け、若しくは精神障害者の社会復帰の促進を図ることを目的とする施設を利用している者の地域相談支援の利用に関する相談その他の社会復帰に関する相談又は精神障害者及び精神保健に関する課題を抱える者の精神保健に関する相談に応じ、助言、指導、日常生活への適応のために必要な訓練その他の援助を行うことを業とする者

　精神保健福祉士は、精神保健領域におけるソーシャルワーカーに限定したソーシャルワークの知識・技術・価値に基づく実践を行います。実践の場は精神科医療機関や精神障害者社会復帰施設、精神保健福祉センター、保健所などになります。

　社会福祉士はジェネリックな資格であるとされますが、精神保健福祉士は精神保健分野におけるスペシフィック（専門的）な資格であるとされています。

▶ 精神保健福祉士の取り組み

　精神障害者が地域で生活していく上で、精神科の医師、作業所、相談支援事業所、行政、保健センターなどの連携と、近隣住民の理解とサポートは不可欠となります。その支援を行う精神保健福祉士の役割は重要です。

　精神障害者が地域のアパートなどで生活する場合、精神保健福祉士は地域住民への適切な働きかけにより理解を促し、精神保健福祉領域のボランティアの養成、セルフヘルプグループの形成などといった、長期的な視野をもった地域での支援活動が求められます。

▶ 精神保健福祉士の義務

　社会福祉士、精神保健福祉士は、名称独占の国家資格であり、資格がない者でもソーシャルワーカーの業務を行うことは可能です。精神保健福祉士と社会福祉士では、その専門とする領域に違いがあり、精神保健福祉士は、社会福祉士に比べて、本来、援助対象や範囲が限定的です。

■ 精神保健福祉士の義務（精神保健福祉士法）

信用失墜行為の禁止 （同法39条）	精神保健福祉士は、精神保健福祉士の信用を傷つける行為をしてはならない
秘密保持義務 （同法40条）	精神保健福祉士は、正当な理由がなく、その業務に関して知り得た人の秘密を漏らしてはならない。精神保健福祉士でなくなった後においても、同様とする
連携等 （同法41条1項）	精神保健福祉士は、その業務を行うに当たっては、医師その他の保健医療・障害福祉・地域相談支援サービス関係者等との連携を保たなければならない
連携等 （同法41条2項）	精神保健福祉士は、その業務を行うに当たって精神障害者に主治の医師があるときは、その指導を受けなければならない
名称の使用制限 （同法42条）	精神保健福祉士でない者は、精神保健福祉士という名称を使用してはならない

ここは覚える！

第33回で、精神保健福祉士法41条2項の主治医の指導について出題されました。精神保健福祉士は主治医の指導を受けますが社会福祉士にその規定はありません。

▶ 社会福祉士と精神保健福祉士の連携

　両者の基盤となる学問は社会福祉です。また、障害者施策において、身体障害・知的障害・精神障害の3障害が一つの枠組みで制度・サービスが実施されているため、精神保健福祉士と社会福祉士の連携・協働は、地域レベルでは日常的に行われています。このため、活動範囲や援助の対象者が重複する可能性があります。そこで重視されるのは、双方の専門職としての価値を共有することです。

　例として、地域包括支援センターなどの地域での相談機関には、総合相談と称して、あらゆるニーズをもつ人々を対象に支援が行われています。また、成年後見制度や日常生活自立支援事業では、精神障害者が社会福祉士の支援対象となる場合もあります。

　精神保健福祉士の援助の対象は、精神障害者となります。その援助は長期間に及ぶことが少なくありません。精神疾患の治療を目的とするのみではなく、精神障害者自身が病気と上手に向き合い、地域生活を調整できるような支援を行うことを目指します。

2 ソーシャルワークの概念

ソーシャルワークの定義　㉛ ㉜ ㉝ ㉟ ㊱

　国際ソーシャルワーカー連盟（IFSW）は、世界各国のソーシャルワーカーによる専門職団体が加盟する団体です。国際ソーシャルワーカー連盟は2000年7月27日にモントリオールにおける総会にてソーシャルワークの定義を新たに定めています。

　国際ソーシャルワーカー連盟は、ソーシャルワークの定義として「ソーシャルワーク専門職は、人間の福利（ウェルビーイング）の増進を目指して、社会の変革を進め、人間関係における問題解決を図り、人々のエンパワメントと解放を促していく。ソーシャルワークは、人間の行動と社会システムに関する理論を利用して、人々がその環境と相互に影響し合う接点に介入する。人権と社会正義の原理は、ソーシャルワークの拠り所とする基盤である」と定義しています。

▶ 新しいソーシャルワークのグローバル定義

　2014年7月にオーストラリアのメルボルンで開催された国際ソーシャルワーカー連盟（IFSW）と国際ソーシャルワーカー学校連盟（IASSW）の総合・合同会議で新たなソーシャルワークのグローバル定義が採択されました。

■ ソーシャルワーク専門職のグローバル定義

> ソーシャルワークは、社会変革と社会開発、社会的結束、および人々のエンパワメントと解放を促進する、実践に基づいた専門職であり学問である。社会正義、人権、集団的責任、および多様性尊重の諸原理は、ソーシャルワークの中核をなす。ソーシャルワークの理論、社会科学、人文学、および地域・民族固有の知を基盤として、ソーシャルワークは、生活課題に取り組みウェルビーイングを高めるよう、人々やさまざまな構造に働きかける。この定義は、各国および世界の各地域で展開してもよい。
>
> （http://www.jasw.jp/news/pdf/2017/20171113_global-defi.pdf）

　グローバル定義の中核概念には「注釈」があり、ソーシャルワーク専門職の任務・原則・知・実践について言及しています。そのポイントを以下にまとめます。

任務	
社会変革	ソーシャルワークは様々な方法を用いて社会構造を変え、社会的安定に関与する
社会開発	持続可能な発展を目指し、ミクロ・メゾ・マクロを超えた全体的及び生物―心理―社会的、スピリチュアルなアセスメントと介入を行う
社会的結束	人々が社会からの孤立や排除を脱し、健康で文化的な生活を送るために社会の構成員となるように相互に繋がり支え合う
エンパワメントと解放	エンパワメントは人々が自己の持つ力に気づき、その力を引き出すための環境を整えること。解放は力を発揮できない状態から脱すること
諸原理	
社会正義	社会の構成員となる人々の間が公平・平等に扱われ社会の秩序が維持されること。それが保たれない場合、社会に働きかけること
人権	人が生まれながらにもっている権利と自由
集団的責任	共同体の構成員が負う責務。自然や資源等の環境へ対する責務と構成員同士の相互の助け合いを指す。地域共生社会の実現のための包括的な支援を実施する
多様性の尊重	人種、階級、国籍、言語、宗教、ジェンダー、障害、文化、性的志向等の多様性の尊重。少数派の意見が侵害されている場合、ソーシャルワーカーはその権利を守っていく
知	
学問	複数の学問分野をまたぎ、その境界を超えていく。ソーシャルワークは広範な人間諸科学と研究から成り立つ実践理論

地域・民族固有の知	地域・民族固有の知に価値をおく。ソーシャルワークは西洋（欧米）の理論だけによらず、先住民の知は伝達により独自の価値観をつくり出し、科学に貢献してきた
実践	
ウェルビーイング	人間の福利。個人の権利が守られ、生活に満足がいく社会環境や条件
生活課題	人々が生活上に抱える物質的・身体的・心理的・社会的な課題
介入	ソーシャルワークには人と環境の接点に介入する役目がある。また、「人々のために」ではなく、「人と共に」働き、多様な実践方法がある

参考：木村真理子著・公益社団法人日本社会福祉士会編『三訂　社会福祉士の倫理綱領実践ガイドブック』中央法規

ここは覚える！

グローバル定義は、国家試験で毎回出題されています。第35回では社会的安定、多様性の尊重、研究と実践理論、介入の多様性など「注釈」の内容の理解が、第36回では社会改革、社会開発、人々のエンパワメントの解放が出題されました。

キーワードだけでなく、注釈を含めた細部までよく読み込んでおきましょう。

落とせない！重要問題

「ソーシャルワークのグローバル定義」において、ソーシャルワークの原則は人間の内発的価値と尊厳の尊重から、多様性の尊重へと変化した。　第32回

×：同定義の「原則」では、「内在的（内発的）価値と尊厳の尊重」も「多様性の尊重」も基本的原理に位置づけられている。

▶ ソーシャルワークの構成要素

　ソーシャルワークを構成する要素として、クライエント・システム、ニーズ、ソーシャルワーカー、社会資源があり、これらは相互に影響し合っています。

　クライエント（援助の対象者）を取り巻く環境をクライエント・システムといいます。クライエント個人とその家族との関係、個人と地域住民との関係、

個人とサービス提供機関との関係など、クライエントの社会的機能を高めるためにソーシャルワーカーはこのシステムへの働きかけをすることになります。クライエントがグループの場合でも、ソーシャルワーカーは同様の介入を行います。

社会福祉サービスの対象者は、「施しや恩恵を受ける人」ではなく「対等な立場でサービスを利用している人」なのです。

ソーシャルワークの対象は、何らかのニーズをもったクライエントであり、ニーズには、身体的、心理的、経済的、文化的、社会的なものがあります。

▶ 専門職として求められる質

ソーシャルワーカーは専門職として、固有の知識と技術を用いて、ソーシャルワークの価値を基盤とした実践を行うことになります。ソーシャルワーカーは、価値、知識、技術の3つを身につけ、専門職としての質の担保をしなければなりません。

また、ソーシャルワーカーに必要な能力や力量はコンピテンシーという概念で示されます。コンピテンシーとは、複雑な状況の下で、もっている素質や要素をふさわしいときに適切に動かし、統制することが可能な能力のことです。加えて、ソーシャルワーカーがクライエントとの関係性を強化させる性質には、共感、あたたかみ、誠実さの3つが挙げられます。

▶ 人権に関する国際的な主な条約

国際的な主な条約には、次のものがあります。

- 女子に対するあらゆる形態の差別の撤廃に関する条約（1979年国連採択、1981年発効、1985年日本締結）
- 児童の権利に関する条約（1989年国連採択、1990年発効、1994年日本批准）
- あらゆる形態の人種差別の撤廃に関する国際条約（1965年国連採択、1969年発効、1995年日本加入）
- 高齢化に関するマドリッド国際行動計画2002（2002年高齢者問題世界会議で採決）
- 障害者の権利に関する条約（2006年国連採決、2008年発効、2014年日本批准）

3 ソーシャルワークの形成過程

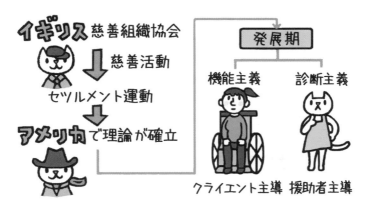

COSとセツルメント

㉝ ㉟ ㊱

▶ イギリスの救貧対策

　1860年代、イギリスのロンドンには多くの慈善組織があり、各々が貧困層の救済のために活動していました。しかし、相互の情報交換や協力体制の不備のために、当時の児童の危機的状況や、犯罪者の増加などへの対応は不十分でした。

　そこで、1869年にロンドンのイーストエンドに世界最初の慈善組織協会 (COS)が設立され、1860年代末頃にはセツルメント運動が起こり、後のグループワーク、コミュニティ・オーガニゼーション、ソーシャルアクションの礎となりました。

COS (慈善組織協会)
・ロック (Loch, C.) が指導し、ロンドンの地区ごとに地区委員会を設立し連携を強化。戸別訪問活動を中心に、生活困窮者や傷病ケースの申請の受付と調査、被救済者の登録、適切な救済機関への紹介、救済の重複や不正受給の防止などを行う
・1910年頃から名称を家庭福祉協会へ変更
・「貧困の原因は個人にある」として、貧困者に対する救済を社会の義務よりも貧民の生活態度改善や道徳的教化を目指す (社会改良は目的ではない)
・友愛訪問の科学化を追求
・貧民を「救済に値する貧民」と「救済に値しない貧民」に分け、自助努力を行っていると評価できる「救済に値する貧民」を救済の対象とした
・貧困の自立を支援するが、人と人が支え合う活動ではない
・慈善事業団体同士の組織的調整と救済の適正化

セツルメント
・デニスン（Denison, E.）によって始められ、イギリスのバーネット（Barnett, S.）が最初に組織化しCOSからの転換を図る
・知識や財産をもつ人がスラム街に移り住み、社会的弱者や生活に困窮する人たちと生活をともにしながら、人間的な接触を通して、地域福祉の向上を図ろうとする社会改良運動。住み込み（residence）、調査（research）、改良（reform）の3つのRが活動の中心
・1884年、ロンドンで大学セツルメント協会が発足。協会会館の設立前年に志半ばで死去したトインビー（Toynbee, A.）を記念してトインビーホールと命名し、バーネットが初代館長となる
・トインビーホールの主な事業には、クラブや講座など、様々な形態での労働や、児童の教育、文化活動、セツラー（セツルメント運動に参加した大学教師・学生、宣教師達）の地域の社会資源への参加と地域住民の組織化による公衆衛生、教育、救済などの社会資源の動員、社会調査とそれに基づく社会改良の世論喚起

ここは覚える！

第35回で、セツルメント運動の理念について問われました。

▶ 米国での救貧対策

米国における最初のセツルメントは、1886年にニューヨークに開設した隣保館ですが、代表的なセツルメントはアダムス, J.（Addams, J.）によるハル・ハウスです。開設1年目から5万人が利用して世界最大のセツルメントになりました。

ハル・ハウスの活動は、子ども、移民、そして労働の諸問題への取り組み、クラブ活動、教育活動、保育園の開設、婦人参政権活動などに及びました。生活弱者に対するこれらのグループ活動は、その後、グループワークやレクリエーション療法に発展していきます。そして1844年、キリスト教青年会（YMCA）が設立され、当初の祈祷会や聖書研究会の活動だけでなく、身体活動をプログラムに加えました。1855年には、キリスト教女子青年会（YWCA）が設立され、聖書研究会、社会活動、職業安定所、クラブ活動が行われました。1907年ベーデン・パウエル（Baden Powell, R.）がボーイスカウトを設立すると、軍隊式の訓練や戦争ごっこ、偵察遊びなどを通じて少年を教育しました。

ここは覚える！

第33回で、コイト（Coit, S.）が設立した隣保館と、アダムスが設立したハル・ハウスが出題されました。

▶ 日本のセツルメント運動の発端

　日本でのセツルメント運動は、1887（明治20）年の石井十次による岡山孤児院の小舎制の導入、1891（明治24）年のアダムス, A. B.（Adams, A. B.）による岡山博愛会の創設などがあります。しかし、日本最初の公設セツルメントは大阪市民館（1921年）でした。大正期になり、大正デモクラシーの中で学生を中心としたセツルメント活動が盛んになりました。

　代表的なセツルメント運動としては、1897（明治30）年、片山潜が東京の神田三崎町にキングスレー・ホールを設立しました。慈善事業と労働運動の関係を深める実践が行われ、主な活動は、幼稚園、職工教育会、青年クラブ、大学普及講演会、渡米協会、日本料理人組合、社会主義協会、都市問題研究会、日曜礼拝、クリスマス集会などでした。

■ 歴史上のケースワークの主な活動家とその実績（米国）

名前	実績	頻出度
リッチモンド	クライエントの社会状況とパーソナリティをできる限り正確に定義する。ケースワークを初めて科学的に体系化し基本的枠組みを提示した。ケースワークの母。『社会診断』（1917年）、『ソーシャル・ケースワークとは何か』（1922年）	★★★
フロイト (Freud, S.)	後の診断主義派の基になる理論を展開。精神科医。クライエントの問題は、社会環境よりも個々の精神的な内界にあるという精神分析を提唱した。人格構造をエス（イド）、自我（エゴ）、超自我（スーパーエゴ）の三領域に分類。自由連想法、夢分析	★★
ランク (Rank, O.)	当初はフロイトの弟子だった。後の機能主義派の基になる理論を展開。クライエント中心にワーカーの所属する機関の機能を活用して、自我の展開を図ることを支援。意志心理学	★
ホリス	診断主義派。心理・社会的アプローチ。ケースワークを環境調整、心理的支持、明確化、洞察に分類。状況の中の人に焦点。内的・心理的要因と外的・社会的要因の両方を認識。『ケースワーク：心理社会療法』（1964年）	★★★
ハミルトン (Hamilton, G.)	心理・社会的アプローチを重視。ソーシャルワークの取り組みにより、クライエントが自己の力に気がつくという視点。『ケースワークの理論と実際』（1940年）	★★★

名前	実績	頻出度
トール (Towle, C.)	人間の基本的な欲求の充足の重要性を提唱。ケースワークと公的扶助行政の関係を論ずる。『コモン・ヒューマン・ニーズ』(1945年)	★★
マイルズ (Miles, A.)	ケースワークは社会環境への視点を取り戻すべきとして「リッチモンドに帰れ」を提唱。『アメリカン・ソーシャルワーク理論』(1954年)	★★
タフト (Taft, J.)	機能的アプローチ。援助者は機関の機能を代表して援助するという視点。意思療法	★
ロビンソン (Robinson, V.)	機能的アプローチ。「疾病の心理学」より「成長の心理学」、「援助」より「治療」。『ケースワーク心理学の変遷』(1969年)	★
パールマン	問題解決アプローチ。診断主義と機能主義の折衷を提唱。ワーカビリティ。4つのP。『ソーシャル・ケースワーク：問題解決の過程』(1957年)『ケースワークは死んだ』(1967年)	★★★
アプティカー (Aptekar, H. H.)	診断主義派と機能主義派の両者を統合。力動論の立場で、「個人の社会生活のトータルな発展」を提唱。力動性の概念。『ケースワークとカウンセリング』(1955年)	★★
バートレット (Bartlett, H. M.)	ソーシャルワークの実践や方法としての共通する基盤。3つの構成要素（価値、知識、介入）。『社会福祉実践の共通基盤』(1970年)	★★★
ライド (Reid, W. J.) エプスタイン (Epstein, L.)	人には課題を達成するための能力があり、ワーカーと利用者と共に課題・計画・目標を作る。短期集中の援助法。課題中心アプローチ	★
ピンカス (Pincus, A.) ミナハン (Minahan, A.)	ソーシャルワークを一つのシステムとしてとらえ、ワーカーは4つのサブシステム（クライエント・システム、ワーカー・システム、ターゲット・システム、アクション・システム）の相互作用に関心をもつ必要があると提唱	★★★
ジャーメイン (Germain, C.) ギッターマン (Gitterman, A.)	生態学的アプローチ。個人とその環境の交互作用に援助の視点。エコロジカルソーシャルワークを提唱。生活モデル（ライフモデル）。『ソーシャルワーク実践における生活モデル』(1980年)	★★
ソロモン (Solomon, B.)	公民権運動を背景にエンパワメントの概念を主張。『黒人のエンパワメント』(1976年)	★★
サリービー (Saleebey, D.)	ストレングスとは、人間は困難でショッキングな人生経験を軽視したり、人生の苦悩を無視したりせず、むしろ試練に変えて、耐えていく能力である復元力を基本にしていると提唱	★
ターナー (Turner, F. J.)	クリニカル・ソーシャルワークの理論。『ソーシャルワーク・トリートメント-相互連結理論アプローチ』(1974年)	★
レヴィ (Levy, C.)	『ソーシャルワーク理論の指針』(1993年)において倫理は人間関係とその交互作用に対して価値が適用される	★★

■ 歴史上のグループワークの主な活動家とその実績（米国）

名前	実績	頻出度
ベーム (Boehm, W.)	ソーシャルワークの3機能（回復、資源の確保、予防）。『ソーシャルワークの本質』（1958年）	★★
ゴールドシュタイン (Goldstein, H.)	システム理論を指向した一元的アプローチ。『ソーシャルワークの実践統一的アプローチ』（1973年）	★★
コノプカ (Konopka, G.)	基本原理14項目を提唱。グループワークは意図的なグループ経験を通じて個人の社会的に機能する力を高めるとした。社会的諸目標モデル。『ソーシャルグループワーク』（1939年）	★★
コイル (Coyle, G.)	米国最初のグループワークの教育者。グループワークの母。『ソーシャルグループワーク年鑑』（1939年）	★★
トレッカー (Trecker, H.)	グループワークを通して、青少年健全育成に寄与。日本のYMCAなどに影響を与えた。『ソーシャルグループワーク原理と実際』（1948年）	★
シュワルツ (Schwartz, W.)	ワーカーを媒介者として媒介モデルの理論を構築した。相互作用モデル	★★
ヴィンター (Vinter, R.)	グループワークは、小さな対面グループの中で、そのグループに参加しているクライエントが望ましい変化をなすように援助する方法とした。治療モデル。行動グループワーク	★

■ 歴史上の間接援助 技術の主な活動家とその実績（米国）

名前	実績	頻出度
ニューステッター (Newstetter, W.)	地域社会内の様々なグループの相互作用を通して地域の問題に組織的な解決の有効手段を提唱。インターグループワーク説	★
ロス (Ross, M.)	地域社会の自発性や自助力を呼び覚ます支援。地域の住民組織化説	★
モレノ (Moreno, J. L.)	社会福祉調査として、人間関係を数量的に測定する調査（ソシオメトリー）により小集団のメカニズムを把握する。ソシオメトリー	★
ロスマン (Rothman, J.)	コミュニティ・オーガニゼーションを、小地域開発とその組織化モデル、社会計画モデル、ソーシャルアクションモデルの3つに分類	★

ここは覚える！

過去6回で、リッチモンドが3回、マイルズ、パールマン、バートレット、ベームが各1回出題されています。第36回ではシュワルツの媒介機能の事例問題が出題されました。

■ 歴史上のソーシャルワークの主な活動家とその実績（英国）

名前	実績	頻出度
バーネット	世界最初のセツルメント。社会改良の世論を喚起。トインビーホール	★★★
チャルマーズ (Chalmers, T.)	貧困家庭への友愛訪問、組織的援助などの慈善活動。それらはCOS運動の原型となった。隣友運動	★★
ラウントリー (Rowntree, B. S.)	絶対的貧困線（第一次貧困）、平常と異なる支出により貧困になる貧困線（第二次貧困）。ヨーク市における貧困調査で人口の3割が貧困と明らかになった。『貧困－都市生活の研究』（1901年）	★
ブース (Booth, C.)	1886〜1903年の間のロンドン市民の貧困調査。『ロンドン民衆の生活と労働』（1903年）	★★
ブース (Booth, W.)	ロンドンにて、産業革命下の貧民の救済。救世軍	★
ブトゥリム (Butrym, Z.)	ソーシャルワークの3つの価値前提（515ページ参照）。『ソーシャルワークとは何か：その本質と機能』（1976年）	★

■ 歴史上のソーシャルワークの主な活動家、理論家とその実績（日本）

名前	実績	頻出度
アダムス	米国人宣教師。セツルメント運動（地域改善運動）を行う。岡山博愛会	★★
渋沢栄一	中央慈善協会初代会長。窮民収容施設の創設。東京市養育院	★★
笠井信一	元岡山県知事。貧民救済を行う。済世顧問制度	★
小河滋次郎	大阪で方面委員制度を創設	★★
林市蔵	元大阪府知事。社会事業推進者の小河滋次郎と共に方面委員制度を創設。民生委員の父	★
片山潜	東京の神田でセツルメント運動を開始。キングスレー館	★★
石井十次	日本で最初に孤児院（岡山孤児院）を創設。孤児を無制限で収容	★★
留岡幸助	日本最初の家庭宿舎の家庭学校（巣鴨家庭学校）を創設。非行少年の感化教育を行う	★
横山源之助	明治期の新聞記者。ジャーナリスト。近代的貧困層を描く。「職工事情」調査に加わる。『日本之下層社会』（1899年）	★
石井亮一	明治〜昭和の社会事業家。知的障害児教育に寄与。日本の知的障害者福祉の創始者。知的障害児教育の父。弧女学園、滝乃川学園	★★
生江孝之	キリスト教を基盤とした社会事業家。社会事業の父。『社会事業綱要』（1923年）	★

名前	実績	頻出度
浅賀ふさ	聖路加病院に社会事業部を創設。日本のMSWの先駆者	★★
山室軍平	キリスト教社会事業家。更生保護、禁酒運動、廃娼運動などを行う。日本初の救世軍士官。日本救世軍	★
賀川豊彦	大正〜昭和のキリスト教社会運動家。社会改良運動、生活協同組合運動を行う。『死線を越えて』(1920年)	★
長谷川良信	信仏教布教のため東京巣鴨にてセツルメント運動を行う。淑徳大学を創設。マハヤナ学園。『社会事業とは何ぞや』(1919年)	★
糸賀一雄	知的障害児施設「近江学園」、重度心身障害児施設「びわこ学園」を創設。『この子らを世の光に』(1965年)『福祉の思想』(1968年)	★
竹内愛二	米国のケースワーク理論を日本に紹介。日本の科学的専門的なケースワーク理論の確立、発展に寄与。『専門社会事業研究』(1958年)	★★
田子一民	内務官僚。社会連帯の思想を基盤に、生活の幸福を社会事業の目的として、行政施策を実践した。『社会事業』(1922年)	★
孝橋正一	昭和〜平成の社会福祉学者。社会事業を社会科学的方法論に基づいて研究し、その体系化を行った。『全訂・社会事業の基本問題』(1962年)	★
岡村重夫	社会福祉における援助活動の意義を提唱。社会関係の主体的側面に焦点を当てた社会福祉固有の視点を強調。4つの原理(全体性、社会性、主体性、現実性)。ソーシャルワークの機能(評価的機能、調整的機能、送致的機能、開発的機能、保護的機能)	★★
仲村優一	戦後の日本の社会福祉の体系化と実践理論の推進。『公的扶助とケースワーク』(1956年)	★★
永井三郎	日本YMCA同盟総主事。『グループ・ワーク小團指導入門』(1961年)	★★
三好豊太郎	ケースワークを社会事業の技術として位置づけた。『「ケースウォーク」としての人事相談事業』(1924年)	★★

落とせない！重要問題

石井十次が創設した東京神田のキングスレー館は、日本におけるセツルメント活動の萌芽となった。 第33回

×：石井十次ではなく片山潜が創設した。

▶ 機能主義と診断主義

アメリカでソーシャル・ケースワークの中心となったのはリッチモンドです。当初は米国ボルチモアの慈善組織協会で友愛訪問を始めました。彼女は長年にわたり当時のケース記録を分析し、1917年に『社会診断』を発表してケースワークを専門的な水準に高めようとしました。

■ リッチモンドのケースワークのポイント

- ケースワークを、社会的証拠の収集から始め、比較・推論を経由して社会的診断を導き出す過程として定義づけた
- 社会的診断は、「クライエントの社会的状況とパーソナリティを、できる限り正確に定義する試みである」
- ケースワークを「人と社会環境との間を個別に意識的に調整することを通して、パーソナリティの発達を図る諸過程」であると定義
- ケースワークの過程の対象として、個人に直接働きかける直接的活動と、社会、環境を通じて働きかける間接的活動を挙げた
- 1897年、慈善矯正会議にて「応用博愛学校」の必要性を呼びかけ、ケースワークを経験的・道徳的なものから、社会的視点と科学的方法や技術を用い専門的・科学的なものへと発展させた

ここは覚える！

第35回で、リッチモンドが「ケースワークの母」といわれ、社会的証拠の探索と収集を重視し、「ケースワークは社会改良の小売的方法である」としたことが出題されました。

専門分化の流れの中で一つの専門職としてのケースワークの共通基盤を求める声が高まり、全米の専門職団体が集まり、1923年10月、ペンシルバニア州でミルフォード会議が開催されました。この会議は1928年まで毎年開催され、その後のケースワークの専門化に貢献しました。その成果は1929年に報告書として出版され、その中でジェネリック・ソーシャルワークの概念が発表されました。

1929年、ニューヨークで株価が暴落したのをきっかけに世界恐慌が起こりま

す。1,300万人の失業者と数百万人が救済を求め、公的な救済サービスが必要になりました。1933年にルーズベルト大統領（Roosevelt, F.）により進められたニューディール政策では、公的機関にケースワーカーが採用され、ケースワークの発展に寄与しました。

　当時、ソーシャルワークにおいて、診断主義学派と機能主義学派という2つの流れがありました。ケースワークの全く異なる視点をもつ両派は長期（主に1930〜1940年代）にわたり激しく対立しましたが、それがこの援助関係全体の見直しの契機となりました。

📖 **ジェネリック・ソーシャルワーク**：福祉の各分野に共通の概念、知識、方法、社会資源の体系。ケースワーク、グループワーク、コミュニティワークといったソーシャルワークのその後の統合化の源泉となった。

■ 診断主義派と機能主義派

診断主義学派	・フロイトの精神分析を基礎とした見解 ・診断主義学派、または診断学派ともいう ・提唱者は、ハミルトン、トール、ホリスら ・ソーシャルワークを「援助者がクライエントに働きかける過程」とする ・診断主義学派のケースワークは、問題を抱えているクライエントには精神分析療法的な介入をして理解し、分析、変容させる ・医学モデルを基盤とし、クライエントの変容とその強度は治療的なかかわりの方法とクライエントの抱えている問題の内容や度合いによって決まる ・自我心理学が心理学、社会学、教育学をつなぎ、心理的視点と社会的視点を統合させることのケースワークへの応用を試みる
機能主義学派	・ランクは意志心理学を拠りどころとする ・タフト、ロビンソンらが中心 ・ソーシャルワークを「クライエントが援助者に働きかける過程」ととらえる ・生活モデルを基盤とし、人間のパーソナリティにおける自我の創造的統合力を認め、あくまでクライエントが中心の援助関係を重視 ・クライエントにソーシャルワーカーの所属機関の機能を自由に活用させ、クライエントの自我の自己展開を助けることを中心課題とする

▶ 実践理論の発展

1957年	・パールマンが『ソーシャル・ケースワーク：問題解決の過程』を発表。問題解決という視点から診断主義と機能主義の折衷を図る ・問題解決アプローチが、その後のソーシャルワークの統合化や実践理論の発展の基礎となる ・ケースワークを構成する要素として、4つのPを提示 　problem：問題　　person：相談に来る人 　place：援助の場所　process：ワーカーとクライエントの間の援助の過程 ・1986年に専門職ワーカー（profession）、制度・政策（pro-vision）が加わり6つのPとなった
	・バイステック（Biestek, F.）が『ケースワークの原則』を公表
1963年	・ハリントン（Harrington, M.）が『もう一つのアメリカ』を発表 ・1950年代終盤に米国の全人口の4分の1〜5分の1が貧困状態にあり、食料・医療・教育・住宅などの生活水準が不十分なことを明らかにした ・貧困の状態の多くが高齢者・移民・少数民族であり、その状態が世代間で再生産される悪循環（貧困の文化）に陥っていることを挙げた
1964年	・ジョンソン大統領（Johnson, L. B.）が貧困戦争を宣言し、貧困の克服を政策の課題として、職業訓練、雇用対策事業、教育事業、融資事業などを行った
1950〜60年代	・人種的・法的差別を受けてきた黒人の公民権運動に代表される人種差別の問題 ・キング牧師（King, M. L.）が中心となった公民権運動は、黒人に対する社会的、経済的差別といった人権侵害の撤廃を求める社会運動
1965年	・ホリスが『ケースワーク：心理社会療法』を発表 ・人とそれを取り巻く状況、及び両者の相互作用という視点から「状況の中の人」に焦点を当てて、クライエントの問題状況をとらえる心理社会的アプローチを提唱
1970年	・バートレットが『社会福祉実践の共通基盤』を発表 ・ソーシャルワーク実践を構成する要素に価値の体系、知識の体系、人と環境との相互作用への多様な介入方法を挙げ、共通基盤とした
1980年	・ジャーメインとギッターマンがライフモデル（生活モデル）を発表し、人と環境の交互作用に焦点を当て、両者の調和を目指すソーシャルワーク理論を提唱
1990年代	・米国では高騰する医療費に対応するため、医療のサービスやコストを抑制するマネジドケアが急速に導入。ソーシャルワーカーにも効率的で効果のある業務が求められ、ケースマネジメントが生まれる
1990〜2000年	・医学・看護学・心理学・社会学などの学問や実践領域で浸透していたポストモダン（Postmodern）とエビデンス・ベースド・プラクティス（Evidence Based Practice：EBP）の考えをソーシャルワークに導入

■ **ケースマネジメント：**利用者の必要な各種サービスを効果的に利用者と結び付ける方法。後にケアマネジメントといわれるようになった。

パールマンはクライエントが問題解決に取り組む力をワーカビリティ（他者から援助を受け入れるクライエントの能力、動機づけ機会）と呼び、その向上がソーシャルワークの重要な役割であると主張しました。また、パールマンの4つのPはよく出題されているので、押さえておきましょう。

ここは覚える！

表中の研究者名と主著はセットで出題されやすいので、押さえておきましょう。特にバートレットは出題頻度が高いです。

ポストモダンの代表的なものがストレングス・アプローチとナラティブ・モデルです。ソーシャルワーカーは「利用者こそ、専門家である」という姿勢で、利用者のもつ力、利用者が語る言葉や話を最大限に尊重しようとするものでした。これに対して、EBPは科学的根拠に基づいた実践であり、ポストモダンが問題視する普遍性・科学性・客観性・実証性を追究して、ソーシャルワーク実践を評価・調査することに関心が寄せられています。

ポストモダン・ソーシャルワークでは、クライエントの欠点を矯正する援助を批判しています。客観主義、実践主義にも批判的であり、福祉サービスの効率化を求めません。

▶ 米国のソーシャルワークの統合

ソーシャルワークの統合化とは、ソーシャルワークの共通基盤、特に主たる方法論であるケースワーク、グループワーク、コミュニティ・オーガニゼーション（コミュニティワーク）の伝統的な方法を統一的に実践できるようなアプローチの模索でした。統合化は、1955年に全米ソーシャルワーカー協会（NASW）が結成されたのを契機に加速しました。全米ソーシャルワーク協会は1958年に「ソーシャルワーク実践の基礎的定義」を発表し、「ソーシャルワークの実践は価値、目的、サンクション、知識及び方法の集合体である」としました。

1929年のミルフォード会議の報告書では、初めて「ジェネリック」という概念が登場して、その特性が提示され、統合化の源泉となりました。北米におけるソーシャルワークの統合化は、公民権運動やベトナム反戦運動により複雑化、

深刻化するクライエントの生活問題について、それらに適合した方法を用いてソーシャルワーカーが対応できるのかという危機感を背景に推進が図られてきました。

統合化に影響を与えた理論的動向としては、ソーシャルワークにシステム理論が導入されたことが挙げられます。また、ソーシャルワークを専門職として確立させ、ソーシャルワーカーのアイデンティティを高めていくことも統合化の重要な要因となりました。

統合化により、ソーシャルワーク実践における共通の基盤が見いだされて、専門的アイデンティティの確立につながっていきました。

📖 **システム理論**：人と環境の交互作用に視座をおく理論。

 ここは覚える！

第35回ではミルフォード会議やジェネリック・ソーシャルワークについて、第36回ではパールマンの4つのPやバートレットの3つの構成要素、NASWの「ソーシャルワークの基礎的定義」の内容について出題されました。

落とせない！重要問題

ミルフォード会議では、それまで分散して活動していたソーシャルワーク関係の諸団体が統合された。 第35回

×：ミルフォード会議の成果は、1929年に発表された報告書で初めて「ジェネリック」という概念が提起されたことである。

▶ 日本のソーシャルワークの確立

日本の病院で最初にソーシャルワークが導入されたのは、1926（大正15）年です。泉橋慈善病院（現三井記念病院）で賛助婦人会が創設され、病人相談所ができました。1926（大正15）年、済生会病院では、生江孝之が社会部を作り、初代のケースワーカーには清水利子が選任されて病院社会事業を開始します。

1929（昭和4）年には、聖路加国際病院に社会事業部が開設され、浅賀ふさが初代ソーシャルワーカーとして採用されました。米国で社会事業の教育を受

けた浅賀は、患者・家族への家庭訪問と共にソーシャルワークも行いました。浅賀は、日本の医療ソーシャルワーカーの草分け的な存在であり、日本の医療ソーシャルワークの発展に貢献しました。

　その後、日本のソーシャルワークは米国のそれを基盤にして発展します。発端は第二次世界大戦後の連合国軍最高司令部（GHQ）の指導にありました。その結果、生活保護法、児童福祉法、身体障害者福祉法の福祉三法、社会福祉事業法が成立し、それらの法により社会福祉主事、児童指導員・身体障害者福祉司が生まれました。また、米国の社会福祉理論の翻訳や日本の社会福祉研究者の論文も世に出ていきました。しかし、GHQが導入した米国のソーシャルワークは、文化、社会的風土、制度政策の違う日本では、馴染みがなく浸透しませんでした。

　1960年代、日本では国民の福祉への要求が高まり、社会福祉六法が整備されます。また、高度経済成長の歪みから公害問題などの社会問題が多発し、社会福祉ニーズの高まりと市民運動が起こりました。

　1962（昭和37）年には社会福祉協議会基本要項が制定、住民主体の原則、コミュニティ・オーガニゼーションの適用が示され、専門職設置の方針が明示されました。また、1968年のイギリスのシーボーム報告が日本のコミュニティワークに影響を及ぼし、「コミュニティケア」の定義が打ち出されました。

　1971（昭和46）年には中央社会福祉審議会によって「社会福祉専門職員の充実強化方策としての社会福祉士法制定試案」が提示されましたが、量的・質的にも体制が不十分で、多くの課題がありました。

　1970年代になると、米国の影響から地域を基盤としたソーシャルワークが注目されました。1971（昭和46）年には中央社会福祉審議会がコミュニティ形成と社会福祉を答申、①社会福祉協議会を中心とした地域組織化活動の発展強化、②地域福祉センターを中心とした地域福祉施設の体系的整備、③コミュニティケアの発展方策が打ち出されます。

　1980年代初頭には、国際障害者年を契機にノーマライゼーションの理念の普及が進み、障害者領域では脱施設化の動きが模索されます。高齢者保健福祉推進十か年戦略（ゴールドプラン）では、在宅福祉推進のための10年間の事業が提示されて、在宅福祉を中心とした地域福祉が急速に発展しました。

　1990（平成2）年、福祉関係八法が改正され、在宅福祉の3本柱（ホームヘルプサービス、デイサービス、ショートステイ）が制度化されました。

4 ソーシャルワークの基盤となる考え方

アドボカシー
エンパワメント
ソーシャルワークの理念
ストレングス
ソーシャルインクルージョン
ノーマライゼーションと自立決定

ソーシャルワーカーのあり方

　人間の尊厳の保持という価値観の根底にあるのは、1948年の国連総会で採択された世界人権宣言です。これはソーシャルワーカーがクライエントにかかわる上での伝統的な価値観になります。

　まず、ソーシャルワーカーは、自分自身を使って人の支援をする職業であるため、個人の価値観が専門職としての活動に影響を与えます。そこでソーシャルワーカーは価値観を含めて、自分のことをよく把握する必要があります。また、ソーシャルワーカーは、クライエントをありのままに受け止めることが不可欠です。そのためには非審判的態度、つまり裁かない態度をとることが重要になってきます。

　ソーシャルワーカーには自分の価値と所属する機関・施設との価値が合致しないことがあります。このような場合はソーシャルワーカーの心に葛藤が生じますが、クライエントの人権を守り、自己決定を尊重し支援しなければなりません。

ソーシャルワークの理念 ③① ③② ③④ ③⑥

ソーシャルワークの目的は、個人や社会がよりよい状態になることです。そのための原理がソーシャルワークのグローバル定義であり、その中核をなすのが、社会正義、人権の尊重、集団的責任、多様性の尊重です。これらによりソーシャルワークが実践的に機能することが求められています。

▶ 当事者主権

当事者主権とは、本人が主体となり自分のことを決定する倫理があることです。ソーシャルワークにおいて自己決定の尊重は重要であり、支援過程で本人の意思や意向を明確にしていくことが求められます。

障害者、高齢者、女性、患者、不登校児者、性的少数者、外国人、生活保護受給者、犯罪者など社会的弱者といわれる人々は、その権利や意思表示の機会を奪われがちです。

また、専門職等が本人の代わりに物事を決定してしまうことをパターナリズム（父権主義）といいます。本人の意思がいかされず、意思の過小評価や能力の欠如を決めつけることにもなりかねないため、ソーシャルワークにおいては注意が必要です。

▶ 尊厳の保持

すべての人が尊厳をもっており、ソーシャルワーカーは、すべての人をかけがえのない存在として尊重します。

ソーシャルワーカーは、尊厳の保持が難しい本人を支援するとともに、侵害する要因となっている物事への働きかけも行います。尊厳は個人のみならず、集団、地域等ももち得るものであるため、それらへの対応も行います。

▶ 自立支援

自立とは、他人からの助けを得ることができ、それを自分自身にとってふさわしい形で活用できる状態であるといわれます。

米国では1962年、エド・ロバーツ（Roberts, E.）が介助サービス、車椅子学生寮、障害者へのピアカウンセリング等の活動を大学にて開始。1972年にカリフォルニア州バークレー市で「自立生活センター」（Center for independent Living）を設立しました。これは障害者の自立生活運動（IL運動）の始まりとい

われています。

　ソーシャルワーカーは、クライエントが主体的に自己の課題に向き合い、自立した生活が送れるように、本人の状況や必要に応じて専門知識や情報を提供します。

▶ 権利擁護

　日本国憲法では、基本的人権を保障し（11条）、すべての国民に健康で文化的な最低限度の生活を営む権利を保障しています（25条）。ソーシャルワーカーは、すべての人に健康で文化的な生活が保障されるよう生活支援を実践していきます。

　近年、多くの社会福祉サービスが契約により利用されていますが、判断能力が不十分であるなどの理由により、対等な立場で契約できない利用者を支援するために、成年後見制度や日常生活自立支援事業（制定当時は地域権利擁護事業）が開始されました。

　さらに、意思決定支援として、厚生労働省から2017（平成29）年に「障害福祉サービス等の提供に係る意思決定支援ガイドライン」が、2018（平成30）年に「認知症の人の日常生活・社会生活における意思決定支援ガイドライン」が出されています。

　アドボカシーとは、寝たきりや認知症、障害などで権利の主張が困難な人の代わりに「代弁」や「弁護」を直接行うことで、「権利擁護」はアドボカシーの訳語とされています。社会福祉では、直接の支援やエンパワメントを通じて、個人やコミュニティの権利を守ることを意味します。

　アドボカシーは、ソーシャルワーカーの利益を守るものではありません。クライエント側に立って支援を行うため、ソーシャルワーカーは中立な立場をとらず、サービス提供機関の権利の代弁も行いません。決定権はクライエント自身にあるので、クライエントを説得することも基本的にしません。

　調整や交渉が解決に至らないときなど、福祉施設、行政機関と対決する場合

が生ずることもあります。しかし、権利擁護では利用者の主体性と主張、権利獲得の過程が重要な要素となるため、必ずしもソーシャルワーカーの所属機関への利益相反行為になるとはいえません。

■ アドボカシーの分類

ケースアドボカシー	クラスアドボカシー
・クライエント（個人や家族）が受ける権利のある公的扶助（金銭の支給）やサービスを利用でき、それらがクライエントの人権が十分に尊重される形で提供されるように支援すること ・パーソナルアドボカシーともいう	・政策、実践、法律などを変えさせるように働きかけ、特定のクラスやグループ（社会階層や属性）に属する人々にプラスの影響が及ぼされるようにすること ・コーズアドボカシー、システムアドボカシーともいう

アドボカシーには、①セルフアドボカシー（自己弁護）、②シチズンアドボカシー（市民権利擁護代弁）、③リーガルアドボカシー（法的擁護代弁）があります。

ここは覚える！

第34回で、「障害福祉サービス等の提供に係る意思決定支援ガイドライン」や「認知症の人の日常生活・社会生活における意思決定支援ガイドライン」について出題されました。また、第31・32・34回では、アドボカシーについて問われました。

▶ 自己決定の背景

ミル（Mill, J. S.）が『自由論』で述べた侵害原理の中核規定を解釈した加藤尚武は、「判断力のある大人なら、自分の生命、身体、財産に関して、他人に危害を及ぼさない限り、たとえ、その決定が本人にとって、不利益なことでも自己決定の権限をもつ」としています。

地域での生活を推進して、その流れの中で必然的にクライエントの自己決定が重要視されています。重要なのは、自立と依存というものを対立した概念としてとらえないことです。他者や制度に依存しつつも、可能な限り自己決定によって生活する、「依存的自立」という概念も存在します。

▶ エンパワメントとストレングス

エンパワメントとは、クライエントが本来もっている自分自身の内発的な力に気づき、状況を変えられると感じる自己交感力を高め、必要な社会資源を活用して、環境と適合して尊厳ある生活を送る力を引き出すことです。また、クライエントが活用できる知識や技能をソーシャルワーカーがもっていることを、クライエントが認めるように援助していくことでもあります。

ソロモンは3つの機会からの拒絶（個人的資源を高めるために必要な社会資源からの拒絶、専門的及び対人的技術を習得するために必要な社会資源からの拒絶、高く評価される社会的役割からの拒絶）により、本来のパワーを獲得できない人々がおり、社会的・政治的制度を変革することによってエンパワメントを高めることができるとしています。ワーカーとクライエントは治療的関係ではなく、協力して支え合う者同士、もしくはパートナーという関係性となります。

ストレングスとは、本来クライエント自身が自分にできることや強みを認識し、自尊心の低下や罪悪感から脱却して、自己肯定感の向上を図ることができるという概念です。クライエント（本人、家族、所属集団、地域など）は潜在的に様々なストレングス（強さ、能力）を有しており、それが十分に発揮・活用できないために困難な状況に陥るという考え方を、クライエント・システムといいます。

> エンパワメントもストレングスも、かなり出題されやすい用語です。

▶ ノーマライゼーション

ノーマライゼーションとは、誰もが当たり前に、ありのままに生活したい場所で生活するという考えです。1956年代、デンマークの知的障害者施設での人権侵害に対して、入居者の親が隔離・収容型の処遇のあり方に対して起こした反対運動から始まりました。この概念にノーマライゼーションという言葉を与えたのは、バンク-ミケルセン（Bank-Mikkelsen, N.）です。

また、ノーマライゼーションが最初に公的な文章として公表されたのは、デンマークの1959年法（知的障害者及びその他の発達遅滞者の福祉に関する法律）でした。スウェーデンのニィリエ（Nirje, B.）は1963年にノーマライゼーショ

ンという言葉に出会って、ノーマライゼーションの原理を発展させて概念化を図りました。

　ヴォルフェンスベルガー（Wolfensberger, W.）は北米にノーマライゼーションを導入。1983年には「ソーシャルロールバロリゼーション」（社会的役割の実践）を提唱しました。「知的障害者にも価値ある社会的役割を与えよう」というものでした。

▶ ソーシャル・インクルージョン

　個人が貧困、教育の機会や基本的能力の欠如、差別のために社会参加ができず、社会から排除されていく過程で、法律制度の網からも漏れてしまい、雇用、収入、教育機会が得られなくなっていく状況をソーシャル・エクスクルージョン（社会的排除）といいます。

　そして、すべての人々を孤独や孤立、排除や摩擦から援護し、健康で文化的な生活の実現につなげるように社会の構成員として包み、支え合う社会を構築することをソーシャル・インクルージョン（社会的包摂）といいます。

　ソーシャル・インクルージョンに基づくソーシャルワークでは、ニーズを充足させるアプローチと、エンパワメントのアプローチの両方が不可欠です。社会資源を創出・存続させてサービスを提供していくことが求められます。

　その支援においては、社会起業的な枠組みでの対応が必要になり、地域社会をどう取り込んでつないでいくのかが問題になります。地域をつなぐことは、地域が本来もつべき力の回復にもなるからです。言い換えると、ソーシャル・インクルージョンによりソーシャルワーカーが社会的排除を解決するとともに、地域をエンパワメントする役割を提供することにもなります。この概念は日本社会福祉士会の倫理綱領において、社会に対する倫理責任に加えられています。

> ヨーロッパでは、ソーシャル・インクルージョンはソーシャル・エクスクルージョンの解決策として発展、従来あるべきソーシャルワークの基本理念を再確認させるものとされています。

5 ソーシャルワークの倫理

社会福祉士の倫理綱領

人間の尊厳 ＝ 貢献　貢献 ＝ 社会正義

誠実

専門的力量

↑

社会福祉士の価値

専門職倫理とは何か ㊱

　ソーシャルワーカーとして、社会福祉の価値に基づいた適切な行為の基準を示したものが専門職倫理で、社会福祉の価値を具現化したものになります。

　ソーシャルワーカーに専門職倫理が必要とされるのには、次のような理由があります。

- ソーシャルワーカーとの関係でクライエントが被害を受けやすい状態にあるため
- ソーシャルワーカーはクライエントの個人情報を把握しているため
- ソーシャルワーク実践において、ソーシャルワーカーには、援助において複数の価値や義務が存在して、倫理的ジレンマが生ずるため

📖 **倫理的ジレンマ:** クライエント支援において、複数の価値や義務が存在して、ワーカーにとって判断に迷いが生じ、葛藤すること。

　また、社会福祉士の倫理綱領の主な機能には、次の4点があります。

- ソーシャルワーク実践の質の担保（倫理基準の明示とモラルハザードの予防機能）
- 社会的信用の確保（一般の人々に専門職として認知される条件）

- 倫理的判断の指針（社会福祉士の倫理的ジレンマの判断指針）
- 外部規制に対する防備（ソーシャルワークの価値と社会福祉士の所属する組織の価値との相違において、社会福祉士の活動を保障する機能）

また、ブトゥリムは、以下の「ソーシャルワークの3つの価値前提」を挙げています。

人間尊重	人間そのものに価値があること。カント学派の哲学が基盤
人間の社会性	人間は各々、個々に独自性をもつ。その独自性の貫徹のために、他者に依存する存在である
人間の変化の可能性	人間は変化するものであり、成長及び向上の可能性に対する信念から生じている

ここは覚える！

第36回で、3つの価値前提について出題されました。ブトゥリムは、3つの価値は独自かつ固有の価値ではないが、ソーシャルワークには必要不可欠なものとしています。

倫理綱領の内容　㉜ ㉝ ㉞ ㊱

▶ 全米ソーシャルワーカー協会の倫理綱領

全米ソーシャルワーカー協会の倫理綱領は、まず1920年にリッチモンドが試験的に作成し、その後、1960年に14の宣言を記した初の倫理綱領を採択しました。

全米ソーシャルワーカー協会の現在の倫理綱領は1996年に採択され、1999年、2008年に改訂されています。倫理原則は6つの価値（サービス、社会正義、人の尊厳と価値、対人関係の重要性、誠実性、対処の能力）からなります。倫理基準はソーシャルワークの実践や倫理判断の指針となる基準を提示しています。この基準はクライエント、同僚、所属組織、専門職、専門性、社会の6つに分類されています。

全米ソーシャルワーカー協会の倫理綱領を補完するために、本協会の内部には検証プロセスが存在します。倫理綱領に違反した本協会会員への、苦情についての調停や判決、資格の取り消し、必要に応じて継続研修の受講や専門家によるコンサルテーションが行われます。

国際ソーシャルワーカー連盟（IFSW）と国際ソーシャルワーク学校連盟（IASSW）は、2004年にソーシャルワークにおける倫理—原理に関する声明を承認しました。この声明では「人権と人間の尊重」及び「社会正義」を一般的倫理として挙げています。「序文」「ソーシャルワークの定義」「国際規約」「原理」「専門職としての行動」からなり、「原理」では、自己決定の尊重を、他者の権利や利益を侵害しない限りにおいて認めています。また「社会正義」では、社会の民族的、文化的な多様性の尊重、否定的な差別への挑戦にも言及しています。

> 国際ソーシャルワーカー連盟（IFSW）は、「貧困撲滅とソーシャルワーカーの役割に関する国際方針文書」（2010年）を承認しています。

▶ 日本の各ソーシャルワーカー団体の倫理綱領

日本ソーシャルワーカー協会は、1986（昭和61）年にソーシャルワーカーのための初の倫理綱領を採択しています。

日本社会福祉士会では独自の倫理綱領があり、また、それらを具体的な社会福祉士の行動として明記した行動規範を作成しています。1995（平成7）年に採択した「ソーシャルワーカーの倫理綱領」を改訂し、2005（平成17）年に「社団法人日本社会福祉士会の倫理綱領」として採択。さらに、2014（平成26）年の「ソーシャルワーク専門職のグローバル定義」の採択を受けて、2020（令和2）年に最新版の「社会福祉士の倫理綱領」、翌年に「社会福祉士の行動規範」が採択されました。

社会福祉士の倫理綱領は、「前文」「原理」「倫理基準」の3つの柱で構成されています。

グローバル定義では、人権尊重と社会正義をソーシャルワークの原理としており、日本社会福祉士会の倫理綱領の「原理」では次のように明文化しています。

Ⅰ（人間の尊厳）	社会福祉士は、すべての人々を、出自、人種、民族、国籍、性別、性自認、性的指向、年齢、身体的精神的状況、宗教的文化的背景、社会的地位、経済状況などの違いにかかわらず、かけがえのない存在として尊重する。
Ⅱ（人権）	社会福祉士は、すべての人々を生まれながらにして侵すことのできない権利を有する存在であることを認識し、いかなる理由によってもその権利の抑圧・侵害・略奪を容認しない。

Ⅲ（社会正義）	社会福祉士は、差別、貧困、抑圧、排除、無関心、暴力、環境破壊などの無い、自由、平等、共生に基づく社会正義の実現をめざす。
Ⅳ（集団的責任）	社会福祉士は、集団の有する力と責任を認識し、人と環境の双方に働きかけて、互恵的な社会の実現に貢献する。
Ⅴ（多様性の尊重）	社会福祉士は、個人、家族、集団、地域社会に存在する多様性を認識し、それらを尊重する社会の実現をめざす。
Ⅵ（全人的存在）	社会福祉士は、すべての人々を生物的、心理的、社会的、文化的、スピリチュアルな側面からなる全人的な存在として認識する。

　また、「倫理基準」は、さらに①クライエントに対する倫理責任、②組織、職場に対する倫理責任、③社会に対する倫理責任、④専門職としての倫理責任の4つに分かれています。

■「社会福祉士の倫理綱領」と「社会福祉士の行動規範」のポイント

- 社会福祉士は人々をあらゆる差別、貧困、抑圧、排除、暴力、環境破壊などから守り、包含的な社会を目指すように努める（ソーシャル・インクルージョン）
- クライエントから専門職としての支援の代償として、正規の報酬以外に物品や金銭を受けとってはならない（クライエントの利益の最優先）
- 社会福祉士は、クライエントに必要な情報を適切な方法・わかりやすい表現を用いて提供する（説明責任（アカウンタビリティ））
- 社会福祉士は、他の社会福祉士が専門職業の社会的信用を損なうような場合、本人にその事実を知らせ、必要な対応を促す（社会的信用の保持）
- 社会福祉士は、すべての調査・研究過程で、クライエントを含む研究対象の権利を尊重し、研究対象との関係に十分に注意を払い、倫理性を確保する（調査・研究）

　日本社会福祉士会には、倫理綱領を遵守するために、会員の支援システム、苦情対応システムがあります。また、他の社会福祉士が非倫理的行動をとった場合は、関係機関等に対して、適切な行動をとるように働きかけなければなりません。倫理綱領を遵守することで、社会福祉士個人だけでなく専門職集団としても責任ある行動を啓発することになります。

▶ 精神保健福祉士の倫理綱領

日本のソーシャルワーカーは、共通する倫理綱領を採択しています。精神保健福祉士の専門職団体である日本精神保健福祉士協会も倫理綱領を採択し、実践に活かしています。加えて、精神保健福祉士独自の倫理綱領もあります。

精神保健福祉士の倫理綱領は、前文、倫理綱領の目的、倫理原則、倫理基準で構成され、倫理綱領を補完するものとして苦情処理システムがあります。

▶ 倫理的ジレンマ

ソーシャルワーカーのソーシャルワーク活動は、クライエント、所属機関、行政、同僚、専門性、社会のすべてに対して義務を背負っています。そのため、それぞれへの義務や価値が対立した場合、どの義務や価値を優先すべきかというジレンマが生じ、その克服の中でバーンアウト（燃え尽き症候群）に陥ることがあります。

ソーシャルワークの価値と所属機関の価値に差異が生じると、ソーシャルワーカーは板ばさみになる可能性があります。実践の過程で、法や制度との矛盾を感じたり、個人情報や守秘義務の原則との倫理的ジレンマが起きることもあるでしょう。

制度の内外を熟知し、技術を駆使しても、ジレンマの解決方法が見つからない場合は、代弁（特にコーズアドボカシー）やソーシャルアクションなどの方法を用い、支援の環境を変化させることも可能です。ソーシャルワーカーが所属する機関の上司や同僚など、クライエントのケースを共有している専門職に相談したり、外部の専門家に相談したりすることも一つの方法です。

Q ──────────────────────────── **A**

☐ **1** 「ソーシャルワークのグローバル定義」におけるソーシャルワークの中核任務には、人々のエンパワメントと解放が記載されている。　第36回　　○

☐ **2** 「ソーシャルワークのグローバル定義」におけるソーシャルワーク専門職は、社会改革を任務とするとともに社会的安定の維持にも等しく関与する。　第35回　　○

☐ **3** 社会福祉士及び介護福祉士法では、社会福祉士でない者が社会福祉士の名称を使用した場合に罰則がある。　第35回　　○

☐ **4** 社会福祉士及び介護福祉士法では、秘密保持の義務は、いかなる理由があっても、開示してはならない。　第36回　　×

☐ **5** 社会福祉士は資格更新のため、7年ごとに所定の講習を受講しなければならない。　第33回　　×

☐ **6** ポストモダンの影響を受けたソーシャルワークでは、クライエントの主体性や語りを重視する。　第31回　　○

☐ **7** 認知症の人の意思決定支援では家族は本人と利害が対立することがあることから、意思決定支援のチームの一員には入らないこととされる。
第30回　　×

☐ **8** ノーマライゼーションの理念は、すべての人間とすべての国が達成すべき共通の基準を宣言した世界人権宣言の理念として採用された。
第26回　　×

☐ **9** リッチモンドはケースワークの体系化に貢献したことから、後に「ケースワークの母」といわれた。　第35回　　○

☐ **10** 障害者の自立生活運動では、当事者の自己決定権の行使を提起している。　第36回　　○

☐ **11** 岡村重夫は、社会関係の主体的側面に焦点を当てた社会福祉固有の視点と領域を提起した。　第30回　　○

解説

4 同法46条により、正当な理由がある場合、この限りではない。

5 社会福祉士には資格の更新制度はない。

7 厚生労働省「認知症の人の日常生活・社会生活における意思決定支援ガイドライン」において、「Ⅳ-3. 意思決定支援プロセスにおける家族」の（1）では家族もチームの一員とされている。

8 ノーマライゼーションと世界人権宣言は関連性がない。

第 **11** 章

ソーシャルワークの
理論と方法

この科目のよく出るテーマ5

❶ ソーシャルワーク理論の発展

　ソーシャルワーク理論の体系化の歴史や理念の変遷、近年の統合化やシステム理論等影響を及ぼした理論、統合化以降のジェネラリスト・ソーシャルワークとしての視点の特質などに関する出題がなされています。

❷ ソーシャルワークの実践モデルやアプローチ

　ソーシャルワーク実践の理論や方法に関する専門的知識や技術として、様々な実践モデルやアプローチに関する具体的な対象や焦点といった各々の特徴や具体的な活用法等について、頻繁に出題されています。

❸ ソーシャルワークの過程

　「ケースの発見とエンゲージメント」「アセスメント」「プランニング」「支援の実施」「モニタリング」「支援の終結と事後評価」「アフターケア」の各過程における留意点や実践での展開例等について出題されています。

❹ 集団を活用した相談援助（グループワーク）

　集団が持つ力動やグループダイナミクス等を活用し、グループ全体の目標達成や個々の成長などを目指していく技術について、その概念や各過程での技法等が頻繁に出題されています。

❺ ソーシャルワークにおける様々な技術

　ケア（ケース）マネジメント、スーパービジョン、コンサルテーション、記録など、様々な援助技法に関して、その目的や対象、援助過程、実践例などについて出題されています。

攻略のポイント

近年の傾向としては、実践場面でこれらの知識や技法などをどのように活用するのかといった視点での具体的な内容を問う選択肢が出題されており、より実践に即した形での内容の把握や理解が必要となっています。特に、各分野の機関に所属する相談員等が、様々な問題を抱えるクライエントに対してどのように対応することが適切なのかといった内容を問う事例問題が多いので、実践を想定して学んでいくことが重要です。

① ソーシャルワーク理論

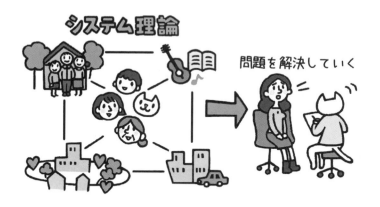

ソーシャルワーク理論の発展　㉛ ㉝ ㉞ ㊱

　ソーシャルワークの理論は、これまで様々な理論や実践モデル、アプローチの考え方、方法などによって影響を受けて発展してきました。

1910〜20年代	リッチモンド（Richmond, M.）らにより体系化されたケースワークの考え方を基にした治療モデルが登場。後に精神医学、精神分析学に影響を受けて診断主義アプローチとして展開
1930〜40年代	診断主義アプローチを批判する機能的アプローチが主流となる
1950年代	診断主義アプローチと機能的アプローチの間で論争が続くが、統合化の動きが起こる
1960年代	折衷理論としてパールマン（Perlman, H.）提唱の問題解決アプローチ等が登場
1970年代〜近年	人と環境の交互作用を重視する生活モデル、本人がもつ「強さや能力」を重視するストレングスモデルが主流となっていく

　バートレット（Bartlett, H.）は、ソーシャルワーク実践には共通する「価値」「知識」「介入」等の構成要素があるとして、統合的にとらえました。

　近年はそうした考え方を基盤に、これまで体系化されてきた「ケースワーク」や「グループワーク」「コミュニティーワーク」などの方法論の統合化が進んでいます。理論や方法論の統合化においては、システム理論の考え方が大きく影響を及ぼしています。

こうした変遷を受け、日本では地域を基盤としたソーシャルワークや総合的かつ包括的な相談援助といった考え方を中心に、相談援助（ジェネラリスト・ソーシャルワーク）理論が展開されています。

第33回で、リッチモンドやバートレットが提唱した理論について問われました。

▶ システム理論

システム理論は、「人とその環境」の理論化やソーシャルワークの統合化という理論構築に大きな影響を与えました。ここでいうシステムとは、相互作用する要素の集合と定義されています。そして、他のシステムや要素との相互作用を排除せずに交換していくものは開放システム、排除していくものは閉鎖システムと呼ばれています。つまり、諸要素が集合するシステムを含んだ全体の中で、各要素が相互作用関係を継続しながら全体を構成しているとする考え方です。

システム理論は、環境の問題を個人と切り離して考えるのではなく、むしろ人と環境を一体的にとらえ、その交互作用に焦点を当てていこうとする考え方です。この理論では、個人や家族などの集団、地域をそれぞれ独立したシステムとしてとらえるのではなく、相互に作用し合うシステムとしてとらえ、それらの調和を図りながら問題解決を図っていくことになります。

こうしたシステム理論の展開には、次のような段階がありました。

■「システム理論」の主な世代と内容

世代	主な内容
第1世代	「一般システム理論」：有機体の構成要素間、またはホロンと呼ばれる複数の階層ごとのシステム間における相互作用によって全体が構成されていくとされる
第2世代	「自己組織化論」：そのシステム自体が環境との交互作用の中で自己を変容させ（サイバネティクス）、自ら環境を統合して組織化していくとされる
第3世代	「オートポイエーシス論」：システムには自律性（自己保持）や個体性（同一性保持）、境界の自己決定（自己と非自己）、入力と出力の不在（循環）等の特徴があるとされる

こうしたシステム理論を取り入れたソーシャルワークでは、個人や集団、地域社会との関係を調和するシステムと位置づけます。そしてクライエントが抱え

る問題は、このシステム全体の機能不全状態の問題であるとして、機能回復や社会への適応を行っていくことになります。

　近年のソーシャルワーク理論は、システム理論を取り入れ、問題の発生から援助を行い解決するまでの過程において、クライエントのもつプロセスを明確化し、不適切になっている点を修正したり、充足したりすることで解決を図る方法論として確立されてきました。

■ ピンカス（Pincus, H.）とミナハン（Minahan, A.）による『ソーシャルワーク実践における4つの基本システム』

クライエント・システム	問題解決に取り組む人々全体
ワーカー（チェンジエージェント）・システム	援助活動を行う人々全体
ターゲット・システム	クライエントに影響を与える人々や組織体
アクション・システム	ワーカーの支援によって影響が及ぼされる人々や資源

ここは覚える！

第33・36回で、ピンカスとミナハンによる4つの基本システムが出題されました。第34・36回では、システム理論の考え方やそれらに基づくソーシャルワークのとらえ方が問われました。

▶ ジェネラリスト・ソーシャルワーク

　ジェネラリスト・ソーシャルワークとは、クライエントの抱える問題やニーズを包括的かつ総合的にとらえ、その焦点を人と環境との相互作用に当てながら、個人のレベルから家族、地域社会、制度、政策といった様々なレベルに専門的に介入していこうとする方法です。

　ケースワークやグループワーク、コミュニティーワークといった主要な方法論における共通基盤を明らかにして、一体化・統合化しようとする流れを受けて、相談援助（ソーシャルワーク）の方法論として確立したのが、「ジェネラリスト・ソーシャルワーク」です。

ソーシャルワークの実践モデルとアプローチ　32 33 34 35 36

　ソーシャルワーク実践においては、近年に至るまで様々な実践モデルやアプローチが展開されてきており、対象者や実践者の状況等に応じて活用されています。

▶ 治療モデル

治療モデルとは、クライエントが直面する問題に対して、科学的にその原因を特定し、原因を取り除くことを目的に「治療する」「助ける」といった視点で介入を行う方法論です。

リッチモンドらによって確立されましたが、特徴としては、対象としてのクライエント、直接的因果関係、問題の分類、エビデンス重視、客観性、科学性、論理実証主義などがあります。

医学モデルとも呼ばれ、ソーシャルワーク実践における基本的かつ伝統的な方法論として現代にも受け継がれています。

▶ 生活モデル

生活モデルとは、クライエントの抱える生活課題をクライエント本人だけでなく、環境側の要因や環境からの要請への対処の実態といった複合的な視点でとらえて介入を行う方法論です。このモデルでは、クライエントの問題は生活空間の不適切な交互作用にあると考え、人と環境の接触面に焦点を当てます。

ジャーメイン（Germain, C.）らによって提唱されましたが、特徴としては、人と環境の交互作用、関係性、生活ストレスと対処、適応、コンピテンス、包括・統合的視野などが挙げられます。

近年では、伝統的な方法論である「治療モデル」からこの「生活モデル」への移行が進められており、現代におけるソーシャルワーク理論の中核的な方法論となっています。

 ここは覚える！

第33回で、ジャーメインの生活モデルが出題されました。

▶ ストレングスモデル

ストレングスモデルは、ソーシャルワーカーが支援課題をとらえていくときに、クライエント（取り巻く環境も含む）の弱点や問題点だけに着目するのではなく、「強さ」や「能力」に焦点を当てようとするストレングス視点を活用した援助方法です。サリービー（サレエベイ）（Saleebey, D.）、ラップ（Rapp, C.）、ゴスチャ（Goscha, R.）らによって提唱されました。

クライエントのストレングス（強さ）には、以下のようなものが考えられます。

- クライエントの潜在的な能力や残存能力
- クライエントの希望やビジョン、目標（クライエントの意欲を促進するストレングスになる）
- クライエントの逆境や困難な体験も含めた経験（クライエントがその苦しみを乗り越えて、ストレングスを形成する契機にもなり得る）
- クライエントを取り巻く社会資源（家族を含め地域の中にある様々な資源との関係性もクライエントの強みとなる）

　また、ストレングス視点では、クライエントの自己決定を重要とするため、ソーシャルワーカーの客観的な判断だけでなく、クライエント自身の主観的な判断も大切になります。

ここは覚える！

第34回で、サリービーのストレングスアプローチの内容が問われました。第36回では、治療・生活・ストレングスの各モデルの特徴について問われました。

▶ 診断主義アプローチ

　診断主義アプローチは、利用者の問題やその原因を個々の内面から分析し、治療していく援助方法です。リッチモンドが提唱してきた利用者の問題を科学的に診断する治療モデルから発展しましたが、特にフロイトによる精神分析学に強い影響を受けています。トール（Towle, C.）やハミルトン（Hamilton, G.）、ホリス（Hollis, F.）らによって提唱されました。

▶ 心理社会的アプローチ

　心理社会的アプローチは、「診断主義アプローチ」の代表的な方法です。このアプローチは、クライエントを社会的な状況の中にいる人間として焦点化してパーソナリティの変容を実現させていこうとする援助方法です。ホリスらによって確立されました。

　このアプローチでは、クライエントの心理的側面と社会的側面（状況の中の人

という視点）の両側面が相互に影響し合っているととらえ、人と環境相互の機能不全の解消に注目します。

　介入技法には、次のようなものがあります。

- 持続的支持（共感的な関わり）
- 直接的支持（ワーカーが望む意見や態度の表明）
- 浄化法（クライエントの感情を解放）
- 全体関連的反省（他者との関係性に気づく）
- パターン力動的反省（パーソナリティのパターンを理解）
- 発達的反省（過去と現在の関係性に気づく）

ここは覚える！

第33回で、ホリスが提唱した理論について出題されました。

▶ 機能的アプローチ

　機能的アプローチは、精神医学や精神分析学に影響を受けて発展した「診断主義アプローチ」が、クライエントの心理的な内面を重視しすぎたり、診断的査定を強調しすぎたりしているとの批判の中で発展しました。

　このアプローチは、援助機関や専門職のもつ機能などを十分に活用しながら、クライエントが主体的に問題を解決できるように支援していく方法です。その際、クライエントの成長しようとする意志や能力を重視し、それらを妨げるものを取り除きながらクライエントとのより良い関係を構築し、課題解決を図っていきます。ランク（Rank, O.）の概念を基礎として、タフト（Taft, J.）やロビンソン（Robinson, V.）らによって確立され、その後スモーリー（Smalley, R.）が継承し、体系化されました。

ここは覚える！

第32回ではランクの意志療法について、第35・36回では機能主義アプローチについて出題されました。

▶ 問題解決アプローチ

　問題解決アプローチは、診断主義アプローチや機能的アプローチの考え方を統合した折衷理論として登場しました。このアプローチでは、社会的役割を遂行（人が生活していくことや社会的に機能していくことなど）する上で生じる葛藤などの問題を重視し、解決するためのプロセスが人の生活そのものにあると考え、クライエント自身の問題解決への動機づけや問題解決能力（ワーカビリティ）を高めようとする方法です。パールマンによって提唱されました。

パールマンが提示した4つのPについては、第10章504ページを参照してください。

ここは覚える！

第32・35・36回で、パールマンの問題解決アプローチが出題されました。

▶ 行動変容アプローチ

　行動変容アプローチは、スキナーによって提唱された学習理論や、バンデューラによって提唱されてきた社会的学習理論などを基盤とし、利用者が問題と感じている行動や解決したいと思っている行動を、ソーシャルワーカーの働きかけによって変容（修正）させていく方法です。トーマスらによって提唱されました。

　自らの社会的機能を改善・向上させるよう、望ましい行動と報酬を結び付けたり、他者の行動観察による学習（ヒアリング）を行ったりするなどして、望ましい行動を増加させ、望ましくない行動を減少させていくことを重視しています。

ここは覚える！

第33・35・36回で、行動変容アプローチが出題されました。

▶ 課題中心アプローチ

　課題中心アプローチは、効果測定に基づく実証主義的な手法を用いて、短期処遇を目指すアプローチです。リード（Reid, W.）、エプスタイン（Epstein, L.）

によって提唱されました。

　このアプローチでは、解決すべき課題をクライエントとともに具体的に設定し、自身が主体的にそれらを解決していけるように、実行可能な短期課題として明確化（実行可能なレベルに分解・細分化）し、援助計画に基づくスケジュールを立てて短期間の解決を目指します。

　心理社会的アプローチや問題解決アプローチ、行動変容アプローチからの影響を受けて確立した理論であり、精神分析理論や役割理論、学習理論、コミュニケーション理論が基盤となっています。

 **ここは覚える！**

課題中心アプローチについて、第33回では事例問題が、第34回では提唱者（リード、エプスタイン）と結びつける問題が出題されました。

▶ 家族システム論・家族システムアプローチ

　家族システム論・家族システムアプローチは、家族を一つのシステムと考え、家族成員に生じた問題解決のために、家族に働きかけて支援を行う方法です。家族療法やシステム理論の考え方が基盤となっています。

　この理論やアプローチでは、問題をめぐるシステムに働きかけることで解決に向かうという前提に立っており、そのための一つの方法としてクライエントにとって最も身近なシステムである家族への働きかけを重視しています。また、援助者が家族にかかわることで、すでにその家族システム全体に影響を及ぼしているととらえます。

 **ここは覚える！**

第35回で、学習システムの視点について出題されました。

▶ 危機介入アプローチ

　危機介入アプローチは、危機に直面して情緒的に混乱している利用者に対して、できるだけ早い段階で社会資源を用いて積極的に介入し、元の状態に修復できるよう援助していく方法です。ラポポート（Rapoport, L.）らによって提唱されました。

危機状態にある人の早期発見や初期段階での相談、迅速な対応などを行うことが必要とされています。この危機には、災害や急病といった不測の事態に伴う危機のほか、ライフサイクル上の課題等によるストレスといった成熟に伴う危機も含まれます。このアプローチでは、精神保健分野で発達してきたリンデマンやキャプランらによる危機理論が応用されています。問題の発生によって、心理的恒常性（心理的安定性）が損なわれると、恒常性を回復・維持しようとする機能が働くと考えます。

ここは覚える！

第34回で、キャプランの危機介入アプローチが出題されました。

▶ エンパワメントアプローチ

　エンパワメントアプローチは、クライエント自らが置かれている否定的な抑圧状況を認識し、自身がもつ対処能力（内的な対処能力）を高めて問題に対処していけるように支援する方法です。ソロモン（Solomon, B.）が提唱したエンパワメントの概念を重視しています。個人と敵対的な社会環境との相互関係によって人は無力な状態に陥ることが多いとし、そうした状態を改善して対処能力を高めることを目指しました。

　このアプローチでは、問題解決の主導者は自分自身であり、解決に活用できる知識や技術も保持しているといったことを、クライエント自らが認識できるように支援していきます。クライエント自身が問題解決に必要な知識やスキルを習得していくことも支援に含まれます。

落とせない！重要問題

エンパワメントアプローチでは、クライエントのパワーレス状態を生み出す抑圧構造への批判的意識を醸成する。 第35回

○：個人と敵対的な社会環境との相互関係によって、人はパワーレス状態に陥ることが多いととらえる。

エンパワメントの概念について、グディエレス（Gutierrez. W.）は個人のパワーや対人関係、政治的なパワーなどを増強するプロセスであると述べています。コックスらは、①個人的、②対人関係的、③組織的、④社会政治的などの4つの次元へのアプローチであるとしています。

▶ ユニタリー（一元的）アプローチ

システム理論に基づいて問題を定義し、戦略やターゲットを設定して段階的に達成していくことを目指します。

▶ 実存主義アプローチ

クライエントの他者とのつながりを強化していくことで、疎外されている状態からの解放を目指すアプローチです。自己の肯定感を高め、疎外感を低減できるように働きかけていきます。クリル（Krill, D.）らによって提唱されました。

ここは覚える！

第35・36回で、実存主義アプローチについて出題されました。

▶ フェミニストアプローチ

女性がより弱い立場におかれているという認識に立って、その状況から解放しようとするフェミニズムの思想や運動を基盤とするアプローチです。

援助では、女性の現実や個人の経験を社会的な文脈の中に位置づけるなどして、女性に対して生じている社会的な抑圧に焦点化し、抑圧の解消やエンパワメントを図っていきます。

ここは覚える！

第36回で、フェミニストアプローチについて出題されました。

▶ ナラティブ・アプローチ

ナラティブ・モデル（アプローチ）は、クライエントが語るストーリー（ドミナントストーリー）を活用しながら援助する方法です。オーストラリアや

ニュージーランドで活躍する心理療法家のホワイト（White, W.）、エプストン（Epston, D.）らによって提唱されました。

　問題が起きている現実とは異なる新たな世界を創出できるよう、援助者と共同で新たなストーリー（オルタナティブストーリー）を作成し、それを物語ることによって問題状況から決別していくことを目指しています。

　また、診断主義アプローチなどに代表される伝統的な科学主義や実証主義を批判し、主観性や実存性を重視しています。主観的・客観的という二分的な見方ではなく、現実は人々の間で構成されるとする社会構成主義を理論的基盤とし、それらを人々が言語で共有しているとする認識論の立場です。

落とせない！重要問題

ナラティブアプローチでは、クライエントのドミナントストーリーを変容させ、人生を再構築するよう促していく。 第35回

○：問題とは異なる新たな世界を創出（再構築）できるようストーリーを作成し、問題から決別していくことを目指す。

▶ 解決志向アプローチ

　解決志向アプローチ（ソリューション・フォーカスト・アプローチ）は、問題の要因などに注目するのではなく、クライエントが問題を解決した後の望ましいイメージや可能性等に焦点を当て、有効に活用していく方法です。バーグ（Berg, I.）、シェザー（Shazer, S.）らによって提唱されました。

　クライエントが解決のエキスパートであるという考え方を基本としており、特殊な質問法等を用いて「自らの困難な状況が"例外"である」といった意識をつくり出して、短期間で具体的解決に導くことを目的としています。

　質問法には、以下のようなものがあります。

ミラクル・クエスチョン	問題が解決した後の生活の状況やそうなったときの気持ち等について想像を促す質問をする
スケーリング・クエスチョン	これまでの経験や今後の見通しなどについて、数値に置き換えて質問する

コーピング（サバイバル）・クエスチョン	問題を抱えていながら、ここまで切り抜けてきているということやその際の対処法に目を向けられるような質問をする
サポーズ・クエスチョン	解決した場合の状況を聞きながら、現在の考えを未来志向に向けていく質問をする
エクセプション・クエスチョン（例外探し）	問題の起きていない例外状況を質問する

ここは覚える！

第33回では事例問題でミラクル・クエスチョンが、第36回では各クエスチョンの活用が出題されました。

▶ エコロジカル・アプローチ

エコロジカル・アプローチでは、クライエントを近隣、職場、地域といった人間生態系的な集団の一員ととらえ、個人と個人を取り巻く環境との相互作用（交互作用）を活用しながら援助していきます。ジャーメイン、ギッターマン（Gitterman, A.）らによって提唱されました。

また、原因を直接的な因果関係でとらえるのではなく円環的に把握し、環境（物質的・対人的）を整えることで、利用者との関係を調整していくことを重視しています。

ここは覚える！

第34回で、エコロジカル・アプローチの理解が問われました。

▶ 認知アプローチ

認知アプローチでは、アドラー（Adler, A.）やエリス、ベック（Beck, A.T.）らにおいて提唱され発展してきた認知理論に基づいて、問題を抱えたクライエントの認知のゆがみを改善することで、感情や行動を変化させ、問題解決を図っています。

2 ソーシャルワークの過程

1 ケースの発見とエンゲージメント（インテーク）

2 アセスメント（事前評価）

3 プランニング（支援計画）

4 支援の実施（インターベンション）

5 モニタリング（経過観察）

6 支援の終結と事後評価（ターミネーション）

7 アフターケア（フォローアップ）

ソーシャルワークの過程　㉜ ㉝ ㉞ ㉟ ㊱

　ソーシャルワークの過程は、主に次のような段階を経て行われるとされています。

▶第1段階：ケースの発見とエンゲージメント（インテーク）

　課題を抱えている人々と出会い（あるいは発見し）、クライエントやその家族など支援の対象となる人々への相談援助における初期段階が、ケースの発見とエンゲージメント（インテーク）です。

　この過程では、クライエントの主訴（何を相談したいのか）を傾聴します。ただし、主訴が必ずしも本人のニーズを反映しているとは限りません。求められている援助と、解決すべき問題とが異なる場合もあります。そのため、主訴を傾聴しながら、その背後にあるニーズや感情も理解するように心がけることが大切です。

　クライエントが抱える問題点やそのニーズなどを明らかにし、類別化（スクリーニング）し、当面取り組んでいく方向性を見いだした上で、今後の方針やサービス利用などについて合意（エンゲージメント）していきます。

　この段階でのクライエントには、自身が抱えている問題そのものに対する不

安や、問題を他者に話すことへの不安、ソーシャルワーカーや相談機関が信頼できるのか分からない不安など、様々な不安が存在します。ソーシャルワーカーには、クライエントがニーズを十分に表出できるような働きかけが求められます。そのためには、特に次のような点に留意する必要があります。

■ ケースの発見とエンゲージメント（インテーク）での留意点

- クライエントの緊張を解き、不安を緩和し、話しやすい雰囲気をつくる
- 傾聴や共感、受容的な姿勢に努める
- クライエントとの間に信頼関係（ラポール）を築く
- クライエントの表情や態度などをよく観察して、背景にあるニーズや状況についても把握するよう努める
- クライエントが置かれている状態や周囲との関係、緊急性の度合いなどを理解する
- クライエントの問題に一緒に取り組むという姿勢をもつ

また、初期段階であるということや、信頼関係の構築が優先されることなどを考慮し、次のようなことはできる限り避けなければなりません。

- 過度に広範囲あるいは深い情報を聞き出そうとすること
- 過度に専門用語などを使用すること
- 一方的な情報提供のみに終始すること
- 援助者の主観的な意見を一方的に伝えること
- 問題やニーズを明確にせずに、次の段階に進もうとすること
- 他者を引き合いに出すこと

ここは覚える！

第32・34回で、インテークについて出題されました。

▶ 第2段階：アセスメント（事前評価）

　アセスメントとは、クライエントが抱える問題の解決に際し、事前に情報を収集して総合的に分析し、目標や解決方法などについて判断していく「事前評価」の過程です。また、クライエントやその家族の解決すべき課題（ニーズ）や要求も明らかにします。

　問題の把握、支援目標の設定、ニーズの確定などを行うには、幅広い情報収集や客観的な分析などが必要ですが、クライエントや家族が自ら十分に情報提供や意思表示をできるとは限りません。援助者はコミュニケーションを深めて、丁寧に明らかにしていくことが必要です。そのためには、次の点に留意します。

■ アセスメントでの留意点

- クライエント自身が抱えている問題やニーズを様々な情報の中から客観的に把握すること
- 情報の収集においては、クライエントだけでなく家族の話した内容や、フォーマル及びインフォーマルな情報も含めて、幅広く行い総合的な分析を行うこと
- クライエントが表出できていない気持ちやニーズ、情報といったものにも目を向け、そうしたものがある場合にはそれらを代弁（アドボカシー）していくこと
- クライエントの置かれている様々な環境に目を向け、その相互作用についても十分に検討すること
- クライエント自らが問題解決への意欲をもって協働しながら問題解決ができるよう、クライエントの参加を促していくこと
- クライエントの潜在的な力や能力といった強みの部分を引き出せるようにしていくこと（ストレングス視点）

　アセスメントを行う際の効果的なツールの一つに、マッピング技法があります。マッピング技法は、クライエントの置かれた環境について様々な角度から集めた情報を整理し、それらの相互関係や影響等を客観的に視覚的に示す図式法で、ジェノグラム、エコマップ、ファミリーマップ、ソシオグラムなどがあります。

■ 主なアセスメントツール（記録様式）

PIE（Person-in-Environment）	利用者の社会生活機能における問題を記述・分類・コード化して記録するための方法
MDS（Minimum Data Set）	特別養護老人ホーム等長期ケア施設においてケアを提供するに当たり、クライエント一人ひとりのケアプランを策定するためのツールの一つ
インターライ方式	居宅や施設など関係者間で、アセスメント項目の記号や番号等を統一化して、包括的支援に活用していく方法
SOAP方式	S（subjective：クライエントの訴えなどの主観的情報）、O（objective：周囲から収集した客観的情報）、A（assessment：SOをもとにした分析や考察）、P（plan：SOAを踏まえた目標や計画）などの項目に整理して援助に役立てていく方法

■ 主なアセスメントツール（マッピング技法）

技法	概要	例
ジェノグラム	ボーエンが提唱した技法。三世代以上の世代間における現在に至るまでの家族の関係性や連鎖的な問題発生の状況などを示していく方法で、家族関係図、世代関係図ともいう	
ファミリーマップ	家族間の関係性やコミュニケーション、情緒的結びつきなどを示していく方法で、家族図ともいう	
エコマップ	ハートマンが提唱した技法。家族の関係性だけでなく、周囲の人々や社会資源との関係性など取り巻く環境とのつながりも含めてそれらの相互関連状況を示していく方法で、生態地図、社会関係地図ともいう	
ソシオグラム	集団メンバー間の選択・拒否関係を図式化することで、人間関係や心理的関係の構造を明らかにしようとするものである	

ここは覚える！

第32回ではアセスメントについて、第36回では記録様式（SOAP方式）について出題されました。また、第33回でエコマップとジェノグラムの理解が問われました。

落とせない！重要問題

アセスメントにおいて、クライエントの同僚との関係を整理するためにジェノグラムを作成する。　第36回

×：ジェノグラムは、家族の世代間に渡る関係性や問題状況などを示すものである。

▶ **第3段階：プランニング（支援計画）**

　プランニングとは、アセスメント（事前評価）を踏まえて、問題解決に向けた目標や援助方法を具体的に設定し、効果的なインターベンション（支援の実施）につなげていく過程です。その際には、次の点に留意します。

■ プランニングでの留意点

- 最終的な目標となる長期目標（ゴール）と、それを達成するために必要な具体的な手段を盛り込んだ短期目標（標的）を設定する
- 解決すべき問題や目標、支援方法等に優先順位をつける
- 目標達成や問題解決のために必要な最も効果的かつ適切と思われる支援方法や実施機関・専門職、インフォーマルな社会資源等を選択する
- 家族や地域、関係機関や施設などの社会資源も考慮して計画を立てる。場合によっては、情報共有や各々の方針、役割の確認、方向性の統一を行っていくために「ケース会議」（ケースカンファレンス）等を実施する
- クライエント自身が問題や解決していくための支援方法、目標等を認識して問題解決への意欲をもってもらえるよう参加と協働を促す
- 設定した計画に基づいた援助内容についてクライエントに提示し（アカウンタビリティ）、提供しようとする援助内容等についてクライエントの同意を得た上（インフォームドコンセント）で、支援を進めていく

　プランニングには、ソーシャルワーカーによるクライエント個人の問題解決に向けた支援計画だけでなく、介護保険制度や障害者総合支援法等に基づいた支援計画など、様々な計画が存在します。そのため、それらの計画や計画を行う機関・専門職等と調整を行い、全体としての調和や方向性の統一等を図る必要があります。

ここは覚える！

第34・35・36回で、プランニングについて出題されました。

▶ 第4段階：支援の実施（インターベンション）

　インターベンションとは、プランニング（支援計画）で設定した目標に向けて、具体的な支援方法を実行に移していく段階です。この過程では、クライエントに対して様々な介入が行われ、その形態は様々です。

直接的介入	クライエントに直接働きかける
間接的介入	クライエントを取り巻く環境を調整するなど間接的に働きかける
支持的介入	クライエントに対してアドバイスや情報の提供を行って働きかける
非支持的介入	クライエント自身が判断を自ら行っていけるよう側面的に支援する

　ソーシャルワーカーには、クライエントやその家族など当事者の理解・参加を得ながら様々な技術を活用し、クライエントを取り巻く様々な社会資源との連携・協働を維持しながら、支援を進めていくことが求められます。場合によっては、選択した援助方法を効果的に進めるために、社会資源そのものの開発に関与することもあります。

▶ 第5段階：モニタリング（経過観察）

　モニタリングとは、クライエントに対する支援の展開中に、目標通りに計画が進行しているかを把握することです。クライエントの状況を観察・評価しながら、支援方法や計画等の見直し（検討）を継続的に行っていきます。

　モニタリングの結果、実施している支援がクライエントや家族にとって不都合であったり、目標達成や問題解決への支障があるような場合は、再アセスメント及び計画の修正等を行います。

ソーシャルワークの理論と方法　②　ソーシャルワークの過程

11

539

モニタリングは、次のような流れで行われます。

① モニタリングを行うポイント（クライエントや社会資源、問題の状況、目標の達成度等）を明確化する
② モニタリングの時期、場所、方法を設定し、実施する
③ 面接内容を記録に残す
④ モニタリングを行った結果を整理し、計画修正等を実施する

ここは覚える！

第32・34・35・36回で、モニタリングについて出題されました。

▶ 第6段階：支援の終結と事後評価（ターミネーション）

支援の終結とは、支援目標が達成され、クライエントの抱えていた問題の解決（あるいは軽減）やニーズの充足が図られた状態、残された問題があってもクライエント自身で対応可能な状況に至ったことを意味します。そうした状況をソーシャルワーカーとクライエント双方で確認し、残された問題も検討したところで、支援の終結段階を迎えます。

この段階では、ソーシャルワーカーが行った支援の過程について、事後評価を行うことも必要です。支援の終了時において、効果測定や今後の改善点を検討するなど、ソーシャルワーカーとクライエントの間で支援後の評価を行うのです。

効果測定とは、どのように援助を行い、どのような結果になったのか、その効果を示すものです。測定によって、よりデータやエビデンス（証拠）に基づく実証的な実践（エビデンス・ベースド・プラクティス）につながっていきます。

これは、クライエントに対する専門職としての責任だけでなく、今後より専門性を高めていくために重要な取り組みです。効果測定には、目的や内容等に応じて様々な方法があり、状況に応じて活用されています。

■ 主な効果測定法

方法	概要
単一事例実験計画法（シングル・システム・デザイン）	一人のクライエントに実施した支援と問題解決に至った状況との因果関係を調査し、支援実施前と実施後の効果を測定する方法・介入開始前（ベースライン期「A」）から介入（インターベンション期「B」）、終結までの変化等を比較していく方法だが、どの時点を比較するかによって、「A－Bデザイン」「ABAデザイン」「多層ベースラインデザイン」などがある
集団比較実験計画法（古典的実験計画法・統制群実験計画法）	同様の問題を抱える複数のクライエントを、支援を実施した実験集団（実験群）と実施しない統制集団（比較統制群）に分けて比較調査し、効果を測定する方法。被験者を実験群と統制群のいずれかに振り分けるとき、ランダムに割り当てる。これを無作為割当という
断面的（クロスセクショナル）事例研究法	複数のクライエントへの支援事例を対象にして、特定の階層や期間などを設定し、横断的に状況を調査する方法
メタ・アナリシス法	支援方法を特定して、複数の支援事例を調査し、それらの結果を統合して効果を明らかにする方法
グランプリ調査法	支援対象者をグループに分け、各々のグループに異なった支援方法を実施してその効果を比較していく方法

ここは覚える！

第32・34回で、事後評価について出題されました。

▶ 第7段階：アフターケア（フォローアップ）

　支援が終結した後で、クライエントの生活状況や取り巻く環境が変化することも多いです。再び問題を抱える状況になった場合に、利用した機関や施設を再利用したり、支援を再開したりすることができることをクライエントに伝えるとともに、フォローアップ体制を整えておくことが必要です。

自ら支援を求めたり、その後の経過を連絡したりすることが困難なクライエントにも十分に配慮し、周囲のフォローアップ体制を整えておくことが求められます。

ここは覚える！

第36回で、アフターケアについて出題されました。

3 集団を活用した相談援助

集団を活用した相談援助 ㉝

　集団を活用した相談援助（以下、グループワーク）とは、グループのメンバー間における相互作用やプログラム活動を通して、各メンバーの成長や発達を促しながら、ニーズの充足や課題解決を図っていくことをいいます。グループワークは、セツルメント運動やYMCAの運動などがその源流とされ、その後、様々な研究者や実践者が定義やモデルを提唱し、相談援助（ソーシャルワーク）の技術の一つとして確立されてきました。

▶ グループワークの主な提唱者とモデル

　グループワークの萌芽期である1940 ～ 60年代に形成された理論は「初期モデル」、1960 ～ 70年代に発展した理論は「現代モデル」と呼ばれます。

■「初期モデル」の主な提唱者と定義

主な提唱者	主なグループワークの定義
コノプカ (Konopka, G.)	意図的なグループ体験を通じて個人の社会的に機能する能力を高め、また個人、グループ、地域社会の諸問題により効果的に対処し得るよう人々を援助するもの

コイル (Coyle, G.)	集団的な経験を通して個人の成長と発達を図るとともに、社会的に望ましい目的のために各成員が集団を利用すること
トレッカー (Trecker, H.)	各自のニーズと能力に応じて他の人々と結びつき、成長の機会を与えられ、もって個人、グループ、及び地域社会の成長と発展を図ろうとするもの

コイルはセツルメントやYMCAの実践を基盤としてグループワークの体系化に貢献し、グループワークの母と呼ばれました。トレッカーは米国のグループワーカー協会で採択された「グループワーカーの機能に関する定義」（1949年）を起草した人物です。

■「現代モデル」の主な内容と提唱者

社会的（諸）目標モデル

・グループは潜在的に社会問題の解決に影響を及ぼす力があると考え、その過程を促進していくことで環境の変革を目指していくという伝統的モデル
・コノプカやトレッカー等の提唱した伝統的モデルに基づいて、発展した

相互作用モデル（媒介モデル）

・個人がグループを通して社会と有機的につながっていくようワーカーが媒介者の役割を果たし、グループの相互扶助システムを発展させていくというモデル
・フィリップスやシュワルツ、シュルマン等によって提唱され、発展した

治療モデル（予防的・リハビリテーションモデル）

・個人の矯正や治療を目的として意図的にグループを構成し、グループや社会との交流から望ましい変化をもたらしていこうとするモデル
・ヴィンターやグラッサー、ガーヴィン等によって提唱され、発展した

　ここは覚える！

第33回では、グループワークの提唱者の人名とそれぞれの定義について出題されました。

グループワークの過程　㉞ ㉟ ㊱

▶ グループワークの主な展開過程

グループワークの展開は、次のような過程で進めるとされています。

準備期

- メンバーとの予備的な接触を図り、援助計画を立てる段階。グループの形成や問題の明確化、波長合わせなどを行う
- 波長合わせは、クライエントの感情や状況、ニーズなどをあらかじめ理解し、参加への緊張や不安を取り除くよう対処していくことで、援助者自身が行う
- シュワルツが提唱した波長合わせには、利用者への波長合わせ（援助者が利用者の生活状況、感情、ニーズなどを理解）と、援助者自身の波長合わせ（援助者自身の心の準備）がある

開始期

- 活動目的や活動方法等を説明し、メンバーの理解や参加を促しながらグループ活動を始める段階。契約（グループの課題、開催の日時や回数、期間の予定、費用など、グループワークを進めるための共通基盤をもつ）やアイスブレーキング（メンバーの不安や緊張をほぐして、リラックスしてもらうために行うプログラム）などを行う
- メンバー間の関係を深めるような働きかけが大切

作業期

- メンバーがプログラムの中で自分の課題や役割を達成できるように、援助者が媒介していく段階。グループダイナミックスやそれを生じさせる集団の力動なども活用して、メンバーの関係強化や参加促進、相互援助システムの構築などを行う
- 媒介とは、違いを認識し、妥協点を見いだし、相互に満足のいく合意を導き出せるように、二者間の争いに入っていったりすること。グループワークでは、メンバー間の媒介や、グループと社会との媒介などが求められる
- 作業に参加するメンバーが主体となってグループの課題に取り組むことが大切で、援助者はその取り組みを側面から支援する
- メンバー間の関係が深まるとともに、対立や葛藤などの問題も起こりやすくなるので、援助者はそうした事態を予測して対応策を準備しておく。問題が起きた場合は、メンバーとともにグループ内で解決できるように対処する

終結期（移行期）

- グループ活動や各々のプログラムを終える段階であり、活動の意義の理解や評価、次の方向性への移行準備や確認などを行う
- メンバーの目的達成の程度や活動の評価とともに、援助者側の援助内容の評価も行う

ここは覚える！

第35回ではグループワークの目的や波長合わせについて、第34・36回では展開過程におけるソーシャルワーカーの対応について出題されました。

▶ グループワークにおけるプログラム活動の選択

　グループワークでは、グループや個人の特性を踏まえた、グループ全体の目標とメンバー個々の目標の双方を達成できるかどうかを基準に、プログラム活

動を選択します。このとき、グループの親和性や凝集性（グループ内にメンバーを引き止めるようなまとまりが生じること）を高めるために、多様なメンバーが各自の状況に合わせて、できる限りともに参加できる活動を選択する必要があります。

▶ 集団の力動

集団の力動には、以下のようなものがあります。

集団規範	集団を目的達成に向かわせるために用意されるメンバーが共有する判断の枠組や思考様式のことを指す
集団意識	集団に共に属しているという意識や共通する意識を指す
集団行動	グループメンバーがそのグループの存続や発展のために行う行動の総体を指す
集団思考	集団が合議によって意思決定を行うとき、集団の強い結束がマイナスに作用してかえって不合理な決定を行ってしまう傾向があることなどを指す

グループワークの原則

コノプカは、グループワークの14の基本原則を提唱しました。

■ コノプカの14原則

1	メンバー個々人の特性を把握して対応する（グループ内の個別化）
2	グループそれぞれの特性を把握して対応する（グループの個別化）
3	各メンバー個々人の長所・短所、価値観、考え方などをありのままに受けいれる（受容）
4	援助者とメンバーとの間に意図的な援助関係を樹立する（対面的援助関係の構築）
5	メンバーの間によい協力関係ができるように奨励し、その実現に力をかす
6	グループ過程に必要な変更を加える
7	メンバー個々人の能力の段階に応じて参加するように励まし、またその能力をさらに高めることができるように援助する（参加の原則）
8	メンバーが問題解決の過程に参加することができるように援助する
9	メンバー間の相互作用で生じる葛藤や、メンバー個人の内的葛藤に対して、その解決のためのよりよい方法を経験するように援助する（葛藤解決の原則）
10	メンバーに人間関係をもつことや、ものごとを成就することなどにおいて、多くの新しい経験を与える（経験の原則）
11	メンバー個人およびグループ全体の状況に対する診断的評価に基づいて、制限を巧みに用いる（制限の原則）

12	メンバーやグループの目的、および社会的目標の診断的評価に基づいて、それぞれの状況にふさわしいプログラムを意図的に用いる（プログラム活用の原則）
13	メンバー個人およびグループ過程について、継続して評価を行う
14	援助者は温かく、人間的に、しかも訓練によって得た方法に従って、自己を援助の道具として有効に活用する（自己活用の原則）

グループワークにおける留意点

　グループワークでは、グループ発達を支援するとともに、グループメンバー一人ひとりに対する援助も求められます。そのためには、以下のような点に留意する必要があります。

発言	・他のメンバーと異なる意見であっても、個々の感情表出を一方的に抑制するような応答は避けるべきである ・発言に対してすぐに援助者が結論づけると、その発言に伴うメンバーの感情や発言の背景を見過ごしてしまいやすいため、援助者の主観的な意見は、メンバーの話を十分に傾聴してから述べるべきである ・メンバーから前向きでない発言があったり、他の多数の意見と異なる発言があったりしても一方的に評価せず、受容的な態度で接し、耳を傾ける姿勢が必要である ・集団の影響や集団圧力を受けやすく、個人の意見や思いなどを表出することに困難を感じるメンバーもいるため、グループに同調させるのではなく、メンバー個人の発言を促す対応が必要である
葛藤	・メンバー間に葛藤が生じた場合に、その背後にある気持ち（自分とは言動が異なるメンバーを理解したい気持ち、自分のことをメンバーにもっと理解してほしい気持ち、グループをもっとよくしていきたい気持ちなど）を推察し、葛藤の内容を適切に取り上げながら、グループ内で解決できるように支援していく ・葛藤を生じているメンバーに対し、援助者がメンバー個々の言動についてコメントすることは、個人的な攻撃になりかねない。グループの成長に向けて、グループ全体にかかわる課題に対してコメントを促すことが必要
孤立	・グループでは、集団による圧力や思考の影響を受けやすく孤立しやすい状況も生まれるため、グループに委ねるだけではなく、個人へのアプローチを行うことも必要である
観察効果	・他者からのアドバイスや意見などを聞く中で、自分自身を振り返りながら言動を見習っていくようになること ・グループ活動によって効果的に活用していく必要がある
普遍化	・他者にも自分と同じように悩みやつらさがあることを知り、自分だけが特別ではないということを自覚し、気持ちが楽になったりすること ・グループ活動によって効果的に活用していく必要がある

社会化	・グループのメンバーが社会化（自分の属する社会から求められる役割や期待に応えられるようになること）できるよう、メンバーやグループが必要とする社会資源を活用できるように支援する

セルフヘルプ・グループ　㉜

　セルフヘルプ・グループとは、同じような問題を抱えた人同士が集まり、専門職から独立して、同じ立場で支え合いながら状況の改善を目指すグループのことです。専門職から独立しながらも専門職の支援を必要とする場合と、そうでない場合があります。

　セルフヘルプ・グループには、以下のような機能があるとされています。

- 自己が肯定的に変容する機能
- メンバー相互が援助する機能
- 社会を変革する機能

　こうした機能の中で、リースマン（Riesman, D.）は、メンバー相互が援助する相互援助の作用を、ヘルパー・セラピー原則と呼んでいます。

 ここは覚える！

第32回で、セルフグループについて出題されました。

4 ソーシャルワークにおける様々な技術

スーパービジョン

スーパーバイザー　スーパーバイジー

支持・教育・管理

コンサルテーション

専門家　ソーシャルワーカー

助言

ケア（ケース）マネジメント ㉜ ㉝ ㉞ ㊱

　ケアマネジメントは、1970年代のアメリカでモリス（Morris, R.）らによってケースマネジメントとして提唱され、1990年代に日本に紹介されました。日本では、在宅介護支援センターなどでその手法が導入され、2000（平成12）年に施行された介護保険制度でも導入されることになりますが、その際は「ケアマネジメント」の用語が用いられました。介護保険制度では、主に介護支援専門員によってケアマネジメントが展開されています。

　その後、障害者分野でも障害者総合支援法においてその用語が用いられるなど、様々な分野で制度に導入されており、今日では、ソーシャルワーカーも含め対人サービスを行う専門職にとって必要不可欠な技術となっています。

　ケア（ケース）マネジメントとは、援助を必要としているのに利用が困難な人に対して、サービスや社会資源を利用できるよう調整することです。具体的には、サービスの効率化や費用対効果を図りながら、サービス内容の調整を図り（様々に存在する制度や社会資源を適切なタイミングや形態で利用できるよう調整を図る）、問題の解決に向けてクライエントの環境を整えていくものです。

　また、ケア（ケース）マネジメントには様々な実践モデルがありますが、その主なものは次の通りです。

最小限モデル （サービス仲介モデル）	アセスメントした内容を踏まえて必要な社会資源を仲介し、利用調整を図る
利用者指向モデル	クライエントの意向を尊重し、クライエント自身が持つ強さや力を発揮できるようにしていく
システム指向モデル	クライエントに対して効果的で効率的なサービスの調整を目指す
セルフケアマネジメントモデル	クライエントがケアのニーズを自己評価し、サービスの計画や申請、調整などを自身で管理していく
コーディネーションモデル	資源やサービスを結び付けながら、クライエントの能力向上や制度運用を図る
包括型モデル	資源等を結び付け、能力の向上等も図りながら、社会政策の発展や改善を図る

■ ケア（ケース）マネジメントの過程

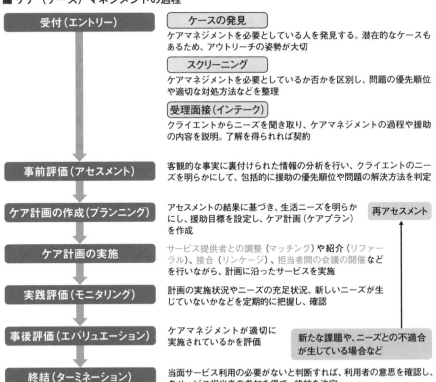

受付（エントリー）

ケースの発見
ケアマネジメントを必要としている人を発見する。潜在的なケースもあるため、アウトリーチの姿勢が大切

スクリーニング
ケアマネジメントを必要としているか否かを区別し、問題の優先順位や適切な対処方法などを整理

受理面接（インテーク）
クライエントからニーズを聞き取り、ケアマネジメントの過程や援助の内容を説明。了解を得られれば契約

事前評価（アセスメント）
客観的な事実に裏付けられた情報の分析を行い、クライエントのニーズを明らかにして、包括的に援助の優先順位や問題の解決方法を判定

ケア計画の作成（プランニング）
アセスメントの結果に基づき、生活ニーズを明らかにし、援助目標を設定し、ケア計画（ケアプラン）を作成

再アセスメント

ケア計画の実施
サービス提供者との調整（マッチング）や紹介（リファーラル）、接合（リンケージ）、担当者間の会議の開催などを行いながら、計画に沿ったサービスを実施

実践評価（モニタリング）
計画の実施状況やニーズの充足状況、新しいニーズが生じていないかなどを定期的に把握し、確認

事後評価（エバリュエーション）
ケアマネジメントが適切に実施されているかを評価

新たな課題や、ニーズとの不適合が生じている場合など

終結（ターミネーション）
当面サービス利用の必要がないと判断すれば、利用者の意思を確認し、各サービス担当者の参加を得て、終結を決定

マッチング：利用者のニーズに適合したサービスを提供する事業者等を探して、必要なサービス、提供方法などについて交渉、調整すること。

リファーラル：支援が望まれると判断された人々を地域の関係機関が支援提供機関などに連絡、紹介、送致すること。

リンケージ：利用者のニーズを明らかにし、制度や既存のフォーマルサービスだけでなく、インフォーマルサービスや開発した資源なども含めた社会資源と接合していくこと。

ここは覚える！

第34回ではケアマネジメントの意義・目的、第32回ではケースマネジメントのモデル、第33回ではケアマネジメントの過程、第36回では再アセスメントについて出題されました。

スーパービジョン　　　㉜ ㉝ ㉞ ㊱

スーパービジョンとは、スーパーバイザー（経験豊かな熟練した援助者）が、スーパーバイジー（経験の浅い援助者）に対して、専門性を向上させてよりよい援助を行えるよう支援する過程のことです。

■ スーパービジョンの機能

管理的機能	所属する機関や専門職の理念、機能、業務内容、役割等を十分に把握させ、組織全体の業務管理や環境整備などを進めていく
教育的機能	専門職として相談過程を適切に進めるために必要な考え方や技術の向上等を図っていく
支持的機能	援助者としての自己覚知や意欲の向上、バーンアウトの防止といった精神面のケアを含め、支えていく

■ スーパービジョンの種類

個別スーパービジョン	スーパーバイジーとの一対一の面接方式などで行われる。個別の関係で行われるため、自己覚知を促すなどの個別的な支援を行うことができる
グループ・スーパービジョン	複数のスーパーバイジーに対して行われる。ケース会議や研修会、事例研究会等のグループも活用して行われ、メンバー同士の相互作用によって能力の向上等を図る
ライブ・スーパービジョン	スーパーバイジーとともにケースにかかわりながら行われる。実際のケースの援助場面で実施されるため、実践的な指導を受けることができる

ピア・スーパービジョン	スーパーバイジーやワーカー、学生などの仲間同士（ピア）によって行われる。事例検討会や勉強会などにおいて、親しみやすい雰囲気の中で行われるため、互いの共通課題などについて自由に表現し合うことができる
セルフ・スーパービジョン	スーパーバイジー本人によって、意図的に行われる。自己検証や自己評価の実践を意図的に行っていくため、自分自身の対応や今後の展望について客観的に検討していくことができる

ここは覚える！

第33・34・36回で、スーパービジョンの形態や機能、関係性について出題されました。第32回では、グループスーパービジョンの理解が問われました。

コンサルテーション

　コンサルテーションとは、援助業務を遂行する上で専門的な領域の知識や技術が必要となった場合に、その専門職者から助言や提案を得ることです。例えば、医学に関する知識が必要であれば医療職から、法律に関する相談であれば弁護士からコンサルテーションを受けます。

　コンサルテーションを行う人をコンサルタント、受ける人をコンサルティと呼びますが、両者に上下関係はなく対等です。したがって、ソーシャルワーカーを監督・指導するということではありません。また、ソーシャルワーカーが、ある領域の専門家や外部機関に所属するソーシャルワーカーと専門的な意見を交わすことも、コンサルテーションに含まれます。

記録　㉜ ㉝ ㉞ ㉟

　適切に記録を取ることは、相談援助の各過程を進め、問題解決を図っていく上で不可欠なものとなります。また、関係者・関係機関との連携を深めたり、ソーシャルワーカー自身の振り返りや専門性向上の取り組みを進めたりする上でも重要なものです。

　記録の方法や種類、様式、文体には次のように様々なものがありますが、ソーシャルワーカーはその目的や用途に応じて選択し、記述をしていきます。

■ 主な記録の種類や方法

ケース記録	個別援助（ケースワーク）の過程や具体的内容、ワーカーとクライエントの関係性、クライエントの状況の変化などを記す
グループ記録	集団援助（グループワーク）の過程やプログラム内容、ワーカーとクライエントの相互関係、メンバーであるクライエント同士の相互関係などを記す
フェイスシート	クライエントの年齢・性別・職業といった基本的情報や家族構成、ニーズなどをまとめる
ケース・ヒストリー (生活史)	クライエントの援助前の状況や環境などの背景をまとめる

ここは覚える！

第35回で、記録の形式について出題されました。

■ 主な記録の様式

過程記録	時間の経過に沿って整理する
要約記録	援助内容や結果報告に重点を置いて要点をまとめる
項目記録	主要な項目ごとに整理して要点をまとめる
逐語記録	会話ややりとりの内容について順を追ってそのまま記述する
終結記録	援助の過程における終結時に、事後評価等を中心として総括的にまとめる

■ 主な記録の文体

逐語体		ワーカーとクライエントの会話のみをその言葉通りにそのまま記述
箇条書き		それぞれ独立した内容を項目ごとに並べ、比較的短い言葉で記述
叙述体		ワーカーの解釈を加えずに、時間的経過にそって記述
	圧縮叙述体	叙述体の文体を用いながらも要点を絞り、全体を短縮して記述していく文体
	過程叙述体	ワーカーとクライエントとのやりとりや相互作用を、時間の経過に沿って詳細に記述していく
要約体		ワーカーの思考を通して再整理し、要点をまとめて主眼点を明確にする
説明体		事実についてワーカーの解釈や考え方などを加えながら記録

ここは覚える！

第32・33・34・35回で、支援記録の文体について出題されました。

第 11 章 の 理解度チェック

全問クリア

月　日

Q

□ **1** システムとは、複数の要素が無機的に関わり合っている集合体である。
第32回

×

□ **2** 機能的アプローチでは、4つのPを実践の構成要素として、クライエントのコンピテンス、動機づけとワーカビリティを高めることを目指す。
第36回

×

□ **3** ランクの意志療法は、利用者の過去に着目し、利用者のパーソナリティの構造や自我の働きをとらえる診断主義学派の礎となった。 第32回

×

□ **4** 実存主義アプローチでは、他者とのつながりを形成することで、疎外からの解放を目指す。 第36回

○

□ **5** プランニングでの短期目標は、将来的なビジョンを示すものとして設定する。 第35回

×

□ **6** モニタリングでは、クライエントへの援助が計画通り行われているかを確認する。 第34回

○

□ **7** アフターケアでは、問題の新たな発生や再発が起きていないか確認する。 第36回

○

□ **8** グループワークの過程における終結期では、メンバーがグループ体験を振り返り、感情を分かち合えるように援助する。 第34回

○

□ **9** グループワークの準備・開始期などに行う波長合わせとは、メンバー間の親しい接触を通してお互いに刺激し、影響し合うことである。
第36回

×

□ **10** スーパービジョンにおける管理的機能では、スーパーバイジーの業務遂行の適切さを確認する。 第36回

○

□ **11** ケースマネジメントにおいて、クライエントに対して、効果的で効率的なサービスの調整を目指すものを利用者指向モデルという。 第32回

×

解説

1 有機的に関わり合っている集合体である。

2 問題解決アプローチの内容である。

3 利用者の未来に着目し、成長しようとする意志や能力をとらえる機能主義学派の礎となった。

5 長期目標の内容である。短期目標はそれ

を達成するための具体的手段を盛り込むものである。

9 波長合わせは、ワーカーがメンバーの感情や状況をあらかじめ理解し、参加への緊張や不安などを取り除いていくことである。

11 システム指向モデルの説明である。

第 **12** 章

社会福祉調査の基礎

この科目のよく出るテーマ5

❶ 社会福祉調査の基本事項と調査倫理

　最近の出題傾向では、社会調査の定義を問う問題、および統計法や基幹統計といった国の統計／調査の制度を問う問題が多くなっています。調査倫理は社会情勢を鑑みるに、今後も高い頻度で出題されると考えられます。

❷ 量的調査Ⅰ：調査の企画

　「質問紙の作成方法」および「標本抽出の方法と標本誤差」に関する問題は、いずれも2年に一度の割合で出題されています。どちらも丸暗記だけでは対応しきれないため、時間をかけて学習しましょう。

❸ 量的調査Ⅱ：量的調査の方法

　量的調査の方法に関する問題は第28回以来ほぼ毎年出題されています。面接調査・留置調査・郵送調査・電話調査・インターネット調査といった多様な調査方法の、それぞれの長所と短所をしっかり押さえておきましょう。

❹ 量的調査Ⅲ：データ分析

　データ分析は出題範囲がとても広いですが、尺度水準や代表値に関する問題は2年に一度くらいの割合で出るため、しっかり押さえましょう。他に、度数分布表やクロス集計表、相関といった項目も出題されやすいといえます。

❺ 質的調査の方法

　質的調査に関する問題は、観察法、面接法、事例研究法、アクション・リサーチ、グループインタビューなど多岐にわたり、問題の難易度もまちまちです。まずはそれぞれの大雑把な特徴を押さえ、余裕があれば深掘りしていく形で学習するとよいでしょう。

攻略のポイント

「社会調査」に関する問題は、第29回以来、調査倫理を含む「社会調査の概要」に関する問題が1～2問、「量的調査」に関する問題が3～4問、「質的調査」に関する問題が1～2問といった計7問で構成されていましたが、第37回以降は6問出題される予定となっています。「社会調査の概要」に関する問題と「質的調査」に関する問題は設問数に対して出題範囲が広く勉強しにくいですが、量的調査は設問数が多いわりに出題傾向が絞られるため、まずは量的調査をしっかり勉強するとよいでしょう。

1 社会福祉調査の意義と目的

社会調査とは

③① ③② ③⑤

　社会調査とは、その名の通り「社会について知るための調査」を指します。

　社会福祉士の仕事は、高齢者や子ども、障害をもつ人や経済的に困窮している人など、日常生活を送る上で困難を抱えている様々な人々が安心して暮らせるよう、手助けをすることです。そのためには、そうした人々がどれだけいるかを正確に把握し、現在どのような生活を送り、何に困っているのかを知る必要があります。そうでなければ、どのような手助けが必要なのかもわからないからです。

　社会調査は、福祉を必要とする人々のことを「知る」ための、最も有効な手段の一つです。

▶ 社会調査の定義

　社会調査の教科書には、社会調査とは、「社会的な問題意識に基づいてデータを収集し、収集したデータを使って社会について考え、その結果を公表する一連の過程」（『社会調査へのアプローチ―論理と方法』大谷信介・木下栄二ほか／ミネルヴァ書房）であると書かれています。

　つまり、社会調査が社会調査たり得るためには、①社会的な問題意識がある

こと、②データを収集すること、③データをもとに考える（＝分析と考察を行う）こと、④結果を公表する（＝社会に還元する）ことの4つが必要となります。逆にいえば、これらの要件を満たしてさえいれば、誰が行ったどのような調査であろうとも、どのような人を対象とした調査であろうとも、社会調査であるといえます。

▶ 社会調査の調査主体と調査対象

社会調査の調査主体（＝調査の実施者／責任者）は、国や各自治体、大学や企業、NPO法人やNGO法人といった組織の場合もあれば、研究者やジャーナリストなど個人の場合もあります。社会調査の調査対象（＝回答者／協力者）もまた、個人や集団、企業や学校、その他の組織、各自治体や各国など、様々です。

ここは覚える！

第32・35回で、報道機関が行う調査や、研究者が個人で行う調査が社会調査に含まれるかどうかが問われました。

社会調査の分類　㉛ ㉜ ㉝ ㉞ ㉟ ㊱

▶ 社会調査の目的による分類

社会調査は、その目的に応じて大きく3種類に分けられます。

実態調査
調査対象が現在どのような状態にあるのか、その把握を目的とした調査 例：「現在の高齢化率はどれくらいか」「経済的に困窮している人はどのようなニーズを抱えているか」
原因探索型の調査
調査対象が現在抱える問題の原因を探ることを目的とした調査 例：「この地域はなぜ医療制度が充実しているのか」「犯罪を行ってしまった人はなぜそうせざるを得なかったのか」
課題解決志向型の調査
調査者側に何らかの解決したい課題（問題意識）があり、調査を通じてその課題に取り組むもの 例：「地方自治体の行っているある制度を、調査を通して地域住民に知ってもらう」「過疎化の進む町で地域活性化の施策を実施し、住民の反応を見ながら（＝調査を行いながら）改善を行う」

▶ 社会調査の方法による分類

どのような方法で調査を行うのかという観点からは、社会調査は大きく量的調査と質的調査に分類されます。

量的調査
・調査対象を数量的に把握するための調査
・調査票（質問紙／アンケート）を用いて行われることが多い（調査票調査と呼ばれる）

質的調査
・調査対象者の生活のありようや経験を、量ではなく、その質の面からとらえようとする調査
・観察法や面接（インタビュー）法のように調査者が直接、調査対象者の元へ赴いて調査をする方法だけでなく、ドキュメント分析のように官公庁などに保管された公的記録や新聞・雑誌記事、個人の手紙や日記、絵画や写真など、様々な資料を収集して分析する手法などがある

ミックス法
・量的調査と質的調査を併用する調査
・質的調査として行われることの多い事例研究法やアクション・リサーチ（599ページ参照）においても、量的調査は質的調査を補完する役割を果たすものとして重要視されてきている

■ **ドキュメント分析**：記録されたもの（＝ドキュメント）を用いて行う分析の総称。面接法や観察法に比べ、時系列変化を追うのが容易な点などにそのメリットがある。

ここは覚える！

第31・33・34・36回では、手紙や日記、家計簿、インターネット上の書き込み、写真や音声データなど、様々な資料が社会調査の分析対象となり得るかが問われました。

統計法と国の行う統計調査　㉛ ㉜ ㉝ ㉟ ㊱

▶ 統計法

日本には、国や地方自治体の作成する公的統計に関する基本事項を定めた「統計法」という法律があります。1947（昭和22）年に施行され、2007（平成19）年に大幅改正されました。

ここは覚える！

第32・35回で、旧統計法から新統計法への改正の目的や変更点が問われました。

▶ 基幹統計

2007（平成19）年の統計法改正に伴い、国が行う統計調査のうち、政策の運営等の基礎となる特に重要度の高い統計が「基幹統計」として指定されることになりました。

基幹統計は、国勢統計、国民経済計算に加え、それぞれの統計の重要性を鑑みて総務大臣が指定することになっており、2019（令和元）年5月時点では53統計が基幹統計とされています。

ここは覚える！

国の行う基幹統計以外の統計調査は「一般統計調査」と呼ばれます。第35回では、一般統計の定義が問われました。

■ 過去に出題された基幹統計　※（）内は調査主体

国勢調査／国勢統計（総務省）	日本に常住するすべての人を対象に、5年に一度行われる大規模調査。人口や年齢構成、労働力や世帯構成など、国政のために必要となる基本的な事項が統計としてまとめられる
国民経済計算（内閣府）	国の経済を生産や消費、資産や負債といった様々な側面から把握しようとするマクロ統計。この統計をもとに四半期別GDP（国内総生産）が公表されるためGDP統計とも呼ばれる
労働力調査／労働力統計（総務省）	日本の労働に関する状況を把握するための調査。全国の約4万世帯を対象に毎月行われる。就業人口や不就業人口、各産業・職業別人口、就業時間や雇用形態、完全失業率などが統計としてまとめられる
国民生活基礎調査／国民生活基礎統計（厚生労働省）	保健や医療、福祉、年金や所得など、国民生活の基礎的な事項を把握するための調査。大規模調査は3年に一度、簡易調査は中間の各年に行われる。社会福祉士にとっても関係の深い調査

ここは覚える！

第36回では、5つの政府統計の中から基幹統計を選択する問題が出されました。第33回では、政府が行う調査の調査対象が問われました。

落とせない！重要問題

国勢調査の対象者は、日本に居住する日本国籍をもつ人に限定されている。

×：国勢調査の対象には外国国籍の人も含まれる。

▶ センサス

国が行う全数調査のことをセンサスといいます。全数調査とは、例えば、日本に住む人の生活を知るために、実際に日本に住むすべての人に調査を行うような調査のことを指します（「全数調査」については574ページ参照）。

日本のセンサスの代表例としては、国勢調査が挙げられます。

 ここは覚える！

第31回で、センサスの定義が問われました。

▶ 統計データの二次利用

基幹統計調査の結果はインターネットやその他の方法で公表され、研究や教育など公益に資する限りにおいては、二次利用（調査主体以外がそのデータを利用すること）が可能になりました。

 ここは覚える！

第32回で、どのような条件下でなら国の統計データが二次利用可能かが問われました。

2 社会福祉調査における倫理と個人情報保護

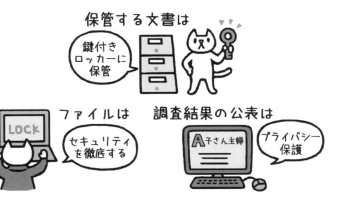

保管する文書は
鍵付きロッカーに保管

ファイルは
セキュリティを徹底する
LOCK

調査結果の公表は
Ａ子さん主婦
プライバシー保護

社会調査に関する倫理規定

▶ 調査倫理の重要性

　社会調査は常に、対象となる多くの人々の協力を得て成り立っています。

　調査対象者は、自らの時間や労力を使って協力してくれています。そうした対象者に対し、調査者は、できる限りの誠意をもって対応する必要があります。調査協力者が調査によって不利益を被ることは極力避けなくてはなりません。そうでなくては、調査に協力してくれる人はいなくなってしまうでしょう。調査における倫理的配慮の欠如は、調査者にとっても不利益にしかなりません。

　調査対象者の安全を守るためにも、調査を円滑に進めるためにも、倫理規定に則った調査を心掛けましょう。

▶ 日本社会福祉士会の倫理綱領・行動規範

　社会福祉士の職能団体である「公益社団法人日本社会福祉士会」の倫理綱領では、「Ⅳ．専門職としての倫理責任」において、「社会福祉士は、すべての調査・研究過程で、クライエントを含む研究対象の権利を尊重し、研究対象との関係に十分に注意を払い、倫理性を確保する」とあります。さらに、それを具体化した行動規範においては、以下のように定められています。

> 7－1. 社会福祉士は、調査・研究を行うにあたっては、日本社会福祉士
> 　　　 会が定める研究倫理に関する規程などに示された内容を遵守しな
> 　　　 ければならない。
> 7－2. 社会福祉士は、調査・研究の対象者とその関係者の人権に最大限
> 　　　 の配慮をしなければならない。
> 7－3. 社会福祉士は、事例研究などにケースを提供するにあたっては、
> 　　　 ケースを特定できないように配慮し、その関係者に対して事前に
> 　　　 了解を得なければならない。

資料：公益社団法人日本社会福祉士会（https://www.jacsw.or.jp/citizens/rinrikoryo/）

より具体的な個人情報の取り扱い方 ㉝ ㉞ ㉟ ㊱

　以下では日本社会福祉士会の「研究倫理ガイドライン」を参照しながら、出題傾向に合わせたより具体的な場面での行動基準について述べておきます（引用はすべてガイドラインより。また、引用後の括弧内は条項番号を指す）。

▶ 住民基本台帳や選挙人名簿の閲覧

　郵送調査の場合、調査票を郵送するためには、対象者の住所と名前が不可欠です。社会調査では、住所と名前を入手するために市役所や区役所が管理する住民基本台帳や選挙人名簿を閲覧する場合があります。しかし、それらは誰もが自由に閲覧できるわけではなく、調査目的や調査の社会的な意義を鑑み公益性が高いと認められた場合にのみ閲覧できるようになっています。

ここは覚える！

第36回で、社会調査では住民基本台帳等を制限なく閲覧できるかどうかが問われました。

▶ 調査依頼と調査者の説明責任

　調査対象者に調査を依頼する際には、「調査対象者に対して調査目的、内容、公表の可能性について十分説明し、理解されたことを確認し、原則として、文書で同意を得なければ」なりません（7条）。

第29回試験（2016年）では、「調査対象者に調査の協力依頼をする際には、誤解がないように電話ではなく、文書で行わなければならない」という文章は誤り（×）とされていますが、2018年に策定されたガイドラインでは「原則として、文書で同意を得なければならない」とされています。そのため、今後同系統の問題が出題された場合には、調査依頼は文書で行うことが正解となる可能性があります。

 ここは覚える！

調査依頼時に第33・34・36回で、調査者の説明責任に関する問題が出題されました。

具体的に伝えるべき事柄は以下のとおりです。

■ **調査依頼時に伝えるべき事項**

① 調査主体
② 調査目的
「調査によって得られた情報は、本来の目的以外のために利用してはならない」（11条）。特に、自らが働く事業所の職員や利用者に対する調査を行う際には、調査でどのような回答が得られたとしても、回答内容が職員や利用者の日常生活に影響することは決してないことをきちんと伝える必要がある
③ 調査事項
④ 調査事項の記録方法・保管方法・保管期限
情報を「どのように記録・保管するのか」「いつまで保管するのか」「期限後、どのように処分するのか」などを事前に説明し、対象者の了承を得る必要がある
⑤ データの分析方法
⑥ 結果の公表方法
「結果はいつ、どのような方法で公表されるのか」と「調査協力者がそれをどのように確認できるのか」ということを、事前に伝えておく必要がある
⑦ 調査協力の任意性
調査への協力は自由意志によるものでなくてはならない。依頼時にも「協力を強制されることは決してないこと」を伝える必要がある
⑧ 調査協力により被ると考えられる不利益
「研究を実施するにあたっては、倫理的問題が生じる可能性について事前に検討しなければ」ならず（2条）、調査対象者が調査に協力することで被ると予想される不利益がある場合、それについても事前に説明する義務が生じる。どのような調査でも必ず生じうる調査対象者の不利益として、「時間の消費」が挙げられる

⑨ 調査対象者の権利
「途中で回答をやめる、答えたくない質問に答えない権利があることを伝えなければならない」（7条）。また、これ以外にも「データの閲覧・修正・削除をいつでも要求できること」「協力を断ることや、削除依頼をすることが対象者の不利益につながることは決してないこと」なども事前にきちんと伝えておく必要がある

⑩ 謝礼
謝礼がある場合には何をどの程度渡すかも事前に伝えておく

⑪ 調査者の連絡先
対象者が調査に関する質問をしたい場合や、データの閲覧・修正・削除などを依頼したい場合のために、調査者の連絡先は明記しておく必要がある

上記の説明事項において、もしも調査対象者の合意が得られない項目があった場合には、対象者との間で相談をしながら、調整を行う必要があります。

 ここは覚える！

第34回では、調査によって得られた情報を他の目的で利用することの可否や、調査協力を強制することの是非が、第33・35回では、調査対象者に断ることなく観察や録音することの是非が問われました。また、第36回で、謝礼を渡すことの是非が問われました。

▶ 調査対象者の属性による配慮

調査対象者が認知症患者や子どもの場合など、「判断能力が十分でない対象者については、その理解力に応じた分かりやすい言葉で説明するよう努め、本人の利益を損なわないよう最大限の配慮をしなければならない」（8条）とされています。また、丁寧に説明を行っても、調査についての了承を得るための判断能力が十分ではない場合もあります。そうした場合には、対象者本人からの合意だけではなく、対象者の家族等の合意も必要となります。

調査対象者に障害があるなどの場合には、それぞれの障害に合わせた配慮が必要です。

 ここは覚える！

第33回で、小学生を対象とした調査を実施する際の注意点が問われました。社会調査協会の倫理規定においては、調査対象者が満15歳以下の場合には、保護者や学校長などの承諾を得なければならないとされています。

▶ 対象者の人権への配慮

　調査実施時には、調査が対象者の人権を侵害するようなものとならないよう細心の注意を払う必要があります。「研究目的を外れて社会的に不適切と考えられる用語や差別的表現とされる用語を使用」することや、「対象者の名誉」を傷つけたり「プライバシー」を侵害するような質問等は避けなくてはなりません（1条、4条）。

▶ 調査時に得られた情報の保管方法

　「質問紙等の調査関係資料及び結果データは、厳重に管理しなければ」なりません（6条）。紙媒体のものであれば鍵付きのロッカーに保管し、電子媒体のものであれば暗号化されたかたち（パスワード付きのフラッシュメモリー等）で保管し、第三者の目に触れないように気をつけなくてはなりません。

　また、データは保管期限を定め、期限を過ぎたら速やかに、溶解処分か焼却処分を行いましょう。

▶ 結果の公表とプライバシー保護

　調査結果を公表する際には、原則として、個人が特定されないよう、匿名化します。年齢や居住地など基本属性が必要な研究の場合であっても、「20代前半」「関東在住」などと記述し、できる限り対象者が特定されないように配慮する必要があります（9条、13条）。

▶ 共同研究者との情報共有

　医療系や福祉系の調査研究では複数の研究者が共同して研究を行う場合がありますが、共同研究者との間であっても、原則、匿名化の必要があります。

　理由の一つは、調査対象者との信頼関係を維持していくためです。調査対象者が「あなただったら」という信頼のもとで話してくれた情報を、共同研究者だからといって第三者にむやみに話すことは信頼関係を壊しかねません。共同研究者と情報を共有したい場合には、調査対象者にその説明を行い、同意を得る必要があります。

　もう一つの理由は、情報漏洩のリスクを減らすためです。情報を知る人が多いほど漏洩のリスクは高まります。そのため、共有する必要のない情報は極力、個人でとどめておくのがよいでしょう。

▶ 調査者によるデータの修正や削除

インタビューなどではしばしば、調査対象者の思い違いなどによって事実と異なることが語られる場合があります。例えば、年齢と西暦が合わない、ある仕事に従事した年数と年齢が合わない、Aさんの発言をBさんの発言として口述した、などです。

こうした場合、原則として、調査者が自身の判断で勝手にデータを修正することは望ましくありません。調査で得られた情報は、原則として、その提供者に修正や削除の権利があります。もしも修正が必要ならば、対象者に連絡をとり、どのようにしたいか、対象者の意向を尋ねるのがよいでしょう。

▶ 対象者からのデータの修正依頼や削除依頼への対応

調査に協力する際、調査対象者には、「いつでも協力を撤回できる」、「データの閲覧・修正・削除をいつでも要求できる」といった権利が生じます。そして同時に、調査者には、そうした要求に応じる義務が生じます。そのため、対象者から修正や削除の依頼があった際には、速やかに対象者の意向通りに修正あるいは削除を行います。

そうした修正や削除を行うと、場合によっては論文等を書き直す必要が出たり、最悪の場合、論文等が提出できなくなったりすることもあります。しかしそれでも、対象者から修正・削除の依頼があった場合には、それに速やかに応じましょう。その理由は、これまで述べてきたものと同様、第一義的には、調査対象者との信頼関係のためです。

あえてもう一つ理由を述べるなら、今後の研究生活や職業生活のためでもあります。調査倫理規定とは、対象者との間で交わす約束であると同時に、自分の所属する職能集団との間で交わす約束でもあります。すなわち、調査倫理規定に抵触することは、その職業から放逐される可能性をもはらんでいるのです。対象者からのデータの修正・削除の依頼をなかったことにして論文を提出した結果、職を失うということもありえるのです。

そうした事態に陥らないよう、倫理規定を遵守した調査を心がけましょう。

ここは覚える！

第34・36回で、対象者からの協力辞退の申出やデータ削除要請があった場合の適切な対応方法が問われました。

3 量的調査の方法

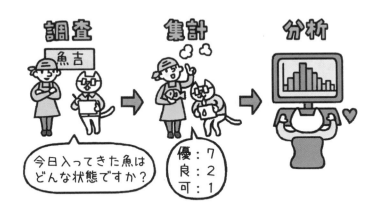

量的調査の概要と手順

量的調査は、主に調査票を用いてデータを収集し、調査対象を数量的に把握するための方法です。例えば、「A地域にはどれくらいの高齢者がいるのか／A地域の高齢化率はどれくらいなのか」、「A地域の高齢者には、どのような悩みをもつ人が多いのか」などを把握するために、対象者に調査票を配布し、回収して分析します。

量的調査は多くの場合、①調査票の作成、②標本抽出、③調査依頼と実査（＝実際に調査を行うこと）、④集計と分析、⑤報告書等の作成、という手順で行われます。量的調査と聞くと一般的には統計分析を思い浮かべる人が多いですが、実際には、量的調査の要は実査の前段階の「①調査票の作成」と「②標本抽出」にあり、この部分にどれだけ注力したかが、その後の分析や考察の良し悪しの大部分を決定することになります。

> 量的調査の多くは調査票調査ですが、例えば交通量調査のように、調査票を用いず、観察という手法によってデータを収集する場合もあります。

量的調査の要の一つ、調査票作成についてみていきましょう。

▶ 調査票作成の原則

調査票を作成する際には様々な注意点がありますが、その根本には、①妥当性と信頼性を確保すること、及び②回答者に極力負担をかけないこと、という2つの原則があります。

①の「妥当性」とは、測定したい概念をどのくらい正確に測定できているかという測定の適切性のことを指しており、「信頼性」とは、同じ調査を再度行ったときにも同じような結果となるかという調査の安定性のことを指しています。社会調査においては、両者を兼ね備えていることが必須となっています。

②の「回答者に極力負担をかけない」についてですが、そもそも調査とは、調査する側にとっては必要なものであっても、調査される側にとっては（多くの場合には）何の得にもならない、時間や精神的な負担のかかる、面倒なものでしかありません。だからこそ調査者は、回答者にそれ以上の余計な負担がかからないように配慮しなくてはなりません。

ここは覚える！

第31・35回で、妥当性と信頼性の定義が問われました。

▶ 質問文の作り方

質問文をつくる際に、まず気をつけるべきはワーディングです。ワーディングとは、言葉遣いや言い回しという意味で、これらに注意をしないと、質問の意図が正確に伝わらなかったり、人によって解釈が異なってしまったり、回答をある一定の方向に誘導してしまったりします。そうならないように注意すべきポイントは、以下の通りです。

▶ ワーディング

● 難しい言葉や専門用語、略語などは極力使わない

難しい言葉や専門用語、略語などは、言葉の意味を誤解して受け取られたり、

意味がわからないまま適当に回答されてしまったりするため、極力避けるようにしましょう。

　どうしてもそれらの言葉を使う必要がある場合には、濾過質問によって知っている人だけに質問を行う、あるいは用語の説明をつける（ただし説明文が誘導的にならないよう注意）などの工夫が必要です。

📖 **濾過質問：** その先の質問に回答できる人を選別する（＝濾過する）ための質問。例「あなたは○○についてニュースなどで見聞きしたことはありますか」

 ここは覚える！

第35回で、質問文に専門用語を使うことは適切かどうかが問われました。

● **解釈の曖昧さは極力排除する**

　質問文の解釈が読む人によって異なってしまうと、当然、回答も異なってきます。例えば、「ごきょうだいは何人ですか」という質問の仕方では、自分を含めた人数を答える人と自分を除いた人数を答える人が出てきてしまいます。つまり、同じ3人きょうだいでも、「3人」と回答する人と「2人」と回答する人が出てきてしまうのです。

　そのため質問文をつくる際には、できる限り、すべての人が同じように解釈することができる文章を作成する必要があります。

● **否定の重なりや否定疑問文は避ける**

　例えば、「あなたはこれまでにAの制度を利用しなかったことはありませんか」のように否定形が重なった文章は理解に時間がかかり、回答者を混乱させてしまいます。また、「Aという制度が必要だとは思いませんか」のような否定疑問文は、必要だと思った場合に「はい」と「いいえ」のどちらを選べばよいのかがわかりづらいというだけでなく、回答者を「必要」だと回答させる方向へ誘導してしまう可能性も含んでいます。

● **言葉のイメージに注意する**

　言葉には、その言葉本来の意味に加え、よいイメージや悪いイメージが付随しているものがあります。そうした言葉を質問文に使用すると、言葉のイメージに引きずられ、回答がある一定方向に誘導されてしまうことがあります。

良いイメージにしろ悪いイメージにしろ、言葉やモノに与えられた特定の紋切り型のイメージのことを「ステレオタイプ」と呼びます。

第33回で、調査票にステレオタイプな用語を使用することの是非が問われました。

● **威光暗示効果は使用しない**

威光暗示効果とは、例えば、質問文の前半に「世界には飢餓に苦しむ子どもが○万人いるといわれています」や「増税すると福祉予算が増えます」などの枕詞をつけることによって先入観を与え、回答をある一定方向に誘導することをいいます。

▶ 質問の形式

● **ダブル・バーレルを避ける**

ダブル・バーレルとは、「一つの質問文の中に複数の要素が入り込んでしまっている」状態をいいます。例えば、「あなたはサッカーや野球は好きですか」という質問では、「サッカー」と「野球」という2つのものについての好き嫌いが問われていますが、これでは「サッカーは好きだが野球は好きではない人」等は回答に困ってしまいます。結果として、「サッカーは好きだから『はい』」と答える人もいれば、「野球は好きではないから『いいえ』」と答える人も出てきてしまいます。また、答えられないから無回答にする人も出てきます。

それゆえ、質問文を作成する場合には、「一つの質問には一つの要素」が鉄則となっています。

ダブル・バーレルについて、第32回ではその定義が、第33・35回では複数の事柄を一つの質問文で尋ねることが望ましいかどうかが問われました。

● **アクチュアル・ステイタスとユージュアル・ステイタス**

例えば同じようにスポーツについて尋ねる場合でも、「あなたは普段スポーツ

をしますか」と尋ねる方法と、「ここ1週間の間にスポーツをしましたか」と尋ねる方法があります。後者のように、特定の期間におけるその人の状態のことを「アクチュアル・ステイタス」、前者のように特に期間を限定しないその人の普段の状態を「ユージュアル・ステイタス」といいます。質問紙を作成する際にどちらの訊き方を採用するかは、調査目的に照らして判断する必要があります。

● 一般的な質問と個人的な質問

例えば同じように宗教について尋ねる場合であっても、「宗教は大切だと思いますか」と尋ねた場合と「あなた自身は、信仰を大切にしていますか」と尋ねた場合では、「はい」と答える人の割合は異なってきます。なぜなら、前者は対象者本人の信仰とは関わりなく一般論として宗教は大事だと思うかどうかを問う質問（＝一般的な質問／インパーソナルな質問）であり、後者は対象者本人の信仰を問う質問（＝個人的な質問／パーソナルな質問）だからです。

調査の目的に応じて、どちらの訊き方にするか、あるいは両方訊くのか、判断する必要があります。

ここは覚える！

第33回では、パーソナルな質問とインパーソナルな質問の定義が問われました。

▶ 回答形式の作り方

質問紙の回答方法には、選択肢を用意する選択肢法の他に、対象者が自由に回答を書き込むための空欄を用意する自由回答法（自由記述法）があります。

回答形式をつくる際のポイントは、以下の通りです。

● 選択肢は網羅的かつ排他的に

選択肢は、すべての可能性を網羅した上で、それぞれの意味が重複しないように排他的に作らなくてはなりません。

例えば、ある行為の頻度を訊く場合に、「週1回程度」と「月1回程度」のような選択肢ですと、月に2〜3回行う人はどこに○をつけてよいか迷ってしまいます。あるいは、「週1〜2回程度」と「月に3〜4回」のような選択肢では、「週1回」と「月4回」はほぼ同じ頻度のため、やはり回答者が迷ってしまいます。

ここは覚える！

第35回で、選択肢の重複の是非について問われました。

● 選択肢の文章は極力短く、数はある程度絞り込む

　選択肢を網羅的に用意する必要があるからといって、多ければよいというものではありません。選択肢が多いと、多くの人は読むのが面倒になり、人によっては選択肢を読まずに一番上にある選択肢に○をつけてしまったり、無回答にしてしまったりします。選択肢の文章が長い場合も同様です。

　そのため、選択肢はできるだけ短くわかりやすい言葉で、ある程度数を絞り込んで用意するようにしましょう。

● 複数回答はなるべく避ける

　質問文には、「あてはまるもの」を選択肢から「一つだけ」選ぶもの（「単一回答」「シングル・アンサー」形式）と、「すべて」選ぶもの（「複数回答」「マルチ・アンサー」形式）があります。複数回答形式は分析やその解釈が難しいため、調査に慣れないうちはなるべく避けるほうがよいでしょう。

● 自由回答は最小限に

　自由回答法には、調査者の想定しえなかった回答が得られたり、選択肢だけではわからない詳細な情報が得られたりといったメリットがありますが、回答者の立場からすると、ただ○をつければよい選択肢法に比べ、回答に時間的・精神的コストがかかる非常に面倒な回答形式です。そのため、自由回答法は選択肢法に比べ無回答の割合が増大します。したがって、自由回答法はどうしても必要な場合に限定して使用すべきです。

ここは覚える！

第32・35回で、自由回答を多く設けることの是非が問われました。

▶ 質問の数と順序

　調査票を作る際には、質問の数や順序にも気をつける必要があります。

● 質問は精査する

質問数が多すぎると、回答者が途中で飽きてしまったり、面倒になったりしてしまうため、調査目的に照らして必要な質問を精査して配置する必要があります。

● 質問は答えやすい質問から

質問の順序は原則として、誰にでもわかりやすく、答えやすい質問から先に配置します。最初に複雑な質問や、答えることをためらうような質問（例えば年収など）を配置すると、その時点で回答を中断されてしまう可能性があるためです。

それゆえ、多くの場合には、最初に一般的な質問を数問置き、回答に慣れたところで、調査テーマに即した質問を簡単なものから複雑なものの順で配置します。調査対象者の基本属性（性別、年齢、職業や学歴など）を問う項目は、回答者の個人情報やプライバシーに踏み込む質問であるため、最後に置きます。

 ここは覚える！

調査対象者の基本属性を問う項目は「フェイスシート」と呼ばれます。第32回で、フェイスシートの定義が問われました。

● キャリーオーバー効果に注意

質問の順序を考える際に、最も注意すべきはキャリーオーバー効果です。「キャリーオーバー」とは「持ち越し」を意味しており、キャリーオーバー効果とは、ある質問への回答がその後の質問の回答へ影響を与えてしまうことをいいます。例えば、「あなたは健康に気を使っていますか」という質問に対し「はい」と答えた直後に「あなたは今朝、朝食を食べましたか」という質問があった場合、今日はたまたま寝坊をして朝食を抜いていたとしても、「健康に気を使っている」と答えた直後に「朝食を食べていない」とは答えにくいため、思わず「食べた」と、事実とは異なる回答をしてしまう、といったケースが該当します。

質問紙を作成する際には、質問や回答がもつこうした影響力も考慮しながら、質問を配置していく必要があります。

ここは覚える！

第32・33回で、キャリーオーバー効果に関して出題されました。

落とせない！重要問題

一つの質問文で複数の事項を問うことは、複数の回答が同時に得られるので、質問紙の作成において望ましいと考えられている。　第33回

×：一つの質問文で複数項目をたずねてはならない。

量的調査における調査対象の選出　㉜ ㉝ ㉟ ㊱

　量的調査において、質問紙の作成と同じくらいに重要なのは「どのように調査対象者を選び出すか」ということです。

▶ 全数調査と標本調査

　量的調査における調査対象者の設定の仕方には2つの方法があります。

　まず一つは「全数調査」あるいは「悉皆調査」と呼ばれる方法です。全数調査では、「A地域の高齢者にはどのような悩みをもつ人が多いのか」を知るために、A地域に住む高齢者すべて（＝全数）に調査を行います。

　とはいえ、「A地域」が「日本」や「関東」くらいのとても広い地域だった場合には、そこで暮らすすべての高齢者に調査をするのは大変です。そのため、全数に調査をするのが難しい場合には、「標本調査」と呼ばれる方法で調査を行います。標本調査とは、調査対象としたい人々の集まり（＝母集団）から、一定数の人々（＝標本（サンプル））を選び出して行う調査のことです。現在行われている調査のほとんどは、こうした標本調査にあたります。

ここは覚える！

第36回で、標本調査の事例をもとに、5つの集団の中から当該調査の母集団を選択する問題が出されました。

▶ 標本抽出の重要性

　標本調査は、母集団から一定数の人々を選び出して行う調査です。しかしながら、結果としては全数調査と同じような調査結果が得られることが望まれます。つまり、標本のうちの「80％の人が○○という悩みをもっている」ことがわかった場合、（多少のズレはあるにしても）母集団であるA地域の高齢者全体においてもまた、「80％前後が○○という悩みをもっている」ということが推定できるような標本の選び方が必要となるのです。言い換えれば、母集団から標本を抽出する場合、それら標本は母集団の「縮図」となっている必要があります。

> 抽出された標本が、母集団の特性をうまく反映し、その縮図となっている場合、その標本は「代表性が高い」「精度が高い」などと表現されます。一方、抽出された標本が母集団の特性をうまく反映できていない場合、その標本は「代表性が低い」「精度が低い」、あるいは「偏りがある」などと表現されます。

▶ 標本抽出の方法①：無作為抽出法（確率抽出法）

　母集団の縮図をつくるために最も有効な標本抽出の方法は、「無作為抽出法（ランダム・サンプリング）」です。無作為抽出とは、くじ引きのようにすべての対象が同じ確率で選ばれるように設計された抽出方法を指します（そのため、「確率抽出」とも呼ばれます）。無作為抽出で選ばれた標本は、理論的には母集団とかなり似通った性質をもつ集団となる、つまりは母集団の「縮図」となることがわかっています。そのため、無作為抽出された標本調査の場合、その結果から母集団の性質を推測することができます。

　しかし、実際に調査を行う場合には、母集団の規模が大きければ大きいほど、無作為抽出だけで標本抽出を行うのは容易ではありません（こうした、無作為抽出だけで標本抽出を行う方法を「単純無作為抽出法」といいます）。というのも、例えば100万人から1万人を選ぶ場合、単純無作為抽出法だと100万人分の名前が書かれたくじを用意し、そこから1万枚もくじを引き続けなければならないからです。

　そのため、通常の調査ではこうした単純無作為抽出の労力を省力化するために、無作為抽出法に「系統抽出法」や「多段抽出法」などを併用します。

第33回で、標本抽出と母集団推計の関連性が問われました。

● 系統抽出法（等間隔抽出法）

系統抽出法（等間隔抽出法）とは、すべての対象に通し番号を振り、最初の標本のみを無作為に抽出した後、等間隔に対象を抽出していく方法です。例えば、A地域に住む100万人から1万人を選ぶ場合には、まず住民基本台帳や選挙人名簿を入手し、そこに記載された100万人に1番から100万番まで番号を振っていきます。そして、乱数表などを用いて最初の抽出対象を決定します。仮にそれが30番だったとすれば、その後は100人間隔で、130番、230番、330番……と選んでいけば、1万人が抽出できることになります。

この方法は、機械的に標本抽出を行えばよいため調査員の労力は削減されますが、単純無作為抽出に比較すると精度は落ちる（＝代表性は低くなる）ことになります。特に、サンプリング台帳に規則性がある場合にはサンプルに偏りが生じる可能性があるため、注意を要します。

第32・35回で、系統抽出法のデメリットが出題されました。

● 多段抽出法

多段抽出法とは、無作為抽出を何段階かに分けて行う方法です。例えば、日本の全人口から10万人を選び出す場合、まず1段階目として、47都道府県の中から無作為に、任意の数の都道府県を選びます。2段階目では、1段階目で選出した都道府県に属する市区町村の中から、任意の数の市区町村を無作為に選びます。そして3段階目においては、2段階目で選出した市区町村に住む人々の中から10万人を無作為に選び出します。

この方法は、すべての地域のサンプリング台帳を必要としないため経済的コストが低くすむ利点がありますが、段階を増やすごとに標本誤差（次ページ参照）が生じるため単純無作為抽出に比べると誤差が大きくなるというデメリットがあります。

ここは覚える！

第32回で、単純無作為抽出法と多段抽出法ではどちらの精度が高いかが問われました。

▶ 標本抽出の方法②：有意抽出法（非確率抽出法）

　無作為抽出法（確率抽出法）に対して、有意抽出法（非確率抽出法）という方法もあります。

　友人・知人や街角で出会った人など、調査者と縁のあった人に調査を依頼する「機縁法」、少数の調査対象者にその友人や知人を紹介してもらい、雪だるま式に調査対象者を増やしていく「スノーボール法」などが代表的な方法です。いずれも、量的調査より質的調査においてよく使われます。

　また、無作為抽出が不可能なインターネット調査においては、広告等によって広く調査対象者を募集する「応募法」や、母集団の比率に合うように調査対象者の条件を割り当て（例えば、母集団が「未婚男性15％、既婚男性40％、未婚女性10％、既婚女性35％」の場合、標本もそのような割合になるように）、条件に合う人に調査を依頼する「割当法」などがよく行われます。

　しかしながらこうした有意抽出法は、どれだけ多くの標本を集めたとしても、何らかの偏りがある可能性が高く、統計的な手法によって母集団の特性を推定することはできない（＝調査結果をもとに「現代日本はこうなっている」などといったことを言うことはできない）ことに注意する必要があります。

ここは覚える！

第32回では、スノーボール法が非確率抽出の一種かどうかや、確率抽出法と非確率抽出法のどちらが代表性の高い標本を得られるかが問われました。第33回では「道行く人の中から偶然出会った人」に調査をする場合が無作為抽出に該当するか否かが、第35回では標本抽出時に「あらかじめ分かっている母集団の特性を利用」することの可否が問われました。

▶ 標本誤差

　無作為抽出で選ばれた標本は、理論的には母集団とかなり似通った性質をもつ集団となります。しかし、そうした無作為抽出であっても全数調査の結果と完全に一致することはほとんどなく、当然、多少の差が生じます。こうした、

標本調査において生じうる母集団との差を「標本誤差」といいます。

　どれだけ適切に設計・実施された調査であろうとも、標本調査である限り、標本誤差は必ず生じますが、標本数が多ければ多いほど誤差は少なくなることがわかっています。また、無作為抽出によって行われた標本調査では誤差の度合いがどの程度であるのかが統計的に推定できます。無作為抽出が最も優れた標本抽出方法だといわれる理由は、こうした誤差の推定ができることにも由来しています。

第32・35回で、標本誤差はどのような場合に生じるかが問われました。

調査票調査の種類　　㉛ ㉝ ㉞ ㊱

　調査票調査は、調査の継続性、調査票の記入者、配布・回収の方法などによって、いくつかの種類に分けられます。

▶ 調査の継続性による分類：横断調査と縦断調査

　多くの調査は通常、一度の調査に対して、一度の標本抽出を行います。こうした、標本抽出も実査も一度ずつ行われる調査を「横断調査」といいます。

　横断調査では、一度の調査で様々な事柄を知ることができますが、たった一度の調査では、その時点での対象者の行動や意識しか把握できず、社会や個人の「変化」を知ることはできません。そのため、社会や個人の様々な「変化」を知るために、同一の母集団に対し時間を空けて繰り返し調査を行う「縦断調査」と呼ばれる方法があります。

　縦断調査には、調査のたびに標本を選び直す方法と、標本抽出は一度のみで、そこで抽出された標本に対し複数回調査を行う方法の、2種類の方法があります。

　調査のたびに標本抽出を行う前者の方法は「継続調査」や「トレンド調査」と呼ばれ、個人の変化よりも社会の変化に焦点を当てた調査方法であるといえます。「変化」を見るためには、複数回の調査結果を比較できなくてはなりません。そのため、この調査では、複数回にわたる調査の条件を同じくするために、原則として同じサンプリング方法、同じ質問文で調査をする必要があります。

　一方、最初に抽出された標本に対し複数回調査を行う後者の方法は、「パネル調査」と呼ばれます。パネル調査は、同一人物に繰り返し調査を行うため、個

人の変化に焦点化した調査方法ですが、対象者の転居などにより、調査を重ねるたびに調査協力者が徐々に減っていってしまう（こうした現象を「パネルの摩耗」と呼ぶ）という欠点があります。

■ 横断調査と縦断調査

種類		標本抽出	実査	特徴
横断調査		1回	1回	一時点での調査
縦断調査	継続調査／トレンド調査	複数回	複数回	社会の変化が主な関心の対象
	パネル調査	1回	複数回	個人の変化が主な関心の対象

ここは覚える！

第33・34回で、横断調査と縦断調査、パネル調査や「パネルの摩耗」の定義が問われました。

これまでの出題傾向では、調査の継続性に関する出題があった場合には、「因果関係を明らかにするには、横断調査、縦断調査（あるいはパネル調査）のいずれが適しているか」という問題が同時に出題されています。基本的には横断調査よりも縦断調査の方が因果関係を説明しやすいですが、横断調査も縦断調査もその調査方法から必然的に因果関係を推論できるものではなく、因果関係の推論は、綿密な調査設計と分析手法によることに留意しましょう。

▶ 調査票の記入者による分類：自記式調査と他記式調査

　調査票調査は、誰が調査票へ記入を行うのかという観点からも2つのタイプに分類されます。

　自分で質問文を読んで答えを記入するかたちの調査は、「自記式」あるいは「自計式」の調査といいます。こうした自記式の調査は、多数の人々に対し同時に同じ質問ができる点で優れています。その反面、質問を読み飛ばしてしまう無回答や、記入箇所を間違えたり質問の意図を誤解して回答してしまう誤回答が多い点、調査対象として選出した人以外の人が回答をしてしまう「身代わり回答」の可能性がある点に注意が必要です。

　対象者本人が調査票へ回答を記入する自記式の調査に対して、対象者に質問

をしながら調査者が回答を書き込む形式の調査を「他記式」あるいは「他計式」の調査といいます。他記式の調査は、調査員が質問を行うため、質問の読み飛ばしや誤回答が減る点、及び、調査対象として抽出された本人が回答していることを調査員が確認できるという点に利点がありますが、すべての対象者と直接話をする必要があるため、時間や人手（＝調査員の数）、お金（＝調査員の出張費）が多くかかります。さらに、調査員が面と向かって質問をすることで、対象者が社会的に望ましくない回答やプライバシーにかかわる質問への回答をしにくくなることや、調査員の質問の仕方などが対象者の回答に影響を与える可能性があることなども欠点として指摘されています。

ここは覚える！

第31回で、自記式と他記式の定義や特徴が問われました。

▶ 配布・回収の方法による分類

　調査票調査は、調査票の配布と回収の方法によっても分類がなされます。いずれの方法にも長所もあれば短所もあるため、調査の目的や内容、かけられるコストなどを考慮して、適切な方法を選択する必要があります。

■ 調査票調査の種類

訪問個別面接調査（訪問面接調査／個別面接調査）

調査員が対象者と直接対面し、調査員が口頭で質問を行い、対象者の回答を調査員が記入する他記式の調査。誤記入や無回答がほぼない代わりに、調査コストは6つの方法の中で最大。社会的に望ましくない質問に対して嘘をつかれる可能性や、調査員の質問の仕方などによって回答が変わる可能性がある

電話調査

調査員が対象者に電話をかけ、電話口で質問を行い、対象者の回答を調査員が記入する他記式の調査。近年では、コンピュータによって無作為に電話番号を作成するRDD（Random Digit Dialing）法を用いて行われる。面接調査に比べてコストは少なくて済み、結果の入手に時間がかからないという利点があるが、知らない番号からの着信には出てもらえないことも多く、電話に出てもらえたとしても調査の協力を頼んだ時点で切られてしまうことも多いため、電話をした数に対し回答してもらえる数（回収率）は著しく低くなる

留置調査

調査員が対象者を訪問して調査票を手渡し、一定期間後に再度訪ねて調査票を回収するという自記式の調査。自記式のため誤記入や無回答は起こりやすいが、調査員が回収する際に記入状況等を確認できる

郵送調査

調査対象者に調査票を郵送し、郵送で返してもらう自記式の調査。少ないコストで一度に多くの人に調査ができるため、インターネット調査と並び、現在最も多く行われている。しかし、自記式ゆえに誤記入や無回答が多く、回収率も2〜3割とあまり高くない傾向にある。また、調査票の郵送自体にかかる費用は少ないが、住所と名前を入手するために住民基本台帳等を閲覧・複写する場合、その費用は相当額になる

集合調査

学校や企業、公民館など、大人数が一度に集まる場所に調査員が出向いて調査票の配布と回収を行う自記式の調査。その場で記入してもらうため回収率が高く、調査コストも少なく済むが、無作為抽出された標本ではないため、対象者の属性に偏りが生じる欠点がある。また、集合している場所や周囲の人々の雰囲気などに回答が影響される可能性もある

インターネット調査

インターネット上で調査票への記入を行ってもらう方法。人手や調査費用がほとんどかからず、プログラムによって無回答が防げる、即座に結果が分析できるなど、メリットが多いため、企業の調査などではよく使われる。その一方で、調査対象者を応募法などの有意抽出でしか選出することができないという標本調査における最大のデメリットを有しているため、公的な機関の調査ではあまり使用されない

■ 各調査方法の特徴

		面接調査	電話調査	留置調査	郵送調査	集合調査	インターネット調査
調査方法概要	配布と回収の方法	調査員が訪問	電話	調査員が訪問	郵送	調査員が訪問	インターネット
	自記式／他記式	他記式	他記式	自記式	自記式	自記式	自記式
	回収率の目安	高い	非常に低い	高い	2〜3割	高い	—
無作為抽出の可否		可能	RDD法では不可	可能	可能	個人の抽出は不可	不可
調査可能条件	調査者が入手すべき情報	住所 or 住宅地図	電話番号	住所 or 住宅地図	住所と氏名	—	—
	調査対象者の在宅	必要	(固定電話の場合)必要	(原則)必要	不要	—	不要
調査コスト	必要人員数	とても多い	中程度	多い	少ない	1人でも可	1人でも可
	必要経費	大きい(交通費・人件費)	中程度(電話代・人件費)	大きい(交通費・人件費)	小さい(郵送料)	小さい(交通費・人件費)	ほぼなし
	実査にかかる時間の目安	2〜4週間程度	1〜3日	2〜4週間程度	2週間程度	数日	1日〜2週間程度(調査者の設定次第)

		面接調査	電話調査	留置調査	郵送調査	集合調査	インターネット調査
調査票	質問数	調査対象者の特性次第	数問	ある程度多くても良い	ある程度多くても良い	10分以内が目安	ある程度多くても良い
回答の信頼性	社会的に望ましくない質問に対する嘘の回答の可能性	高い	高い	中程度	低い	中程度	低い
	記入漏れ・誤記入の可能性	低い	低い	高い	高い	高い	低い
	記入漏れ・誤記入のチェック	可能	可能	可能	不可	不可	可能
	調査員の質問の仕方等による影響	大きい	大きい	中程度	なし	一律	なし
その他備考			回答拒否の数が膨大		郵送費自体は小さいが、住民基本台帳の複写費用は膨大	学校や企業などでの調査向き	

 ここは覚える！

第36回では、6つの配布・回収方法のうち、他記式のものはどれかが問われました。また、第33・34回で、各調査方法の特徴が問われました。それぞれのメリットとデメリットは自記式か他記式かという違いに由来することが多いため、その部分を中心に違いを押さえましょう。

落とせない！重要問題

インターネット調査は、インターネット上で調査対象者を公募する場合、代表性の偏りが生じるというデメリットがある。 第29回

○：通常、自分自身の興味のあるサイトやページしか閲覧しないため、必然的に偏りが生じることになる。

量的調査の集計　㉛ ㉜ ㉞ ㉟ ㊱

▶ 回収後の作業

　調査票が手元に返ってきたら、最初にやるべき作業はナンバリング、エディティング、コーディングです。

ナンバリング	各調査票にIDナンバーを振る作業のこと。これを行うことで、データ入力後に原票を確認する必要が出てきた場合、スムーズに確認できる
エディティング	調査票を1票ずつ丁寧に確認する作業のこと。記入漏れの多い調査票や、すべて同じ数字に○がつけられているものなど、分析に使えない調査票（無効票）を取り除いていく
コーディング	各回答を数値に置き換えていく作業のこと。パソコンで分析を行う場合、選択肢のある質問文では選択肢に振られた番号をそのまま入力すればよいが、回答されていない項目を空欄にしておくと、回答がなかったのか、入力し忘れたのかの判別がつかない。そのため、通常は空欄を「無回答」と「非該当」に分けて、固有の番号を割り当てる。また、自由回答項目がある場合には、文字列の分析は行いにくいため、似た回答をグループ化し任意の数値を割り当てる（この作業をアフターコーディングと呼ぶ）。

📖 **無回答：** 回答すべき箇所で回答されなかった項目や、回答が不適切だった項目（選択肢から一つを選ぶべき問いで2つ以上の○がつけられているなど）は、通常「無回答」として処理する。
非該当： 濾過質問等で回答すべき人と回答すべきではない人に分かれた際、回答すべきではないが故に回答されなかった項目は、「非該当」として処理する。

ここは覚える！

第31・34回で、回収後の作業の適切さについて出題されました。

▶ データの特性

　コーディングによって数値化されたデータは、その水準によって以下の4つに分類されます。

● 名義尺度（質的データ）

　名義尺度は、性別、職業、「はい／いいえ」で回答するものなど、コーディングした数値が数としての意味をもたないデータのことを指します。例えば、性別

に関する選択肢は「1.　男　　2.　女」となっていることが多いですが、「1.　女　　2.　男」であっても何の不都合も生じません。数字は分析の必要上あくまで便宜的に振られただけであるため、平均値を出すなどの算術計算にも意味はありません。

● 順序尺度（質的データ）

順序尺度は、その名の通り順序に意味があるデータです。例えば、「1位、2位、3位」や、成績の「A、B、C、D」評価、「あてはまる／ややあてはまる／ややあてはまらない／あてはまらない」といった選択肢などが典型です。これらはあらかじめ優劣順や大きい順（小さい順）などに並べられているため、名義尺度のようにその順序を自由に入れ替えることはできません。また、例えば、1位と2位の間は僅差の場合もあれば差が大きく開いている場合もあるように、通常の数値とは異なりそれぞれの間隔が一律ではないため、やはり算術計算はできません（1位と2位を足したら3位になるということはない）。

● 間隔尺度（量的データ）

間隔尺度は、コーディングで割り当てられた数値が数としての意味をもち、かつ、数値の間隔が等間隔になっているものの、「0」が「0（＝無）」としての意味を持たないデータを指します（例：気温や時刻。「0℃」や「0時」は温度や時間がまったく存在しない状態を指すわけではない）。これらのデータは数値間が等間隔であるため、和や差を求めることはできますが、比率が意味を持たないため（3時は1時の3倍ではない）積や商を求めることはできません。

● 比例尺度／比率尺度（量的データ）

比例尺度（比率尺度）は、年齢や年収、労働時間や教育年数など、数値が数としての意味をもち、かつ、数値の間隔が等間隔になっていて、「0」が「0（＝無）」という状態を表すデータです。比率もまた意味を持つため（200万円は100万円の2倍であり、100万円の20％は20万円）、四則演算のすべてが可能です。

■ 4つの尺度水準の特性

	名義尺度	順序尺度	間隔尺度	比例（比率）尺度
データの性質	質的データ	質的データ	量的データ	量的データ
例	性別、職業	順位、4件法の選択肢	気温、時刻	年齢、年収
大小関係	×	○	○	○
四則演算	×	×	加減は可能	四則すべて可能
平均値	×	×	○	○
中央値	×	○	○	○
最頻値	○	○	○	○
分散・標準偏差	×	×	○	○

平均値、中央値、最頻値や、分散・標準偏差については587ページを
参照してください。

ここは覚える！

第31・32・35・36回で、4つの尺度水準の定義やそれぞれの違い、代表値や散布度の算
出は可能かどうかなどが問われました。

落とせない！重要問題

順序尺度で測定した1と2の差と、3と4の差の等間隔性は担保されている。

第36回

×：順序尺度では、測定値間に大小（優劣）関係はあるものの、その間隔
は一定にはなっていない。

量的変数の分析①：1変数の分析　㉛ ㉜ ㉞ ㉟

▶ 度数分布表とヒストグラム

通常、データの分析はまず単純集計という作業から入ります。単純集計とは、
それぞれの質問に対してどのような回答がなされたのか、その分布傾向を見る
ためのもので、具体的には、度数分布表の作成を行い、場合によってはヒスト

グラムも作成します。

　度数分布表の「度数」とは、それぞれのカテゴリーに属するデータの数（≒それぞれの選択肢を選んだ人の数）のことをいいます。したがって、度数分布表とは、そうした度数の分布傾向をみるための表です。

　度数だけでは全体の傾向がわかりにくい場合には、相対度数と呼ばれる数値を同時に示します。相対度数とは、各カテゴリーの度数を全体の度数で割ったものであり、いわゆる「割合」と同義です。ただし、「相対度数」の場合には、小数で示す（例：「50％」は相対度数では「0.5」と表記される）のが一般的です。

　さらに、度数分布を直感的に把握するために、ヒストグラムと呼ばれる縦棒グラフを作成することもあります。

■ 日本人の給与分布を例にした、度数分布表とヒストグラム

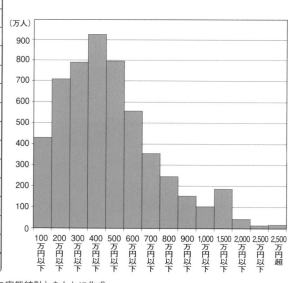

給与階級	度数 （給与取得者数）
100万円以下	4,250,934
200万円以下	7,010,830
300万円以下	7,818,298
400万円以下	9,144,916
500万円以下	7,882,145
600万円以下	5,526,977
700万円以下	3,525,593
800万円以下	2,432,403
900万円以下	1,518,177
1,000万円以下	1,004,321
1,500万円以下	1,849,562
2,000万円以下	432,333
2,500万円以下	136,249
2,500万円超	166,275
計	52,699,013

出典：国税庁「2021年　民間給与実態統計」をもとに作成

量的データの度数分布表を作成するときには、（上図で給与が0円から100万円までの人を「100万円以下」とまとめたように）一定の回答をした人々をカテゴリーとしてまとめて表を作成します。このとき使用したカテゴリーのことを「階級」と呼びます。

ヒストグラムと通常の縦棒グラフとの違いは、縦棒の幅にあります。通常の縦棒グラフは棒の左右に余白があるのに対し、ヒストグラムでは各棒が隣と隙間なく接しています。

ここは覚える!

第31・32回で、度数分布表の定義や意義が問われました。

▶ 記述統計量

　量的データ（間隔尺度と比例尺度）の場合には、単純集計とともに記述統計量と呼ばれる値を算出します。記述統計量はデータのいわゆる「中心」を表す「代表値」（平均値、中央値、最頻値）と、データのばらつきを表す「散布度」（範囲、分散、標準偏差）からなります。

● 代表値

平均値	・各標本がもつデータの合計を、標本数で割ったもの ・データの中に極端に高い／低い値（外れ値）が混じっている場合には、平均値をとっても全体の「中心」を表す数値とはなりえない
中央値	・データを小さい順に並べたときに、全体のちょうど真ん中にくる値のこと ・データが偶数の場合は、中央の2つのデータの平均値をとる ・外れ値の影響を受けにくい
最頻値	・集めたデータの中で、最も頻繁に観測された値（＝度数分布表において最も度数が高かった階級） ・同一データにおいて、複数存在することがある ・外れ値の影響を受けにくい

ここは覚える!

第31回では中央値の定義が、第32回ではデータの分布を代表する値として何を見るべきかが問われました。

● 散布度

範囲	・最小値と最大値の差 ・外れ値に左右される値であるため、データ全体のばらつきを表すには大雑把
分散	・偏差（データの値から平均値を引いた値）を2乗した値を全データ分足し上げ、データの個数で割ったもの
標準偏差	・分散の平方根（分散に$\sqrt{\ }$をつけた値）

例えば、20点満点のテストで9割の人が15～20点をとっていたとしても、0点の人が1人いれば、範囲は20となってしまいます。それゆえ統計学では、データのばらつきを表す数値として、範囲よりも分散や標準偏差がよく使われます。

分散や標準偏差の計算式とその考え方

偏差とは、あるデータが平均値からどのくらい離れているのかを表す数値で、「データの値－平均値」で算出されます。

もしも私たちが、「範囲」に替わる「全体のばらつき具合」をうまく表現できる数値を考案したいと思った場合、真っ先に思いつくのは、こうした「個々の平均からの距離」である「偏差の平均」をとることでしょう。しかし、「データの値－平均値」で算出された数値にはプラスの数値もマイナスの数値もあり、すべて足し上げると合計は0になってしまいます。そこで、一度、偏差を2乗することでマイナスの値もプラスに変換します。その上ですべてを足し上げ、データの個数で割れば、「偏差の平均」らしいものができあがります。これが「分散」です。

しかし、分散は計算途中で偏差を2乗しているため、単位も2乗になってしまっています。仮に、あるクラスにおけるテストの点数の分散を算出すると、その計算結果の単位は「点²」となってしまうのです。これでは何を意味しているのかよくわからないため、2乗されてしまった計算結果の平方根を求める（√をつける）ことで2乗される前に戻したものが「標準偏差」です。

ここは覚える！

第31回では分散と標準偏差の関係が、第32回では標準偏差の定義が問われました。また、第34回では分散を実際に計算する問題が出されました。

量的変数の分析②：2変数以上の分析 ㉛ ㉜

2つ以上の変数同士の関係性をみたい場合には、単純集計や記述統計量の算出後にそれぞれのデータの特性に合った分析を行います。

▶ クロス集計とχ²検定

　名義尺度や順序尺度といった質的なデータ同士の関連をみる場合には、クロス集計を行うのが一般的です。

　クロス集計とは、2つ以上の変数の組み合わせによる度数を算出することを指し、それを表にしたものをクロス集計表（クロス表、分割表）と呼びます。

調査において、実際に観測された度数のことを「観測度数」と呼びます。

● クロス表の各箇所の名前

表側項目	表の左側の項目（下表では「男」「女」）
表頭項目	表の上側の項目（下表では「Aが好き」「Aが嫌い」）
セル度数	表側項目と表頭項目を組み合わせた場合の、それぞれの度数（下表では①②④⑤に入る数値）
周辺度数	各列、各行の合計度数（下表では③⑥⑦⑧に入る数値）
総計	行全体の合計値であり、列全体の合計値（下表では⑨に入る数値）

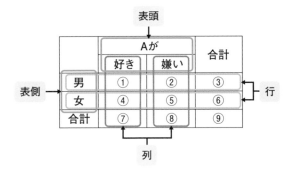

● クロス表作成の目的と割合

　クロス表を作成する主な意図は、項目間の差をみることです。しかし、観測度数だけではその差が理解しにくいため、クロス表内の各数値は度数ではなく割合（百分率や相対度数）で表示されることが多くなっています。

　クロス表における割合の出し方には3通りの方法があります。

行パーセント	表側に置かれた項目間での差を見るため、各セルの度数をその行の合計度数で割って算出する 例：③が100%となるように算出された①②の比率。男性の中にはAが好きな人と嫌いな人がそれぞれどの程度いるのかを意味する
列パーセント	表頭に置かれた項目間での差を見るため、各セルの度数をその列の合計度数で割って算出する 例：⑦が100%となるように算出された①④の比率。Aが好きな人の中には男性と女性がそれぞれどの程度いるのかを意味する
セルパーセント	表側と表頭に置かれた項目の組み合わせによる差を見るため、各セルの度数を総計で割って算出する 例：⑨が100%となるように算出された①②④⑤の比率。Aが好きな男性、Aが嫌いな男性、Aが好きな女性、Aが嫌いな女性、のそれぞれが全体の中でどの程度いるのかを意味する

 ここは覚える！

第31回で、「変数間の関連を観察する」には相対度数と観測度数のどちらが適切かが問われました。

● **多重クロス表**

例示したクロス表は2変数間の関連をみる「二重クロス表」と呼ばれるものですが、3変数以上の関連を見る「多重クロス表」と呼ばれるものも存在します（3変数なら「三重クロス表」、4変数間なら「四重クロス表」と呼びます）。

● **χ^2検定（カイ二乗検定）**

χ^2検定とは、クロス集計でみられた表側項目間の差が、統計的にも意味をもつ差であるかどうかを確かめるための検定です。

標本調査は、どれだけ抽出方法に気を配ったとしても、悉皆調査と比べると精度が落ちます。クロス集計の結果、男女間に差があったように見えたとしてもそれは偶然発生してしまった差かもしれず、もう一度調査をした場合にはその差がなくなってしまうということもありえます。だからこそ、検定を行うことで、その差は偶然なのか、そうではないのかということを確かめる必要があります。

「統計的に意味のある差」のことを、「有意差」といいます。

▶ 相関

間隔尺度や比率尺度といった量的データ同士の関連をみる場合には、相関図をつくったり相関分析を行うことが一般的です。

● 相関図

相関図（散布図）とは、各ケースにおける2つの量的データを点で示した図で、2変数の関係性が視覚的に把握できます。

● ピアソンの積率相関係数

相関図は、2変数の間に何らかの関係が「ありそう／なさそう」なことがなんとなくわかります。しかし、その判断は個人の主観に依る部分が大きく、場合によっては意見が分かれてしまうこともあります。そのため、2変数の間には本当に何らかの関係があるのか、あるとすればどの程度強い関係なのかを客観的に理解できるような指標が求められます。

そこで登場するのが「ピアソンの積率相関係数」です。ピアソンの積率相関係数は、2変数の関係の有無および強さを、0を中心として−1から1までの値をとる「相関係数」と呼ばれる数値で表します。

相関図を描いたときに点が右上がりに配置される、つまりは、一方が大きくなればもう一方も大きくなるような場合には、相関係数はプラスの値をとり、この場合、「正の相関がある」と表現されます。反対に、散布図において点が右下がりに配置される、つまりは一方が大きくなるともう一方は小さくなるような場合には、相関係数はマイナスの値をとり、「負の相関がある」と表現されます。

また、数値の大きさはそのまま関連の強さを示しており、0を中心として1や−1に近づくほど関係は強いと判断され、逆に0に近いほど両者の間に直線的な関係はないということになります。

なお、「直線的な関係はない」としたのは、ピアソンの積率相関はあくまで直線的な関係の有無をみるものでしかないからです。散布図を描いた場合に、曲線を描く場合や山が2つ以上となるような場合には、関係があったとしても相関係数は0に近くなってしまうことがあるのです。

一方で、相関係数が1や−1に近くても、2つの変数間に「直接的な」関係があるとはいい切れない場合もあります。例えば年齢と新聞を読む頻度の相関をとった場合、年齢が高い人ほど新聞を読む頻度も高いという正の相関が見られます。しかしおそらく、今の20～30代が高齢になったときにも今の高齢者と同

じくらい新聞を読むかといえば、そうはならないでしょう。つまり、年齢そのものが新聞を読む頻度に関連しているのではなく、その背後に別の要因があるのです（それは新聞という媒体のもつ社会的なイメージであったり、インターネットへの馴染みの程度であったりします）。相関関係を読み解く際には、こうした隠れた別の要因が生んでしまう「見せかけの相関（疑似相関）関係」もあるということを覚えておきましょう。

ここは覚える！

第31回において、相関図と相関係数の関係性が問われました。

▶ その他の分析

最後に、クロス集計と相関以外の分析方法の概要をいくつか紹介しておきます。

t検定		2つのグループ間の平均値に有意な差があるかどうかを検証する 例：男女で生活満足度に差はあるか
分散分析	一元配置 分散分析	3つ以上のグループ間で、平均値に有意な差があるかどうかを検証する 例：「60代」「70代」「80歳以上」で生活満足度に差はあるか
	二元配置 分散分析	2つ以上の要素を用いて、平均値に有意な差があるかどうかを検証する 例：性別（男／女）と年齢（60代／70代／80歳以上）によって生活満足度に差はあるか ※この条件で二元配置分散分析を行うと、結果は「男女間で差があるかどうか」「年齢で差があるかどうか」の他に「性別と年齢を組み合わせたときにのみ現れる差もあるのかどうか」がわかる
回帰分析／ 重回帰分析		相関関係にある2つ（回帰分析）、または3つ以上（重回帰分析）の変数を数式（回帰分析：y＝a＋bx、重回帰分析：y＝a＋bx1＋cx2＋dx3＋…）で表す場合、どのような式が最適かを検証する。それによって、x（重回帰分析ならx1、x2、x3…のそれぞれ）が1大きくなることでyがどの程度大きくなるか予測を立てることが可能になる 例：年齢、勤続年数、残業時間によって年収はどう変化するか
ロジスティック回帰分析		ある事象が様々な条件下でどの程度の確率で生起するかをオッズ比で示す 例：年齢、性別、睡眠時間、労働時間、運動量、飲酒頻度、喫煙の有無のそれぞれが、特定の病気の発生にどの程度関連しているか

ここは覚える！

第32回で、オッズ比の定義が問われました。オッズ比とは、ある事象の起こりやすさを2つの群で比較して示したものです。

4 質的調査の方法

調査
・観察法
・面接法
・アクション・リサーチ

分析
・KJ法
・GTA

質的調査の概要

　質的調査は、量的調査とは異なり、調査対象者の生活のありようや経験を数量的な側面からではなく、その質の面からとらえようとする調査です。

　例えば、同じ介護者に対する調査であっても、調査票調査では「介護が辛いと感じている人は○人」とか「辛いと感じる介護内容としては、○○を選ぶ人が最も多かった」など、全体としてどういうふうに感じている人が多いのかがわかります。しかし、質的調査の一つである面接法では、Aさんという人が具体的にはどのように「辛さ」を体験しているのか、いつから／なぜ辛いと感じるようになったのか、Aさん本人はその原因をどこに求めているのか、など、介護に対するAさんの主観的な意味づけを知ることができます。

　質的調査のメリットの一つは、このように、数量的な調査では調べられない（あるいは調べることが難しい）個別具体的な「現実」を描き出すことができる点にあります。

　ただし、個別具体的な事象を記述する質的調査では、対象者の個人的な情報や、他人には知られたくない「本音」や「秘密」などを知ってしまうことも多いため、量的調査以上に、対象者のプライバシー保護への配慮が必要とされます。

質的調査のメリットとしては他にも、プロセスやメカニズムといった時間経過を伴う分析が比較的容易となること、調査者が全く意図していなかったこともデータとして現れる可能性が高いこと、などが挙げられます。

フィールドワークとフィールドノート ㉛ ㉝ ㉟ ㊱

▶ フィールドワーク

　質的調査はしばしば、「フィールドワーク」とも呼ばれます。フィールドワークとは、「研究者がフィールド（現地・現場）に入り、研究対象にする人々が日常どのように生活し、どのように話し行動しているか、また、人々をとりまいている状況が人々の行動にどのように影響しているかをファースト・ハンドに学び、人々の社会的生活を記述する過程」のことです（今野裕明、2009、「Ⅲ フィールドワーク」、谷富夫・芦田徹郎、『よくわかる質的社会調査　技法編』ミネルヴァ書房）。

　調査者はフィールドにおいて、観察や聞き取りなどを通して、データの収集や解釈、分析や理論化などを行います。

厳密には、フィールドワークは質的調査のみを指す言葉ではなく、量的調査であってもフィールドワークの定義を満たすものが数多くあります。しかし、質的調査は観察や聞き取りといったかたちで現地の人々とより密接に関わり合うため、フィールドワークという言葉を質的調査と同義で用いる人も多くなっています。

▶ フィールドノート

　フィールドワーク中、調査者は多くのメモ（フィールドメモ）をとります。しかし、現場ではメモに集中していると観察すべき事象を逃してしまいますし、何より、そこにいる人々をないがしろにしてメモに集中する調査者はとても心証が悪いものです。そのため、現場におけるメモは必要最低限、大雑把な記述のみに留めます。

　そしてフィールドから離れたあと、忘れないうちにできる限り詳しく記録し直す必要があります。こうしてフィールドにいた最中のことを詳細に、かつ体系的にまとめ直したものを「フィールドノート」と呼びます。

　フィールドノートは、誰がそれを読んでも、その情景やエピソードの詳細部分まで鮮明に思い浮かべられるように書くことを心がけ、いつ、どこで、どのような人がどのように行動し、どのように発言したのかを明確に記述します。人々について記述をする際には、性別やおおよその年齢だけではなく、服装や髪型、持ち物など詳細な記述を心がけ、「優しそう」「派手な格好」など、主観によって左右される表現は避けます。また、発言を記述する際には、できる限り、発言者の言い回しをそのままのかたちで記述します。また、発言者の言葉だけではなく、表情や仕草、発言を聞いた人の反応などもできる限り詳細に記録するように心がけます。

　調査者自身の解釈、推測、感想や意見などをフィールドノートに記述する場合には、事実と混同しないよう、別に枠をとって書く必要があります。

　また、フィールドワークでは、調査対象者の同意が得られれば、正確な記録を残すために録音機材やビデオなどを使用することもありますが、電子機器は何かの事故で再生できなくなる可能性もあるため、たとえ録音機材やビデオを使用する場合であっても、フィールドメモは残しておくようにしましょう。

ここは覚える！

第31回では、質的調査において調査者がメモに専念することの是非が、第36回では、フィールドワークにおける画像や映像の使用の可否が問われました。また、第33・35・36回で、フィールドノートを作成するタイミングや作成時の留意点が問われました。

質的調査の調査手法　㉛㉝㉞㉟㊱

▶ 観察法

　観察法とは、ただ漠然と見るのではなく、目の前で起こる様々な事象の中から調査の目的に見合った出来事、あるいはそれと関連する出来事を意識的にすくい上げ、細部に至るまで観察し、調査の目的に見合ったかたちで記述する方法のことです。

● 参与観察と非参与観察

　観察法には、参与観察と非参与観察と呼ばれる2つの観察法があります。

　参与観察とは、調査対象とする集団・組織・地域社会などに入り込み、そこ

で生きる人々と活動や生活をともにしながらデータを収集する方法です。一方、非参与観察とは、調査者が調査対象者とは一切関わりをもたずに（例えばマジックミラー越しに観察を行うなど）データ収集をする方法です。

ここは覚える！

第33・34回で、参与観察と非参与観察の違いや参与観察の対象・方法が問われました。また、第34回ではマジックミラーを使った観察の是非も問われました。

● **観察者の4つの立場**

観察法では、観察者のフィールドへの参加の度合いによって、観察者の立場も以下の4つに分類されます。

① 完全な参加者	観察者としてではなく、参加者の1人としてフィールドに参加する（フィールドメモなども原則とらない）
② 観察者としての参加者	フィールドでメモなどをとりつつも、参加者としての役割を重視する
③ 参加者としての観察者	参加者としての役割を演じながらも、情報収集者としての役割を優先する
④ 完全な観察者	調査対象者と接触をもたずに観察を行う

①～③は参与観察、④は非参与観察のかたちをとります。また、観察者の立場は一つに固定されるわけではなく、調査の過程において①～④までの立場を行き来することがあります。

これらの立場は、一概にどれが優れているとはいえません。参加者寄りの立場（①や②）は、対象集団の内部に入り込むため、外部の者には入手できないような情報を見聞きすることも可能ですが、客観的な観察がしにくくなるというデメリットもあります。逆に観察者寄りの立場（③や④）は、客観的な観察が行いやすい反面、内部情報は入手しにくくなるでしょう。調査者は、調査の目的や必要とするデータに応じてこれらの立場を選択する必要があります。

ここは覚える！

第33回で、完全な観察者の定義が問われました。観察者の4つの立場について押さえておきましょう。

▶ 面接法（聞き取り調査、インタビュー調査）

面接法（聞き取り調査、インタビュー調査）は、調査者が調査対象者と対面し、質問と回答というやりとりを通してデータを収集する方法です。

● 個別面接法と集団面接法

面接法には、個別面接法（個別インタビュー）と集団面接法（グループインタビュー、フォーカスグループインタビュー）があります。

個別面接法	・調査者と対象者が1対1で行う面接法 ・1人にじっくりと時間をかけて相対することで、対象者個人の生活のありようや考え方、価値観といった様々な側面に深く迫ることができる
集団面接法	・1人の調査者と複数人の対象者が一堂に会して行われる面接法 ・複数人の意見を同時に収集できたり、対象者たちが互いの言葉に刺激を受け合って、個別面接では生まれえなかったであろう意見などが出てくることがある点にメリットがある ・対象者が場の空気に流されたり、他の人を慮って自分の意見を抑制したりすることもあるため、調査者は対象者のそれぞれが思ったことを自由に発言できるような空気を作り上げるよう心がける必要がある

集団面接法の標本抽出は通常、有意抽出で行います。また、人数が多すぎると、全員が会話に参加することが難しくなり、観察も困難となるため、3〜6人程度が望ましいとされています。

ここは覚える！

第34・36回で、グループインタビューの方法に関する出題がなされました。

● 構造化面接・半構造化面接・非構造化面接

個別面接法はさらに、質問項目や質問順序の厳密さの程度によって、3つのタイプに分類されます。

	面接の進め方	留意点
構造化面接法	質問項目や質問の順序を事前に決めておき、すべての対象者に同じ質問を同じ順序で行う	調査者の反応や訊き方、パーソナリティなどが調査対象者に与える影響をある程度排除できるというメリットがあるが、質問紙調査における訪問面接法とほとんど違いが見られないため、質的調査としてはほとんど使われない
半構造化面接法	質問項目や質問の順序を事前にある程度決めるが、必ずしもその通りに調査を行うわけではなく、状況に応じて質問項目を増やしたり減らしたり、順序を入れ替えたりする	ある程度の指針とある程度の自由度とを兼ね備えているため、最も行いやすく最も一般的な面接法
非構造化面接法／自由面接法	質問項目などを用意せず、状況や対象者の反応を見ながらその場その場で質問を考え、調査を行う	調査者が調査経験や調査スキル、調査対象に関する知識などを十分に備えている必要があるため難易度が非常に高い

ここは覚える！

第31・34・36回で、それぞれの面接法の特徴や具体的な方法が問われました。

● 録音データと逐語録

　面接法や参与観察において聞き取りした内容を録音した場合には、後日、文字起こし作業を行い、逐語録を作成します。逐語録は、調査者が気になった部分だけを書き起こしたり、内容を要約したりするのではなく、調査者と調査対象者双方が発した言葉のすべてを（言いよどみなども含めて）文字として書き起こす必要があります。

ここは覚える！

第34・35回で、逐語録作成時の注意点が問われました。

● 面接法における対象者の立場

　従来の面接法は、基本的に、調査者を「探求者」あるいは「発見者」として位置づけ、対象者を「発掘される／発見されるべき情報の宝庫」として位置づけてきました。しかし、1990年代後半には、調査対象者を主体性のない単なる

「知識の器」のようにとらえる見方に批判が集まり、調査対象者とは自律的で主体的な存在であり、インタビューとは、そうした対象者と調査者が互いに協力し合い、ともにつくり上げる一種のコミュニケーション過程なのだという考え方が広まっていきました。

　ライフストーリー・インタビューは、そうした考え方にもとづく面接手法の一つです。ライフストーリーとは「個人の人生に起こった出来事とその経験についての語り」という意味ですが、インタビューでは当然、自分の人生の中で起きたすべてを語り尽くすことはできません。「今」「ここ」で何を語るのか、どのように語るのかということは、「今」「ここ」にいる調査者と対象者の相互行為の中で生み出されていくものです。ライフストーリー・インタビューとは、こうした立場に立って、対象者のライフストーリーをともにつくり上げていく過程のことを指します。

▶ アクション・リサーチ

　アクション・リサーチとは、調査者が当事者と協力し合い、両者が関与する問題の解決を目指して、調査や研究を行うことをいいます。つまり、調査の方法ではなく、調査の目的によって定義されている点に特徴があります。したがって、アクション・リサーチでは、観察法や面接法といった質的調査技法を使用することが多いものの、問題解決に役立つのであれば量的調査もまた積極的に用います。

　研究の具体的な流れとしては、①問題点の発見、②問題の改善策の計画、③実施、④実施の過程や結果における新たな問題や事実の発見、⑤それを踏まえた新たな改善策の計画、⑥実施……という循環構造をとります。

ここは覚える！

第31回では、アクション・リサーチの定義が問われました。第36回では、アクション・リサーチにおいて、量的調査が併用されることがあるかどうかが問われました。

アクション・リサーチと同様、問題解決を目的とした調査方法に社会踏査があります。社会踏査は、質的調査・量的調査・ドキュメント分析など様々な手法を駆使して地域の問題解決を目指します。

第35回で、社会踏査の定義が問われました。

質的調査の分析手法 ㉜ ㉟

観察法や面接法などによってデータを収集した後はいよいよ分析です。質的調査で収集されたデータは映像、音声、文字など多種多様で、分析手法も様々ですが、ここでは3つの方法を紹介します。

▶ KJ法

KJ法とは、文化人類学者の川喜田二郎によって提案された発想法です。観察法や面接法で見聞きした様々な事柄の中に一定のまとまりを見いだし、関連性を整理していく過程を通して、それまで気づかなかった新たな関連性を発見することを目的としています。具体的な作業手順は以下の通りです（『問題解決学KJ法ワークブック』川喜田二郎・牧島信一／講談社）。

第1段階　カードづくり	
① カードづくり	調査で得た様々な情報を、その内容の一区切りごとに簡潔にまとめながら名刺大の紙に書いていく。このとき、できるだけ「土の香り」を漂わせて要約する
第2段階　グループ編成	
② カード集め	カードを眺めながら、似ていると親近感を感じさせる紙きれを、「リクツでなく情念で」集める。どれとも一緒にならないカードは「一匹オオカミ」と呼び、無理にどれかのグループに押し込まず、そのままにする
③ 表札づくり	集まったカードの束を手にとり、その集まってきたわけを適切に要約して表現し、1枚のカードに書きつける（＝表札）。表札は具体的であり、集められたカードの使命を言い当てるものでなければならない
④ グループ編成	カードの束が数ユニット（多くとも10束前後）になるまでグループ編成を何段階も続ける
第3段階　図解化	
⑤ 索引図解のための空間配置	集まった束を最も自然に納得がゆく、見やすい位置に配置する
⑥ 索引図解描き	表札の配置通りの図解を別紙に描く。描き終わったら、それらの1行見出しの表札の間に、適当な記号（矢印や等号など）を用いて関係づけを描く

⑦ 細部図解のための空間配置	索引図解のある一部にあたるカードの束を、1枚ずつの紙きれにバラバラに戻し、ふたたび同じように空間的に配置する
⑧ 細部図解描き	カードの相互関係を適当な記号を用いて描く
第4段階　言語化・文章化	
⑨ KJ法省略B型発表	細部図解を見ながら、独り言でつぶやいたり、何人かの人の前で発表する。単にカードの内容を列挙するのではなく、なんとか工夫して、物語としてつないで話す。カード1枚1枚の意味を大切にするとともに、その時に浮かぶアイデアもどんどん説明に取り入れる
⑩ KJ法B型文章化	索引図解と細部図解を見ながら、物語になるように文章化する

ここは覚える！

第35回で、KJ法の具体的な作業手順が問われました。

▶ グラウンデッド・セオリー・アプローチ（GTA）

　グラウンデッド・セオリー・アプローチ（GTA）は、社会学者のグレイザー（Glaser, B. G.）とストラウス（Strauss, A. L.）の2人によって開発された、質的データをもとに（＝grounded）理論（＝theory）構築を行うための方法です。

　GTAにはいくつかの分析方法がありますが、以下では、日本で最もよく行われている「ストラウス版」の具体的な作業手順を紹介します。

第1段階　データの読み込みと切片化	
① データの読み込み	データを何度も読み込んで、全体の意味を把握する
② 切片化	データを文脈から切り離し、細分化する
第2段階　コーディング	
③ オープン・コーディング	切片化したデータから、プロパティ（特性）とディメンション（次元）を抽出し、それらをもとにして適切なラベル名をつけていく。似たラベル同士を集め、抽象度が一段階上がった「カテゴリー」をつくる
④ 軸足コーディング（アクシャル・コーディング）	カテゴリー同士をプロパティとディメンションで関係づけ、複数のカテゴリーを束ねるカテゴリー（＝「現象」と呼ぶ）をつくる
⑤ 選択的コーディング（セレクティブ・コーディング）	調査の中核となるような現象（コアカテゴリー）に、軸足コーディングでつくられた現象を関連づけていく
第3段階　理論的飽和	
⑥ 理論的飽和	新しいデータを集めても、新しいカテゴリーやプロパティ、ディメンションが出てこなくなる（この状態を「理論的飽和」と呼ぶ）まで①〜⑤を繰り返す

第4段階　ストーリーラインの作成	
⑦ パラダイムの作成	ある状況を、ある人（たち）がどうとらえ、どうかかわるのか、どのような行為・相互行為や出来事がいつ、なぜ、どのようにして起こり、どのような結果に至ったのか、という現象の説明（これを「パラダイム」と呼ぶ）を用いて、カテゴリー同士の関係を把握する
⑧ 図解化	パラダイムをもとに、様々な現象の相互関係をカテゴリー関連図として示す
⑨ ストーリーラインの作成	カテゴリー関連図を文章化する

　大雑把な手順はKJ法と似ていますが、KJ法はあくまで物事をまとめるための手法であり、理論構築までは視野に入れていません。また、KJ法では人々の体験や言葉の「生々しさ」（＝「土の香り」）を重視するのに対し、GTAでは理論化のために抽象度の高い言葉を多く使用する点や、KJ法ではデータ収集がすべて終了した後に分析を行うのに対し、GTAではデータ収集と分析を並行して行っていく点などに違いがあります。

 ここは覚える！

第32回で、GTAにおける軸足コーディングの定義が問われました。GTAの目的や具体的な分析手順を押さえておきましょう。

▶ エスノメソドロジーと会話分析
　エスノメソドロジーとは、「人々のやり方」という意味であり、ごく当たり前の日常活動の秩序を人々がどのように生み出しているのかに焦点化した研究法のことです。

　エスノメソドロジーの代表的な手法である会話分析では、会話の内容はもちろんのこと、会話の形式や構造にも目を向けることで、私たちがふだん特に意識せずに行っている様々な他者との会話＝相互行為がいかなる秩序のもとで成立しているのかが鮮明に描き出されます。

 ここは覚える！

第32回で、会話分析の関心は会話の内容・形式や構造のいずれに向けられているのかが問われました。

Q ────────────────────▶ **A**

☐ **1** 社会調査は、数量的データとして結果を提示できなければならない。　×
第32回

☐ **2** 社会調査の対象者の抽出では、住民基本台帳から制約なく個人情報を　×
閲覧できる。　第36回

☐ **3** 社会調査で得られたデータを共同研究者と検討する際には、調査対象　×
者の意向にかかわらず、個人情報を秘匿しなくてよい。　第30回

☐ **4** 標本抽出方法の確率抽出と非確率抽出では、非確率抽出の方が母集団　×
に対する代表性が高い方法である。　第32回

☐ **5** 単純無作為抽出法は、母集団の規模にかかわらず作業時間が節約でき　×
る効率的な抽出法である。　第29回

☐ **6** 無作為抽出法による標本調査には、道で偶然に出会った見知らぬ人々　×
を調査対象者として選ぶ方法も含む。　第33回

☐ **7** 適切に抽出された標本調査であれば、標本誤差は生じない。　第32回　×

☐ **8** パネル調査では、調査を重ねるごとに調査対象者が増加する傾向があ　×
る。　第34回

☐ **9** 縦断調査のデータ分析は、横断調査に比べて、2つの変数間で原因と　×
結果という因果関係を推論することには適していない。　第34回

☐ **10** 質問紙の作成においてはすべて〇や数字で回答するようにし、文字の　×
記述を求める自由回答の欄を設けてはいけない。　第32回

☐ **11** 自記式の方が他記式よりも、誤記入が起こりにくい。　第31回　×

☐ **12** プライバシーに関する質問は、自記式の方が他記式よりも望ましい。　〇
第31回

解説

1 質的調査では逐語録等で結果を提示する。

2 住民基本台帳を閲覧するためには、調査
の目的や社会的な意義について十分な説
明を行い、公益性が高いと（各自治体に
よって）認められる必要がある。

3 共同研究者との間でも個人情報は秘匿す
べき。

4 代表性が高いのは確率抽出である。

5 母集団が大きくなると効率は低下する。

6 道で出会った人に調査をするのは有意抽
出法（機縁法）である。

7 標本調査では常に標本誤差が生じる。

8 調査を重ねると標本数は減少する。

9 縦断調査のほうが因果関係を推論しやすい。

10 自由回答欄は必要に応じて設置する。

11 自記式は誤記入が起こりやすい。

Q ———————————————————————— **A**

☐ **13** 名義尺度、順序尺度、間隔尺度、比例尺度は、いずれも標準偏差を計　×
算することに数量的な意味がある。 第32回

☐ **14** クロス集計表により変数間の関係を観察するには、相対度数ではなく、　×
観測度数を表示する。 第31回

☐ **15** クロス集計表において、2変数間の関連をみる場合、行パーセント、列　×
パーセントのどちらを示しても、得られる情報に変わりはない。 第29回

☐ **16** ピアソンの積率相関とは、2つの変数の因果関係を表すものである。　×
第28回

☐ **17** 質的調査のデータ収集では、手紙や日記などの私的文書は除外する。　×
第31回

☐ **18** 観察法では、聞き取り、文書、写真などの資料は使用しない。 第33回　×

☐ **19** 観察法では、マジックミラー（ワンウェイミラー）を使った観察を行っ　×
てはならない。 第34回

☐ **20** 面接者は、インタビューの場において相手の発言内容の一言一句を正　×
確にメモすることに専念する。 第31回

☐ **21** グループ・インタビューの調査者は、対象者同士の会話を促さないよ　×
うにする。 第36回

☐ **22** グラウンデッド・セオリー・アプローチでは、分析を進めた結果とし　○
てこれ以上新しい概念やカテゴリーが出てこなくなった状態を、理論
的飽和と呼ぶ。 第30回

解説

13 標準偏差を計算できるのは間隔尺度と比
例尺度のみ。

14 クロス表では相対度数を表示する。

15 行パーセントと列パーセントでは得られ
る情報が異なる。

16 相関分析では因果関係はわからない。

17 手紙や日記などの私的文書も調査や分析
の対象となる（ただし、文書を記した本

人へ事前説明を行い、承諾を得ることが
必要不可欠）。

18 観察法でも様々な資料を使用する。

19 マジックミラーを使った観察法は、非参
与観察の典型的な手法である。

20 メモは最低限に留める。

21 参加者間の相互作用にこそグループ・イ
ンタビューの意義がある。

索 引

執筆者紹介（科目順）【執筆科目名】

■大谷佳子（おおや・よしこ）
【第1章：医学概論／第2章：心理学と心理的支援】
NHK学園社会福祉士養成課程講師、日本知的障害者福祉協会社会福祉士養成所講師。コロンビア大学大学院教育心理学修士課程修了。修士（教育心理学）。昭和大学保健医療学部講師などを経て2023年4月より現職。
主な著書に『最新介護福祉士養成講座1　人間の理解』（中央法規出版、分担執筆）、『最新介護福祉士養成講座11　こころとからだのしくみ』（中央法規出版、分担執筆）、『対人援助のスキル図鑑』（中央法規出版）、『対人援助の現場で使える　傾聴する・受けとめる技術便利帖』（翔泳社）　など。

■柳采延（リュウ・チェヨン）
【第3章：社会学と社会システム】
常葉大学外国語学部講師。東京大学大学院総合文化研究科国際社会科学専攻修士課程・博士課程修了。博士（学術）。
主な著書に『専業主婦という選択』（勁草書房、2021年）、『ジェンダーとセクシュアリティで見る東アジア』（勁草書房、共著、2017年）　など。

■高柳瑞穂（たかやなぎ・みずほ）
【第4章：社会福祉の原理と政策】
愛知県立大学教育福祉学部講師。東京都立大学大学院修士課程・博士後期課程修了。埼玉・東京・神奈川などの4年制大学で非常勤講師、専任助手、専任講師、准教授として社会福祉士養成に従事したのち2023年4月より現職。
主に知的障害児者やその家族の福祉の歴史、ドイツの福祉史について研究している。2018年、虐待や貧困、不登校等で苦しむ若者を支援する「一般社団法人学生福祉サポートセンター Marici」を設立し、2022年12月に女性やシングルマザーの法的支援部門を新設。同団体代表理事・相談員。博士（社会福祉学）、社会福祉士。

■佐々木貴雄（ささき・たかお）
【第5章：社会保障】
日本社会事業大学社会福祉学部准教授。一橋大学大学院社会学研究科博士後期課程修了。博士（社会学）。
主な著書に『『厚生（労働）白書』を読む　社会問題の変遷をどう捉えたか』（ミネルヴァ書房、共著、2018年）、『世界はなぜ社会保障制度を創ったのか　主要9カ国の比較研究』（ミネルヴァ書房、共著、2014年）がある。主な論文に「市町村国保の保険料（税）における資産割賦課の動向」（週刊社会保障3204、2023年）　など。

■高橋修一（たかはし・しゅういち）
【第6章：権利擁護を支える法制度】
立命館大学法学部法学科法律コース卒業。社会福祉士。北海道社会福祉士会所属。これまで同会において権利擁護センターぱあとなあ北海道の運営、会員の成年後見受任案件の調整等に携わる。北海道社会福祉協議会に従事。

■佐藤惟（さとう・ゆい）
【第7章：地域福祉と包括的支援体制】
淑徳大学総合福祉学部専任講師。日本社会事業大学大学院社会福祉学研究科博士後期課程満期退学。博士（社会福祉学）。障害福祉サービス事業所勤務、デイサービス相談員、東京福祉大学講師などを経て2023年4月より現職。社会福祉士、介護福祉士、保育士、介護支援専門員。
主な著書に『はじめてのソーシャルワーク演習』（ミネルヴァ書房、分担執筆、2020年）、主な論文に「地域福祉ボランティアとしての市民後見人の位置づけに関する検討」（茶屋四郎次郎記念学術学会誌12、2022年）　など。

■望月隆之（もちづき・たかゆき）
【第8章：障害者福祉】
聖学院大学心理福祉学部心理福祉学科准教授。東洋大学大学院福祉社会デザイン研究科福祉社会システム専攻修了。障害者グループホーム職員（世話人・サービス管理責任者）、社会福祉協議会専門員、生活介護事業所生活支援員、田園調布学園大学子ども未来学部助教、専任講師を経て現職。神奈川県意思決定支援専門アドバイザー。東京家政大学人文学部教育福祉学科非常勤講師。修士（社会福祉学）、社会福祉士。
主な著書に『つながり、支え合う福祉社会の仕組みづくり』（中央法規出版、共著、2018年）がある。

■馬場さやか（ばば・さやか）
【第9章：刑事司法と福祉】
国際医療福祉大学東京事務所教務企画部主事。国際医療福祉大学医療福祉学部卒業後、病院に勤務し、職員教育担当主任や医療ソーシャルワーカーとして業務に従事後、大学での実習助手を経て現職。社会福祉士、精神保健福祉士、公認心理師。

■関 秀司（せき・しゅうじ）
【第10章：ソーシャルワークの基盤と専門職】
東洋大学大学院修士課程福祉社会システム専攻修了。知的障害者通所更生施設生活指導員、特別養護老人ホームケアワーカー、路上生活者自立支援センター生活相談員、早稲田速記医療福祉専門学校講師を経て、現在はフリーランスで福祉活動を行う。成年後見人活動等にも携わる。神奈川県にある介護保険事務所（株）青龍の特別顧問。障害者認定委員会委員。社会福祉士、介護福祉士、精神保健福祉士、介護支援専門員。

■水島正浩（みずしま・まさひろ）
【第11章：ソーシャルワークの理論と方法】
東京福祉大学社会福祉学部／社会福祉学・教育学研究科教授。日本社会事業大学社会福祉学部児童福祉学科卒業、東京福祉大学大学院社会福祉学研究科博士前期課程修了・同博士後期課程単位取得満期退学。博士（社会福祉学）。教育実践としては、東京福祉保育専門学校教務主任・専任教員、群馬大学非常勤講師、東京福祉大学通信教育課長・講師・国家試験対策室長・准教授等を経て、福祉実践としては、特別養護老人ホーム介護職、障害者在宅生活支援、神奈川県教育委員会スクールソーシャルワーカー等を経て現職。茶屋四郎次郎記念学術学会理事等も務める。社会福祉士、介護福祉士。
主な共著書に、『社会福祉概論』（勁草書房）、共編著書に『はじめてのソーシャルワーク演習』（ミネルヴァ書房）等がある。

■佐藤麻衣（さとう・まい）
【第12章：社会福祉調査の基礎】
淑徳大学兼任講師。担当科目は社会調査関係科目ほか。岩手大学人文社会学部卒業、淑徳大学大学院総合福祉研究科にて博士号（社会学）取得。専門社会調査士。

著者紹介

社会福祉士試験対策研究会

社会福祉士養成の履修科目・試験対策研修の講師や、実務経験が豊富な社会福祉士または医療関係者の有志で構成される研究会。社会福祉に造詣が深く、質の高い保健医療福祉職の合格に向けて尽力している。

試験対策テキスト作成のコンセプトは、効率のよい勉強ができるテキストであり、合格してからも活用できるテキストの両立を目指すことである。

装丁デザイン	小口 翔平＋村上 佑佳 (tobufune)
装丁イラスト	ハヤシ フミカ
本文イラスト	石山 綾子 フクモト ミホ
DTP	株式会社 トップスタジオ

福祉教科書

社会福祉士・精神保健福祉士
完全合格テキスト 共通科目【新出題基準対応版】

2024年 5月20日 初版第1刷発行

著　　　者	社会福祉士試験対策研究会
発　行　人	佐々木 幹夫
発　行　所	株式会社 翔泳社 (https://www.shoeisha.co.jp)
印刷・製本	日経印刷 株式会社